DR. OETKER
AUFLÄUFE VON A–Z

DR. OETKER AUFLÄUFE VON A–Z

Dr. Oetker Verlag

Abkürzungen

EL	=	Esslöffel
TL	=	Teelöffel
Msp.	=	Messerspitze
Pck.	=	Packung/Päckchen
g	=	Gramm
kg	=	Kilogramm
ml	=	Milliliter
l	=	Liter
evtl.	=	eventuell
geh.	=	gehäuft
gestr.	=	gestrichen
TK	=	Tiefkühlprodukt
°C	=	Grad Celcius
Ø	=	Durchmesser

Kalorien-/Nährwertangaben

E	=	Eiweiß
F	=	Fett
Kh	=	Kohlenhydrate
kcal	=	Kilokalorie
kJ	=	Kilojoule

Hinweise zu den Rezepten

Lesen Sie vor der Zubereitung – besser noch vor dem Einkauf – das Rezept einmal vollständig durch. Oft werden Arbeitsabläufe oder – zusammenhänge dann klarer. In jedem Rezept ist die Anzahl der Portionen angegeben.

Zutatenliste

Die Zutaten sind in der Reihenfolge ihrer Bearbeitung angegeben.

Arbeitsschritte

Die Arbeitsschritte sind einzeln hervorgehoben, in der Reihenfolge, in der sie von uns ausprobiert wurden.

Backofeneinstellung

Die in den Rezepten angegebenen Gartemperaturen und –zeiten sind Richtwerte, die je nach individueller Hitzeleistung des Backofens über- oder unterschritten werden können.
Beachten Sie bitte bei der Einstellung des Backofens die Gebrauchsanleitung des Herstellers.

Zubereitungszeiten

Die Zubereitungszeit ist ein Anhaltswert für die Zeit der Vorbereitung und die eigentliche Zubereitung. Die Garzeiten sind, in der Regel, gesondert ausgewiesen. Bei einigen Rezepten setzt sich die Gesamt-Garzeit aus mehreren Teil-Garzeiten zusammen. Längere Wartezeiten, z. B. Kühl- und Auftauzeiten, sind nicht einbezogen.

Vorwort

Außen goldbraun und knusprig – innen saftig, verführerisch duftend und ausgesprochen lecker – so sind Aufläufe. Sie schmecken mit knackigem Gemüse, zartem Fleisch, frischen Kräutern und exotischen Gewürzen.

Was macht Aufläufe und Gratins bei Groß und Klein so beliebt?

- Sie sind einfach und schnell zuzubereiten.
- Sie lassen sich prima vorbereiten.
- Ihr Geschmack lässt sich fast unbegrenzt variieren.
- Während sie im Ofen zur Höchstform „auflaufen", haben Sie Zeit, sich um Tisch und Familie oder Gäste zu kümmern.

Berliner Buletten-Auflauf, Crêpes-Auflauf mit Sauerkirschen, Provenzalischer Gemüseauflauf, Minirouladen-Auflauf oder Tortilliniauflauf, dies ist nur eine kleine Auswahl der über 300 pikanten und süßen Köstlichkeiten aus der Auflaufform, die wir für Sie zusammengestellt haben.

Unter einer Kruste versteckt oder mit einer Sauce überbacken, hier finden Sie Aufläufe und Gratins für jeden Tag.

Alle Rezepte wurden von Dr. Oetker ausprobiert und sind so beschrieben, dass sie Ihnen auf Anhieb gelingen.

Ananas-Feigen-Auflauf | Raffiniert

4 Portionen

Pro Portion:
E: 17 g, F: 22 g, Kh: 60 g, kJ: 2241, kcal: 536

60 g	*Pinienkerne*
1 kleine Dose	*Ananas in Stücken (Abtropfgewicht 250 g)*
1	*Bio-Limette (unbehandelt, ungewachst)*
1 Pck. (200 g)	*Soft-Feigen*
4	*Eigelb (Größe M)*
50 g	*Zucker*
6 EL	*Schlagsahne*
4	*Eiweiß (Größe M)*
1 Pck.	*Dr. Oetker Vanillin-Zucker*
50 g	*Weizenmehl*
evtl. 1	*Bio-Limette (unbehandelt, ungewachst)*

Zubereitungszeit: 30 Minuten, ohne Abkühlzeit
Garzeit: etwa 60 Minuten

1. Pinienkerne fein hacken, in einer Pfanne ohne Fett rösten, herausnehmen und auf einem Teller abkühlen lassen.

2. Ananasstücke in einem Sieb abtropfen lassen. Limette heiß abwaschen, abtrocknen und die Schale dünn abreiben. Limette halbieren und den Saft auspressen. Von den Feigen die Stiele abschneiden. Feigen in Streifen schneiden.

3. Eigelb und Zucker in einer Rührschüssel mit Handrührgerät mit Rührbesen zu einer dicklichen Creme aufschlagen. Sahne unterrühren. Eiweiß mit Vanillin-Zucker steifschlagen.

4. Ananasstücke in Mehl wenden und unter die Eigelbcreme heben. Pinienkerne, Limettenschale, -saft und Feigenstreifen vorsichtig unterrühren. Eischnee unterheben. Dann die Masse in einen gewässerten Römertopf® geben. Den Römertopf® mit dem Deckel verschließen und auf dem Rost in den kalten Backofen schieben.

Ober-/Unterhitze: etwa 200 °C
Heißluft: etwa 180 °C
Garzeit: etwa 60 Minuten.

5. Nach Belieben Limette heiß abwaschen, abtrocknen und in sehr dünne Scheiben schneiden. Ananas-Feigen-Auflauf mit Limettenscheiben garniert servieren.

Tipp: Dazu passt Preiselbeerkompott. Statt Soft-Feigen können Sie auch andere getrocknete Feigen verwenden.

Anglertopf | Raffiniert

4 Portionen

Pro Portion:
E: 13 g, F: 25 g, Kh: 56 g, kJ: 2179, kcal: 521

1 kg	*festkochende Kartoffeln*
	Salz
1 TL	*Kümmelsamen*
500 g	*Möhren*
125 ml (1/8 l)	*Gemüsebrühe*
500 g	*gekochtes Fischfilet, z. B. Barsch, Hecht, Karpfen*
	frisch gemahlener Pfeffer
3	*Eier (Größe M)*
250 ml (1/4 l)	*Milch oder 250 g Schlagsahne*
	Paprikapulver edelsüß
	gerebelter Thymian
	fein gehackte Petersilie
20 g	*Semmelbrösel*
20 g	*Butter*
einige Stängel	*vorbereiteter Thymian*

Zubereitungszeit: 45 Minuten, ohne Abkühlzeit
Garzeit: etwa 30 Minuten

1. Kartoffeln gründlich waschen, mit Wasser bedeckt zum Kochen bringen, Salz und Kümmel hinzufügen. Die Kartoffeln zugedeckt etwa 20 Minuten garen, abdämpfen, heiß pellen und erkalten lassen. Kartoffeln in Würfel schneiden.

2. Möhren putzen, schälen, waschen, abtropfen lassen und in Scheiben schneiden. Brühe in einem Topf zum Kochen bringen. Möhrenscheiben darin zugedeckt etwa 10 Minuten garen. Möhrenscheiben abtropfen lassen. Fischfilets in Stücke schneiden oder zupfen. Mit Salz und Pfeffer bestreuen. Den Backofen vorheizen.

3. Abwechselnd Kartoffelwürfel, Möhrenscheiben und Fischfiletstücke in eine Auflaufform (gefettet) schichten.

4. Eier mit Milch oder Sahne verschlagen. Mit Salz, Pfeffer, Paprika, Thymian und Petersilie würzen. Die Eiermilch oder -sahne auf dem eingeschichteten Auflauf verteilen. Mit Semmelbröseln bestreuen, Butter in Flöckchen daraufsetzen.

5. Die Form auf dem Rost in den vorgeheizten Backofen schieben und den Auflauf überbacken.

Ober-/Unterhitze: etwa 200 °C
Heißluft: etwa 180 °C
Garzeit: etwa 30 Minuten.

6. Den Anglertopf mit Thymian garniert servieren.

Apfelauflauf

Süße Mahlzeit – nicht nur für Kinder

4 Portionen

Pro Portion:
E: 22 g, F: 22 g, Kh: 57 g, kJ: 2178, kcal: 520

75 g	*weiche Butter oder Margarine*
125 g	*Zucker*
1 Pck.	*Dr. Oetker Vanillin-Zucker*
3	*Eier (Größe M)*
1 Prise	*Salz*
500 g	*Magerquark*
1 Pck.	*Dr. Oetker Pudding-Pulver Vanille-Geschmack*
500 g	*säuerliche Äpfel*

Zubereitungszeit: 25 Minuten
Garzeit: 25–35 Minuten

1. Den Backofen vorheizen.

Ober-/Unterhitze: etwa 200 °C
Heißluft: etwa 180 °C

2. Für die Quarkmasse Butter oder Margarine mit Handrührgerät mit Rührbesen auf höchster Stufe geschmeidig rühren. Nach und nach Zucker, Vanillin-Zucker, Eier, Salz und Quark unterrühren.

3. Pudding-Pulver nach und nach auf mittlerer Stufe unterrühren.

4. Die Äpfel schälen, vierteln und entkernen. Die Hälfte der Äpfel in kleine Würfel, die andere Hälfte in Spalten schneiden. Apfelwürfel unter die Quarkmasse heben. Die Masse in eine große, flache Auflaufform (gefettet, etwa 1,5 l Inhalt) oder 4 kleine Portionsauflaufformen (gefettet, je etwa 400 ml Inhalt) füllen und glatt streichen.

5. Apfelspalten auf dem Auflauf verteilen, etwas eindrücken. Die Form auf dem Rost in den vorgeheizten Backofen schieben. Den Quarkauflauf 25–35 Minuten garen (in kleinen Formen braucht der Auflauf etwas weniger Zeit, in einer großen Form etwas länger).

Tipp: Bestäuben Sie den Auflauf vor dem Servieren noch mit etwas Puderzucker.

Apfelauflauf mit Amarettini

Für Gäste

12 Portionen

Pro Portion:
E: 20 g, F: 28 g, Kh: 106 g, kJ: 3286, kcal: 783

3 kg Äpfel, z. B. Boskop
200 g abgezogene, gestiftelte Mandeln
2 helle, fertig gekaufte Biskuitböden (je 500 g)
1 l Milch
10 Eier (Größe M)
120 g Zucker
½ Fläschchen Bittermandel-Aroma
200 g Amarettini (italienisches Mandelgebäck)

Für die Formen:
80 g Butter oder Margarine

Zubereitungszeit: 60 Minuten
Garzeit: etwa 60 Minuten je Form

1. Äpfel schälen, vierteln und entkernen. Mandeln in einer Pfanne ohne Fett hellbraun anrösten, herausnehmen, auf einen Teller legen. Backofen vorheizen.

2. Die Böden von 2 flachen Auflaufformen (gefettet) mit je einem Biskuitboden auslegen.

3. Milch und Eier verschlagen. Zucker und Aroma unterrühren. Amarettini in einen Gefrierbeutel geben, Beutel fest verschließen. Amarettini mit einer Teigrolle grob zerbröseln.

4. Apfelspalten dachziegelartig auf den Biskuitböden (in den Formen) verteilen. Jeweils die Hälfte der Mandeln und Amarettinibröseln daraufstreuen. Eiermilch darauf verteilen. Die Formen nacheinander (bei Heißluft zusammen) auf dem Rost in den vorgeheizten Backofen schieben.

Ober-/Unterhitze: etwa 180 °C
Heißluft: etwa 160 °C
Garzeit: etwa 60 Minuten je Form.

Beilage: Vanille- oder Fruchteis und steifgeschlagene Sahne.

Tipp: Den Auflauf nach etwa 50 Minuten mit Backpapier belegen, damit er nicht zu dunkel wird.

Abwandlung: Anstelle der Äpfel können Sie auch Birnen verwenden. Dafür 2 ½ kg Birnen schälen, vierteln, entkernen und in Spalten schneiden. Etwa 8 Minuten in 250 ml (¼ l) Weißwein dünsten.

Apfelgratin mit Fenchel

Gut vorzubereiten

4 Portionen

Pro Portion:
E: 25 g, F: 27 g, Kh: 48 g, kJ: 2347, kcal: 561

300 g Kartoffeln
Salz
600 g Äpfel
Saft von
1 Zitrone
500 g Fenchelknollen
2 Zwiebeln
200 g Doppelrahm-Frischkäse
150 g Joghurt
100 ml Milch
frisch gemahlener Pfeffer
frisch geriebene Muskatnuss
Zucker
40 g Rosinen
120 g frisch geriebener, mittelalter Gouda-Käse
50 g frisch geriebener Parmesan-Käse
30 g Butter

Zubereitungszeit: 30 Minuten, ohne Abkühlzeit
Garzeit: etwa 35 Minuten

1. Kartoffeln waschen, schälen, abspülen, mit Wasser bedeckt zum Kochen bringen, Salz hinzufügen. Die Kartoffeln zugedeckt etwa 15 Minuten garen, abgießen, abdämpfen, etwas abkühlen lassen und in dünne Scheiben schneiden.

2. Äpfel schälen, vierteln und entkernen. Apfelviertel nochmals längs durchschneiden und mit Zitronensaft beträufeln. Den Backofen vorheizen.

3. Von dem Fenchel die Stiele dicht oberhalb der Knollen abschneiden. Braune Stellen und Blätter entfernen, die Wurzelenden gerade schneiden. Die Knollen waschen, abtropfen lassen, halbieren und in Streifen schneiden. Die vorbereiteten Zutaten abwechselnd, dachziegelartig in eine runde Gratinform (gefettet) schichten.

4. Zwiebeln abziehen, fein hacken, mit Frischkäse, Joghurt und Milch verrühren, mit Salz, Pfeffer, Muskat und Zucker würzen. Die Frischkäsemasse auf dem Gratin verteilen. Rosinen daraufgeben. Mit Gouda- und Parmesan-Käse bestreuen. Butter in Flöckchen daraufsetzen. Die Form auf dem Rost in den vorgeheizten Backofen schieben.

Ober-/Unterhitze: etwa 200 °C
Heißluft: etwa 180 °C
Garzeit: etwa 35 Minuten.

Asiatisches Gratin mit Tofu und Pilzen | Raffiniert

4 Portionen

Pro Portion:
E: 26 g, F: 29 g, Kh: 37 g, kJ: 2110, kcal: 504

400 g fester Tofu
1 Knoblauchzehe
1 Stück frischer Ingwer (etwa 4 cm)
2–3 EL Sojasauce
2 Bund Frühlingszwiebeln
200 g Shiitake-Pilze
400 g Möhren
2 EL Soja- oder Erdnussöl
Sojasauce
½ Flasche (125 ml) Asia-Sauce süß-sauer
100 g geröstete, gesalzene Erdnusskerne
1 kleine, rote Chilischote
2 EL flüssiger Honig
1 EL Speiseöl

Zubereitungszeit: 35 Minuten, ohne Marinierzeit
Garzeit: 10–12 Minuten

1. Tofu in etwa 2 cm dicke Scheiben schneiden und in eine Schale legen. Knoblauch abziehen und Ingwer schälen. Knoblauch und Ingwer fein würfeln, mit Sojasauce mischen. Die Tofuscheiben damit beträufeln und etwa 30 Minuten marinieren. Den Backofen vorheizen.

2. In der Zwischenzeit Frühlingszwiebeln putzen, waschen, abtropfen lassen und schräg in breite Scheiben schneiden. Pilze putzen und die Stängel abschneiden. Pilze mit Küchenpapier abreiben und große Pilze halbieren. Möhren putzen, schälen, abspülen, abtropfen lassen und in feine Stifte schneiden.

3. Soja- oder Erdnussöl in einer großen Pfanne erhitzen. Tofuscheiben darin von jeder Seite 3–4 Minuten hellbraun braten und herausnehmen. Möhrenstifte in dem verbliebenen Bratfett etwa 2 Minuten andünsten, Pilze und Frühlingszwiebelscheiben hinzugeben, unter Wenden weitere etwa 3 Minuten braten lassen. Mit Sojasauce würzen, Asia-Sauce untermischen.

4. Die Gemüsemasse in eine große Auflaufform (gefettet) geben. Tofuscheiben darauf verteilen.

5. Nusskerne grob hacken. Chili entstielen, längs aufschneiden und entkernen. Chilischote abspülen, trocken tupfen und fein hacken. Nusskerne mit Chili, Honig und Speiseöl mischen, auf den Tofuscheiben verteilen. Die Form auf dem Rost in den vorgeheizten Backofen schieben.

Ober-/Unterhitze: etwa 200 °C
Heißluft: etwa 180 °C
Garzeit: 10–12 Minuten.

Tipp: Shiitake-Pilze sind aromatische japanische Zuchtpilze (auch Tonkgu). Sie können sowohl frisch als auch getrocknet verwendet werden. Getrocknet ist ihr leicht rauchiger Geschmack sogar noch intensiver. Frische Pilze erst kurz vor dem Verzehr kaufen, da ihr hochwertiges Eiweiß leicht verdirbt. Gute Qualität erkennt man an festen, hellbraunen Kappen, die trocken und nicht eingerissen sind.

Auberginenauflauf auf Kartoffeln | Einfach

4 Portionen

Pro Portion:
E: 14 g, F: 57 g, Kh: 29 g, kJ: 2326, kcal: 701

500–600 g vorwiegend festkochende Kartoffeln
2 mittelgroße Auberginen
5–6 EL Speiseöl
3 Fleischtomaten
Salz
frisch gemahlener Pfeffer

Für den Guss:
1 Becher (150 g) Crème fraîche
250 g Schlagsahne
100 g geriebener Emmentaler-Käse
Kräuter der Provence

Zubereitungszeit: 50 Minuten, ohne Abkühlzeit
Garzeit: etwa 30 Minuten

1. Kartoffeln gründlich waschen, mit Wasser bedeckt zum Kochen bringen, zugedeckt 20–25 Minuten garen. Kartoffeln abgießen, abdämpfen und heiß pellen. Kartoffeln etwas abkühlen lassen und in Scheiben schneiden.

2. Auberginen waschen, abtrocknen und die Stängelansätze abschneiden. Auberginen in Scheiben schneiden. Speiseöl in einer Pfanne erhitzen. Auberginenscheiben darin von beiden Seiten leicht anbraten, herausnehmen und auf Küchenpapier abtropfen lassen. Den Backofen vorheizen.

3. Tomaten waschen, abtrocknen, die Stängelansätze herausschneiden. Tomaten in Scheiben schneiden.

4. Zuerst Kartoffel-, dann Tomaten- und zuletzt Auberginenscheiben in eine große Gratinform (gefettet) schichten, dabei die einzelnen Schichten mit Salz und Pfeffer bestreuen.

5. Für den Guss Crème fraîche mit Sahne und Käse verrühren. Mit Salz, Pfeffer und Kräutern der Provence würzen. Den Guss auf dem Auflauf verteilen. Die Form auf dem Rost in den vorgeheizten Backofen schieben.

Ober-/Unterhitze: etwa 180 °C
Heißluft: etwa 160 °C
Garzeit: etwa 30 Minuten.

Auberginenauflauf mit Brät

Gut vorzubereiten

2–4 Portionen

Pro Portion:

E: 31 g, F: 63 g, Kh: 38 g, kJ: 3572, kcal: 853

2	*Auberginen (etwa 500 g)*
8 EL	*Olivenöl*
	Salz
	frisch gemahlener Pfeffer
1 l	*Wasser*
1 gestr. TL	*Salz*
100 g	*Makkaroni*
300 g	*grobes Bratwurstbrät*
2	*Fleischtomaten (etwa 400 g)*
1 Pck. (500 g)	*Tomatensauce*
	gerebelter Oregano
125 g	*Mozzarella-Käse*
40 g	*geriebener Gouda-Käse*
einige	*vorbereitete Petersilienblättchen*

Zubereitungszeit: 50 Minuten
Garzeit: etwa 35 Minuten

1. Auberginen waschen, abtrocknen und die Stängelansätze entfernen. Auberginen in Scheiben schneiden.

2. Jeweils etwas Olivenöl in einer Pfanne erhitzen, Auberginenscheiben darin portionsweise anbraten, herausnehmen und auf Küchenpapier abtropfen lassen. Mit Salz und Pfeffer bestreuen.

3. Wasser in einem großen Topf mit geschlossenem Deckel zum Kochen bringen. Dann Salz und Nudeln hinzugeben. Die Nudeln im geöffneten Topf bei mittlerer Hitze nach Packungsanleitung kochen lassen, dabei zwischendurch 4–5-mal umrühren.

4. Anschließend die Nudeln in ein Sieb geben, mit heißem Wasser abspülen und abtropfen lassen. Den Backofen vorheizen.

5. Restliches Olivenöl in einer Pfanne erhitzen, Bratwurstbrät darin anbraten, dabei die Fleischklümpchen mit einer Gabel zerkleinern.

6. Tomaten waschen, abtropfen lassen, kreuzweise einschneiden, kurz in kochendes Wasser legen und in kaltem Wasser abschrecken. Tomaten enthäuten, halbieren, entkernen und die Stängelansätze herausschneiden. Tomatenhälften in Scheiben schneiden.

7. Die Hälfte der Auberginenscheiben in einer Auflaufform (gefettet) verteilen. Dann Makkaroni und Bratwurstbrät einschichten. Restliche Auberginenscheiben darauflegen. Die Tomatensauce darauf verteilen, mit Salz, Pfeffer und Oregano bestreuen.

8. Mozzarella abtropfen lassen und in Scheiben schneiden. Den Auflauf mit den Mozzarellascheiben belegen und mit Käse bestreuen. Die Form auf dem Rost in den vorgeheizten Backofen schieben.

Ober-/Unterhitze: etwa 200 °C
Heißluft: etwa 180 °C
Garzeit: etwa 35 Minuten.

9. Den Auflauf mit Petersilienblättchen garnieren.

Auberginenauflauf mit Lamm

Raffiniert

4 Portionen

Pro Portion:
E: 32 g, F: 26 g, Kh: 11 g, kJ: 1727, kcal: 412

500 g Tomaten
500 g Auberginen
Salz
2 Zwiebeln
1 EL Speiseöl
500 g Lammhackfleisch
frisch gemahlener Pfeffer
Paprikapulver edelsüß
gerebelter Thymian
gerebelter Rosmarin
150 g Joghurt
3 Eier (Größe M)

Zubereitungszeit: 35 Minuten, ohne Durchziehzeit
Garzeit: etwa 45 Minuten

1. Tomaten waschen, abtropfen lassen, kreuzweise einschneiden, kurz in kochendes Wasser legen und in kaltem Wasser abschrecken. Tomaten enthäuten, halbieren, entkernen und die Stängelansätze herausschneiden. Tomatenhälften in Scheiben schneiden.

2. Auberginen waschen, abtrocknen und die Stängelansätze entfernen. Auberginen in etwa $1/2$ cm dicke Scheiben schneiden und mit Salz bestreuen, etwa 30 Minuten ziehen lassen. Auberginenscheiben trocken tupfen. Zwiebeln abziehen und klein würfeln. Den Backofen vorheizen.

3. Speiseöl in einer Pfanne erhitzen, Auberginenscheiben darin von beiden Seiten hellgelb anbraten und herausnehmen. Zwiebelwürfel in dem verbliebenen Bratfett anbraten. Lammfleisch hinzufügen und unter Rühren anbraten, dabei die Fleischklümpchen mit einer Gabel zerdrücken. Mit Salz, Pfeffer, Paprika, Thymian und Rosmarin würzen. Lammfleisch etwa 5 Minuten braten lassen.

4. Tomaten- und Auberginenscheiben lagenweise mit dem Lammfleisch in eine Auflaufform (gefettet) schichten. Die Tomatenschichten mit Salz, Pfeffer, Paprika, Thymian und Rosmarin würzen. Die Form auf dem Rost in den vorgeheizten Backofen schieben.

Ober-/Unterhitze: etwa 200 °C
Heißluft: etwa 180 °C
Garzeit: etwa 20 Minuten.

5. In der Zwischenzeit Joghurt und Eier verschlagen, mit Salz würzen. Die Form aus dem Backofen nehmen und den Eier-Joghurt-Guss auf dem Auflauf verteilen. Die Form wieder auf dem Rost in den Backofen schieben und den Auflauf **bei gleicher Backofeneinstellung in 20–25 Minuten fertig garen.**

Tipp: Lammhackfleisch kann auch durch Gehacktes (halb Rind-/ halb Schweinefleisch) ersetzt werden.

Auberginen-Hackfleisch-Gratin

Schnell – raffiniert

4 Portionen

Pro Portion:
E: 21 g, F: 38 g, Kh: 7 g, kJ: 1888, kcal: 450

500 g Auberginen
6 EL Speiseöl
1 TL gerebelter Oregano
Paprikapulver edelsüß
Salz
frisch gemahlener Pfeffer
2 Zwiebeln
3 EL Speiseöl
250 g mageres Rindergehacktes
2 Knoblauchzehen
2 EL gehackte Petersilie
3 Fleischtomaten
125 g Mozzarella-Käse
einige Basilikumblättchen

Zubereitungszeit: 40 Minuten
Garzeit: etwa 25 Minuten

1. Auberginen waschen, abtrocknen und die Stängelansätze abschneiden. Auberginen längs in etwa ½ cm dicke Scheiben schneiden. Speiseöl in einer Pfanne erhitzen. Die Auberginenscheiben darin von beiden Seiten anbraten. Mit Oregano, Paprika, Salz und Pfeffer bestreuen. Auberginenscheiben nebeneinander (in 2–3 Lagen) in eine flache Gratinform (gefettet) legen. Den Backofen vorheizen.

2. Zwiebeln abziehen und in kleine Würfel schneiden. Speiseöl in einer Pfanne erhitzen. Zwiebelwürfel darin glasig dünsten. Gehacktes hinzugeben und unter Rühren darin anbraten. Dabei die Fleischklümpchen mit einer Gabel zerdrücken. Mit Oregano, Paprika, Salz und Pfeffer würzen. Knoblauch abziehen, zerdrücken oder in feine Scheiben schneiden. Knoblauch und Petersilie unter die Hackfleischmasse rühren.

3. Tomaten waschen, abtropfen lassen, kreuzweise einschneiden und einige Sekunden in kochendes Wasser legen. Tomaten kurz in kaltes Wasser legen, enthäuten, halbieren, entkernen und Stängelansätze herausschneiden. Tomatenhälften in kleine Würfel schneiden und mit der Hackfleischmasse vermengen. Mit Salz würzen.

4. Die Hackfleischmasse auf den Auberginenscheiben verteilen. Mozzarella abtropfen lassen, in Scheiben schneiden und darauflegen. Die Form auf dem Rost in den vorgeheizten Backofen schieben.

Ober-/Unterhitze: etwa 200 °C
Heißluft: etwa 180 °C
Garzeit: etwa 25 Minuten.

5. Basilikumblättchen abspülen und trocken tupfen. Auberginen-Hackfleisch-Gratin mit Basilikumblättchen garnieren und sofort servieren.

Auberginen-Kichererbsen-Gratin

Raffiniert

3 Portionen

Pro Portion:
E: 31 g, F: 49 g, Kh: 31 g, kJ: 2934, kcal: 701

2	*Zwiebeln*
1	*Knoblauchzehe*
600 g	*mittelgroße Auberginen*
5 EL	*Olivenöl*
	Salz
	frisch gemahlener Pfeffer
	grob geschroteter Chili, z. B. Pul Biber
1 Dose	*Kichererbsen (Abtropfgewicht 240 g)*
1 Dose	*stückige Tomaten (Einwaage 400 g, Pizza-Tomaten, ungewürzt)*
1 TL	*getrocknete Kräuter der Provence*
2–3	*Eier (Größe M)*
200 g	*Schlagsahne oder 200 ml Milch*
200 g	*Mozzarella-Käse*
1–2 EL	*Semmelbrösel*

Zubereitungszeit: 45 Minuten, ohne Abkühlzeit
Garzeit: etwa 40 Minuten

1. Zwiebeln und Knoblauch abziehen und fein würfeln. Auberginen abspülen, trockenreiben, putzen und in etwa 1 cm dicke Scheiben schneiden. Etwas Öl in einer Pfanne erhitzen. Auberginenscheiben in mehreren Portionen in etwas Öl kräftig anbraten, Zwiebeln und Knoblauch mitbraten. Alles mit Salz, Pfeffer und Chili würzen.

2. Kichererbsen in ein Sieb geben, mit kaltem Wasser kurz abspülen, abtropfen lassen. Backofen vorheizen.

3. Eine große Auflauf- oder Gratinform (gefettet) mit der Hälfte der Auberginenscheiben auslegen. Kichererbsen und die Hälfte der Tomaten darauf verteilen, mit Salz, Pfeffer und getrockneten Kräutern der Provence kräftig würzen. Übrige Auberginen daraufschichten, würzen und restliche Tomaten darauf verteilen. Eier, Sahne oder Milch, Salz und Pfeffer verquirlen, über die Zutaten gießen.

4. Käse abtropfen lassen und in feine Scheiben schneiden. Käse auf der Eiermasse verteilen, Semmelbrösel darüberstreuen. Form auf dem Rost in den vorgeheizten Backofen schieben. Gratin goldbraun backen.

Ober-/Unterhitze: etwa 180 °C
Heißluft: etwa 160 °C
Garzeit: etwa 40 Minuten.

Auflauf in Kohlrabi | Raffiniert

12 Portionen

Pro Portion:
E: 21 g, F: 32 g, Kh: 22 g, kJ: 2026, kcal: 484

12 große Kohlrabi (je etwa 450 g)
4 Möhren (etwa 400 g)
4 dicke Kartoffeln (etwa 400 g)
1 Gemüsezwiebel (etwa 450 g)
4 l Wasser
600 g gemischtes Hackfleisch (halb Rind-, halb Schweinefleisch)
Salz
frisch gemahlener Pfeffer
300 g Schlagsahne
6 Eier (Größe M)
100 ml Pflanzenöl
500 ml Gemüsebrühe oder -fond
2 Bund glatte Petersilie

Zubereitungszeit: 40 Minuten, ohne Abkühlzeit
Garzeit: etwa 60 Minuten

1. Kohlrabi schälen, die Wurzelenden gerade schneiden (damit eine kleine Standfläche entsteht). Möhren putzen, schälen, waschen, abtropfen lassen. Kartoffeln waschen, schälen, abspülen und abtropfen lassen. Möhren und Kartoffeln in gleich große Würfel schneiden. Zwiebel abziehen, halbieren und ebenfalls in Würfel schneiden.

2. Wasser in einem großen Topf zum Kochen bringen. Kohlrabi (in 2–3 Portionen) hinzugeben, wieder zum Kochen bringen und etwa 25 Minuten vorgaren. Kohlrabi in einem Sieb abtropfen und etwas abkühlen lassen. Den Backofen vorheizen.

3. Kohlrabi mit einem Kugelausstecher oder Teelöffel so aushöhlen, dass ein 1 1/2–2 cm dicker Rand stehen bleibt. Ausgehöhltes Kohlrabifleisch grob zerkleinern. Ein Drittel davon in einer Schüssel mit dem Hackfleisch verkneten. Mit Salz und Pfeffer würzen. Die ausgehöhlten Kohlrabi bis zu zwei Drittel damit füllen. Sahne und Eier verschlagen. Mit Salz und Pfeffer würzen.

4. Pflanzenöl in einem großen Bräter erhitzen. Restliches Kohlrabifleisch, Möhren-, Kartoffel- und Zwiebelwürfel darin andünsten. Brühe oder Fond hinzugießen. Die gefüllten Kohlrabi auf das Gemüse setzen. Den Auflauf mit der Eiersahne übergießen. Die Form auf dem Rost in den vorgeheizten Backofen schieben.

Ober-/Unterhitze: etwa 180 °C
Heißluft: etwa 160 °C
Garzeit: etwa 60 Minuten.

5. Petersilie abspülen und trocken tupfen. Die Blättchen von den Stängeln zupfen. Blättchen klein schneiden.

6. Den Auflauf vor dem Servieren mit der Petersilie bestreuen.

Auflauf mit Speck und dicken Bohnen | Einfach

4–6 Portionen

Pro Portion:
E: 44 g, F: 36 g, Kh: 27 g, kJ: 2574, kcal: 616

1 kg TK-Bohnen (dicke Bohnen)
Salzwasser
2 große Zwiebeln
100 g durchwachsener Speck
½ Bund Petersilie
125 g gewürfelter, roher Schinken

Für die Sauce:
3 Eier (Größe M)
150 g saure Sahne
1 Becher (150 g) Crème fraîche
100 g geriebener Käse, z. B. Gratin-Käse
Salz, frisch gemahlener Pfeffer
Paprikapulver edelsüß

50 g geriebener Käse, z. B. Gratin-Käse
20 g Butter

Zubereitungszeit: 25 Minuten
Garzeit: etwa 30 Minuten

1. Bohnen in kochendem Salzwasser nach Packungsanleitung bissfest garen. Anschließend die Bohnen in einem Sieb abtropfen lassen. Den Backofen vorheizen.

2. In der Zwischenzeit Zwiebeln abziehen und klein würfeln. Speck in Würfel schneiden und in einer beschichteten Pfanne bei mittlerer Hitze auslassen. Zwiebelwürfel hinzugeben und andünsten.

3. Petersilie abspülen und trocken tupfen. Die Blättchen von den Stängeln zupfen, klein schneiden und unter die Speck-Zwiebel-Masse rühren. Bohnen mit der Speck-Zwiebel-Masse und den Schinkenwürfeln mischen, in eine Auflaufform (gefettet) geben.

4. Für die Sauce Eier mit saurer Sahne, Crème fraîche und Käse verrühren. Mit Salz, Pfeffer und Paprika würzen. Die Sauce auf der Bohnen-Schinken-Mischung verteilen. Mit Käse bestreuen. Butter in Flöckchen daraufsetzen. Die Form auf dem Rost in den vorgeheizten Backofen schieben.

Ober-/Unterhitze: etwa 200 °C
Heißluft: etwa 180 °C
Garzeit: etwa 30 Minuten.

Tipp: Zu kurz Gebratenem wie Filetsteak, Rumpsteak oder Schweinefilet servieren.

Austernpilzauflauf mit Currysauce | Gut vorzubereiten

2–4 Portionen

Pro Portion:
E: 31 g, F: 58 g, Kh: 10 g, kJ: 2896, kcal: 692

500 g Austernpilze
2 EL Butter
250 g Hackfleisch (halb Rind-, halb Schweinefleisch)
5 EL Fleischbrühe
Salz
frisch gemahlener, weißer Pfeffer

Für die Currysauce:
20 g Butter
20 g Weizenmehl
250 ml (1/4 l) Milch oder 250 g Schlagsahne
1 TL Currypulver
2 Eigelb (Größe M)
2 EL Schlagsahne

50 g frisch geriebener Gratin-Käse

Zubereitungszeit: 50 Minuten
Garzeit: 20–25 Minuten

1. Austernpilze putzen, mit Küchenpapier abreiben, trocken tupfen und in dünne Scheiben schneiden.

2. Butter in einer Pfanne zerlassen, Hackfleisch hinzufügen und unter ständigem Rühren anbraten. Dabei die Fleischklümpchen mit einer Gabel etwas zerdrücken. Pilzscheiben und Fleischbrühe hinzugeben, 5–10 Minuten dünsten lassen. Die Hackfleisch-Pilz-Masse mit Salz und Pfeffer würzen. Den Backofen vorheizen.

3. Für die Sauce Butter in einem Topf zerlassen. Mehl darin unter Rühren so lange erhitzen, bis es hellgelb ist. Milch oder Sahne hinzugießen, mit einem Schneebesen gut durchschlagen. Dabei darauf achten, dass keine Klümpchen entstehen. Die Sauce zum Kochen bringen und bei schwacher Hitze etwa 5 Minuten kochen lassen, dabei gelegentlich umrühren. Mit Salz und Curry würzen. Den Topf von der Kochstelle nehmen. Eigelb und Sahne verschlagen, in die Sauce rühren (nicht mehr kochen lassen).

4. Die Hackfleisch-Pilz-Masse in eine flache Auflaufform (gefettet) geben und mit der Sauce übergießen. Mit Käse bestreuen. Die Form auf dem Rost in den vorgeheizten Backofen schieben.

Ober-/Unterhitze: etwa 200 °C
Heißluft: etwa 160 °C
Garzeit: 15–20 Minuten.

Bäckers Spinatauflauf | Preiswert

4 Portionen

Pro Portion:
E: 21 g, F: 31 g, Kh: 27 g, kJ: 2077, kcal: 496

1 Pck.
(450 g) TK-Blattspinat
3 Brötchen (Semmeln, vom Vortag)
375 ml
(3/8 l) Milch
75 g durchwachsener Speck
1 Zwiebel
3 Eigelb (Größe M)
Salz
frisch gemahlener Pfeffer
frisch geriebene Muskatnuss
3 Eiweiß (Größe M)
3 EL frisch geriebener Käse
40 g Butter

Zubereitungszeit: 40 Minuten, ohne Auftauzeit
Garzeit: 25–30 Minuten

1. Spinat nach Packungsanleitung auftauen lassen. Den Backofen vorheizen. Brötchen in der Milch einweichen und gut ausdrücken. Speck in Würfel schneiden und in einer Pfanne auslassen (anbraten). Zwiebel abziehen, in kleine Würfel schneiden, in dem Speckfett andünsten und zu der Brötchenmasse geben.

2. Spinat und Eigelb zu der Speck-Brötchen-Masse geben und gut verrühren. Mit Salz, Pfeffer und Muskat würzen. Eiweiß steifschlagen und unterheben.

3. Die Masse in eine flache Auflaufform (gefettet) geben und mit Käse bestreuen. Butter in Flöckchen daraufsetzen. Die Form auf dem Rost in den vorgeheizten Backofen schieben.

Ober-/Unterhitze: etwa 200 °C
Heißluft: etwa 180 °C
Garzeit: 25–30 Minuten.

Badischer Nudeltraum | Schnell

4 Portionen

Pro Portion:
E: 38 g, F: 42 g, Kh: 49 g, kJ: 3215, kcal: 768

2 EL Speiseöl
400 g Rindergehacktes
2 Zwiebeln
Salz
frisch gemahlener Pfeffer
2 1/2 l Wasser
2 1/2 TL Salz
250 g Nudeln, z. B. Bandnudeln
250 g Brokkoli
250 ml (1/4 l) Hühnerbrühe
3 Tomaten
2–3 EL frisch geriebener, mittelalter Gouda-Käse
40 g Butter

Zubereitungszeit: 60 Minuten
Garzeit: etwa 25 Minuten

1. Speiseöl in einer großen Pfanne erhitzen. Rindergehacktes hinzufügen und unter Rühren anbraten. Dabei die Fleischklümpchen mit einer Gabel zerdrücken.

2. Zwiebeln abziehen, in kleine Würfel schneiden, zum Gehackten geben und 2–3 Minuten mitbraten. Mit Salz und Pfeffer würzen.

3. Wasser in einem großen Topf mit geschlossenem Deckel zum Kochen bringen. Dann Salz und Nudeln hinzugeben. Die Nudeln im geöffneten Topf bei mittlerer Hitze nach Packungsanleitung kochen lassen, dabei zwischendurch 4–5-mal umrühren. Nudeln in ein Sieb geben, mit heißem Wasser abspülen und abtropfen lassen. Den Backofen vorheizen.

4. Vom Brokkoli die Blätter entfernen. Den Brokkoli in Röschen teilen. Die Stängel am Strunk schälen und bis kurz vor den Röschen kreuzweise einschneiden. Brokkoliröschen waschen und abtropfen lassen.

5. Die Hühnerbrühe in einem Topf zum Kochen bringen. Brokkoliröschen darin etwa 5 Minuten garen. Die Brokkoliröschen in einem Sieb abtropfen lassen, dabei die Brühe auffangen.

6. Tomaten waschen, abtropfen lassen, kreuzweise einschneiden und einige Sekunden in kochendes Wasser legen. Tomaten kurz in kaltes Wasser legen, enthäuten und Stängelansätze entfernen. Tomaten in Scheiben schneiden.

7. Die Gehacktesmasse und zwei Drittel der Nudeln in einer Auflaufform (gefettet) verteilen. Brokkoliröschen und Tomatenscheiben daraufgeben, mit Salz und Pfeffer würzen. Die aufgefangene Brühe hinzugießen, restliche Nudeln darauf verteilen. Den Auflauf mit Käse bestreuen. Butter in Flöckchen daraufsetzen. Die Form auf dem Rost in den vorgeheizten Backofen schieben.

Ober-/Unterhitze: etwa 200 °C
Heißluft: etwa 180 °C
Garzeit: etwa 25 Minuten.

Bandnudelauflauf mit Kräutern |

Gut vorzubereiten

4 Portionen

Pro Portion:
E: 13 g, F: 40 g, Kh: 45 g, kJ: 2607, kcal: 623

2 1/2 l Wasser
2 1/2 TL Salz
250 g grüne Bandnudeln
200 g Schlagsahne
4 Eier (Größe M)
4 EL gemischte, gehackte Kräuter, z. B. Petersilie, Basilikum, Thymian
Salz
frisch gemahlener Pfeffer
frisch geriebene Muskatnuss
4 Scheiben durchwachsener Speck

Zubereitungszeit: 20 Minuten
Garzeit: etwa 45 Minuten

1. Wasser in einem großen Topf mit geschlossenem Deckel zum Kochen bringen. Dann Salz und Nudeln hinzugeben. Die Nudeln im geöffneten Topf bei mittlerer Hitze nach Packungsanleitung kochen lassen, dabei zwischendurch 4–5-mal umrühren. Den Backofen vorheizen. Nudeln in ein Sieb geben, mit heißem Wasser abspülen und abtropfen lassen.

2. Sahne und Eier verschlagen, Kräuter unterrühren. Mit Salz, Pfeffer und Muskat würzen. Die Nudeln in eine flache, runde Auflaufform (gefettet) geben. Die Eiersahne darauf verteilen. Die Form auf dem Rost in den vorgeheizten Backofen schieben.

Ober-/Unterhitze: etwa 180 °C
Heißluft: etwa 160 °C
Garzeit: etwa 45 Minuten.

3. Speckscheiben in einer beschichteten Pfanne von beiden Seiten anbraten. Den Bandnudelauflauf mit den Speckscheiben garnieren und sofort servieren.

Berliner Buletten-Auflauf

Für die Party

12 Portionen

Pro Portion:

E: 47 g, F: 79 g, Kh: 35 g, kJ: 4608, kcal: 1100

2	mittelgroße Zwiebeln
1,8 kg	Gehacktes (halb Rind-, halb Schweinefleisch)
3	Eier (Größe M)
150 g	Semmelbrösel
	Salz
	frisch gemahlener Pfeffer
5 EL	Speiseöl
1 ½ kg	kleine, gekochte Pellkartoffeln
250 g	Cocktailtomaten
2 Bund	Schnittlauch
600 g	Crème fraîche
400 g	Schlagsahne
8	Eier (Größe M)
	Paprikapulver edelsüß
250 g	frisch geriebener Gouda-Käse

Zubereitungszeit: 85 Minuten
Garzeit: etwa 35 Minuten

1. Zwiebeln abziehen und in kleine Würfel schneiden. Gehacktes in eine Schüssel geben. Zwiebelwürfel, Eier und Semmelbrösel hinzugeben. Die Zutaten gut vermengen. Mit Salz und Pfeffer würzen.

2. Aus der Fleischmasse mit angefeuchteten Händen 24 Bällchen (Buletten) formen. Jeweils etwas Speiseöl in einer großen Pfanne erhitzen. Fleischbällchen darin portionsweise von allen Seiten etwa 6 Minuten anbraten. Den Backofen vorheizen.

3. Die Kartoffeln pellen, je nach Größe halbieren oder vierteln. Tomaten waschen, abtrocknen und eventuell die Stängelansätze entfernen.

4. Fleischbällchen (Buletten) mit den Kartoffeln und Tomaten in einer großen Auflaufform (gefettet) oder Fettfangschale (gefettet) verteilen.

5. Schnittlauch abspülen, trocken tupfen und in Röllchen schneiden. Crème fraîche mit Sahne und Eiern verschlagen. Mit Salz, Pfeffer und Paprika würzen. Schnittlauchröllchen unterrühren. Die Eiersahne auf dem Auflauf verteilen. Mit Käse bestreuen.

6. Die Form auf dem Rost oder die Fettfangschale in den vorgeheizten Backofen schieben.

Ober-/Unterhitze: etwa 180 °C
Heißluft: etwa 160 °C
Garzeit: etwa 35 Minuten.

Birnen-Ananas-Auflauf | Für die Party

12 Portionen

Pro Portion:
E: 10 g, F: 40 g, Kh: 42 g, kJ: 2453, kcal: 586

2 Dosen	*Birnenhälften (Abtropfgewicht je 450 g)*
2 Dosen	*Ananasscheiben (Abtropfgewicht je 500 g)*
1 kg	*Schlagsahne*
10	*Eier (Größe M)*
120 g	*brauner Zucker (Rohrzucker)*
2 Fläschchen	*Rum-Aroma*
250 g	*Rosinen*
100 g	*Kokosraspel*

Für die Formen:

40 g	*Butter*

Zubereitungszeit: 35 Minuten
Garzeit: etwa 60 Minuten je Form

1. Birnenhälften und Ananasscheiben getrennt in je einem Sieb abtropfen lassen. Den Backofen vorheizen. Birnenhälften jeweils längs in 3 Spalten schneiden. Ananasscheiben halbieren.

2. Sahne und Eier verschlagen. Zucker und Aroma hinzugeben. Rosinen und Kokosraspel unterrühren.

3. Birnenspalten und Ananashälften in 2 große, flache Auflaufformen (gefettet) abwechselnd in Reihen einschichten. Jeweils die Hälfte der Eier-Sahne hinzugießen. Die Formen nacheinander (bei Heißluft zusammen) auf dem Rost in den vorgeheizten Backofen schieben.

Ober-/Unterhitze: etwa 180 °C
Heißluft: etwa 160 °C
Garzeit: etwa 60 Minuten je Form.

Tipp: Birnenhälften und Ananasscheiben können auch in Würfel geschnitten und gemischt in die Auflaufformen gefüllt werden. Den Auflauf vor dem Servieren mit Minze- oder Melisseblättchen garnieren.

Birnenauflauf mit Schneehaube |

Einfach

4 Portionen

Pro Portion:
E: 13 g, F: 12 g, Kh: 66 g, kJ: 1837, kcal: 439

250 ml (1/4 l) Milch
9 Zwiebäcke (etwa 100 g)
800 g Birnenkompott
500 ml (1/2 l) Milch
1 Pck. Dr. Oetker Pudding-Pulver Vanille-Geschmack
50 g Zucker
2 Eigelb (Größe M)
2 Eiweiß (Größe M)
2 gestr. TL Zucker

Zubereitungszeit: 30 Minuten, ohne Einweichzeit
Garzeit: 15–20 Minuten

1. Milch in einem Topf erhitzen. Zwiebäcke in eine flache Schale legen, mit der Milch übergießen und kurz einweichen lassen. Den Backofen vorheizen.

2. Birnenkompott abtropfen lassen und in eine runde, flache Auflaufform (gefettet) geben. Eingeweichte Zwiebäcke dicht nebeneinander darauflegen.

3. Einen Pudding aus Milch, Pudding-Pulver, Zucker und Eigelb nach Packungsanleitung zubereiten. Den Pudding auf den Zwiebäcken verteilen.

4. Das Eiweiß sehr steifschlagen und Zucker kurz unterschlagen. Die Eischneemasse in einen Spritzbeutel mit Lochtülle geben und auf den Pudding spritzen oder die Eischneemasse gleichmäßig auf den Pudding streichen.

5. Die Form auf dem Rost in den vorgeheizten Backofen schieben.

Ober-/Unterhitze: 180–200 °C
Heißluft: 160–180 °C
Garzeit: 15–20 Minuten.

Tipp: Für den Auflauf können beliebige Reste von gedünstetem Obst, auch Obst aus dem Glas oder der Dose verwendet werden.

Birnen-Speck-Auflauf | Preiswert

4 Portionen

Pro Portion:
E: 12 g, F: 37 g, Kh: 49 g, kJ: 2483, kcal: 593

500 g	gedünstete Birnenhälften
100 g	Schinkenspeck (in Scheiben)
250 g	Schlagsahne
3	Eigelb (Größe M)
	Salz
1 schwach geh. TL	Zucker
3	Eiweiß (Größe M)
3 Scheiben	Weißbrot (etwa 60 g)

Zubereitungszeit: 35 Minuten
Garzeit: 20–25 Minuten

1. Birnenhälften in einem Sieb abtropfen lassen und in einer flachen Auflaufform (gefettet) verteilen. Birnenhälften mit Speckscheiben belegen. Den Backofen vorheizen.

2. Sahne und Eigelb verschlagen, mit Salz und Zucker würzen. Eiweiß steifschlagen und vorsichtig unterheben.

3. Weißbrotscheiben halbieren, mit der Sahne-Ei-Masse bestreichen. Restliche Sahne-Ei-Masse auf den Birnenhälften verteilen und mit den Weißbrotscheiben belegen.

4. Die Form auf dem Rost in den vorgeheizten Backofen schieben.

Ober-/Unterhitze: etwa 200 °C
Heißluft: etwa 180 °C
Garzeit: 20–25 Minuten.

Tipp: Den Birnen-Speck-Auflauf zu kurz gebratenem Fleisch servieren.

Blumenkohlauflauf mit Schinken

Beliebt

4 Portionen

Pro Portion:
E: 33 g, F: 37 g, Kh: 39 g, kJ: 2733, kcal: 652

1 kg Blumenkohl
Salzwasser
200 g Spaghetti
2 l Wasser
2 TL Salz
200 g roher oder gekochter Schinken
250 g Schlagsahne
4 Eier (Größe M)
Salz
frisch gemahlener Pfeffer
frisch geriebene Muskatnuss
30 g frisch geriebener Parmesan-Käse

Zubereitungszeit: 40 Minuten
Garzeit: etwa 60 Minuten

1. Vom Blumenkohl die Blätter und schlechten Stellen entfernen, den Strunk abschneiden. Blumenkohl in Röschen teilen, waschen und abtropfen lassen. Blumenkohlröschen in kochendem Salzwasser etwa 10 Minuten garen und in einem Sieb abtropfen lassen.

2. Spaghetti in Stücke brechen. Wasser in einem großen Topf mit geschlossenem Deckel zum Kochen bringen. Dann Salz und Spaghetti hinzugeben. Die Spaghetti im geöffneten Topf bei mittlerer Hitze nach Packungsanleitung kochen lassen, dabei zwischendurch 4–5-mal umrühren.

3. Anschließend die Spaghetti in ein Sieb geben, mit heißem Wasser abspülen und abtropfen lassen.

4. Schinken in Würfel schneiden. Abwechselnd Spaghetti, Blumenkohlröschen und Schinkenwürfel in einen gewässerten Römertopf® schichten.

5. Sahne mit Eiern verschlagen. Mit Salz, Pfeffer und Muskat würzen. Die Eiersahne auf dem Auflauf verteilen. Mit Käse bestreuen. Den Römertopf® mit dem Deckel verschließen und auf dem Rost in den kalten Backofen schieben.

Ober-/Unterhitze: 200–220 °C
Heißluft: 180–200 °C
Garzeit: etwa 60 Minuten.

Blumenkohl-Grünkern-Auflauf I

Vegetarisch

2–4 Portionen

Pro Portion:
E: 26 g, F: 16 g, Kh: 45 g, kJ: 1813, kcal: 433

1 l Gemüsebrühe
180 g Grünkern
1 Kopf Blumenkohl (etwa 600 g)
Salz
Zitronensaft
100 ml Gemüsebrühe (von dem Blumenkohl)
1 Bund Schnittlauch
250 g Speisequark (Magerstufe)
2 Eier (Größe M)
6 EL Schlagsahne
frisch gemahlener Pfeffer
frisch geriebene Muskatnuss

Zubereitungszeit: 40 Minuten
Garzeit: etwa 20 Minuten

1. Gemüsebrühe in einem Topf zum Kochen bringen. Grünkern hinzugeben, wieder zum Kochen bringen und zugedeckt etwa 40 Minuten garen. Den Backofen vorheizen.

2. In der Zwischenzeit von dem Blumenkohl die Blätter und schlechten Stellen entfernen. Den Strunk abschneiden. Blumenkohl in Röschen teilen, waschen und abtropfen lassen. Blumenkohlröschen in wenig Wasser mit Salz und Zitronensaft etwa 8 Minuten bissfest garen.

3. Grünkern und Blumenkohlröschen abtropfen lassen, dabei die Blumenkohlbrühe auffangen und 100 ml abmessen. Grünkern und Blumenkohl mit der Brühe in eine Auflaufform (gefettet) geben.

4. Schnittlauch abspülen, trocken tupfen und in Röllchen schneiden. Quark mit Eiern, Sahne, Salz, Pfeffer und Muskat verrühren, drei Viertel der Schnittlauchröllchen unterrühren. Die Quark-Eier-Masse auf der Grünkern-Blumenkohl-Mischung verteilen.

5. Die Form auf dem Rost in den vorgeheizten Backofen schieben.

Ober-/Unterhitze: etwa 200 °C
Heißluft: etwa 180 °C
Garzeit: etwa 20 Minuten.

6. Den Auflauf mit den restlichen Schnittlauchröllchen bestreuen.

Bohnen-Kartoffel-Gratin

Gut vorzubereiten

12 Portionen

Pro Portion:
E: 19 g, F: 22 g, Kh: 26 g, kJ: 1602, kcal: 382

1,2 kg TK-Brechbohnen
1,2 kg kleine Kartoffeln
Salzwasser
4 Knoblauchzehen
1 Bund Thymian
100 g Butter oder Margarine
Salz, frisch gemahlener Pfeffer
1 kg Schafkäse
3 EL Sesamsamen

Zubereitungszeit: 50 Minuten, ohne Auftauzeit
Garzeit: etwa 15 Minuten

1. Brechbohnen nach Packungsanleitung auftauen lassen.

2. Kartoffeln gründlich waschen, mit Salzwasser bedeckt zum Kochen bringen, zugedeckt 15–20 Minuten garen. Kartoffeln abgießen, abdämpfen und noch warm pellen. Den Backofen vorheizen.

3. Knoblauch abziehen und in kleine Würfel schneiden. Thymian abspülen und trocken tupfen. Die Blättchen von den Stängeln zupfen, Blättchen klein schneiden.

4. Jeweils etwas Butter oder Margarine in einer großen Pfanne zerlassen. Kartoffeln und Brechbohnen darin portionsweise andünsten, Knoblauch und Thymian hinzufügen. Mit Salz und Pfeffer würzen.

5. Schafkäse in Würfel schneiden, mit Brechbohnen und Kartoffeln mischen, in eine Fettfangschale (gefettet) oder große Auflaufform (gefettet) füllen und mit Sesam bestreuen. Die Fettfangschale oder die Form auf dem Rost in den vorgeheizten Backofen schieben.

Ober-/Unterhitze: 180–200 °C
Heißluft: 160–180 °C
Garzeit: etwa 15 Minuten.

Tipp: Wer keinen Schafkäse mag, kann diesen durch Gouda- oder Emmentaler-Käse ersetzen.

Brokkoli-Blumenkohl-Auflauf

Raffiniert

4–6 Portionen

Pro Portion:
E: 44 g, F: 33 g, Kh: 7 g, kJ: 2255, kcal: 539

1/2 Kopf	*Blumenkohl (etwa 350 g)*
350 g	*Brokkoli*
	Salzwasser
2	*Zwiebeln*
1	*großer, säuerlicher Apfel*
3–4	*Bratwürste Thüringer Art*
1 Bund	*Majoran*
4 EL	*Speiseöl*
	Salz
	frisch gemahlener, weißer Pfeffer
3	*Eier (Größe M)*
125 ml (1/8 l)	*Milch*
	frisch geriebene Muskatnuss
100 g	*geraspelter, mittelalter Gouda-Käse*

Zubereitungszeit: 60 Minuten
Garzeit: 30–35 Minuten

1. Von dem Blumenkohl die Blätter und schlechten Stellen entfernen. Den Strunk abschneiden. Von dem Brokkoli die Blätter entfernen. Blumenkohl und Brokkoli in Röschen teilen, waschen und abtropfen lassen. Blumenkohl- und Brokkoliröschen in kochendem Salzwasser etwa 8 Minuten garen. Anschließend in ein Sieb geben und abtropfen lassen.

2. Zwiebeln abziehen und in kleine Würfel schneiden. Apfel schälen, vierteln, entkernen und quer in Scheiben schneiden. Bratwürste ebenfalls in dickere Scheiben schneiden. Majoran abspülen und trocken tupfen. Die Blättchen von den Stängeln zupfen. Den Backofen vorheizen.

3. Zwei Esslöffel Speiseöl in einer großen Pfanne erhitzen. Die Wurstscheiben darin unter Wenden braun braten, herausnehmen und beiseitestellen.

4. Restliches Speiseöl zu dem Bratfett in die Pfanne geben und erhitzen. Zwiebelwürfel darin andünsten. Apfelscheiben hinzufügen und kurz mitdünsten lassen. Etwas Wasser hinzugießen und die Flüssigkeit etwas einkochen lassen. Mit Salz und Pfeffer würzen, die Hälfte der Majoranblättchen unterheben. Wurstscheiben hinzufügen.

5. Eier und Milch verschlagen. Mit Salz, Pfeffer und Muskat kräftig würzen.

6. Blumenkohl- und Brokkoliröschen in eine große, flache Auflaufform (gefettet) geben. Die Wurst-Apfel-Mischung dazwischen verteilen. Den Auflauf mit der Eiermilch übergießen und mit Käse bestreuen. Die Form auf dem Rost in den vorgeheizten Backofen schieben.

Ober-/Unterhitze: etwa 200 °C
Heißluft: etwa 180 °C
Garzeit: 30–35 Minuten.

Brokkoli-Spaghetti-Gratin |

Für Kinder

6–8 Portionen

Pro Portion:
E: 31 g, F: 15 g, Kh: 78 g, kJ: 2547, kcal: 608

5 l	*Wasser*
5 gestr. TL	*Salz*
750 g	*Spaghetti*
1,2 kg	*Brokkoli*
500 ml (1/2 l)	*Gemüsebrühe*
400 g	*geriebener, mittelalter Gouda-Käse*
	frisch geriebene Muskatnuss

Zubereitungszeit: 30 Minuten
Garzeit: etwa 15 Minuten

1. Wasser in einem großen Topf mit geschlossenem Deckel zum Kochen bringen. Dann Salz und Spaghetti hinzugeben. Die Spaghetti im geöffneten Topf bei mittlerer Hitze nach Packungsanleitung kochen lassen, dabei zwischendurch 4–5-mal umrühren.

2. Anschließend die Spaghetti in ein Sieb geben, mit heißem Wasser abspülen und abtropfen lassen.

3. Den Backofen vorheizen. Von dem Brokkoli die Blätter entfernen. Brokkoli in Röschen teilen, waschen und abtropfen lassen. Brühe in einem Topf zum Kochen bringen. Brokkoliröschen hinzugeben, wieder zum Kochen bringen und etwa 10 Minuten garen. Brokkoliröschen in ein Sieb geben, mit kaltem Wasser übergießen und abtropfen lassen.

4. Spaghetti mit den Brokkoliröschen vermengen. Käse mit Muskat würzen. Zwei Drittel davon unter die Spaghetti-Brokkoli-Mischung geben und in einer großen, flachen Auflaufform (gefettet) verteilen. Restlichen Käse daraufstreuen.

5. Die Form auf dem Rost in den vorgeheizten Backofen schieben.

Ober-/Unterhitze: etwa 200 °C
Heißluft: etwa 180 °C
Garzeit: etwa 15 Minuten.

Brokkoli-Spätzle-Auflauf |

Vegetarisch

4 Portionen

Pro Portion:
E: 33 g, F: 39 g, Kh: 24 g, kJ: 2587, kcal: 618

25 g getrocknete Mu-err-Pilze
400 g Spätzle
Salzwasser
700 g Brokkoli
300 g Champignons
3 EL Olivenöl
1 Bund Frühlingszwiebeln
250 g Joghurt
4 Eier (Größe M)
Salz
frisch gemahlener Pfeffer
frisch geriebene Muskatnuss
150 g geriebener Höhlen-Käse
50 g abgezogene, gehobelte Mandeln

Zubereitungszeit: 90 Minuten, ohne Einweichzeit
Garzeit: etwa 30 Minuten

1. Mu-err-Pilze in eine Schale geben, mit kochendem Wasser übergießen und etwa 30 Minuten einweichen.

2. Spätzle in kochendem Salzwasser nach Packungsanleitung garen. Spätzle in ein Sieb geben, mit heißem Wasser abspülen und abtropfen lassen.

3. Von dem Brokkoli die Blätter entfernen. Brokkoli in Röschen teilen. Die Stängel und den Strunk schälen, kreuzförmig einschneiden. Brokkoliröschen waschen, abtropfen lassen und in kochendem Salzwasser etwa 5 Minuten garen. Brokkoliröschen in eiskaltem Wasser abschrecken und in einem Sieb abtropfen lassen. Den Backofen vorheizen.

4. Champignons putzen, mit Küchenpapier abreiben, eventuell abspülen, trocken tupfen und vierteln. Olivenöl in einer Pfanne erhitzen. Champignonviertel darin unter Wenden anbraten.

5. Frühlingszwiebeln putzen, waschen, abtropfen lassen und in etwa 1 cm lange Stücke schneiden. Frühlingszwiebelstücke zu den Champignonvierteln geben und kurz miterhitzen.

6. Mu-err-Pilze abgießen, eventuell etwas zerkleinern, abtropfen lassen. Spätzle mit den vorbereiteten Gemüsezutaten mischen, in eine Auflaufform (gefettet) geben.

7. Joghurt mit Eiern verschlagen, kräftig mit Salz, Pfeffer und Muskat würzen. Die Eier-Joghurt-Masse auf dem Auflauf verteilen. Mit Käse und Mandeln bestreuen. Die Form auf dem Rost in den vorgeheizten Backofen schieben.

Ober-/Unterhitze: etwa 200 °C
Heißluft: etwa 180 °C
Garzeit: etwa 30 Minuten.

Brotauflauf | Schnell

4 Portionen

Pro Portion:
E: 24 g, F: 41 g, Kh: 29 g, kJ: 2586, kcal: 617

3	*Brötchen (Semmeln, vom Vortag)*
4–6 EL	*Kräuterbutter*
250 g	*kleine Champignons*
etwa 80 g	*Salami*
etwa 125 g	*Schinken*
2	*Zwiebeln*
1–2 EL	*Speiseöl*
	Salz, frisch gemahlener Pfeffer
3–4 EL	*gehackte Kräuter z. B. Petersilie, Thymian, Majoran*
3	*Eier (Größe M)*
1 Pck. (200 g)	*Frühlingsquark*

Zubereitungszeit: 40 Minuten
Garzeit: etwa 30 Minuten

1. Brötchen in Würfel schneiden. Kräuterbutter in einer Pfanne zerlassen, Brötchenwürfel darin von allen Seiten goldbraun braten.

2. Champignons putzen, mit Küchenpapier abreiben, eventuell abspülen und trocken tupfen. Den Backofen vorheizen.

3. Salami und Schinken in Würfel schneiden. Zwiebeln abziehen und klein würfeln.

4. Speiseöl in einer Pfanne erhitzen, Zwiebelwürfel darin glasig dünsten. Salami-, Schinkenwürfel und Champignons hinzufügen, mitdünsten lassen. Mit Salz und Pfeffer würzen. Brötchenwürfel (einige Brötchenwürfel beiseitelegen) und Kräuter untermengen. Danach die Masse in eine Auflaufform (gefettet) geben.

5. Eier verschlagen, mit einem Schneebesen vorsichtig unter den Quark heben und auf dem Auflauf verteilen. Mit den beiseitegelegten Brötchenwürfeln belegen.

6. Die Form auf dem Rost in den vorgeheizten Backofen schieben.

Ober-/Unterhitze: etwa 200 °C
Heißluft: etwa 180 °C
Garzeit: etwa 30 Minuten.

Bunter Garnelenauflauf

Etwas teurer

4 Portionen

Pro Portion:

E: 27 g, F: 44 g, Kh: 10 g, kJ: 2398, kcal: 573

200 g weißer Spargel
200 g grüner Spargel
Salzwasser
250 g Cocktailtomaten (etwa 10 Stück)
400 g geschälte Garnelen
5 schwarze Oliven (entsteint)
5 grüne Oliven (entsteint)
1 Bund Dill
200 g Schlagsahne
1 Becher (150 g) Crème fraîche
2 Eier (Größe M)
Salz
2 TL grüne Pfefferkörner (in Lake)
1 TL rosa Pfefferkörner (zerstoßen)
50 g Butter

Zubereitungszeit: 60 Minuten
Garzeit: etwa 30 Minuten

1. Den weißen Spargel von oben nach unten schälen. Darauf achten, dass die Schalen vollständig entfernt, die Köpfe aber nicht verletzt werden. Die unteren Enden abschneiden (holzige Stellen vollständig entfernen).

2. Von dem grünen Spargel nur das untere Drittel schälen und die Enden abschneiden. Weißen und grünen Spargel in mundgerechte Stücke schneiden.

3. Salzwasser in einem Topf zum Kochen bringen, zuerst weiße Spargelstücke hinzugeben und etwa 5 Minuten garen. Dann die grünen Spargelstücke hinzugeben und weitere etwa 4 Minuten garen. Den Backofen vorheizen.

4. Spargelstücke in ein Sieb geben, mit kaltem Wasser abschrecken und abtropfen lassen.

5. Tomaten waschen, trocken tupfen, eventuell halbieren und die Stängelansätze entfernen. Garnelen kurz unter fließendem Wasser abspülen und trocken tupfen.

6. Spargelstücke vorsichtig mit Garnelen, Oliven und Cocktailtomaten vermischen und in eine Auflaufform (gefettet) geben.

7. Dill abspülen und trocken tupfen. Die Spitzen von den Stängeln zupfen (einige Spitzen zum Garnieren beiseitelegen). Spitzen klein schneiden. Sahne mit Crème fraîche und Eiern verschlagen, mit Salz, grünen und rosa Pfefferkörnern würzen. Dill unterrühren. Den Guss auf dem Auflauf verteilen. Butter in Flöckchen daraufsetzen.

8. Die Form auf dem Rost in den vorgeheizten Backofen schieben.

Ober-/Unterhitze: etwa 180 °C
Heißluft: etwa 160 °C
Garzeit: etwa 30 Minuten.

9. Den Auflauf mit den beiseitegelegten Dillspitzen garnieren.

Bunter Gemüseauflauf | Vegetarisch

4 Portionen

Pro Portion:
E: 21 g, F: 33 g, Kh: 36 g, kJ: 2298, kcal: 548

500 g gekochte Pellkartoffeln
je 1 rote und grüne Paprikaschote
1 Dose Gemüsemais (Abtropfgewicht 150 g)
200 g Champignons
1 Stange Porree (Lauch)
Salz
frisch gemahlener Pfeffer
250 g Schlagsahne
4 Eier (Größe M)
1 EL Basilikum (in Streifen)
75 g frisch geriebener Gouda-Käse
3 EL Schnittlauchröllchen

Zubereitungszeit: 40 Minuten
Garzeit: etwa 50 Minuten

1. Kartoffeln pellen und in Scheiben schneiden. Paprikaschoten halbieren, entstielen, entkernen und die weißen Scheidewände entfernen. Schotenhälften waschen, abtropfen lassen und in Stücke schneiden. Den Backofen vorheizen.

2. Mais in einem Sieb abtropfen lassen. Champignons putzen, mit Küchenpapier abreiben, eventuell abspülen, trocken tupfen und in Scheiben schneiden. Porree putzen, die Stange längs halbieren, gründlich waschen, abtropfen lassen und ebenfalls in Scheiben schneiden.

3. Kartoffelscheiben mit Paprikastücken, Mais, Champignon- und Porreescheiben in einer Schüssel mischen. Mit Salz und Pfeffer würzen, in eine Auflaufform (gefettet) geben.

4. Sahne mit Eiern verschlagen, mit Salz und Pfeffer würzen, Basilikumstreifen und Käse unterrühren. Den Guss auf dem Auflauf verteilen.

5. Die Form auf dem Rost in den vorgeheizten Backofen schieben.

Ober-/Unterhitze: etwa 180 °C
Heißluft: etwa 160 °C
Garzeit: etwa 50 Minuten.

6. Den Gemüseauflauf mit Schnittlauchröllchen bestreuen und servieren.

Tipp: Den Auflauf eventuell nach der Hälfte der Garzeit mit Backpapier zudecken, damit er nicht zu stark bräunt.

Bunter Makkaroniauflauf

Für Kinder

4 Portionen

Pro Portion:

E: 30 g, F: 17 g, Kh: 54 g, kJ: 2113, kcal: 505

250 g	*Makkaroni*
2 1/2 l	*Wasser*
2 1/2 TL	*Salz*
je 1	*rote und grüne Paprikaschote*
100 g	*Cocktailtomaten*
1 Dose	*Gemüsemais (Abtropfgewicht 140 g)*
150 g	*gekochter Schinken am Stück*
2	*Eier (Größe M)*
250 ml (1/4 l)	*Milch*
	Salz
	frisch gemahlener Pfeffer
	frisch geriebene Muskatnuss
1	*Knoblauchzehe*
100 g	*geraspelter Gouda-Käse*

Zubereitungszeit: 20 Minuten
Garzeit: etwa 40 Minuten

1. Makkaroni in fingerlange Stücke brechen. Wasser in einem großen Topf mit geschlossenem Deckel zum Kochen bringen. Dann Salz und Makkaroni hinzugeben. Die Makkaroni im geöffneten Topf bei mittlerer Hitze nach Packungsanleitung kochen lassen, dabei zwischendurch 4–5-mal umrühren.

2. Anschließend die Nudeln in ein Sieb geben, mit heißem Wasser abspülen und abtropfen lassen. Den Backofen vorheizen.

3. Paprikaschoten halbieren, entstielen, entkernen und die weißen Scheidewände entfernen. Schotenhälften waschen, trocken tupfen und in mundgerechte Stücke schneiden. Tomaten waschen, trocken tupfen, halbieren und die Stängelansätze entfernen.

4. Mais in ein Sieb geben, mit kaltem Wasser abspülen und abtropfen lassen. Schinken in kleine Würfel schneiden.

5. Makkaroni mit Paprikastücken, Tomatenhälften, Mais und Schinkenwürfeln mischen, in eine Auflaufform (gefettet) geben. Eier mit Milch verschlagen, mit Salz, Pfeffer und Muskat würzen. Knoblauch abziehen, durch eine Knoblauchpresse drücken und unterrühren. Die Eiermilch auf dem Auflauf verteilen. Den Auflauf mit Käse bestreuen. Die Form auf dem Rost in den vorgeheizten Backofen schieben.

Ober-/Unterhitze: etwa 200 °C
Heißluft: etwa 180 °C
Garzeit: etwa 40 Minuten.

Bunter Reisauflauf | Leicht – raffiniert

1–2 Portionen

Pro Portion:
E: 29 g, F: 50 g, Kh: 71 g, kJ: 3547, kcal: 860

2 mittelgroße Zwiebeln
1/2–1 Knoblauchzehe
25 g Butter oder Margarine
125 g Naturreis
1 Msp. gerebelter Rosmarin
gut 250 ml
(1/4 l) Gemüsebrühe
250 g Tomaten
Salz
frisch gemahlener Pfeffer
125 g Fleischwurst (in Scheiben)
50 g geriebener Käse,
z. B. mittelalter Gouda

Zubereitungszeit: 50 Minuten
Garzeit: etwa 25 Minuten

1. Zwiebeln und Knoblauch abziehen und beides fein würfeln. Butter oder Margarine in einem Topf erhitzen. Zwiebel- und Knoblauchwürfel darin unter gelegentlichem Rühren glasig andünsten. Reis und Rosmarin dazugeben und kurz mit andünsten. Brühe dazugießen und alles zugedeckt bei schwacher Hitze etwa 35 Minuten quellen lassen.

2. In der Zwischenzeit den Backofen vorheizen. Die Tomaten abspülen, trocken tupfen, halbieren, die Stängelansätze herausschneiden und die Tomaten achteln.

3. Gegarten Rosmarinreis mit etwas Salz und Pfeffer abschmecken. Eine Auflaufform (gefettet) mit der Hälfte der Tomatenachtel und Fleischwurstscheiben auslegen, Rosmarinreis einfüllen, restliche Tomatenstücke und Fleischwurstscheiben dazwischenstecken und alles mit etwas Salz und Pfeffer würzen. Den Reisauflauf mit Käse bestreuen.

4. Die Form auf dem Rost in den vorgeheizten Backofen schieben.

Ober-/Unterhitze: etwa 200 °C
Heißluft: etwa 180 °C
Garzeit: etwa 25 Minuten.

Bunter Tortelliniauflauf

Schnell – einfach

4 Portionen

Pro Portion:
E: 48 g, F: 41 g, Kh: 44 g, kJ: 3139, kcal: 750

2 1/2 l Wasser
2 1/2 TL Salz
250 g getrocknete, bunte Tortellini
je 1 kleine rote, grüne und gelbe Paprikaschote
1 kleine Stange Porree (Lauch)
400 g gekochter Schinken (in Scheiben)

Für den Guss:

50 g Schlagsahne
1 Becher (150 g) Crème fraîche
150 ml Milch
2 Eier (Größe M)
Chinagewürz
Currypulver
Salz, frisch gemahlener Pfeffer

150 g frisch geriebener Gouda-Käse

Zubereitungszeit: 20 Minuten
Garzeit: etwa 30 Minuten

1. Wasser in einem großen Topf mit geschlossenem Deckel zum Kochen bringen. Dann Salz und Tortellini hinzugeben. Die Tortellini im geöffneten Topf bei mittlerer Hitze nach Packungsanleitung kochen lassen, dabei zwischendurch 4–5-mal umrühren.

2. Anschließend die Tortellini in ein Sieb geben, mit heißem Wasser abspülen und abtropfen lassen. Den Backofen vorheizen.

3. In der Zwischenzeit Paprikaschoten halbieren, entstielen, entkernen und die weißen Scheidewände entfernen. Schotenhälften waschen, abtropfen lassen und in feine Streifen schneiden. Porree putzen, die Stange längs halbieren, gründlich waschen, abtropfen lassen und in Streifen schneiden. Schinken in Streifen oder Würfel schneiden. Tortellini mit Paprika-, Porree- und Schinkenstreifen oder -würfeln mischen, in eine große, flache Auflaufform (gefettet) geben.

4. Für den Guss Sahne mit Crème fraîche, Milch und Eiern verschlagen. Mit Chinagewürz, Curry, Salz und Pfeffer würzen. Den Guss auf dem Auflauf verteilen und mit Käse bestreuen. Die Form auf dem Rost in den vorgeheizten Backofen schieben.

Ober-/Unterhitze: etwa 200 °C
Heißluft: etwa 180 °C
Garzeit: etwa 30 Minuten.

Tipp: Ersetzen Sie die bunten Paprika durch 2 Möhren und 3 Stangen Staudensellerie. Dann würzen Sie statt mit Chinagewürz und Currypulver mit einer mediterranen Gewürzmischung.

Burgunderschinken-Auflauf mit Pfifferlingen | Raffiniert

4 Portionen

Pro Portion:
E: 37 g, F: 48 g, Kh: 31 g, kJ: 2944, kcal: 706

2 Stangen	Porree (Lauch, etwa 800 g)
1 Dose	Pfifferlinge (Abtropfgewicht 225 g)
1 EL	Butterschmalz
	Salz
	frisch gemahlener Pfeffer
4 Scheiben	feines, herzhaftes Bauernbrot (je etwa 60 g)
4 halbe Scheiben	fertig gekaufter Burgunderschinken (je 1 cm dick, je etwa 70 g)

Für den Guss:

3	Eier (Größe M)
2 Becher (je 150 g)	Crème fraîche
	Salz, frisch gemahlener Pfeffer
1	Knoblauchzehe
150 g	geriebener Käse, z. B. Emmentaler, Greyerzer oder mittelalter Gouda

Zubereitungszeit: 30 Minuten
Garzeit: etwa 20 Minuten

1. Den Backofen vorheizen. Porree putzen, die Stangen längs halbieren, gründlich waschen, abtropfen lassen und in Streifen schneiden. Pfifferlinge in einem Sieb abtropfen lassen.

2. Butterschmalz in einer großen Pfanne erhitzen. Porreestreifen darin 2–3 Minuten andünsten, mit Salz und Pfeffer würzen. Porreestreifen, Pfifferlinge, Brot- und Schinkenscheiben abwechselnd in eine große Auflaufform (gefettet) schichten.

3. Für den Guss Eier und Crème fraîche verschlagen, mit Salz und Pfeffer würzen. Knoblauch abziehen, durch eine Knoblauchpresse drücken und unterrühren. Den Guss auf dem Auflauf verteilen. Mit Käse bestreuen. Die Form auf dem Rost in den vorgeheizten Backofen schieben.

Ober-/Unterhitze: etwa 200 °C
Heißluft: etwa 180 °C
Garzeit: etwa 20 Minuten.

Tipp: Durch 1–2 Esslöffel Tomaten- oder Paprikamark bekommt der Eier-Crème-fraîche-Guss eine besondere Note.

Cannelloni auf Blattspinat | Raffiniert

4 Portionen

Pro Portion:
E: 26 g, F: 41 g, Kh: 23 g, kJ: 2453, kcal: 586

1 Zwiebel
1 EL Speiseöl
2 Pck. (600 g) TK-Blattspinat
etwas Wasser
Salz
frisch gemahlener Pfeffer
frisch geriebene Muskatnuss

Für die Sauce:
60 g Butter
40 g Weizenmehl
375 ml (3/8 l) Milch
125 g Schlagsahne
60 g frisch geriebener Parmesan-Käse
etwa 125 g Cannelloni (ohne Vorgaren)

Zum Bestreuen:
60 g frisch geriebener Parmesan-Käse
40 g Butter

Zubereitungszeit: 40 Minuten
Garzeit: 20–30 Minuten

1. Zwiebel abziehen und in kleine Würfel schneiden. Speiseöl in einem Topf erhitzen, Zwiebelwürfel darin glasig dünsten. Spinat unaufgetaut hinzufügen, Wasser hinzugießen. Den TK-Spinat etwa 15 Minuten dünsten lassen. Mit Salz, Pfeffer und Muskat würzen. Spinat eventuell in einem Sieb abtropfen lassen und in eine flache Auflaufform (gefettet) geben.

2. Für die Sauce Butter in einem Topf zerlassen. Mehl hinzufügen und unter Rühren so lange erhitzen, bis es hellgelb ist. Nach und nach Milch und Sahne hinzugießen, mit einem Schneebesen durchschlagen. Dabei darauf achten, dass keine Klümpchen entstehen. Den Backofen vorheizen.

3. Die Sauce zum Kochen bringen und etwa 2 Minuten unter gelegentlichem Rühren kochen lassen. Mit Salz und Pfeffer würzen. Etwa ein Drittel der Sauce mit dem Käse verrühren. Restliche Sahnesauce beiseitestellen. Die Hälfte der Käsesauce auf den Spinat geben. Restliche Käsesauce in einen Spritzbeutel füllen und in die Cannelloni spritzen.

4. Die gefüllten Cannelloni auf den Spinat legen, mit der beiseitegestellten Sahnesauce übergießen und mit Käse bestreuen. Butter in Flöckchen daraufsetzen. Die Form auf dem Rost in den vorgeheizten Backofen schieben.

Ober-/Unterhitze: etwa 200 °C
Heißluft: etwa 180 °C
Garzeit: 20–30 Minuten.

Beilage: Tomatensalat.

Tipp: Nach Belieben die Cannelloni einige Minuten unter dem vorgeheizten Grill bräunen lassen.

Cannelloni in pikanter Tomatensauce | Gut vorzubereiten

4 Portionen

Pro Portion:
E: 34 g, F: 48 g, Kh: 21 g, kJ: 2894, kcal: 691

Für die Tomatensauce:

1 kg	*Tomaten*
1	*mittelgroße Zwiebel*
2 EL	*Olivenöl*
1 schwach geh. EL	*Tomatenmark*
	Salz, frisch gemahlener Pfeffer
	gerebelter Oregano
1 EL	*gehackte Petersilie*

Für die Füllung:

1	*Brötchen (Semmel, vom Vortag)*
2	*mittelgroße Zwiebeln*
500 g	*Gehacktes (halb Rind-, halb Schweinefleisch)*
1 EL	*gehackte Petersilie*
16	*Cannelloni (ohne Vorgaren)*
20 g	*Butter*
50 g	*frisch geriebener Gouda-Käse*

Zubereitungszeit: 40 Minuten
Garzeit: etwa 35 Minuten

1. Für die Sauce Tomaten waschen, abtropfen lassen, kreuzweise einschneiden, kurz in kochendes Wasser legen und in kaltem Wasser abschrecken. Tomaten enthäuten, halbieren, entkernen und die Stängelansätze herausschneiden. Tomatenhälften in Würfel schneiden. Den Backofen vorheizen.

2. Zwiebel abziehen und klein würfeln. Olivenöl in einer Pfanne erhitzen. Zwiebelwürfel darin glasig dünsten. Tomatenwürfel und Tomatenmark hinzugeben, unter Rühren kurz aufkochen lassen. Die Tomatensauce mit Salz, Pfeffer und Oregano würzen. Die Petersilie unterrühren.

3. Für die Füllung Brötchen in kaltem Wasser einweichen. Zwiebeln abziehen, in kleine Würfel schneiden.

4. Gehacktes in eine Rührschüssel geben. Gut ausgedrücktes Brötchen, Zwiebelwürfel und Petersilie gut untermengen. Mit Salz und Pfeffer würzen. Die Gehacktesmasse in einen Spritzbeutel mit großer Lochtülle füllen und in die Cannelloni spritzen.

5. Etwas von der Tomatensauce in eine flache Auflaufform (gefettet) geben. Die gefüllten Cannelloni nebeneinander hineinlegen. Restliche Tomatensauce darauf verteilen. Butter in Flöckchen daraufsetzen und mit Käse bestreuen. Die Form auf dem Rost in den vorgeheizten Backofen schieben.

Ober-/Unterhitze: 200–220 °C
Heißluft: 180–200 °C
Garzeit: etwa 35 Minuten.

Tipp: Man unterscheidet helle und grüne Cannelloni. Grüne Cannelloni sind mit Spinatpüree gefärbt. Sie werden beliebig gefüllt und mit Sauce und Käse überbacken.

Cannelloni mit Gemüsefüllung |

Raffiniert

4 Portionen

Pro Portion:
E: 40 g, F: 32 g, Kh: 56 g, kJ: 2990, kcal: 714

Für die Füllung:

500 g Zucchini
1 rote Paprikaschote (etwa 200 g)
1 Bund Basilikum
50 g geröstete, gesalzene Cashewkerne
500 g Speisequark (Magerstufe)
Salz
frisch gemahlener Pfeffer

250 g Cannelloni (ohne Vorkochen)

Für den Guss:

200 g Schlagsahne
3 Eier (Größe M)
50 g frisch geriebener Greyerzer-Käse

Zubereitungszeit: 50 Minuten
Garzeit: etwa 70 Minuten

1. Für die Füllung Zucchini waschen, abtrocknen und die Enden abschneiden. Zucchini in sehr kleine Würfel schneiden. Paprikaschote halbieren, entstielen, entkernen und die weißen Scheidewände entfernen. Schotenhälften waschen, abtropfen lassen und ebenfalls klein würfeln.

2. Basilikum abspülen und trocken tupfen. Die Blättchen von den Stängeln zupfen. Blättchen (einige Blättchen zum Garnieren beiseitelegen) klein schneiden. Cashewkerne klein hacken.

3. Zucchini-, Paprikawürfel, Cashewkerne, Quark und die Hälfte des gehackten Basilikums verrühren. Mit Salz und Pfeffer kräftig würzen. Die Gemüse-Quark-Masse in einen Gefrierbeutel füllen und eine Ecke des Beutels abschneiden. Die Gemüse-Quark-Masse in die Cannelloni spritzen und in einen gewässerten Römertopf® schichten.

4. Für den Guss Sahne und Eier verschlagen. Käse unterrühren. Restliches Basilikum unterrühren. Mit Salz und Pfeffer kräftig würzen. Den Guss auf den Cannelloni verteilen. Den Römertopf® mit dem Deckel verschließen und auf dem Rost in den kalten Backofen schieben.

Ober-/Unterhitze: etwa 200 °C
Heißluft: etwa 180 °C
Garzeit: etwa 70 Minuten.

5. Nach etwa 60 Minuten Garzeit den Deckel abnehmen und die Cannelloni fertig garen. Die Cannelloni nach Belieben mit den beiseitegelegten Basilikumblättchen garniert servieren.

Cannelloni mit Ricotta | Raffiniert

4 Portionen

Pro Portion:
E: 29 g, F: 30 g, Kh: 55 g, kJ: 2627, kcal: 628

Für die Füllung:

500 g frischer Blattspinat
300 g Ricotta (italienischer Frischkäse)
80 g frisch geriebener Parmesan-Käse
Salz, frisch gemahlener Pfeffer
frisch geriebene Muskatnuss

Für die Béchamelsauce:

30 g Butter
30 g Weizenmehl
500 ml (½ l) Milch

250 g Cannelloni (ohne Vorkochen)

Zubereitungszeit: 35 Minuten
Garzeit: etwa 40 Minuten

1. Für die Füllung Spinat verlesen, gründlich waschen und tropfnass in einen großen Topf geben. Spinat so lange dünsten, bis er zusammenfällt. In ein Sieb geben und abtropfen lassen. Spinat etwas ausdrücken und grob hacken. Den Backofen vorheizen.

2. Ricotta und die Hälfte des Parmesan-Käses zum Spinat geben und untermengen. Mit Salz, Pfeffer und Muskat würzen.

3. Für die Sauce Butter in einem Topf zerlassen. Mehl unter Rühren so lange darin erhitzen, bis es hellgelb ist. Milch hinzugießen und mit einem Schneebesen durchschlagen. Dabei darauf achten, das keine Klümpchen entstehen. Die Sauce unter Rühren gut aufkochen lassen. Mit Salz, Pfeffer und Muskat würzen.

4. Die Spinatmasse in einen Spritzbeutel mit großer Lochtülle füllen, in die Cannelloni spritzen und die Cannelloni nebeneinander in eine flache Auflaufform (gefettet) legen.

5. Die Béchamelsauce darauf verteilen und mit dem restlichen Parmesan-Käse bestreuen. Die Form auf dem Rost in den vorgeheizten Backofen schieben.

Ober-/Unterhitze: etwa 200 °C
Heißluft: etwa 180 °C
Garzeit: etwa 40 Minuten.

Cannelloni mit Ricotta-Spinat-Füllung | Vegetarisch

4 Portionen

Pro Portion:
E: 42 g, F: 63 g, Kh: 60 g, kJ: 4158, kcal: 993

Für die Füllung:

120 g Zwiebeln
4 Knoblauchzehen
50 g abgezogene, gestiftelte Mandeln
4 EL Olivenöl
700 g TK-Blattspinat
500 g Ricotta (italienischer Frischkäse)
Salz, frisch gemahlener Pfeffer
frisch geriebene Muskatnuss

250 g Cannelloni (ohne Vorkochen)

Für die Sauce:

50 g Butter
40 g Weizenmehl
500 ml (1/2 l) Milch
375 ml (3/8 l) Gemüsebrühe
2 Eigelb (Größe M)

100 g frisch geriebener Parmesan-Käse

Zubereitungszeit: 75 Minuten
Garzeit: 35–40 Minuten

1. Für die Füllung Zwiebeln und Knoblauch abziehen, klein würfeln. Mandeln in einer Pfanne ohne Fett hellbraun rösten, herausnehmen und auf einen Teller legen.

2. Zwei Esslöffel des Olivenöls in einem großen Topf erhitzen. Zwiebel- und Knoblauchwürfel darin glasig dünsten. Blattspinat unaufgetaut hinzufügen und nach Packungsanleitung dünsten lassen. Den Backofen vorheizen.

3. Mandeln mit 250 g Ricotta gut vermengen und unter den Spinat rühren. Mit Salz, Pfeffer und Muskat kräftig würzen. Die Spinatmasse in einen Spritzbeutel ohne Tülle geben. Die Cannelloni damit füllen und in eine Auflaufform (mit restlichem Olivenöl gefettet) geben.

4. Für die Sauce Butter in einem Topf zerlassen. Mehl hinzufügen, unter Rühren so lange erhitzen, bis es hellgelb ist. Milch und Brühe hinzugießen und mit einem Schneebesen durchschlagen. Darauf achten, dass keine Klümpchen entstehen. Die Sauce unter Rühren zum Kochen bringen. Den Topf von der Kochstelle nehmen und Eigelb unterrühren. Mit Salz, Pfeffer und Muskat würzen. Restlichen Ricotta unterrühren.

5. Die Sauce auf den Cannelloni verteilen. Mit Käse bestreuen. Die Form auf dem Rost in den vorgeheizten Backofen schieben.

Ober-/Unterhitze: etwa 180 °C
Heißluft: etwa 160 °C
Garzeit: 35–40 Minuten.

Cannelloni, neapolitanisch

Gut vorzubereiten

6 Portionen

Pro Portion:
E: 38 g, F: 45 g, Kh: 48 g, kJ: 3169, kcal: 757

Für den Nudelteig und die Füllung:

300 g Weizenmehl
2 Eier (Größe M)
2 Eigelb (Größe M)
Salz
1 EL Olivenöl
etwas Hartweizengrieß
30 g Butter
30 g Weizenmehl
250 ml (1/4 l) Milch
125 ml (1/8 l) Gemüsebrühe
frisch gemahlener Pfeffer
frisch geriebene Muskatnuss
500 g Mozzarella-Käse
150 g Parmaschinken
3 Eigelb (Größe M)
Salzwasser

Für die Sauce:

1 Zwiebel
4 Knoblauchzehen
2 EL Olivenöl
1 große Dose geschälte Tomaten (Einwaage 800 g)
1 EL Tomatenmark
1 TL gerebelter Thymian
1/2 TL gerebelter Oregano

70 g frisch geriebener Parmesan-Käse
30 g Butter

Zubereitungszeit: 75 Minuten, ohne Ruhezeit
Garzeit: etwa 40 Minuten

1. Für den Teig Mehl, Eier, Eigelb, Salz, Olivenöl und Hartweizengrieß in eine Rührschüssel geben. Die Zutaten mit Handrührgerät mit Knethaken zu einem Teig verarbeiten, eventuell 1 Esslöffel kaltes Wasser hinzugeben. Den Teig in Frischhaltefolie wickeln und etwa 30 Minuten ruhen lassen.

2. Für die Füllung Butter in einem Topf zerlassen. Mehl darin unter Rühren so lange erhitzen, bis es hellgelb ist. Milch und Brühe hinzugießen, mit einem Schneebesen durchschlagen. Dabei darauf achten, dass keine Klümpchen entstehen. Die Sauce zum Kochen bringen und unter Rühren etwa 5 Minuten kochen lassen. Mit Salz, Pfeffer und Muskat würzen.

3. Mozzarella und Parmaschinken in kleine Würfel schneiden, mit dem Eigelb unter die Sauce heben, abkühlen lassen.

4. Den Teig portionsweise auf einer leicht bemehlten Arbeitsfläche dünn ausrollen und Rechtecke (etwa 12 x 8 cm) ausschneiden. Salzwasser in einem Topf zum Kochen bringen. Teigrechtecke darin in mehreren Portionen jeweils 5–7 Minuten garen, mit einem Schaumlöffel herausnehmen, kalt abspülen und in einem Sieb abtropfen lassen. Den Backofen vorheizen.

5. Die Nudelblätter auf einem kalt abgespülten Küchenbrett ausbreiten, etwas von der Füllung daraufgeben, aufrollen und mit der Nahtseite nach unten in eine Auflaufform (gefettet) setzen.

6. Für die Sauce Zwiebel und Knoblauch abziehen, in kleine Würfel schneiden. Olivenöl in einem Topf erhitzen, Zwiebel- und Knoblauchwürfel darin andünsten. Tomaten mit Saft hinzugeben. Die Tomaten mit einer Gabel etwas zerdrücken, Tomatenmark unterrühren. Mit Thymian und Oregano würzen. Die Sauce zum Kochen bringen und 2–3 Minuten unter Rühren kochen lassen.

7. Die Sauce auf den Cannelloni verteilen. Mit Käse bestreuen und Butter in Flöckchen daraufsetzen. Die Form auf dem Rost in den vorgeheizten Backofen schieben.

Ober-/Unterhitze: etwa 200 °C
Heißluft: etwa 180 °C
Garzeit: etwa 40 Minuten.

Cannelloni Rosanella | Klassisch

12 Portionen

Pro Portion:
E: 36 g, F: 49 g, Kh: 42 g, kJ: 3156, kcal: 756

3 Brötchen (Semmeln, vom Vortag)
1 ½ kg Gehacktes (halb Rind-, halb Schweinefleisch)
3 Eier (Größe M)
Salz, frisch gemahlener Pfeffer
gerebelter Oregano
gerebelter Thymian
etwa 500 g Cannelloni (ohne Vorkochen)

Für die Sauce:
3 Becher (je 150 g) Crème fraîche
50 g Speisestärke
500 ml (½ l) Milch oder 500 g Schlagsahne
1 Pck. (25 g) TK-Basilikum

100 g frisch geriebener Parmesan-Käse
60 g Butter
evtl. etwas Basilikum

Zubereitungszeit: 35 Minuten
Garzeit: etwa 45 Minuten

1. Brötchen in kaltem Wasser einweichen und gut ausdrücken. Den Backofen vorheizen.

2. Gehacktes in eine Rührschüssel geben, mit Eiern und Brötchen gut untermengen. Mit Salz, Pfeffer, Oregano und Thymian würzen. Die Fleischmasse in einen Spritzbeutel mit großer Lochtülle füllen und in die Cannelloni spritzen.

3. Die Cannelloni nebeneinander in eine Fettfangschale (gefettet) oder eine große, flache Auflaufform (gefettet) legen.

4. Für die Sauce Crème fraîche mit Speisestärke und Milch oder Sahne gut verrühren, mit Salz und Pfeffer würzen. Basilikum unterrühren. Die Sauce auf den Cannelloni verteilen (sie müssen ganz mit der Sauce bedeckt sein). Mit Käse bestreuen und Butter in Flöckchen daraufsetzen.

5. Die Fettfangschale oder die Form auf dem Rost in den vorgeheizten Backofen schieben.

Ober-/Unterhitze: etwa 200 °C
Heißluft: etwa 180 °C
Garzeit: etwa 45 Minuten.

6. Nach Belieben Basilikum abspülen und trocken tupfen. Cannelloni mit Basilikumblättchen garnieren.

Champignonauflauf | Dauert länger

4 Portionen

Pro Portion:
E: 29 g, F: 46 g, Kh: 9 g, kJ: 2464, kcal: 588

300 g Staudensellerie
400 g Champignons
1 rote Paprikaschote
1 Bund Frühlingszwiebeln
Salz
frisch gemahlener Pfeffer
gerebelter Thymian
5 Eier (Größe M)
200 g Schlagsahne
gemahlene Muskatblüte (Macis)
120 g frisch geraspelter Pecorino-Käse
60 g Sonnenblumenkerne
Paprikapulver edelsüß

Zubereitungszeit: 30 Minuten
Garzeit: etwa 45 Minuten

1. Staudensellerie putzen und die harten Außenfäden abziehen. Selleriestangen waschen, abtropfen lassen und in nicht zu dünne Scheiben schneiden. Champignons putzen, mit Küchenpapier abreiben, eventuell abspülen, gut abtropfen lassen und vierteln. Den Backofen vorheizen.

2. Paprikaschote halbieren, entstielen, entkernen und die weißen Scheidewände entfernen. Schotenhälften waschen, abtropfen lassen und in Würfel schneiden. Frühlingszwiebeln putzen, waschen, abtropfen lassen und in etwa 1 cm große Stücke schneiden.

3. Sellerieschneiben mit Champignons, Paprikawürfeln und Frühlingszwiebelstücken mischen. Mit Salz, Pfeffer und Thymian würzen und in eine Auflaufform (gefettet) geben.

4. Eier mit Sahne verschlagen. Mit Salz und Macis würzen. Die Eiersahne auf dem Auflauf verteilen.

5. Den Auflauf mit Käse, Sonnenblumenkernen und Paprika bestreuen. Die Form auf dem Rost in den vorgeheizten Backofen schieben.

Ober-/Unterhitze: 180–200 °C
Heißluft: 160–180 °C
Garzeit: etwa 45 Minuten.

Champignongratin | Vegetarisch

4 Portionen

Pro Portion:
E: 6 g, F: 25 g, Kh: 5 g, kJ: 1150, kcal: 274

400 g weiße Champignons
400 g braune Champignons
4 Schalotten
30 g Butter
frisch gemahlener, weißer Pfeffer
6 EL trockener Weißwein
200 g Schlagsahne
Salz
einige Tropfen Himbeeressig
2 Eigelb (Größe M)
3 EL Crème fraîche
grob gehackte Petersilie

Zubereitungszeit: 45 Minuten
Garzeit: etwa 15 Minuten

1. Champignons putzen, mit Küchenpapier abreiben Champignons in gleich große Scheiben schneiden (am besten mit dem Eierschneider).

2. Schalotten abziehen und sehr klein würfeln. Butter in einer großen Pfanne erhitzen, Schalottenwürfel darin glasig dünsten. Champignonscheiben hinzugeben, mit Pfeffer bestreuen und kurz andünsten. Wein hinzugießen und bei starker Hitze fast ganz einkochen lassen.

3. Sahne hinzufügen, mit Salz würzen und kurz aufkochen lassen. Die Champignonscheiben mit einem Schaumlöffel aus der Sahne nehmen und in eine Gratinform (gefettet) geben.

4. Die Sahne bei starker Hitze unter Rühren cremig einkochen lassen. Mit etwas Himbeeressig, Salz und Pfeffer würzen. Die Sahne auf den Champignonscheiben verteilen. Eigelb und Crème fraîche verschlagen, leicht mit Salz würzen und ebenfalls auf den Champignonscheiben verteilen.

5. Das Gratin auf dem Rost in den vorgeheizten Backofen schieben und überbacken.

Ober-/Unterhitze: etwa 220 °C
Heißluft: etwa 200 °C
Garzeit: etwa 15 Minuten.

6. Das Gratin mit Petersilie bestreut servieren.

Champignon-Zucchini-Auflauf

Vegetarisch

4 Portionen

Pro Portion:
E: 19 g, F: 35 g, Kh: 9 g, kJ: 1807, kcal: 433

600 g Zucchini
250 g rote Paprikaschoten
Salzwasser
300 g Champignons
40 g Butter oder Margarine
1 Topf Basilikum

Für den Guss:

4 Eier (Größe M)
4 EL Milch
1 Becher
(150 g) Crème fraîche
2 Knoblauchzehen
Salz, frisch gemahlener Pfeffer
frisch geriebene Muskatnuss
100 g frisch geriebener, mittelalter Gouda-Käse

Zubereitungszeit: 50 Minuten
Garzeit: 40–50 Minuten

1. Zucchini waschen, abtrocknen und die Enden abschneiden. Zucchini in Scheiben schneiden. Paprikaschoten halbieren, entstielen, entkernen und die weißen Scheidewände entfernen. Schotenhälften waschen, abtropfen lassen und in dünne Streifen schneiden. Paprikastreifen in kochendem Salzwasser 1–2 Minuten blanchieren, in ein Sieb geben, mit kaltem Wasser übergießen und abtropfen lassen. Den Backofen vorheizen.

2. Champignons putzen, mit Küchenpapier abreiben, eventuell abspülen, trocken tupfen und in dicke Scheiben schneiden. Etwas Butter oder Margarine in einer Pfanne zerlassen. Champignon- und Zucchinischeiben darin portionsweise kurz andünsten.

3. Basilikum abspülen und trocken tupfen. Die Blättchen von den Stängeln zupfen. Blättchen in feine Streifen schneiden.

4. Abwechselnd Champignon-, Zucchinischeiben, Paprika- und Basilikumstreifen in eine ovale Auflaufform (gefettet) schichten.

5. Für den Guss Eier mit Milch und Crème fraîche verschlagen. Knoblauch abziehen, durch eine Knoblauchpresse drücken und unterrühren. Mit Salz, Pfeffer und Muskat würzen. Den Guss auf dem Auflauf verteilen. Mit Käse bestreuen. Die Form auf dem Rost in den vorgeheizten Backofen schieben.

Ober-/Unterhitze: etwa 200 °C
Heißluft: etwa 180 °C
Garzeit: 40–50 Minuten.

Chicorée-Apfel-Auflauf mit Kartoffeln | Raffiniert

4 Portionen

Pro Portion:
E: 26 g, F: 41 g, Kh: 46 g, kJ: 2810, kcal: 671

750 g–1 kg vorwiegend festkochende Kartoffeln
Salzwasser
2 säuerliche Äpfel
1/2 Bund Thymian
125 g Chorizo (spanische Paprikawurst)
600 g Chicorée
1 EL Butter
Salz, frisch gemahlener Pfeffer

Für die Sauce:
2 EL Butter oder Margarine
2 leicht geh. EL Weizenmehl
125 ml (1/8 l) Milch
375 ml (3/8 l) Gemüsebrühe
150 g frisch geriebener Hart- oder Bergkäse

30 g gehackte Haselnusskerne

Zubereitungszeit: 45 Minuten, ohne Abkühlzeit
Garzeit: 15–20 Minuten

1. Kartoffeln gründlich waschen, mit Salzwasser bedeckt zum Kochen bringen und zugedeckt 20–25 Minuten garen. Kartoffeln abgießen, abdämpfen und heiß pellen. Kartoffeln etwas abkühlen lassen und in Spalten schneiden. Den Backofen vorheizen.

2. Äpfel waschen oder schälen, trocken reiben, entkernen, in breite Spalten schneiden. Thymian abspülen und trocken tupfen. Die Blättchen von den Stängeln zupfen. Chorizo in dünne Scheiben schneiden. Vorbereitete Zutaten in einer großen Auflaufform (gefettet) mischen.

3. Chicorée putzen, abspülen, abtropfen lassen und längs vierteln. Den harten Strunk herausschneiden. Butter in einer Pfanne erhitzen. Chicorée darin unter Wenden etwa 4 Minuten anbraten, mit Salz und Pfeffer würzen. Chicorée auf den Auflaufzutaten anrichten.

4. Für die Sauce Butter oder Margarine im verbliebenen Bratfett zerlassen. Mehl darüberstäuben und kurz andünsten. Milch und Brühe nach und nach unter Rühren hinzugeben, zum Kochen bringen und etwa 2 Minuten köcheln lassen. 50 g von dem Käse hinzugeben und unter Rühren schmelzen lassen. Die Sauce mit etwas Salz und Pfeffer abschmecken.

5. Zuerst die Sauce, dann Nusskerne und restlichen Käse auf dem Auflauf verteilen. Die Form auf dem Rost in den vorgeheizten Backofen schieben.

Ober-/Unterhitze: etwa 200 °C
Heißluft: etwa 180 °C
Garzeit: 15–20 Minuten.

Tipp: Eine raffinierte, fein-scharfe Note erhält die Sauce, wenn Sie 2 Esslöffel körnigen Senf unterrühren.

Chicorée-Hähnchen-Gratin |

Raffiniert

4 Portionen

Pro Portion:
E: 59 g, F: 73 g, Kh: 12 g, kJ: 4074, kcal: 975

2 doppelte Hähnchenbrustfilets (je etwa 300 g)
2 EL Olivenöl
Salz, frisch gemahlener Pfeffer
750 g Chicorée (4 Kolben)
150 ml Hühnerbrühe
400 g Tomaten
500 g Schmand (Sauerrahm)
5 EL Orangensaft
1 EL Currypulver
250 g Cheddar-Käse

Zubereitungszeit: 60 Minuten
Garzeit: etwa 25 Minuten

1. Hähnchenbrustfilets unter fließendem kalten Wasser abspülen und trocken tupfen. Die doppelten Filets in der Mitte halbieren und jede Hälfte einmal der Länge nach durchschneiden.

2. Olivenöl in einer Pfanne erhitzen. Das Hähnchenfleisch darin etwa 10 Minuten unter Wenden kräftig anbraten, mit Salz und Pfeffer würzen und aus der Pfanne nehmen. Den Backofen vorheizen.

3. Chicorée von den schlechten Blättern befreien. Chicorée waschen, abtropfen lassen, längs halbieren und die bitteren Strünke keilförmig so herausschneiden, dass die Blätter noch zusammenhalten.

4. Chicoréehälften mit der Schnittfläche nach unten in eine flache Auflaufform (gefettet) legen. Das Hähnchenfleisch dazwischen verteilen.

5. Den Bratensatz mit Hühnerbrühe ablöschen, aufkochen lassen und auf dem Hähnchenfleisch und dem Chicorée verteilen.

6. Tomaten waschen, abtropfen lassen, kreuzweise einschneiden, kurz in kochendes Wasser legen und

in kaltem Wasser abschrecken. Tomaten enthäuten, halbieren, entkernen und die Stängelansätze herausschneiden. Tomatenhälften in Spalten schneiden und auf dem Hähnchenfleisch verteilen.

7. Schmand mit Orangensaft verrühren, mit Salz und Curry würzen. Die Schmandmasse als Kleckse auf das Hähnchenfleisch und den Chicorée geben.

8. Käse fein reiben und auf der Schmandmasse verteilen. Die Form auf dem Rost in den vorgeheizten Backofen schieben.

Ober-/Unterhitze: etwa 200 °C
Heißluft: etwa 180 °C
Garzeit: etwa 25 Minuten.

Tipp: Dazu schmeckt Baguette.

Chilenischer Maisauflauf | Raffiniert

4 Portionen

Pro Portion:
E: 61 g, F: 36 g, Kh: 33 g, kJ: 2960, kcal: 708

2 EL	Olivenöl
500 g	Rinderhackfleisch
2	Zwiebeln
1–2	Knoblauchzehen
50 g	Rosinen
1	getrocknete, rote Chilischote
1 TL	gemahlener Kreuzkümmel
1/2 TL	Paprikapulver rosenscharf
	Salz
	frisch gemahlener, schwarzer Pfeffer
250 ml (1/4 l)	Fleischbrühe oder Wasser
500 g	Hähnchenbrustfilet
	Paprikapulver edelsüß
2 EL	Olivenöl
100 g	schwarze Oliven
2 Dosen	Gemüsemais (Abtropfgewicht je 285 g)
50 g	saure Sahne oder 50 ml Milch
	frisch gemahlener, weißer Pfeffer
1 TL	Zucker

Zubereitungszeit: 40 Minuten
Garzeit: etwa 45 Minuten

1. Olivenöl in einer Pfanne erhitzen. Hackfleisch darin unter Wenden krümelig braun braten. Dabei die Fleischklümpchen mit einer Gabel zerdrücken. Zwiebeln und Knoblauch abziehen, in kleine Würfel schneiden, hinzugeben und mitdünsten lassen. Rosinen und zerbröselte Chilischote unterrühren.

2. Die Hackfleischmasse mit Kreuzkümmel, Paprika, Salz und Pfeffer würzen. Brühe oder Wasser hinzugeben, etwa 10 Minuten dünsten lassen und in eine Auflaufform (gefettet) geben.

3. Hähnchenbrustfilet unter fließendem kalten Wasser abspülen, trocken tupfen und halbieren. Mit Salz, Pfeffer und Paprika würzen. Den Backofen vorheizen. Olivenöl in der gesäuberten Pfanne erhitzen. Hähnchenbrustfilets darin von beiden Seiten 4–5 Minuten anbraten, herausnehmen und auf die Hackfleischmasse legen. Oliven in den Zwischenräumen verteilen.

4. Mais abtropfen lassen, mit der sauren Sahne oder Milch im Mixer pürieren, mit Salz und Pfeffer würzen. Maispüree auf den Hähnchenbrustfilets verteilen und mit Zucker bestreuen. Die Form auf dem Rost in den vorgeheizten Backofen schieben.

Ober-/Unterhitze: etwa 200 °C
Heißluft: etwa 180 °C
Garzeit: etwa 45 Minuten.

Beilage: Bauernbrot.

Chinakohlauflauf | Vegetarisch

8–10 Portionen

Pro Portion:
E: 25 g, F: 23 g, Kh: 23 g, kJ: 1785, kcal: 426

600 g Zucchini
3 gelbe Paprikaschoten (je etwa 150 g)
400 ml Gemüsebrühe
150 g rote Linsen
400 g Tomaten
2 Köpfe Chinakohl (je 700–750 g)

Für die Sauce und den Belag:
400 g Camembert-Käse
1 Bund Dill
60 g Butter oder Margarine
60 g Weizenmehl
600 ml Milch
6 Eier (Größe M)
Salz, frisch gemahlener Pfeffer
frisch geriebene Muskatnuss

Zubereitungszeit: 45 Minuten
Garzeit: etwa 45 Minuten

1. Zucchini waschen, abtrocknen und die Enden abschneiden. Zucchini zuerst längs halbieren, dann in Scheiben schneiden. Paprikaschoten halbieren, entstielen, entkernen und die weißen Scheidewände entfernen. Schotenhälften waschen, abtropfen lassen und in Streifen schneiden.

2. Gemüsebrühe in einem Topf zum Kochen bringen. Paprikastreifen und Linsen darin etwa 3 Minuten kochen lassen. Zucchinischeiben hinzufügen, noch weitere etwa 3 Minuten garen. Gemüse abgießen und abtropfen lassen.

3. Tomaten waschen, abtrocknen und die Stängelansätze herausschneiden. Tomaten vierteln, entkernen und klein würfeln.

4. Von dem Chinakohl die äußeren Blätter entfernen. Chinakohl waschen und abtropfen lassen. Die unteren Enden der Kohlköpfe großzügig abschneiden. Die Kohlköpfe vierteln und mit einer Schnittfläche nach unten in eine große, flache Auflaufform (gefettet) oder Fettfangschale (gefettet) legen. Vorgegartes Gemüse und Tomatenwürfel darauf verteilen. Den Backofen vorheizen.

5. Für die Sauce und den Belag die Hälfte des Camemberts in kleine Würfel, die andere Hälfte in dünne Scheiben schneiden. Dill abspülen, trocken tupfen, Spitzen von den Stängeln zupfen, klein schneiden.

6. Butter oder Margarine in einem Topf zerlassen. Mehl darin unter Rühren so lange erhitzen, bis es hellgelb ist. Milch hinzugießen, mit einem Schneebesen gut durchschlagen. Dabei darauf achten, dass keine Klümpchen entstehen. Die Sauce aufkochen lassen. Camembertwürfel hinzugeben und unter Rühren schmelzen.

7. Eier trennen. Eigelb zuerst mit etwas von der Sauce verrühren, dann unter die restliche Sauce rühren (nicht mehr kochen lassen). Die Sauce mit Salz, Pfeffer und Muskat kräftig würzen. Dill hinzufügen. Eiweiß steifschlagen und unterheben. Die Sauce gleichmäßig auf dem Gemüse verteilen und mit Camembertscheiben belegen. Die Form auf dem Rost oder die Fettfangschale in den vorgeheizten Backofen schieben.

Ober-/Unterhitze: 180–200 °C
Heißluft: 160–180 °C
Garzeit: etwa 45 Minuten.

Chinakohlgratin | Preiswert

6–8 Portionen

Pro Portion:
E: 20 g, F: 34 g, Kh: 8 g, kJ: 1786, kcal: 430

2 kg Chinakohl
Salzwasser
750 g rosa Champignons
Salz
frisch gemahlener Pfeffer
3 Becher
(je 150 g) Crème fraîche
300 g Joghurt
5 Eier (Größe M)
frisch geriebene Muskatnuss
Currypulver
200 g frisch geriebener, mittelalter Gouda-Käse

Zubereitungszeit: 50 Minuten
Garzeit: etwa 40 Minuten

1. Chinakohl putzen, den Kohl halbieren und den Strunk herausschneiden. Den Kohl vierteln oder achteln. Die Kohlstücke waschen, abtropfen lassen und portionsweise in kochendem Salzwasser 2–3 Minuten blanchieren. Kohlstücke mit einer Schaumkelle herausnehmen, abtropfen lassen, in eine große, flache Auflaufform (gefettet) legen. Den Backofen vorheizen.

2. Champignons putzen, mit Küchenpapier abreiben, eventuell abspülen, trocken tupfen, in dicke Scheiben schneiden. Die Champignonscheiben zwischen den Kohlstücken verteilen. Mit Salz und Pfeffer bestreuen.

3. Crème fraîche und Joghurt verrühren. Eier unterschlagen. Mit Salz, Pfeffer, Muskat und Curry würzen. Die Sauce auf die Kohl-Champignon-Masse geben und mit Käse bestreuen. Die Form auf dem Rost in den vorgeheizten Backofen schieben.

Ober-/Unterhitze: etwa 200 °C
Heißluft: etwa 180 °C
Garzeit: etwa 40 Minuten.

Couscousauflauf | Gut vorzubereiten

4 Portionen

Pro Portion:
E: 61 g, F: 60 g, Kh: 66 g, kJ: 4539, kcal: 1085

250 g Couscousgrieß
500 ml
(1/2 l) kochende Hühnerbrühe
1 kg Blattspinat
120 g Butter
Salz, frisch gemahlener Pfeffer
frisch geriebene Muskatnuss
400 g Hähnchenbrustfilet
1 EL Sojasauce
4 EL Tomatenmark
250 g Schlagsahne

Zubereitungszeit: 45 Minuten, ohne Quellzeit
Garzeit: etwa 25 Minuten

1. Couscousgrieß in einen Topf geben, mit der Hälfte der kochenden Hühnerbrühe übergießen und etwa 10 Minuten quellen lassen.

2. Spinat verlesen, dicke Stiele entfernen. Spinat gründlich waschen, abtropfen lassen und trocken tupfen. 50 g der Butter in einem Topf zerlassen. Spinat hinzugeben und etwa 5 Minuten dünsten. Mit Salz, Pfeffer und Muskat würzen.

3. Hähnchenbrustfilet unter fließendem kalten Wasser abspülen, trocken tupfen und in Würfel schneiden. Den Backofen vorheizen.

4. 20 g der restlichen Butter in einer Pfanne zerlassen, Fleischwürfel darin von allen Seiten anbraten. Sojasauce, Tomatenmark und Pfeffer unterrühren. Restliche Brühe und Sahne hinzugießen, unter Rühren zum Kochen bringen. Fleischwürfel etwa 6 Minuten garen, nochmals mit Salz abschmecken.

5. In eine Auflaufform (gefettet) die vorbereiteten Zutaten in folgender Reihenfolge einschichten: Grieß, Spinat, Hähnchenfleischwürfel mit Sauce. So fortfahren, bis alle Zutaten aufgebraucht sind. Die oberste Schicht sollte aus Grieß bestehen. Restliche Butter in Flöckchen daraufsetzen. Anschließend die Form auf dem Rost in den vorgeheizten Backofen schieben.

Ober-/Unterhitze: etwa 200 °C
Heißluft: etwa 180 °C
Garzeit: etwa 25 Minuten.

Crêpes-Auflauf mit Sauerkirschen | Für Kinder

4 Portionen

Pro Portion:
E: 18 g, F: 44 g, Kh: 70 g, kJ: 3241, kcal: 774

100 g	*Weizenmehl*
2	*Eier (Größe M)*
250 ml	
(1/4 l)	*Milch*
1 Prise	*Salz*
50 g	*Butter zum Braten*
50 g	*weiche Butter*
40 g	*Zucker*
4	*Eier (Größe M)*
125 ml	
(1/8 l)	*Milch*
125 g	*Schlagsahne*
2 Gläser	*Sauerkirschen (Abtropfgewicht je 360 g)*
evtl. 1 EL	*Puderzucker*

Zubereitungszeit: 50 Minuten, ohne Ruhe- und Abkühlzeit
Garzeit: etwa 40 Minuten

1. Für die Crêpes Mehl in eine Rührschüssel geben. Eier gut unterschlagen. Milch unterrühren. Mit Salz würzen. Darauf achten, dass keine Klümpchen entstehen. Teig ruhen lassen.

2. Etwas Butter in einer beschichteten Pfanne zerlassen. Den Teig gut durchrühren und eine dünne Teiglage mit einer drehenden Bewegung auf dem Boden der Pfanne verteilen. Crêpe von beiden Seiten etwa 2 Minuten goldgelb backen. Bevor der Crêpe gewendet wird, etwas Butter in die Pfanne geben. Aus dem restlichen Teig 3 weitere Crêpes backen und erkalten lassen. Den Backofen vorheizen.

3. Butter und Zucker in einer Rührschüssel verrühren. Eier nach und nach unterrühren. Milch und Sahne unter Rühren hinzugeben.

4. Die Kirschen in einem Sieb abtropfen lassen, dabei den Saft auffangen. Crêpes in Streifen schneiden.

5. Die Kirschen und Crêpesstreifen in eine Auflaufform (gefettet) geben. Die Eier-Sahne-Milch darauf verteilen. Die Form auf dem Rost in den vorgeheizten Backofen schieben.

Ober-/Unterhitze: etwa 180 °C
Heißluft: etwa 160 °C
Garzeit: etwa 40 Minuten.

6. Den Auflauf eventuell nach etwa 30 Minuten mit Backpapier zudecken.

7. Den Auflauf nach Belieben noch warm mit Puderzucker bestreuen und anschließend servieren.

Tipp: Den aufgefangenen Sauerkirschsaft mit Speisestärke und Zucker andicken und zu dem Auflauf servieren. Dazu 1 1/2 Esslöffel Speisestärke und 2 Esslöffel Zucker mit etwas kaltem Wasser anrühren. Den Saft zum Kochen bringen. Die angerührte Speisestärke unter Rühren hinzugeben und kurz aufkochen lassen.

Curry-Lachs-Auflauf | Für Gäste

4 Portionen

Pro Portion:
E: 37 g, F: 41 g, Kh: 30 g, kJ: 2688, kcal: 642

250 g Möhren
200 g Champignons
1 TL Butter
200 g Schnellkoch-Vollkornreis (Garzeit 10 Minuten)
400 ml Gemüsebrühe
600 g Lachsfilet ohne Haut und Gräten
Salz
frisch gemahlener Pfeffer
175 g TK-Erbsen

Für die Sauce:
1 Zwiebel
1 Bund glatte Petersilie
1 EL Butter
1 TL mildes Currypulver
1 leicht geh. TL Weizenmehl
100 ml Milch
150 g Schlagsahne

Für die Brösel:
4 leicht geh. TL Kokosraspel
2 leicht geh. TL Semmelbrösel
2 EL weiche Butter

Zubereitungszeit: 45 Minuten
Garzeit: etwa 20 Minuten

1. Möhren putzen, schälen, waschen, abtropfen lassen und in Stifte schneiden. Champignons putzen, mit Küchenpapier abreiben, eventuell abspülen, trocken tupfen und halbieren. Butter in einem Topf zerlassen, Möhrenstifte und Champignonhälften darin andünsten. Reis hinzugeben.

2. Brühe hinzugießen, aufkochen lassen und bei schwacher Hitze etwa 10 Minuten garen. Den Backofen vorheizen.

3. Lachs abspülen, trocken tupfen, mit Salz und Pfeffer würzen und in eine große Auflaufform (leicht gefettet) legen. Die gefrorenen Erbsen unter den Reis mischen. Die Reismischung um den Lachs herum verteilen.

4. Für die Sauce Zwiebel abziehen und in kleine Würfel schneiden. Petersilie abspülen und trocken tupfen. Die Blättchen von den Stängeln zupfen. Blättchen klein schneiden. Butter in einem Topf zerlassen, Zwiebelwürfel darin glasig dünsten. Curry und Mehl darüberstäuben und kurz andünsten. Milch und Sahne unter Rühren hinzugeben und kurz aufkochen lassen. Die Sauce mit Salz und Pfeffer abschmecken, Petersilie unterrühren. Die Sauce auf dem Lachs und der Reismischung verteilen.

5. Für die Brösel Kokosraspel mit Semmelbröseln und Butter verkneten. Die Mischung in Flöckchen auf dem Lachs verteilen. Die Form auf dem Rost in den vorgeheizten Backofen schieben.

Ober-/Unterhitze: etwa 200 °C
Heißluft: etwa 180 °C
Garzeit: etwa 20 Minuten.

Eierauflauf (Omelette soufflée) | Für Gäste

4 Portionen

Pro Portion:
E: 7 g, F: 6 g, Kh: 35 g, kJ: 944, kcal: 223

4 Eigelb (Größe M)
100 g Zucker
4 Eiweiß (Größe M)
20 g Speisestärke
20 g Puderzucker

Zubereitungszeit: 15 Minuten
Garzeit: 25–30 Minuten

1. Den Backofen vorheizen. Eigelb und Zucker in einer Rührschüssel cremig schlagen.

2. Eiweiß steifschlagen und auf die Eigelbcreme geben. Speisestärke darübersieben und danach alles vorsichtig unter die Eigelbcreme ziehen (nicht rühren).

3. Die Eiermasse in eine flache Auflaufform (gefettet) geben. Die Form auf dem Rost in den vorgeheizten Backofen schieben.

Ober-/Unterhitze: etwa 180 °C
Heißluft: etwa 160 °C
Garzeit: 25–30 Minuten.

4. Eierauflauf mit Puderzucker bestäuben und sofort servieren.

Beilage: Himbeeren, gezuckerte Beerenfrüchte oder gedünstetes Obst.

Eierkuchen-Auflauf | Vegetarisch

4–6 Portionen

Pro Portion:
E: 22 g, F: 45 g, Kh: 46 g, kJ: 2992, kcal: 714

250 g	Weizenmehl
4	Eier (Größe M)
½ gestr. TL	Salz
375 ml	
(3/8 l)	Milch
125 ml	
(1/8 l)	Mineralwasser
1 Bund	Frühlingszwiebeln
6 EL	Speiseöl zum Braten

Für die Füllung:

500 g	gemischte Pilze, z. B. Champignons, Pfifferlinge, Austernpilze
1 Bund	Frühlingszwiebeln
3 EL	Speiseöl
	Salz, frisch gemahlener Pfeffer
1 geh. TL	Weizenmehl
1 Becher	
(150 g)	Crème fraîche
100 g	geraspelter Gratin-Käse
	abgespülte Schnittlauchhalme

Zubereitungszeit: 45 Minuten
Garzeit: etwa 20 Minuten

1. Für den Teig Mehl in eine Rührschüssel geben. Eier mit Salz, Milch und Mineralwasser verschlagen. Nach und nach unter Rühren zum Mehl geben. Darauf achten, dass keine Klümpchen entstehen. Frühlingszwiebeln putzen, waschen, abtropfen lassen, in schmale Scheiben schneiden und unter den Teig rühren.

2. Etwas von dem Speiseöl in einer beschichteten Pfanne erhitzen. Den Teig gut durchrühren und eine dünne Teiglage mit einer drehenden Bewegung auf dem Boden der Pfanne verteilen. Den Eierkuchen von beiden Seiten goldgelb backen. Bevor der Eierkuchen gewendet wird, etwas Speiseöl in die Pfanne geben. Aus dem Teig etwa 6 Pfannkuchen backen, übereinander auf einen Teller legen. Den Backofen vorheizen.

3. Für die Füllung Pilze mit Küchenpapier abreiben, eventuell abspülen, trocken tupfen und in Stücke schneiden. Frühlingszwiebeln putzen, waschen, abtropfen lassen und in schmale Scheiben schneiden (einige Frühlingszwiebelscheiben zum Garnieren beiseitelegen).

4. Speiseöl in der Pfanne erhitzen, die Pilzstücke darin anbraten, mit Salz und Pfeffer würzen. Mit Mehl bestäuben und Crème fraîche unterrühren. Die Frühlingszwiebelscheiben zu den Pilzstücken geben und einmal aufkochen lassen.

5. Die Eierkuchen auf einer Arbeitsfläche ausbreiten. Jeweils etwas von der Pilzmasse auf die Eierkuchen geben. Die Eierkuchen aufrollen, nebeneinander in eine flache Auflaufform (gefettet) legen und mit Käse bestreuen. Die Form auf dem Rost in den vorgeheizten Backofen schieben.

Ober-/Unterhitze: etwa 180 °C
Heißluft: etwa 160 °C
Garzeit: etwa 20 Minuten.

6. Den Eierkuchen-Auflauf mit den beiseitegelegten Frühlingszwiebelscheiben und Schnittlauchhalmen garnieren.

Exotischer Auflauf mit Entenbrust

Raffiniert

4 Portionen

Pro Portion:
E: 37 g, F: 23 g, Kh: 27 g, kJ: 1914, kcal: 457

500 g	*Fenchelknollen*
250 g	*Zucchini*
1 kleines Stück	*frischer Ingwer*
1	*Knoblauchzehe*
2 EL	*Speiseöl*
150 g	*Schnellkoch-Vollkornreis (Garzeit 10 Minuten)*
	Salz, frisch gemahlener Pfeffer
	5-Gewürze-Pulver (asiatische Würzmischung)
350 ml	*Gemüsebrühe*
2	*Entenbrustfilets (je etwa 300 g)*

Für die Sauce:

150 ml	*Gemüsebrühe*
1 TL	*Speisestärke*
1–2 EL	*Sojasauce*
75 g	*geröstete, gesalzene Erdnusskerne*
	Cayennepfeffer
2 EL	*flüssiger Honig*
etwas	*Kerbel*

Zubereitungszeit: 50 Minuten, ohne Abkühlzeit
Garzeit: etwa 10 Minuten

1. Von den Fenchelknollen die Stiele dicht oberhalb der Knollen abschneiden. Evtl. vorhandene dunkle Stellen abschneiden. Knollen waschen, abtropfen lassen und halbieren. Fenchel in feine Streifen schneiden. Zucchini waschen, abtrocknen und die Enden abschneiden. Zucchini zuerst längs halbieren, dann in Scheiben schneiden. Ingwer schälen, Knoblauch abziehen, Ingwer und Knoblauch in kleine Würfel schneiden.

2. Speiseöl in einer Pfanne erhitzen. Ingwer, Knoblauchwürfel, Zucchinischeiben und Fenchelstreifen darin anbraten. Reis hinzugeben. Mit Salz, Pfeffer und 5-Gewürze-Pulver würzen. Brühe hinzugießen, aufkochen lassen und zugedeckt bei schwacher Hitze etwa 10 Minuten garen. Den Backofen vorheizen.

3. Entenbrustfilets unter fließendem kalten Wasser abspülen, gut trocken tupfen und die Hautseiten rautenförmig einschneiden. Filets mit Salz und Pfeffer würzen. Eine beschichtete Pfanne ohne Fett erhitzen. Filets mit der Hautseite nach unten in die Pfanne legen und bei mittlerer Hitze etwa 10 Minuten braten. Fett abgießen. Filets wenden, weitere etwa 2 Minuten braten, herausnehmen und etwas abkühlen lassen.

4. Das Bratfett abgießen. Brühe mit Speisestärke und Sojasauce verrühren, zum Bratensatz geben und kurz aufkochen lassen. Mit Salz und Pfeffer abschmecken.

5. Fenchel-Zucchini-Reis in eine große Auflaufform (gefettet) geben. Von den Filets die Haut ablösen. Filets in etwa 1 cm dicke Scheiben schneiden und auf dem Reis anrichten. Sauce daraufgeben. Nusskerne grob hacken, mit Cayennepfeffer und Honig mischen, auf den Filetscheiben verteilen. Die Form auf dem Rost in den vorgeheizten Backofen schieben.

Ober-/Unterhitze: etwa 200 °C
Heißluft: etwa 180 °C
Garzeit: etwa 10 Minuten.

6. Kerbel abspülen und trocken tupfen. Den Auflauf mit Kerbel garniert servieren.

Exotischer Kartoffelauflauf

Raffiniert

4 Portionen

Pro Portion:

E: 6 g, F: 11 g, Kh: 53 g, kJ: 1446, kcal: 345

1 kg Kartoffeln
Salzwasser
1 Bio-Zitrone (unbehandelt, ungewachst)
2 Bio-Orangen (unbehandelt, ungewachst)
1 Dose Ananasstücke (Abtropfgewicht 250 g)
1 Dose Mandarinen (Abtropfgewicht 175 g)
Ananassaft (aus der Dose)
Salz
5 EL Butter

Zubereitungszeit: 50 Minuten, ohne Abkühlzeit
Garzeit: etwa 30 Minuten

1. Kartoffeln gründlich waschen, mit Salzwasser bedeckt zum Kochen bringen und zugedeckt 20–25 Minuten garen. Kartoffeln abgießen, abdämpfen und heiß pellen. Kartoffeln etwas abkühlen lassen, in feine Streifen schneiden und erkalten lassen.

2. Zitrone und Orangen heiß abwaschen, abtrocknen und jeweils die Schale abreiben. Zitronen- und Orangenschale auf den Kartoffelstreifen verteilen. Zitrone und Orangen so schälen, dass die weiße Haut vollständig entfernt ist. Zitrone und Orangen in Scheiben schneiden.

3. Ananas und Mandarinen getrennt in je einem Sieb abtropfen lassen, dabei den Ananassaft auffangen.

4. Abwechselnd lagenweise Kartoffelstreifen, Mandarinen, Zitronen-, Orangenscheiben und Ananasstücke in eine Auflaufform (gut gefettet) schichten. Die oberste Schicht sollte aus Kartoffelstreifen bestehen.

5. Ananassaft mit Salz und Butter in einem kleinen Topf unter ständigem Rühren zum Kochen bringen und auf dem Auflauf verteilen. Die Form auf dem Rost in den vorgeheizten Backofen schieben.

Ober-/Unterhitze: etwa 200 °C
Heißluft: etwa 180 °C
Garzeit: etwa 30 Minuten.

Tipp: Für den Auflauf sollte eine festkochende Kartoffelsorte, z. B. Sieglinde oder Nicola, verwendet werden. Pellkartoffeln sind gar, wenn sich die Schale leicht abziehen lässt.

Fenchel-Fisch-Auflauf mit Parmesan-Kartoffel-Kruste

Für Gäste

4 Portionen

Pro Portion:
E: 34 g, F: 38 g, Kh: 21 g, kJ: 2395, kcal: 572

1 kg	*Fenchelknollen*
1 Stängel	*frischer Rosmarin oder 1 TL gerebelter Rosmarin*
2 EL	*Butter*
	Salz, frisch gemahlener Pfeffer
	Saft und Schale von
1	*Bio-Zitrone (unbehandelt, ungewachst)*
200 ml	*Gemüsebrühe*
200 g	*Schlagsahne*
600 g	*festes Fischfilet, z. B. Pangasius, Tilapia, Lengfisch*
350 g	*vorwiegend mehligkochende Kartoffeln*
25 g	*weiche Butter*
50 g	*frisch geriebener Parmesan-Käse*

Zubereitungszeit: 40 Minuten
Garzeit: etwa 30 Minuten

1. Von den Fenchelknollen die Stiele dicht oberhalb der Knollen abschneiden. Braune Stellen und Blätter entfernen. Die Wurzelenden gerade schneiden. Knollen waschen, abtropfen lassen und halbieren. Fenchelhälften in kleine Würfel schneiden. Rosmarinstängel abspülen und trocken tupfen. Die Nadeln von dem Stängel zupfen. Nadeln klein schneiden. Den Backofen vorheizen.

2. Butter in einer großen Pfanne zerlassen, Rosmarin und Fenchelwürfel darin andünsten, mit Salz und Pfeffer würzen. 1 Esslöffel von der Zitronenschale hinzugeben. Brühe und Sahne hinzugießen, zum Kochen bringen und zugedeckt etwa 8 Minuten bei schwacher Hitze dünsten.

3. Fischfilet abspülen, trocken tupfen und mit Zitronensaft beträufeln. Kartoffeln waschen, schälen, abspülen, abtropfen lassen und auf einer Küchenreibe grob raspeln. Kartoffelraspel mit weicher Butter, Parmesan-Käse und restlicher Zitronenschale mischen, mit Salz und Pfeffer würzen.

4. Fenchelwürfel in eine große Auflaufform (gefettet) geben. Fischfilets mit Salz und Pfeffer würzen und darauflegen. Kartoffel-Parmesan-Mischung darauf verteilen und etwas andrücken. Die Form auf dem Rost in den vorgeheizten Backofen schieben.

Ober-/Unterhitze: etwa 200 °C
Heißluft: etwa 180 °C
Garzeit: etwa 30 Minuten.

Tipp: Statt Fenchel können Sie auch Möhren, Porree, Kohlrabi oder Chinakohl andünsten und mit dem Fisch garen. Geben Sie in feine Streifen geschnittene, getrocknete Tomaten in Öl, 1–2 Teelöffel körnigen Senf, 1–2 Teelöffel frisch geriebenen Meerrettich oder das fein gehackte Grün der Fenchelknollen in die Mischung für die Kartoffelkruste.

Fenchelgratin mit Tomaten

Für Gäste

4 Portionen

Pro Portion:
E: 21 g, F: 23 g, Kh: 9 g, kJ: 1404, kcal: 329

3–4 Fenchelknollen (etwa 800 g)
Salzwasser
1 kleine Gemüsezwiebel (etwa 150 g)
2 Knoblauchzehen
2 große Fleischtomaten (etwa 350 g)
200 g Schafkäse
2–3 EL Olivenöl
200 ml Gemüsebrühe
Salz
frisch gemahlener Pfeffer
80 g frisch geriebener Parmesan-Käse

Zubereitungszeit: 45 Minuten
Garzeit: etwa 15 Minuten

1. Von den Fenchelknollen die Stiele dicht oberhalb der Knollen abschneiden. Braune Stellen und Blätter entfernen. Die Wurzelenden gerade schneiden. Die Knollen waschen, abtropfen lassen, halbieren und in Spalten schneiden. Fenchelspalten in kochendem Salzwasser 5–8 Minuten bissfest garen, in ein Sieb geben und abtropfen lassen. Den Backofen vorheizen.

2. Gemüsezwiebel und Knoblauch abziehen, in kleine Würfel schneiden. Tomaten waschen, abtrocknen, vierteln und die Stängelansätze herausschneiden. Tomatenviertel entkernen und in Würfel schneiden. Schafkäse mit einer Gabel zerbröseln.

3. Das Olivenöl in einer Pfanne erhitzen. Zunächst die Zwiebel- und Knoblauchwürfel darin andünsten. Die Fenchelspalten hinzugeben und untermischen. Fenchel-Zwiebel-Mischung in eine flache Auflaufform (gefettet) geben. Gemüsebrühe hinzugießen, mit Salz und Pfeffer würzen. Tomatenwürfel und Schafkäsebrösel darauf verteilen. Mit Parmesan-Käse bestreuen. Die Form auf dem Rost in den vorgeheizten Backofen schieben.

Ober-/Unterhitze: etwa 200 °C
Heißluft: etwa 180 °C
Garzeit: etwa 15 Minuten.

Beilage: Kleine gebratene Röstkartoffeln.

Tipp: Das Fenchelgrün vom Putzen der Fenchelknollen beiseitelegen und den Auflauf direkt vor dem Servieren mit klein geschnittenem Fenchelgrün bestreuen. Gebratene Kochschinkenwürfel (pro Portion etwa 50 g) oder gebratene TK-Shrimps (pro Portion etwa 50 g) dazu servieren.

Fenchel-Hirse-Auflauf mit Ziegenkäse | Für Gäste

4 Portionen

Pro Portion:
E: 23 g, F: 40 g, Kh: 40 g, kJ: 2590, kcal: 620

175 g Hirse
750 g Fenchelknollen
1 Stängel frischer Rosmarin oder
1 TL gerebelter Rosmarin
1 Zwiebel
1 EL Butter
Salz
frisch gemahlener Pfeffer
knapp 500 ml (1/2 l) Gemüsebrühe

Für die Eiersahne:
2 Eier (Größe M)
200 g Schlagsahne
200 g Ziegenkäserolle
2 EL Haselnusskerne

Zubereitungszeit: 35 Minuten
Garzeit: etwa 20 Minuten

1. Hirse gründlich mit heißem Wasser abspülen und abtropfen lassen. Von den Fenchelknollen die Stiele dicht oberhalb der Knollen abschneiden. Braune Stellen und Blätter entfernen. Die Wurzelenden gerade schneiden. Die Knollen waschen, abtropfen lassen, halbieren und in Würfel schneiden. Rosmarinstängel abspülen und trocken tupfen. Die Nadeln von dem Stängel zupfen. Nadeln klein schneiden. Zwiebel abziehen und klein würfeln. Den Backofen vorheizen.

2. Butter in einem Topf zerlassen. Rosmarin und Fenchelwürfel darin etwa 3 Minuten dünsten, mit Salz und Pfeffer würzen. Hirse hinzugeben. Brühe hinzugießen, zum Kochen bringen und zugedeckt bei schwacher Hitze etwa 5 Minuten köcheln lassen.

3. Für die Eiersahne Eier mit Sahne verschlagen, mit Salz und Pfeffer würzen. Hirse-Fenchel-Mischung in eine große Auflaufform (gefettet) geben. Eiersahne darauf verteilen. Käserolle in dicke Scheiben schneiden und darauflegen. Nusskerne grob hacken, die Käsescheiben damit bestreuen. Die Form auf dem Rost in den vorgeheizten Backofen schieben.

Ober-/Unterhitze: etwa 200 °C
Heißluft: etwa 180 °C
Garzeit: etwa 20 Minuten.

Tipp: Das Gericht ganz nach Belieben mit Rosmarin garnieren.
Statt der Ziegenkäserolle können Sie für dieses Gericht auch die herzhafteren, kleinen Ziegenkäsetaler (Crottins, 4 Stück je 60 g) verwenden. Käse waagerecht halbieren und auf dem Auflauf verteilen.
Besonders herzhaft wird der Auflauf, wenn Sie den Ziegenkäse mit feinen Scheiben Frühstücksspeck umwickeln und knusprig mitbacken.
Weltweit gehört Hirse neben Weizen, Reis und Mais zu den wichtigsten Getreidearten, die Millionen von Menschen ernährt. Hirse braucht nicht eingeweicht zu werden, sollte aber vor der Zubereitung mit heißem Wasser gespült werden, um eventuell Bitterstoffe abzuwaschen. Hirse ist glutenfrei und besonders reich an Eisen, Fluor und Kieselsäure.

Feuertopf | Für die Party

12 Portionen

Pro Portion:
E: 39 g, F: 45 g, Kh: 20 g, kJ: 2836, kcal: 678

2 mittelgroße Gemüsezwiebeln
je 3 grüne und rote Paprikaschoten
1 Dose Ananasstücke (Abtropfgewicht 340 g)
2 Gläser Pilzscheiben (Abtropfgewicht je 315 g)
2 kg Schweinegulasch
3 EL Steakgewürz
6 EL Speiseöl
1 Glas (500 g) Zigeunersauce (Fertigprodukt)
1 Flasche (250 g) Barbecuesauce (Fertigprodukt)
500 g Schlagsahne
1 EL Currypulver
1 EL Paprikapulver edelsüß
1 TL Cayennepfeffer
1 TL gemahlener Kümmel
1 TL frisch gemahlener Pfeffer
150 g frisch geriebener Käse, z. B. Gouda

Zubereitungszeit: 45 Minuten
Garzeit: etwa 40 Minuten

1. Gemüsezwiebeln abziehen und in grobe Würfel schneiden. Paprikaschoten halbieren, entstielen, entkernen und die weißen Scheidewände entfernen. Schotenhälften waschen, abtropfen lassen und in Streifen schneiden. Ananasstücke und Pilzscheiben in einem Sieb abtropfen lassen und in einer Schüssel gut miteinander vermischen.

2. Gulasch eventuell kurz unter fließendem kalten Wasser abspülen und trocken tupfen. Größere Fleischstücke etwas kleiner schneiden, mit Steakgewürz würzen. Den Backofen vorheizen.

3. Jeweils etwas Speiseöl in einer Pfanne erhitzen. Das Fleisch darin portionsweise von allen Seiten anbraten und herausnehmen. Zwiebelwürfel und Paprikastreifen in dem verbliebenen Bratfett kurz andünsten (eventuell noch etwas Speiseöl hinzufügen).

4. Zigeuner- und Barbecuesauce mit Sahne und den Gewürzen verrühren. Zuerst die Hälfte der Zwiebel-Paprika-Mischung in eine große, flache Auflaufform (gefettet) geben. Nacheinander die Hälfte der Fleischwürfel, die Hälfte der Ananas-Pilz-Mischung und die Hälfte der Saucenmischung einschichten.

5. Die restlichen Zutaten in der gleichen Reihenfolge einschichten. Die Form auf dem Rost in den vorgeheizten Backofen schieben.

Ober-/Unterhitze: etwa 180 °C
Heißluft: etwa 160 °C
Garzeit: etwa 40 Minuten.

6. Nach etwa der Hälfte der Garzeit den Feuertopf mit Käse bestreuen und fertig garen.

Filet mit Obst | Einfach

12 Portionen

Pro Portion:
E: 34 g, F: 29 g, Kh: 18 g, kJ: 2007, kcal: 479

1 1/2 kg Schweinefilet
120 g Pflanzenfett
Salz
frisch gemahlener Pfeffer
1 Dose Pfirsichhälften (Abtropfgewicht 480 g)
3 Bananen
500 g Schlagsahne
6 EL Tomatenketchup
1 EL Currypulver
200 g frisch geriebener Käse, z. B. Gouda

Zubereitungszeit: 35 Minuten
Garzeit: etwa 25 Minuten

1. Schweinefilet unter fließendem kalten Wasser abspülen und trocken tupfen. Filet zuerst in Scheiben, dann in Streifen schneiden. Den Backofen vorheizen.

2. Jeweils etwas Pflanzenfett in einer Pfanne erhitzen. Die Filetstreifen darin portionsweise anbraten, mit Salz und Pfeffer bestreuen, herausnehmen und in eine große Auflaufform (gefettet) geben.

3. Pfirsichhälften in einem Sieb abtropfen lassen und in Spalten schneiden. Bananen schälen und in Scheiben schneiden. Pfirsichspalten und Bananenscheiben mit den Fleischstreifen mischen.

4. Sahne, Ketchup und Curry verrühren und auf der Fleisch-Obst-Masse verteilen. Mit Käse bestreuen.

5. Die Form auf dem Rost in den vorgeheizten Backofen schieben.

Ober-/Unterhitze: etwa 200 °C
Heißluft: etwa 180 °C
Garzeit: etwa 25 Minuten.

Beilage: Weißbrot oder Reis, Salat.

Tipp: Statt Pfirsiche und Bananen Mango oder Ananas verwenden.

Filettopf | Für Gäste

12 Portionen

Pro Portion:
E: 38 g, F: 74 g, Kh: 5 g, kJ: 3639, kcal: 869

4	*Schweinefilets (je etwa 400 g)*
2 geh. EL	*milder Senf*
24 Scheiben	*geräucherter Schinkenspeck*
1 kg	*gekochte Pellkartoffeln (gepellt, in Scheiben)*
3 kleine Gläser	*kleine Champignons (Abtropfgewicht je 170 g)*
	Salz, schwarzer Pfeffer
je 1 TL	*Majoran, Dillspitzen und gehackte Petersilie*

Für die Sauce:

1 1/4 kg	*Schlagsahne*
4 gestr. EL	*Paprikapulver edelsüß*
4 gestr. TL	*Currypulver*

Zubereitungszeit: 35 Minuten
Garzeit: etwa 60 Minuten

1. Den Backofen vorheizen. Schweinefilets unter fließendem kalten Wasser abspülen und trocken tupfen. Die Filets jeweils in 6 Scheiben schneiden, so dass 24 Medaillons entstehen.

2. Die Medaillons mit Senf bestreichen und mit je 1 Scheibe Schinkenspeck umwickeln. Die Fleischstücke nicht zu nah nebeneinander in eine große Auflaufform (gefettet) legen.

3. Pellkartoffelscheiben zwischen das Fleisch geben. Champignons in einem Sieb abtropfen lassen und in die Zwischenräume der Fleischstücke geben. Fleischstücke, Kartoffelscheiben und Champignons mit Salz, Pfeffer, Majoran, Dillspitzen und Petersilie bestreuen.

4. Für die Sauce Sahne mit Paprika und Curry verrühren und auf den Medaillons verteilen. Die Form zugedeckt auf dem Rost in den vorgeheizten Backofen schieben.

Ober-/Unterhitze: etwa 180 °C
Heißluft: etwa 160 °C
Garzeit: etwa 60 Minuten.

Fischauflauf | Gut vorzubereiten

4 Portionen

Pro Portion:
E: 46 g, F: 23 g, Kh: 62 g, kJ: 2816, kcal: 671

2 Kochbeutel
(250 g) Spitzen-Langkornreis
Salzwasser
500 g Möhren
2 mittelgroße Fenchelknollen (etwa 500 g)
100 ml Salzwasser
750 g Fischfilet, z. B. Seelachs
2 EL Zitronensaft
Salz
frisch gemahlener Pfeffer
125 ml (1/8 l) trockener Weißwein
125 g Schlagsahne
75 g frisch geriebener Emmentaler-Käse
30 g Butter
1 Bio-Zitrone (unbehandelt, ungewachst)

Zubereitungszeit: 30 Minuten
Garzeit: 25–30 Minuten

1. Reis in kochendem Salzwasser nach Packungsanleitung knapp gar kochen.

2. Möhren putzen, schälen, abspülen, abtropfen lassen und in feine Stifte schneiden. Von den Fenchelknollen die Stiele dicht oberhalb der Knollen abschneiden (Fenchelgrün beiseitelegen). Braune Stellen und Blätter entfernen. Die Wurzelenden gerade schneiden. Knollen waschen, abtropfen lassen und halbieren. Fenchelhälften ebenfalls in feine Stifte schneiden. Den Backofen vorheizen.

3. Salzwasser in einem Topf zum Kochen bringen. Möhren- und Fenchelstifte darin zugedeckt etwa 5 Minuten dünsten.

4. Fischfilet unter fließendem kalten Wasser abspülen, trocken tupfen und in Stücke schneiden. Fischstücke mit Zitronensaft beträufeln, mit Salz und Pfeffer bestreuen.

5. Abwechselnd lagenweise Reis, Gemüsestifte und Fischstücke in eine Auflaufform (gefettet) schichten. Die letzte Schicht sollte aus Reis bestehen.

6. Wein und Sahne verschlagen, mit Salz und Pfeffer würzen und auf dem Auflauf verteilen, so dass der Reis bedeckt ist. Mit Emmentaler-Käse bestreuen und Butter in Flöckchen daraufsetzen. Anschließend die Form auf dem Rost in den vorgeheizten Backofen schieben.

Ober-/Unterhitze: etwa 200 °C
Heißluft: etwa 180 °C
Garzeit: 25–30 Minuten.

7. Beiseitegelegtes Fenchelgrün abspülen und trocken tupfen. Zitrone heiß abwaschen, abtrocknen und in dünne Scheiben schneiden. Den Fischauflauf zum Schluss mit dem Fenchelgrün und den Zitronenscheiben garnieren.

Tipp: Wenn Kinder mitessen, kann der Weißwein auch durch Gemüsebrühe ersetzt werden.

Fischauflauf, asiatisch | Raffiniert

4 Portionen

Pro Portion:
E: 31 g, F: 13 g, Kh: 66 g, kJ: 2131, kcal: 506

1 kleines Stück frischer Ingwer
1 Knoblauchzehe
4 EL Sojasauce
2 EL Limettensaft
1 TL Sesamöl
600 g festes Fischfilet, z. B. Tilapia oder Pangasius (TK oder frisch)
200 g asiatische Weizennudeln (Mie-Nudeln)
Salzwasser
2 EL Speiseöl für die Nudeln und zum Braten
150 g Mungobohnen-Sprossen
1 Baby-Ananas (etwa 350 g) oder 1 kleine Dose Ananas in Stücken (natursüß, Abtropfgewicht 145 g)
je 1 rote und gelbe Paprikaschote
1 Bund Frühlingszwiebeln
1 Flasche (250 ml) Asia-Sauce süß-sauer
frisch gemahlener Pfeffer
je 1 TL helle und dunkle Sesamsaat
1 TL Sesamöl

Zubereitungszeit: 35 Minuten, ohne Marinierzeit
Garzeit: 15–18 Minuten

1. Ingwer schälen und Knoblauch abziehen. Ingwer und Knoblauch fein würfeln, mit Sojasauce, Limettensaft und Sesamöl verrühren.

2. Fischfilet eventuell auftauen lassen. Fischfilet unter fließendem kalten Wasser abspülen, trocken tupfen und in Stücke schneiden. Fischfiletstücke mit der Marinade mischen und zugedeckt im Kühlschrank etwa 20 Minuten ziehen lassen. Den Backofen vorheizen.

3. In der Zwischenzeit Nudeln in kochendem Salzwasser nach Packungsanleitung garen. Nudeln in einem Sieb abtropfen lassen, anschließend mit 1 Teelöffel Speiseöl vermischen. Sprossen in ein Sieb geben, kalt abspülen und abtropfen lassen.

4. Ananas schälen, halbieren und den Strunk herausschneiden. Ananas in kleine Stücke schneiden oder Ananasstücke aus der Dose in einem Sieb abtropfen lassen. Paprikaschoten halbieren, entstielen, entkernen und die weißen Scheidewände entfernen. Schotenhälften waschen, abtropfen lassen, in Stücke schneiden. Frühlingszwiebeln putzen, waschen, abtropfen lassen, schräg in dicke Scheiben schneiden.

5. Restliches Speiseöl in einer Pfanne erhitzen, Paprikastücke darin etwa 3 Minuten anbraten, Frühlingszwiebelscheiben und Sprossen hinzugeben, bei starker Hitze weitere etwa 3 Minuten unter Rühren braten lassen. Asia-Sauce und Ananasstücke untermischen.

6. Nudeln zu Nestern aufdrehen und mit dem Gemüse in eine große Auflaufform (gefettet) setzen. Fischfiletstücke aus der Marinade nehmen, abtropfen lassen, darauf verteilen und mit Pfeffer würzen. Sesam auf den Nudeln verteilen. Nudeln und Fischfiletstücke mit Sesamöl beträufeln. Die Form auf dem Rost in den vorgeheizten Backofen schieben.

Ober-/Unterhitze: etwa 200 °C
Heißluft: etwa 180 °C
Garzeit: 15–18 Minuten.

Fischauflauf mit Tomaten und Käse | Schnell – mit Alkohol

4 Portionen

Pro Portion:
E: 37 g, F: 33 g, Kh: 9 g, kJ: 2205, kcal: 527

500 g Seelachsfilet
2 EL Zitronensaft
1 TL Worcestersauce
Salz, frisch gemahlener Pfeffer
4 mittelgroße Zwiebeln
250 g frische Champignons
250 g Zucchini
4 Tomaten (etwa 250 g)
4 EL Speiseöl
125 ml (1/8 l) Tomatensaft
125 g Schlagsahne
2 EL Pernod (Anisschnaps)
2 Eier (Größe M)
gerebelter Oregano
gerebeltes Basilikum
125 g Mozzarella-Käse
2 EL gehackte Petersilie

Zubereitungszeit: 30 Minuten
Garzeit: etwa 30 Minuten

1. Seelachsfilet unter fließendem kalten Wasser abspülen, trocken tupfen und in mundgerechte Stücke schneiden. Fischstücke mit Zitronensaft und Worcestersauce beträufeln, mit Salz und Pfeffer bestreuen.

2. Zwiebeln abziehen und in Scheiben schneiden. Champignons putzen, mit Küchenpapier abreiben, eventuell kurz abspülen, trocken tupfen und in Scheiben schneiden. Zucchini waschen, abtrocknen und die Enden abschneiden. Zucchini in Scheiben schneiden. Den Backofen vorheizen.

3. Tomaten waschen, abtropfen lassen, kreuzweise einschneiden, kurz in kochendes Wasser legen und in kaltem Wasser abschrecken. Tomaten enthäuten, halbieren, entkernen und die Stängelansätze herausschneiden. Tomatenhälften in Scheiben schneiden.

4. Das Speiseöl in einer Pfanne erhitzen. Zwiebel-, Zucchini- und Champignonscheiben darin andünsten, mit Salz und Pfeffer würzen.

5. Die gedünsteten Gemüsescheiben mit den Fischstücken und Tomatenscheiben in eine Auflaufform (gefettet) geben.

6. Tomatensaft mit Sahne, Pernod und Eiern verschlagen, mit Salz, Pfeffer, Oregano und Basilikum würzen. Die Sauce auf dem Auflauf verteilen. Mozzarella in Scheiben schneiden und auf den Auflauf legen.

7. Die Form auf dem Rost in den vorgeheizten Backofen schieben.

Ober-/Unterhitze: 180–200 °C
Heißluft: 160–180 °C
Garzeit: etwa 30 Minuten.

8. Den Fischauflauf mit Petersilie bestreut servieren.

Fischauflauf „Mittelmeer“ |

Gut vorzubereiten

4 Portionen

Pro Portion:
E: 32 g, F: 25 g, Kh: 12 g, kJ: 1769, kcal: 423

1 Gemüsezwiebel
500 g Auberginen
500 g Zucchini
5 EL Olivenöl
4 Tomaten
Salz, frisch gemahlener Pfeffer
600 g Lachsforellen- oder Seelachsfilet
2 EL Zitronensaft
rote Pfefferbeeren
gerebelter Oregano
gerebeltes Basilikum
40 g Butter

Zubereitungszeit: 40 Minuten
Garzeit: etwa 20 Minuten

1. Die Gemüsezwiebel abziehen, vierteln und in Streifen schneiden. Auberginen und Zucchini waschen, abtrocknen und die Stängelansätze bzw. Enden abschneiden. Auberginen und Zucchini längs halbieren und in halbe Scheiben schneiden. Den Backofen vorheizen.

2. Olivenöl in einer Pfanne erhitzen. Zwiebelstreifen, Auberginen- und Zucchinischeiben darin andünsten. Eventuell 2 Esslöffel Wasser hinzugeben. Das gedünstete Gemüse in eine feuerfeste Form oder Auflaufform (gefettet) geben.

3. Tomaten waschen, abtropfen lassen, kreuzweise einschneiden, kurz in kochendes Wasser legen und in kaltem Wasser abschrecken. Tomaten enthäuten, halbieren, entkernen und die Stängelansätze herausschneiden. Tomaten in Scheiben schneiden und auf dem Gemüse verteilen. Mit Salz und Pfeffer bestreuen.

4. Lachsforellen- oder Seelachsfilet unter fließendem kalten Wasser abspülen, trocken tupfen, mit Zitronensaft beträufeln und mit Salz bestreuen.

5. Lachsforellen- oder Seelachsfilet auf das Gemüse legen. Mit rotem Pfeffer, Oregano und Basilikum bestreuen. Butter in Flöckchen daraufsetzen. Die Form auf dem Rost in den vorgeheizten Backofen schieben.

Ober-/Unterhitze: etwa 200 °C
Heißluft: etwa 180 °C
Garzeit: etwa 20 Minuten.

Fischröllchen auf Porree-Risotto

Etwas teurer

4 Portionen

Pro Portion:
E: 43 g, F: 32 g, Kh: 63 g, kJ: 3217, kcal: 768

2 Beutel (je 125 g)	*8-Minuten-Reis*
400 ml	*Gemüsebrühe*
200 ml	*Weißwein*
3–4 Stangen	*Porree (Lauch)*
50 g	*Butter*
25 g	*Weizenmehl*
250 g	*Schlagsahne*
1 TL	*Senf*
	Salz, frisch gemahlener Pfeffer
1 Prise	*Zucker*
4	*Zanderfilets (etwa 700 g)*
4	*Tomaten*

Zubereitungszeit: 45 Minuten
Garzeit: etwa 35 Minuten

1. Den Backofen vorheizen. Reis aus dem Beutel in eine flache Auflaufform (gefettet) geben. Gemüsebrühe und die Hälfte des Weißweins darübergießen. Porree putzen, die Stangen längs halbieren, gründlich waschen, in Streifen schneiden und auf der Reismischung verteilen.

2. Butter in einem kleinen Topf zerlassen. Mehl unter Rühren so lange darin erhitzen, bis es hellgelb ist. Sahne hinzugießen und mit einem Schneebesen durchschlagen, dabei darauf achten, dass keine Klümpchen entstehen. Die Sauce zum Kochen bringen. Restlichen Weißwein unterrühren.

3. Die Sauce mit Senf, Salz, Pfeffer und Zucker würzen und bis auf 4 Esslöffel auf dem Porree verteilen. Die Auflaufform mit dem Deckel oder Alufolie zudecken und auf dem Rost in den vorgeheizten Backofen schieben.

Ober-/Unterhitze: etwa 200 °C
Heißluft: etwa 180 °C
Garzeit: etwa 25 Minuten.

4. In der Zwischenzeit Zanderfilets unter fließendem kalten Wasser abspülen, trocken tupfen, längs halbieren, mit Salz und Pfeffer bestreuen und aufrollen.

5. Tomaten waschen, abtropfen lassen, kreuzweise einschneiden, kurz in kochendes Wasser legen und mit kaltem Wasser abschrecken. Tomaten enthäuten, Stängelansätze herausschneiden und das Fruchtfleisch würfeln.

6. Die Auflaufform nach Ende der Garzeit aus dem Backofen nehmen. 8 kleine Vertiefungen in den Reis drücken und die Fischröllchen hineinsetzen. Die zurückgelassene Sauce auf den Fischröllchen verteilen. Tomatenwürfel in die Zwischenräume streuen.

7. Die Form wieder auf dem Rost in den Backofen schieben und alles **bei gleicher Backofeneinstellung weitere etwa 10 Minuten garen.**

Tipp: Anstelle von Zanderfilet können Sie auch Schollenfilet verwenden.

Fisch-Shrimps-Auflauf | Mit Alkohol

4–6 Portionen

Pro Portion:
E: 42 g, F: 31 g, Kh: 5 g, kJ: 2544, kcal: 608

6	*TK-Schollenfilets (je etwa 80 g)*
3 Scheiben	*TK-Lachsfilet (etwa 400 g)*
200 g	*TK-Grönland-Shrimps*
100 ml	*Weißwein*
etwas	*Zitronensaft*
1 kleines Glas	*Champignons (Abtropfgewicht 295 g)*

Für die Dillsauce:

75 g	*weiche Butter*
1 EL	*Weizenmehl*
250 g	*Schlagsahne*
1 TL	*mittelscharfer Senf*
etwas	*Zitronensaft*
	Salz, frisch gemahlener Pfeffer
1 Prise	*Zucker*
2 Bund	*Dill*

Zubereitungszeit: 50 Minuten, ohne Auftauzeit
Garzeit: etwa 20 Minuten

1. Schollenfilets, Lachsfiletscheiben und Shrimps nach Packungsanleitung auftauen lassen. Den Fisch unter fließendem kalten Wasser abspülen und trocken tupfen. Den Backofen vorheizen.

2. Schollenfilets längs halbieren und so aufrollen, dass die Hautseite innen liegt. Die Fischröllchen in eine Auflaufform (gefettet) setzen. Weißwein hinzugießen.

3. Lachsfiletscheiben in die Auflaufform geben oder in große Würfel (etwa 3 x 3 cm) schneiden und mit den Shrimps zwischen den Schollenfiletröllchen verteilen. Alle Fischsorten mit Zitronensaft beträufeln. Champignons in einem Sieb abtropfen lassen, vierteln und mit in die Auflaufform geben.

4. Für die Dillsauce Butter mit Handrührgerät mit Rührbesen geschmeidig rühren. Mehl unterarbeiten. Sahne und Senf unterrühren. Mit Zitronensaft, Salz, Pfeffer und Zucker würzen.

5. Dill abspülen und trocken tupfen. Die Spitzen von den Stängeln zupfen (einige Spitzen zum Garnieren beiseitelegen). Spitzen klein schneiden und unter die Sauce rühren. Die Dillsauce auf dem Fisch verteilen. Die Form auf dem Rost in den vorgeheizten Backofen schieben.

Ober-/Unterhitze: etwa 200 °C
Heißluft: etwa 180 °C
Garzeit: etwa 20 Minuten.

6. Den Fisch-Shrimps-Auflauf mit den beiseitegelegten Dillspitzen garnieren und sofort servieren.

Tipp: Dazu schmeckt Reis, den Sie auch im Backofen mitgaren können. Dazu 300 g Basmati- oder Langkornreis in eine Auflaufform geben, mit etwas Salz bestreuen und mit 450 ml Wasser auffüllen. 1 Zwiebel abziehen und in die Mitte der Auflaufform setzen. Die Form mit dem Deckel oder Alufolie verschließen und auf dem Rost in dcn vorgeheizten Backofen schieben. Den Reis bei der oben angegebenen Backofeneinstellung etwa 30 Minuten garen.

Fleischkäse-Gemüse-Auflauf

Einfach

4 Portionen

Pro Portion:
E: 29 g, F: 59 g, Kh: 21 g, kJ: 3180, kcal: 760

1 Stange Porree (Lauch)
1 rote Paprikaschote
1 Dose Gemüsemais (Abtropfgewicht 285 g)
3 EL Speiseöl
150 g TK-Erbsen
Salz
frisch gemahlener Pfeffer
Cayennepfeffer
4 Scheiben Fleischkäse (je etwa 100 g)
4 Eier (Größe M)
200 g Schlagsahne
100 g frisch geraspelter Emmentaler-Käse

Zubereitungszeit: 30 Minuten
Garzeit: etwa 35 Minuten

1. Backofen vorheizen. Porree putzen, die Stange längs halbieren, gründlich waschen, abtropfen lassen und in Streifen schneiden. Paprikaschote halbieren, entstielen, entkernen und die weißen Scheidewände entfernen. Schote waschen, abtropfen lassen und in Streifen schneiden. Mais in einem Sieb abtropfen lassen.

2. Speiseöl in einer Pfanne erhitzen. Porree- und Paprikastreifen darin andünsten. Mais und die gefrorenen Erbsen hinzufügen, mit andünsten. Mit Salz, Pfeffer und Cayennepfeffer würzen. Eventuell etwas Wasser hinzufügen. Fleischkäse in Streifen schneiden, unter die Gemüsemischung heben und in eine Auflaufform (gefettet) geben.

3. Eier mit Sahne verschlagen, mit Salz und Pfeffer würzen. Die Eiersahne auf der Gemüse-Fleisch-Mischung verteilen. Mit Emmentaler-Käse bestreuen. Die Form auf dem Rost in den vorgeheizten Backofen schieben.

Ober-/Unterhitze: etwa 200 °C
Heißluft: etwa 180 °C
Garzeit: etwa 35 Minuten.

Fleischtomaten, gratiniert | Klassisch

12 Portionen

Pro Portion:
E: 11 g, F: 11 g, Kh: 12 g, kJ: 863, kcal: 207

800–900 g TK-Blattspinat
15 Fleischtomaten (etwa 2 kg)
2 Zwiebeln
4 Knoblauchzehen
300 g Mozzarella-Käse
1 Bund glatte Petersilie
150 g Kräuterbutter
Salz
frisch gemahlener Pfeffer
100 g Semmelbrösel
4 EL Olivenöl

Zubereitungszeit: 45 Minuten, ohne Auftauzeit
Garzeit: 5–10 Minuten

1. Spinat in einer Schüssel nach Packungsanleitung auftauen lassen.

2. Von den Tomaten 12 besonders schöne Tomaten auswählen, waschen, trocken tupfen und jeweils einen Deckel abschneiden. Die Tomaten mit einem Löffel aushöhlen.

3. Restliche Tomaten waschen, abtropfen lassen, kreuzweise einschneiden, kurz in kochendes Wasser legen und in kaltem Wasser abschrecken. Tomaten enthäuten, halbieren, entkernen und die Stängelansätze herausschneiden. Tomatenhälften in kleine Würfel schneiden.

4. Zwiebeln und Knoblauch abziehen, klein würfeln. Mozzarella abtropfen lassen und ebenfalls in kleine Würfel schneiden. Petersilie abspülen und trocken tupfen. Die Blättchen von den Stängeln zupfen. Blättchen klein schneiden. Den Backofen vorheizen.

5. 100 g der Kräuterbutter in einer großen Pfanne zerlassen. Zwiebel- und Knoblauchwürfel darin glasig dünsten. Aufgetauten Spinat ausdrücken und hinzufügen, kurz mitdünsten lassen. Den Spinat kräftig mit Salz und Pfeffer würzen. Tomaten-, Mozzarellawürfel und die Hälfte der Petersilie vorsichtig unterheben.

6. Ausgehöhlte Tomaten innen mit Pfeffer bestreuen und mit der Spinat-Mozzarella-Masse füllen.

7. Restliche Petersilie mit Semmelbröseln mischen. Die gefüllten Tomaten mit Semmelbröseln bestreuen und mit Olivenöl beträufeln. Restliche Kräuterbutter in Flöckchen darüber verteilen.

8. Tomaten in eine Auflaufform (gefettet) setzen. Die Form auf dem Rost in den vorgeheizten Backofen schieben.

Ober-/Unterhitze: etwa 200 °C
Heißluft: etwa 180 °C
Garzeit: 5–10 Minuten.

Tipp: Anstelle von Fleischtomaten können auch andere Tomaten verwendet werden. Sind diese kleiner, einfach die Anzahl der zu füllenden Tomaten erhöhen.

Fränkischer Krautauflauf | Preiswert

4 Portionen

Pro Portion:
E: 31 g, F: 45 g, Kh: 9 g, kJ: 2364, kcal: 564

	Salz (auf 1 l Wasser 1 TL Salz)
1 mittel-großer Kopf	*Weißkohl (etwa 1 kg)*
1	*Zwiebel*
80 g	*Schweineschmalz*
1	*Lorbeerblatt*
1	*Gewürznelke*
500 g	*Gehacktes (halb Rind-, halb Schweinefleisch)*
	frisch gemahlener Pfeffer
etwas	*gemahlener Kümmel*
100 g	*durchwachsener Speck (in Streifen)*
einige	*Petersilienblättchen*
2 EL	*saure Sahne*

Zubereitungszeit: 40 Minuten
Garzeit: 35–40 Minuten

1. In einem großen Topf reichlich Wasser zum Kochen bringen, Salz hinzufügen. In der Zwischenzeit von dem Weißkohl die äußeren welken Blätter entfernen. Den Weißkohl abspülen, abtropfen lassen, den Strunk unten keilförmig herausschneiden. Den Weißkohl so lange in kochendes Wasser legen, bis sich die äußeren Blätter lösen. Diesen Vorgang wiederholen, bis sich 6–8 Blätter lösen lassen und etwas weich sind. Die Kohlblätter abtropfen lassen und mit Küchenpapier trocken tupfen. Die dicken Blattrippen flach schneiden. Restlichen Kohl in Streifen schneiden. Den Backofen vorheizen.

2. Zwiebel abziehen und in kleine Würfel schneiden. Schmalz in einem Topf zerlassen. Kohlstreifen, Zwiebelwürfel, Lorbeerblatt und Gewürznelke hinzugeben. Mit Salz würzen. Die Kohlstreifen etwa 10 Minuten gar dünsten lassen.

3. Eine Auflaufform (gefettet) mit 3–4 Kohlblättern auslegen. Die gedünsteten Kohlstreifen mit dem Gehackten gut vermengen. Mit Salz, Pfeffer und Kümmel würzen. Die Kohl-Gehacktes-Masse auf den Kohlblättern verteilen. Restliche Kohlblätter darauflegen. Mit Speckstreifen belegen. Danach die Form auf dem Rost in den vorgeheizten Backofen schieben.

Ober-/Unterhitze: etwa 200 °C
Heißluft: etwa 180 °C
Garzeit: 35–40 Minuten.

4. Petersilie abspülen und trocken tupfen. Die Blättchen von den Stängeln zupfen. Den Auflauf sofort nach dem Garen mit saurer Sahne bestreichen. Auflauf in Scheiben schneiden und mit Petersilienblättchen garniert servieren.

Frühlingsgemüse-Gratin | Einfach
6 Portionen

Pro Portion:
E: 8 g, F: 30 g, Kh: 23 g, kJ: 1651, kcal: 397

600 g	*kleine, neue Kartoffeln*
	Salz
	Kümmelsamen
300 g	*grüner Spargel*
300 g	*weißer Spargel*
300 g	*junge Möhren mit Grün*
300 g	*junge Kohlrabi*
	Salzwasser
50 g	*Butter*
	Salz, frisch gemahlener Pfeffer
2 Pck. (je 250 ml)	*Sauce Hollandaise (Fertigprodukt)*
3–4 Stängel	*Kerbel*
50 g	*geriebener Parmesan-Käse*

Zubereitungszeit: 40 Minuten
Garzeit: etwa 20 Minuten

1. Kartoffeln gründlich waschen, mit Wasser bedeckt zum Kochen bringen. Salz und etwas Kümmel hinzugeben. Kartoffeln zugedeckt 15–20 Minuten garen. Kartoffeln abgießen, abdämpfen und warm stellen.

2. In der Zwischenzeit von dem grünen Spargel nur das untere Drittel schälen und die Enden abschneiden. Den weißen Spargel von oben nach unten schälen. Darauf achten, dass die Schalen vollständig entfernt, die Köpfe aber nicht verletzt werden. Die unteren Enden abschneiden (holzige Stellen vollkommen wegschneiden). Spargel abspülen und abtropfen lassen.

3. Von den Möhren bis auf 2 cm das Grün abschneiden. Möhren und Kohlrabi schälen, abspülen und abtropfen lassen. Den Backofen vorheizen.

4. Spargel, Möhren und Kohlrabi in mundgerechte Stücke schneiden und in kochendem Salzwasser etwa 8 Minuten bissfest garen. Gemüse in ein Sieb geben und abtropfen lassen.

5. Butter in einer großen Pfanne zerlassen. Gemüse und Kartoffeln darin portionsweise andünsten. Mit Salz und Pfeffer würzen. Gemüse und Kartoffeln in eine große Auflaufform (gefettet) geben. Sauce Hollandaise darauf verteilen.

6. Die Form auf dem Rost in den vorgeheizten Backofen schieben.

Ober-/Unterhitze: etwa 200 °C
Heißluft: etwa 180 °C
Garzeit: etwa 20 Minuten.

7. Kerbel abspülen und trocken tupfen. Die Blättchen von den Stängeln zupfen. Das Frühlingsgemüse-Gratin mit Kerbelblättchen und Parmesan-Käse bestreut servieren.

Tipp: Sie können auch nur eine Sorte Spargel (grün oder weiß) und kleine Teltower Rübchen verwenden. Gut schmecken auch Petersilienwurzeln oder Staudensellerie.

Frühlingsgratin | Für Gäste

4–6 Portionen

Pro Portion:
E: 16 g, F: 26 g, Kh: 7 g, kJ: 1402, kcal: 335

1¼ kg gemischtes Gemüse, z. B. Kohlrabi, Möhren, Brokkoli, Blumenkohl, grüner und weißer Spargel
1 l Wasser
1 TL Salz
1 Knoblauchzehe
200 g Schlagsahne
2 Eier (Größe M)
Salz, frisch gemahlener Pfeffer
geriebene Muskatnuss
100 g geriebener Emmentaler-Käse
50 g geriebener Parmesan-Käse

Zubereitungszeit: 30 Minuten
Garzeit: 20–30 Minuten

1. Den Backofen vorheizen. Kohlrabi und Möhren putzen, schälen, abspülen. Kleine Kohlrabiblätter zur Seite legen. Kohlrabi in Scheiben, Möhren in Stücke schneiden. Brokkoli und Blumenkohl putzen und in kleine Röschen teilen. Spargel schälen und untere Enden abschneiden (grünen Spargel nur im unteren Drittel schälen). Spargel in Stücke schneiden.

2. Gemüse 2–3 Minuten in Salzwasser kochen, auf ein Küchensieb geben, abtropfen lassen. Das Gemüse in eine große Auflaufform (gefettet) schichten.

3. Knoblauch abziehen, durch eine Knoblauchpresse drücken oder fein hacken.

4. Sahne, Eier und Knoblauch in einer Schüssel mit einem Schneebesen verquirlen, mit Salz, Pfeffer und Muskatnuss abschmecken. Eiersahne über das Gemüse gießen. Emmentaler und Parmesan darüberstreuen.

5. Das Gratin auf dem Rost in den vorgeheizten Backofen schieben.

Ober-/Unterhitze: etwa 180 °C
Heißluft: etwa 160 °C
Garzeit: 20–30 Minuten.

6. Kohlrabiblättchen auf einem Brett fein hacken. Gratin damit bestreuen.

Frühlingszwiebelauflauf | Beliebt

4 Portionen

Pro Portion:
E: 45 g, F: 53 g, Kh: 23 g, kJ: 3143, kcal: 750

200 g kleine Kartoffeln
Wasser
1/2 gestr. TL Salz
1 Bund Frühlingszwiebeln
150 g Cocktailtomaten
200 g Kasseler-Aufschnitt
3 EL Joghurt
100 g Schlagsahne
2 Eier (Größe M)
Salz
frisch gemahlener Pfeffer
100 g Havarti-Käse (in Scheiben)

Zubereitungszeit: 30 Minuten
Garzeit: etwa 20 Minuten

1. Kartoffeln waschen, schälen, abspülen, mit Wasser bedeckt zum Kochen bringen. Salz hinzufügen. Kartoffeln zugedeckt etwa 20 Minuten garen, abgießen und abdämpfen. Den Backofen vorheizen.

2. Frühlingszwiebeln putzen, waschen, abtropfen lassen und in etwa 5 cm lange Stücke schneiden.

3. Die Kartoffeln mit den Frühlingszwiebelstücken in eine kleine, flache Auflaufform (gefettet) geben.

4. Tomaten waschen, trocken tupfen, halbieren und eventuell Stängelansätze entfernen. Kasseler-Aufschnitt in Würfel schneiden, mit den Tomaten zu den Kartoffeln und Frühlingszwiebelstücken in die Form geben.

5. Joghurt mit Sahne und Eiern verschlagen. Mit Salz und Pfeffer würzen. Den Auflauf damit übergießen. Käsescheiben in Streifen schneiden und darauf verteilen. Die Form auf dem Rost in den vorgeheizten Backofen schieben.

Ober-/Unterhitze: etwa 200 °C
Heißluft: etwa 180 °C
Garzeit: etwa 20 Minuten
(bis die Eiermasse gestockt ist).

Geflügelauflauf „Mexicana"

Für Kinder – einfach

4 Portionen

Pro Portion:
E: 56 g, F: 36 g, Kh: 40 g, kJ: 2987, kcal: 712

4 kleine Hähnchenkeulen (je etwa 275 g)
4 TL Mexiko-Gewürzmischung
2 EL Speiseöl
1 Dose Pizza-Tomaten (Einwaage 800 g)
Salz
frisch gemahlener Pfeffer
500 g vorwiegend festkochende Kartoffeln
Salzwasser
150 g rosé Champignons
1 Dose Chilibohnen (Einwaage 400 g)
1 Dose Gemüsemais-Paprika-Mischung (Mexiko-Mix, Abtropfgewicht 285 g)
125 g Schafkäse
1–2 EL fein gehackte Petersilie

Zubereitungszeit: 40 Minuten
Garzeit: 45–50 Minuten

1. Den Backofen vorheizen. Hähnchenkeulen unter fließendem kalten Wasser abspülen und trocken tupfen. Gewürzmischung mit Speiseöl verrühren. Die Hähnchenkeulen damit bestreichen.

2. Tomaten in eine große Auflaufform (gefettet) geben. Mit etwas Salz und Pfeffer würzen. Hähnchenkeulen darauf verteilen. Die Form auf dem Rost in den vorgeheizten Backofen schieben.

Ober-/Unterhitze: etwa 200 °C
Heißluft: etwa 180 °C
Garzeit: etwa 30 Minuten.

3. In der Zwischenzeit Kartoffeln gründlich waschen, mit Salzwasser bedeckt zum Kochen bringen und zugedeckt etwa 20 Minuten garen. Champignons putzen, mit Küchenpapier abreiben, eventuell kurz abspülen und trocken tupfen. Große Champignons

halbieren. Die garen Kartoffeln abgießen, abdämpfen und heiß pellen. Kartoffeln halbieren oder vierteln.

4. Die Form aus dem Backofen nehmen. Die Hähnchenkeulen herausnehmen und kurz beiseitelegen. Bohnen, abgetropfte Mais-Paprika-Mischung, Champignons und Kartoffelhälften oder -viertel zu der Tomatenmasse in die Form geben und untermischen. Mit etwas Salz würzen. Die beiseitegelegten Hähnchenkeulen daraufsetzen. Schafkäse fein zerbröseln, mit Petersilie auf der Gemüsemischung verteilen.

5. Die Form wieder auf dem Rost in den heißen Backofen schieben und den Auflauf **bei gleicher Backofeneinstellung 15–20 Minuten überbacken.**

Tipp: Die typische Mexiko-Gewürzmischung besteht z.B. aus folgenden Zutaten, die Sie sich natürlich auch selbst zusammenstellen können: Paprikapulver, Chili, Knoblauch, gemahlene Senfkörner, Cumin (Kreuzkümmel), Pfeffer, Lorbeerblätter. Statt mit Kartoffeln können Sie diesen Auflauf auch mit vorgegartem Langkorn-Reis (etwa 175 g Trockenprodukt) zubereiten.

Geflügelauflauf mit Camembert-Haube | **Beliebt**

4 Portionen

Pro Portion:
E: 60 g, F: 32 g, Kh: 42 g, kJ: 2995, kcal: 716

750 g	*vorwiegend festkochende Kartoffeln*
2 Stangen	*Porree (Lauch, etwa 600 g)*
250 ml (1/4 l)	*Gemüsebrühe*
200 g	*Schlagsahne*
	Salz, frisch gemahlener Pfeffer
1	*Lorbeerblatt*
750 g	*Hähnchenbrustfilets*
2 EL	*Butterschmalz*
200 g	*Camembert (mind. 45 % Fett)*
150 g	*Preiselbeeren (aus dem Glas)*

Zubereitungszeit: 40 Minuten
Garzeit: 10–12 Minuten

1. Kartoffeln waschen, schälen, abspülen, abtropfen lassen und in nicht zu dünne Scheiben schneiden. Porree putzen, die Stangen längs halbieren, gründlich waschen, abtropfen lassen und in Streifen schneiden. Brühe mit Sahne, Salz, Pfeffer und Lorbeerblatt in einem Topf aufkochen lassen.

2. Kartoffelscheiben hinzugeben und zugedeckt bei schwacher Hitze etwa 5 Minuten köcheln lassen. Porreestreifen vorsichtig unterrühren und weitere etwa 5 Minuten garen.

3. Den Backofen vorheizen. Hähnchenbrustfilets unter fließendem kalten Wasser abspülen, trocken tupfen, mit Salz und Pfeffer bestreuen. Butterschmalz in einer Pfanne zerlassen. Die Hähnchenbrustfilets darin unter Wenden 10–12 Minuten braten.

4. Sahne-Porree-Kartoffeln in eine große Auflaufform (gefettet) geben. Hähnchenbrustfilets daraufsetzen. Camembert in Scheiben schneiden oder würfeln und auf dem Auflauf verteilen. Die Form auf dem Rost in den vorgeheizten Backofen schieben.

Ober-/Unterhitze: etwa 200 °C
Heißluft: etwa 180 °C
Garzeit: 10–12 Minuten.

5. Preiselbeeren zum Auflauf servieren oder vor dem Servieren in Häufchen auf dem Auflauf verteilen.

Geflügelauflauf nach Gyros-Art

Für Kinder – einfach

4 Portionen

Pro Portion:
E: 46 g, F: 32 g, Kh: 35 g, kJ: 2643, kcal: 631

400 g Putenbrustfilet
2–3 TL Gyros-Gewürz
2 EL Speiseöl
2–3 Paprikaschoten (etwa 400 g, z. B. rot, gelb, grün)
1 Bund Frühlingszwiebeln
300 g Tomaten
Salz
frisch gemahlener Pfeffer

Für den Guss:
500 g Joghurt
2 EL gemischte TK-Kräuter
3 Eier (Größe M)
1 Knoblauchzehe
4 Weizenfladen (Tortilla-Fladen, aus dem Brotregal)
150 g geriebener Käse, z. B. mittelalter Gouda

Zubereitungszeit: 25 Minuten
Garzeit etwa 45 Minuten

1. Putenbrustfilet unter fließendem kalten Wasser abspülen, trocken tupfen und in Streifen schneiden. Fleischstreifen mit Gyros-Gewürz und 1 Esslöffel des Speiseöls mischen. Den Backofen vorheizen.

2. Paprikaschoten halbieren, entstielen, entkernen und die weißen Scheidewände entfernen. Schoten waschen, abtropfen lassen und in Stücke schneiden. Frühlingszwiebeln putzen, waschen, abtropfen lassen und in Scheiben schneiden. Tomaten waschen, trocken tupfen, halbieren und die Stängelansätze herausschneiden. Tomatenhälften in dicke Scheiben schneiden.

3. Restliches Speiseöl in einer Pfanne erhitzen. Die Fleischstreifen darin etwa 2 Minuten kräftig anbraten und herausnehmen. Paprikastücke in dem Bratfett unter Wenden etwa 4 Minuten dünsten. Frühlingszwiebelscheiben hinzugeben und weitere etwa 4 Minuten dünsten. Fleischstreifen wieder hinzufügen. Mit Salz und Pfeffer würzen.

4. Für den Guss Joghurt mit Kräutern und Eiern verschlagen. Mit Salz und Pfeffer würzen. Knoblauch abziehen, durch eine Knoblauchpresse drücken und unterrühren.

5. Etwas von dem Guss auf dem Boden einer möglichst runden Auflaufform (Ø etwa 26 cm, gefettet) verteilen. Einen Weizenfladen daraufgeben. Abwechselnd die Gemüsemischung, den Guss und die Weizenfladen einschichten. Den letzten Fladen mit Tomatenscheiben belegen und mit Käse bestreuen. Die Form auf dem Rost in den vorgeheizten Backofen schieben.

Ober-/Unterhitze: etwa 200 °C
Heißluft: etwa 180 °C
Garzeit: etwa 45 Minuten.

Gefüllte Champignons, gratiniert

Vegetarisch

4 Portionen

Pro Portion:
E: 19 g, F: 9 g, Kh: 40 g, kJ: 1286, kcal: 307

12 große Champignons (je etwa 70 g)
1 kleine Zwiebel
1 Knoblauchzehe
1 rote Paprikaschote (etwa 150 g)
1 EL Speiseöl, z. B. Olivenöl
Salz, frisch gemahlener Pfeffer
Paprikapulver edelsüß
1 gestr. TL Instant-Steinpilz-Hefebrühe (erhältlich im Reformhaus) oder Instant-Gemüsebrühe
150 ml Wasser
100 g Feta-Käse (45 % Fett)
2–3 Stängel frischer oder 1/2 TL getrockneter Thymian
1 Ciabatta-Brot (etwa 300 g)

Zubereitungszeit: 40 Minuten
Garzeit: etwa 12 Minuten

1. Champignons putzen, mit Küchenpapier abreiben. Die Stiele vorsichtig herausdrehen, Stiele klein würfeln. Zwiebel und Knoblauch abziehen, in kleine Würfel schneiden. Paprikaschote halbieren, entstielen, entkernen und die weißen Scheidewände entfernen. Schote waschen, abtropfen lassen und ebenfalls klein würfeln. Den Backofen vorheizen.

2. Das Speiseöl in einer Pfanne erhitzen, Zwiebel- und Knoblauchwürfel darin glasig dünsten. Champignonwürfel (von den Stielen) hinzugeben und unter Wenden dünsten, bis die Flüssigkeit ganz verdampft ist. Paprikawürfel hinzufügen. Mit Salz, Pfeffer und Paprika würzen. Brühe in 150 ml warmem Wasser auflösen, hinzugießen und kurz aufkochen lassen. Die Champignon-Paprika-Masse in ein Sieb geben, dabei die Brühe auffangen.

3. Champignonköpfe mit der Öffnung nach oben in eine große, flache Auflaufform (gefettet) setzen. Die aufgefangene Brühe hinzugießen.

4. Feta-Käse auf einer Küchenreibe grob raspeln. Thymian abspülen und trocken tupfen. Die Blättchen von den Stängeln zupfen. Käseraspel und Thymianblättchen mit der Champignon-Paprika-Masse vermengen. Die Champignonköpfe damit füllen. Die Form auf den Rost in den vorgeheizten Backofen schieben.

Ober-/Unterhitze: etwa 200 °C
Heißluft: etwa 180 °C
Garzeit: etwa 12 Minuten.

5. Jeweils 3 gefüllte Champignonköpfe mit etwas von der entstandenen Garflüssigkeit und Ciabatta-Brotscheiben auf Tellern anrichten.

Gefüllte Zucchini | Für Gäste

4 Portionen

Pro Portion:
E: 26 g, F: 30 g, Kh: 16 g, kJ: 1838, kcal: 438

2–4 mittelgroße Zucchini (etwa 750 g)
Salz

Für die Füllung:
1 Zwiebel
1 Brötchen (Semmel, vom Vortag)
250 g Gehacktes (halb Rind-, halb Schweinefleisch)
1 Ei (Größe M)
frisch gemahlener Pfeffer
3–4 Tomaten
200 ml Gemüsebrühe
2–3 gestr. EL Weizenmehl
125 g Schlagsahne
1 EL fein gehackte Petersilie
1 EL Schnittlauchröllchen
100 g frisch geriebener Emmentaler-Käse

Zubereitungszeit: 30 Minuten
Garzeit: 33–35 Minuten

1. Zucchini waschen, abtrocknen und die Enden abschneiden. Zucchini längs halbieren. Aus den Zucchinihälften das Fruchtfleisch mit einem Teelöffel herauslösen, dabei einen etwa 1 cm breiten Rand stehen lassen. Zucchinihälften mit Salz bestreuen. Das Fruchtfleisch in kleine Würfel schneiden. Den Backofen vorheizen.

2. Für die Füllung Zwiebel abziehen und in kleine Würfel schneiden. Brötchen in kaltem Wasser einweichen und ausdrücken. Gehacktes in eine Schüssel geben. Zucchini-, Zwiebelwürfel, Brötchen und Ei hinzufügen. Die Zutaten gut vermengen. Mit Salz und Pfeffer würzen. Die Zucchinihälften mit der Gehacktesmasse füllen und in eine große, flache Auflaufform (gefettet) geben.

3. Tomaten waschen, abtropfen lassen, kreuzweise einschneiden, kurz in kochendes Wasser legen und in kaltem Wasser abschrecken. Tomaten enthäuten, halbieren, entkernen und die Stängelansätze herausschneiden. Tomatenhälften in kleine Würfel schneiden.

4. Tomatenwürfel in die Zwischenräume der Zucchinihälften geben. Brühe hinzugießen. Die Form auf dem Rost in den vorgeheizten Backofen schieben.

Ober-/Unterhitze: etwa 200 °C
Heißluft: etwa 180 °C
Garzeit: etwa 25 Minuten.

5. Die gefüllten Zucchini aus der Form nehmen. Die Schmorflüssigkeit in einen kleinen Topf geben. Mehl mit Sahne anrühren und in die Schmorflüssigkeit rühren, unter Rühren kurz aufkochen lassen. Mit Salz und Pfeffer abschmecken. Petersilie und Schnittlauchröllchen unterrühren. Die Sauce wieder in die Auflaufform geben, die Zucchinihälften hineinlegen und mit Käse bestreuen.

6. Die Form wieder auf dem Rost in den heißen Backofen schieben. Die Zucchinihälften **bei gleicher Backofeneinstellung in 8–10 Minuten goldgelb überbacken.**

Gemüseauflauf | Vegetarisch

4 Portionen

Pro Portion:
E: 22 g, F: 39 g, Kh: 45 g, kJ: 2694, kcal: 643

1 kg mehligkochende Kartoffeln
Salzwasser
200 g Schlagsahne
Salz
250 g Porree (Lauch)
250 g Auberginen
250 g Zucchini
30 g Butter oder 4 EL Speiseöl
frisch gemahlener Pfeffer
1/2 Bund glatte Petersilie
200 g frisch geriebener, mittelalter Gouda-Käse
2 EL Sonnenblumenkerne

Zubereitungszeit: 70 Minuten
Garzeit: 30–35 Minuten

1. Kartoffeln waschen, schälen, abspülen, mit Salzwasser bedeckt zum Kochen bringen und zugedeckt 20–25 Minuten garen.

2. Kartoffeln abgießen, abdämpfen und sofort durch eine Kartoffelpresse drücken. Die Kartoffelmasse mit Sahne verrühren und mit Salz abschmecken. Den Backofen vorheizen.

3. Porree putzen, die Stange längs halbieren, gründlich waschen, abtropfen lassen und in Streifen schneiden. Auberginen waschen, abtrocknen und die Enden abschneiden. Auberginen in Scheiben schneiden. Zucchini waschen, abtrocknen und die Enden abschneiden. Zucchini ebenfalls in Scheiben schneiden.

4. Butter oder Speiseöl in einer Pfanne erhitzen. Porreestreifen, Auberginen- und Zucchinischeiben darin andünsten. Mit Salz und Pfeffer würzen. Die Gemüsezutaten in eine Auflaufform (gefettet) geben.

5. Petersilie abspülen und trocken tupfen. Die Blättchen von den Stängeln zupfen. Blättchen in Streifen schneiden und auf die Gemüsezutaten geben. Die Hälfte des Käses daraufstreuen und die Kartoffelmasse darauf verteilen. Mit restlichem Käse und Sonnenblumenkernen bestreuen.

6. Die Form auf dem Rost in den vorgeheizten Backofen schieben.

Ober-/Unterhitze: etwa 200 °C
Heißluft: etwa 180 °C
Garzeit: 30–35 Minuten.

Abwandlung: Für eine nicht-vegetarische Variante können Sie auch anstelle der Auberginenwürfel kleine Bällchen aus gewürztem Schweinemett in den Auflauf geben.

Gemüseauflauf, italienisch |

Vegetarisch

4 Portionen

Pro Portion:
E: 14 g, F: 30 g, Kh: 8 g, kJ: 1585, kcal: 379

2 gelbe Paprikaschoten
2 rote Paprikaschoten
4 mittelgroße Zucchini
1 Knoblauchzehe
1 Bund Basilikum
200 g Mozzarella-Käse
50 g schwarze Oliven
Salz
frisch gemahlener Pfeffer
6 EL Sojaöl

Zubereitungszeit: 60 Minuten, ohne Abkühlzeit
Garzeit: 35–40 Minuten

1. Den Backofen vorheizen. Paprikaschoten halbieren, entstielen, entkernen und die weißen Scheidewände entfernen. Schoten waschen, trocken tupfen und nebeneinander auf ein Backblech (gefettet) legen. Das Backblech in den vorgeheizten Backofen schieben.

Ober-/Unterhitze: etwa 220 °C
Heißluft: etwa 200 °C
Garzeit: etwa 10 Minuten.

2. Die Paprikaschoten so lange rösten, bis die Haut Blasen wirft.

3. Anschließend das Backblech aus dem Backofen nehmen. Paprikaschoten sofort mit einem feuchten Geschirrtuch zudecken und abkühlen lassen. Die Haut abziehen und die Paprikaschoten in grobe Streifen schneiden.

4. Zucchini waschen, abtrocknen und die Enden abschneiden. Zucchini in Scheiben schneiden. Knoblauch abziehen und klein würfeln. Basilikum abspülen und trocken tupfen. Die Blättchen von den Stängeln zupfen. Blättchen in Streifen schneiden. Mozzarella abtropfen lassen und ebenfalls in Scheiben schneiden.

5. Paprikastreifen, Mozzarella-, Zucchinischeiben und Oliven in eine Auflaufform (gefettet) geben. Mit Salz und Pfeffer würzen.

6. Sojaöl mit Knoblauchwürfeln und Basilikumstreifen verrühren, auf dem Auflauf verteilen. Die Form auf dem Rost in den heißen Backofen schieben.

Ober-/Unterhitze: etwa 200 °C
Heißluft: etwa 180 °C
Garzeit: 25–30 Minuten.

Tipp: Dazu passt Stangenweißbrot und Chianti.

Gemüseauflauf mit Filoteig-Haube | Für Kinder – preiswert

4 Portionen

Pro Portion:
E: 23 g, F: 52 g, Kh: 38 g, kJ: 3046, kcal: 727

3 rote Zwiebeln (etwa 250 g)
1 Aubergine (etwa 250 g)
750 g Zucchini
300 g Fleischtomaten
3 EL Olivenöl
Salz
frisch gemahlener Pfeffer

Für den Guss:
2 Eier (Größe M)
1 Eiweiß (Größe M)
250 g Schlagsahne
2 EL gemischte, gehackte Kräuter (frisch oder TK)
1 Knoblauchzehe
200 g Schafkäse
8–10 Lagen runde Filo- oder Yufkateigblätter (etwa 175 g, erhältlich in türkischen Lebensmittelläden)
2 EL Butter
1 Eigelb (Größe M)
1 EL Sesamsamen

Zubereitungszeit: 35 Minuten
Garzeit: 25–30 Minuten

1. Zwiebeln abziehen, zuerst in Scheiben schneiden, dann in Ringe teilen oder Zwiebeln in Spalten schneiden. Aubergine waschen, abtrocknen und den Stängelansatz abschneiden. Aubergine in Würfel schneiden. Zucchini waschen, abtrocknen und die Enden abschneiden. Zucchini ebenfalls in Würfel schneiden. Tomaten waschen, trocken tupfen, halbieren und die Stängelansätze herausschneiden. Tomatenhälften in Stücke schneiden. Den Backofen vorheizen.

2. Olivenöl in einer Pfanne erhitzen, Zwiebelringe oder -spalten und Auberginenwürfel darin unter Wenden etwa 3 Minuten dünsten. Mit Salz und Pfeffer würzen. Zucchiniwürfel und Tomatenstücke hinzugeben, weitere etwa 3 Minuten unter Wenden dünsten. Angedünstetes Gemüse in eine Auflaufform (gefettet) geben.

3. Für den Guss Eier mit Eiweiß, Sahne und Kräutern verschlagen, mit Salz und Pfeffer würzen. Knoblauch abziehen, durch eine Knoblauchpresse drücken und hinzugeben. Den Guss auf dem Gemüse verteilen. Käse fein zerbröseln und daraufstreuen. Die Form auf dem Rost in den vorgeheizten Backofen schieben.

Ober-/Unterhitze: etwa 200 °C
Heißluft: etwa 180 °C
Garzeit: etwa 15 Minuten.

4. Teigblätter auf einer Arbeitsfläche ausbreiten. Butter zerlassen. Die Teigblätter damit bestreichen und übereinanderlegen.

5. Die Form aus dem Backofen nehmen und die Blätter auf den Auflauf legen. Eigelb mit 1 Teelöffel Wasser verschlagen. Die oberen Teigblätter damit dünn bestreichen und mit Sesam bestreuen. Die Form wieder auf dem Rost in den heißen Backofen schieben und den Auflauf **bei gleicher Backofeneinstellung weitere 10–15 Minuten goldbraun backen.**

Gemüseauflauf, provenzalisch |

Einfach

4 Portionen

Pro Portion:
E: 20 g, F: 45 g, Kh: 33 g, kJ: 2572, kcal: 617

500 g rote und gelbe Paprikaschoten
3 rote Zwiebeln
1 Dose Artischockenherzen (Abtropfgewicht 240 g)
100 g Cocktailtomaten
3 EL Olivenöl
Salz, frisch gemahlener Pfeffer
75 g schwarze Oliven mit Stein

Für den Guss:
3 Eier (Größe M)
1 Becher (250 g) Crème fraîche
1–2 TL getrocknete, provenzalische Kräuter
1 Knoblauchzehe
125 g Mozzarella-Käse
etwa 8 Baguettescheiben (je 1–2 cm dick)

Zubereitungszeit: 30 Minuten
Garzeit: etwa 35 Minuten

1. Paprikaschoten halbieren, entstielen, entkernen und die weißen Scheidewände herausschneiden. Schotenhälften waschen, abtropfen lassen und in Stücke schneiden. Zwiebeln abziehen und in Spalten schneiden. Artischockenherzen in einem Sieb gut abtropfen lassen und längs halbieren. Tomaten waschen, trocken tupfen und eventuell halbieren. Den Backofen vorheizen.

2. Einen Esslöffel des Olivenöls in einer Pfanne erhitzen. Paprikastücke und Zwiebelspalten darin unter Wenden etwa 6 Minuten dünsten. Mit Salz und Pfeffer würzen. Oliven mit Artischockenherzen, Tomaten und dem angedünsteten Gemüse in einer Auflaufform (gefettet) mischen.

3. Für den Guss Eier mit Crème fraîche und Kräutern verschlagen, mit Salz und Pfeffer würzen. Knoblauch abziehen, durch eine Knoblauchpresse drücken und hinzugeben. Den Guss auf der Gemüsemischung verteilen. Die Form auf dem Rost in den vorgeheizten Backofen schieben.

Ober-/Unterhitze: etwa 200 °C
Heißluft: etwa 180 °C
Garzeit: etwa 20 Minuten.

4. Mozzarella abtropfen lassen und in etwa 8 dünne Scheiben schneiden.

5. Die Form aus dem Backofen nehmen. Baguettescheiben dachziegelartig auf dem Auflauf verteilen, mit restlichem Olivenöl beträufeln und mit etwas Salz bestreuen. Die Baguettescheiben mit den Mozzarellascheiben belegen und mit etwas Pfeffer bestreuen.

6. Die Form wieder auf dem Rost in den heißen Backofen schieben und den Auflauf **bei gleicher Backofeneinstellung weitere etwa 15 Minuten goldbraun backen.**

Gemüsegratin | Gut vorzubereiten

4 Portionen

Pro Portion:
E: 56 g, F: 72 g, Kh: 33 g, kJ: 4485, kcal: 1071

500 g Kartoffeln
Salzwasser
1–2 Zwiebeln
1 Knoblauchzehe
1 EL Speiseöl
600 g Gehacktes (halb Rind-, halb Schweinefleisch)
Salz, frisch gemahlener Pfeffer
8 Salbeiblättchen
400 g Möhren
Salzwasser
350 g Zucchini
250 g Tomaten
200 g Gouda-Käse
3 EL Semmelbrösel
30 g Butter

Zubereitungszeit: 75 Minuten
Garzeit: etwa 30 Minuten

1. Kartoffeln waschen, schälen, abspülen, abtropfen lassen und in Scheiben schneiden. Kartoffelscheiben in kochendem Salzwasser 2–3 Minuten blanchieren, mit einer Schaumkelle herausnehmen, abtropfen lassen und in eine runde Auflaufform (gefettet) schichten.

2. Zwiebeln und Knoblauch abziehen, in kleine Würfel schneiden. Speiseöl in einer Pfanne erhitzen, Zwiebel- und Knoblauchwürfel darin glasig dünsten.

3. Gehacktes hinzufügen, unter Rühren anbraten, dabei die Klümpchen mit einer Gabel zerdrücken. Mit Salz und Pfeffer würzen. Den Backofen vorheizen.

4. Salbeiblättchen abspülen, trocken tupfen, klein schneiden und die Hälfte davon zur Gehacktesmasse geben. Ein Drittel der Gehacktesmasse auf den Kartoffelscheiben verteilen.

5. Möhren putzen, schälen, abspülen, abtropfen lassen und in Scheiben schneiden. Möhrenscheiben in kochendem Salzwasser etwa 3 Minuten blanchieren, mit einer Schaumkelle herausnehmen, mit kaltem Wasser übergießen, abtropfen lassen und auf der Gehacktesmasse verteilen. Die Hälfte der restlichen Gehacktesmasse auf die Möhrenscheiben geben.

6. Zucchini waschen, abtrocknen und die Enden abschneiden. Zucchini in Scheiben schneiden und auf die Gehacktesmasse legen. Restliche Gehacktesmasse darauf verteilen.

7. Tomaten waschen, abtropfen lassen, kreuzweise einschneiden, kurz in kochendes Wasser legen und in kaltem Wasser abschrecken. Tomaten enthäuten, halbieren, entkernen und die Stängelansätze herausschneiden. Tomatenhälften in Scheiben schneiden und auf die Gehacktesmasse legen. Mit Salz und Pfeffer würzen, mit restlichem Salbei bestreuen.

8. Käse reiben, mit Semmelbröseln vermischen und auf den Tomatenscheiben verteilen. Butter in Flöckchen daraufsetzen. Die Form auf dem Rost in den vorgeheizten Backofen schieben.

Ober-/Unterhitze: etwa 200 °C
Heißluft: etwa 180 °C
Garzeit: etwa 30 Minuten.

Gemüse-Käse-Lasagne | Vegetarisch

4 Portionen

Pro Portion:
E: 40 g, F: 55 g, Kh: 85 g, kJ: 4263, kcal: 1019

450 g TK-Erbsen
1 Dose Gemüsemais (Abtropfgewicht 280 g)
3 Tomaten

Für die Sauce:
60 g Butter
50 g Weizenmehl
300 ml heiße Gemüsebrühe
500 ml (1/2 l) Milch
250 g Schlagsahne
200 g frisch geriebener Käse, z. B. Greyerzer oder Emmentaler
2–3 TL Instant-Gemüsebrühe
Salz, frisch gemahlener Pfeffer
frisch geriebene Muskatnuss

250 g Lasagneplatten (ohne Vorkochen)

Zubereitungszeit: 40 Minuten, ohne Antauzeit
Garzeit: etwa 35 Minuten

1. Erbsen nach Packungsanleitung antauen lassen. Mais in einem Sieb abtropfen lassen. Den Backofen vorheizen.

2. Tomaten waschen, kreuzweise einschneiden und einige Sekunden in kochendes Wasser legen. Tomaten kurz in kaltes Wasser legen, enthäuten, halbieren, entkernen und die Stängelansätze herausschneiden. Tomatenhälften in Würfel schneiden.

3. Für die Sauce Butter in einem Topf zerlassen. Mehl unter Rühren so lange darin erhitzen, bis es hellgelb ist. Nach und nach Brühe, Milch und Sahne hinzugießen. Mit einem Schneebesen durchschlagen. Darauf achten, dass keine Klümpchen entstehen.

4. Die Hälfte des Käses in der Sauce unter Rühren schmelzen lassen, mit Instant-Brühe, Salz, Pfeffer und Muskat kräftig abschmecken. Ein Drittel der Sauce abnehmen. Erbsen, Mais und Tomatenwürfel in die restliche Sauce geben, unter Rühren erhitzen. Nochmals mit den Gewürzen abschmecken.

5. Etwas von der Gemüsemasse auf dem Boden einer eckigen, flachen Auflaufform (gefettet) verteilen. Darauf eine Schicht Lasagneplatten legen. Dann wieder etwas von der Gemüsemasse daraufgeben und wieder mit Lasagneplatten belegen. So weiter verfahren, bis Gemüse und Lasagneplatten aufgebraucht sind. Die letzte Schicht sollte aus Lasagneplatten bestehen.

6. Die abgenommene Käsesauce darauf verteilen und mit dem restlichen Käse bestreuen. Die Form auf dem Rost in den vorgeheizten Backofen schieben.

Ober-/Unterhitze: etwa 200 °C
Heißluft: etwa 180 °C
Garzeit: etwa 35 Minuten.

Gemüse-Reis-Gratin

Vegetarisch

4 Portionen

Pro Portion:

E: 13 g, F: 34 g, Kh: 51 g, kJ: 2473, kcal: 591

250 g	*Naturreis (ungeschälter Reis)*
750 ml (3/4 l)	*kochendes Salzwasser*
30 g	*Butter*
	Salz, frisch gemahlener Pfeffer
	Paprikapulver edelsüß
2–3	*Zucchini (etwa 400 g)*
1–2	*Zwiebeln*
1	*Knoblauchzehe*
6 EL	*kalt gepresstes Olivenöl*
1 EL	*italienische Kräutermischung*
4	*Tomaten*
125 g	*Mozzarella-Käse*

Zubereitungszeit: 65 Minuten
Garzeit: 8–10 Minuten

1. Reis in das kochende Salzwasser geben, wieder zum Kochen bringen und etwa 45 Minuten ausquellen lassen. Reis in ein Sieb geben, mit lauwarmem Wasser übergießen und abtropfen lassen.

2. Reis in eine Schüssel geben und die Butter unterrühren. Mit Salz, Pfeffer und Paprika würzen. Den Reis in eine Gratinform (gefettet) geben und glattstreichen.

3. Zucchini waschen, abtrocknen und die Enden abschneiden. Zucchini in etwa 1/2 cm dicke Scheiben schneiden. Zwiebeln und Knoblauch abziehen, in kleine Würfel schneiden. Den Backofengrill vorheizen.

4. Olivenöl in einer Pfanne erhitzen. Zwiebel- und Knoblauchwürfel darin andünsten. Zucchinischeiben hinzufügen und mitdünsten lassen. Mit Salz, Pfeffer und Kräutermischung würzen.

5. Tomaten waschen, abtrocknen, halbieren und die Stängelansätze herausschneiden. Tomaten in Scheiben schneiden. Tomatenscheiben dachziegelartig auf den äußeren Reisrand legen. Mit Salz, Pfeffer und Kräutermischung bestreuen.

6. Zucchinischeiben in die Mitte legen. Mozzarella abtropfen lassen, in kleine Stücke schneiden, auf den Tomaten- und Zucchinischeiben verteilen. Die Form auf dem Rost anschließend unter den vorgeheizten Grill schieben und das Gratin 8–10 Minuten überbacken, bis der Käse zerläuft.

Getreide-Gemüse-Auflauf I

Vegetarisch – beliebt

4 Portionen

Pro Portion:
E: 18 g, F: 27 g, Kh: 49 g, kJ: 2154, kcal: 512

800 g Blumenkohl
1 Bund Frühlingszwiebeln
150 g Knollensellerie
200 g Möhren
2 Zwiebeln
40 g Butter oder Margarine
200 g 7-Korn-Getreidemischung
½ TL gerebelter Thymian
½ TL Senfkörner
Salz, frisch gemahlener Pfeffer
400 ml Gemüsebrühe
500 ml (½ l) Wasser
2 EL gehackte Petersilie oder Kerbel
200 g Schmand (Sauerrahm)
4 EL Milch
50 g frisch geriebener, mittelalter Gouda-Käse
30 g frisch geriebener Parmesan-Käse

Zubereitungszeit: 40 Minuten
Garzeit: etwa 25 Minuten

1. Von dem Blumenkohl die Blätter und schlechten Stellen entfernen, den Strunk abschneiden. Blumenkohl in Röschen teilen, waschen und abtropfen lassen. Frühlingszwiebeln putzen, waschen, abtropfen lassen und in etwa 3 cm lange Stücke schneiden.

2. Sellerie putzen, schälen, abspülen, abtropfen lassen. Möhren putzen, schälen, abspülen, abtropfen lassen. Sellerie und Möhren in kleine Würfel schneiden. Zwiebeln abziehen und klein würfeln.

3. Butter oder Margarine in einem Topf zerlassen. Die Getreidemischung darin unter Rühren andünsten. Thymian, Senfkörner, Möhren-, Sellerie- und Zwiebelwürfel hinzufügen, mit Salz und Pfeffer würzen. Gemüsebrühe hinzugießen, zum Kochen bringen und zugedeckt bei schwacher Hitze etwa 20 Minuten garen. Den Backofen vorheizen.

4. In der Zwischenzeit Wasser in einem Topf zum Kochen bringen. ½ Teelöffel Salz und Blumenkohlröschen hinzufügen, zugedeckt etwa 5 Minuten garen. Blumenkohlröschen in ein Sieb geben, mit kaltem Wasser abschrecken und abtropfen lassen.

5. Petersilie oder Kerbel unter das Getreide rühren und in eine flache Auflaufform (gefettet) füllen. Blumenkohlröschen und Frühlingszwiebelstücke daraufgeben.

6. Schmand mit Milch verrühren, auf den Blumenkohlröschen und Frühlingszwiebelstücken verteilen. Den Auflauf mit beiden Käsesorten bestreuen. Die Form ohne Deckel auf dem Rost in den vorgeheizten Backofen schieben.

Ober-/Unterhitze: etwa 200 °C
Heißluft: etwa 180 °C
Garzeit: etwa 25 Minuten.

Tipp: Der Auflauf passt auch zu kurz gebratenem Fleisch oder Fisch.

Abwandlung: Sie können anstelle der Getreidemischung die gleiche Menge Vollkornreis verwenden.

Gewürzhähnchen-Auflauf, asiatisch | Beliebt

4 Portionen

Pro Portion:
E: 40 g, F: 15 g, Kh: 47 g, kJ: 2036, kcal: 484

500 g Hähnchenbrustfilets
1 Knoblauchzehe
3 EL Sojasauce
1–2 TL 5-Gewürze-Pulver
175 g Asia-Weizen-Nudeln (Mie-Nudeln; Instant)
Salzwasser
1–2 TL Sesamöl
500 g Brokkoli
1 rote Paprikaschote (etwa 250 g)
1 Glas Maiskölbchen (Abtropfgewicht 190 g)
2 EL Speiseöl, z. B. Soja- oder Erdnussöl
250 ml (1/4 l) Gemüsebrühe
Salz
1 TL Speisestärke
Sojasauce
1 rote Chilischote
2 EL Sesamsamen
1 EL flüssiger Honig
2 TL Sesamöl

Zubereitungszeit: 45 Minuten, ohne Marinierzeit
Garzeit: 15–18 Minuten

1. Hähnchenbrustfilets unter fließendem kalten Wasser abspülen, trocken tupfen, in Streifen schneiden und in eine flache Schale geben. Knoblauch abziehen und durch eine Knoblauchpresse drücken. Sojasauce mit 5-Gewürze-Pulver und Knoblauch verrühren, zu den Filetstreifen geben, untermischen und zugedeckt etwa 15 Minuten marinieren.

2. Inzwischen Nudeln in kochendem Salzwasser nach Packungsanleitung bissfest garen, abgießen, gut abtropfen lassen, mit Sesamöl mischen. Nudeln als Nester in eine große Auflaufform (gefettet) setzen.

3. Brokkoli putzen und in kleine Röschen teilen. Dicke Stiele schälen und klein schneiden. Brokkoli waschen und abtropfen lassen. Paprikaschote halbieren, entstielen, entkernen und die weißen Scheidewände entfernen. Schotenhälften waschen, abtropfen lassen und in Streifen schneiden. Maiskölbchen in einem Sieb abtropfen lassen. Den Backofen vorheizen.

4. Speiseöl in einer Pfanne erhitzen. Marinierte Fleischstreifen darin unter Wenden etwa 1 Minute kräftig anbraten und herausnehmen. Brokkoliröschen, -stücke und Paprikastreifen in dem Bratfett andünsten. Brühe hinzugießen, mit Salz würzen, zum Kochen bringen und zugedeckt etwa 8 Minuten dünsten.

5. Angedünstetes Gemüse mit Maiskölbchen und Filetstreifen auf den Nudelnestern in der Form verteilen. Speisestärke mit etwas Wasser anrühren, in die Gemüsedünstflüssigkeit rühren und unter Rühren gut aufkochen lassen. Die Sauce mit Sojasauce abschmecken und auf den Auflauf träufeln.

6. Chilischote längs aufschneiden, entstielen und entkernen. Schote waschen, trocken tupfen und sehr klein schneiden. Mit Sesam, Honig und Sesamöl mischen, ebenfalls auf den Auflauf träufeln. Die Form auf dem Rost in den vorgeheizten Backofen schieben.

Ober-/Unterhitze: etwa 200 °C
Heißluft: etwa 180 °C
Garzeit: 15–18 Minuten.

Gnocchiauflauf mit Hähnchenbrust | Für Kinder – einfach

4 Portionen

Pro Portion:
E: 33 g, F: 32 g, Kh: 53 g, kJ: 2673, kcal: 637

1 Zwiebel
1 EL Butter
500 g TK-Brokkoli
Salz
frisch gemahlener Pfeffer
frisch geriebene Muskatnuss
100 g Schlagsahne
200 ml Milch
100 ml Gemüsebrühe
200 g Cocktailtomaten
250 g gegarte, geräucherte Hähnchenbrust am Stück
400 g fertige Gnocchi (aus dem Kühlregal)

Für die Sauce:
400 ml Brokkoli-Kochflüssigkeit
2 TL Weizenmehl
1 EL Butter
75 g Schmelzkäse-Zubereitung, z. B. Champignon, Kräuter oder Tomate
2 EL Semmelbrösel
75 g geriebener Käse, z. B. Emmentaler, Greyerzer

Zubereitungszeit: 30 Minuten
Garzeit: 15–18 Minuten

1. Den Backofen vorheizen. Zwiebel abziehen und in kleine Würfel schneiden. Butter in einem Topf zerlassen, Zwiebelwürfel darin andünsten. Unaufgetauten Brokkoli hinzugeben. Mit Salz, Pfeffer und Muskat würzen. Sahne, Milch und Gemüsebrühe hinzugießen. Den Brokkoli zugedeckt bei schwacher Hitze etwa 8 Minuten garen.

2. Die Tomaten waschen, abtrocknen und halbieren. Hähnchenbrust in feine Streifen schneiden.

3. Gegarten Brokkoli mit einer Schaumkelle herausnehmen, abtropfen lassen, mit Tomatenhälften, Hähnchenbruststreifen und Gnocchi in eine große Auflaufform (gefettet) geben.

4. 400 ml von der Brokkoli-Kochflüssigkeit abmessen und in einem Topf aufkochen lassen. Mehl mit Butter verkneten, in Flöckchen in die Flüssigkeit rühren und etwas köcheln lassen. Käse unter Rühren hinzugeben und in der Sauce schmelzen lassen. Die Sauce auf dem Auflauf verteilen. Semmelbrösel und Käse daraufstreuen. Die Form auf dem Rost in den vorgeheizten Backofen schieben.

Ober-/Unterhitze: etwa 200 °C
Heißluft: etwa 180 °C
Garzeit: 15–18 Minuten.

Abwandlung: **Tortellini-Gemüse-Auflauf.** Statt der Gnocchi können Sie auch frische Tortellini (mit Fleisch- oder Käsefüllung), die ebenfalls nicht vorgegart werden müssen, verwenden. Bei fleischhaltigen Tortellini dann die Hähnchenbrust weglassen und dafür etwas mehr Gemüse (z.B. 750 g Brokkoli) verwenden.

Gnocchi-Kürbis-Auflauf | Einfach

4 Portionen

Pro Portion:
E: 22 g, F: 35 g, Kh: 48 g, kJ: 2510, kcal: 601

10 g getrocknete Steinpilze
250 ml (1/4 l) warmes Wasser
1/2 kleiner Hokkaido-Kürbis (etwa 600 g)
1 Knoblauchzehe
1 Zwiebel
1 kleiner Stängel Rosmarin
2 EL Speiseöl, z. B. Olivenöl
Salz
frisch gemahlener Pfeffer
150 g Schlagsahne
1/2–1 TL Instant-Gemüsebrühe
Salzwasser
400–500 g fertige Gnocchi (aus dem Kühlregal)
1 EL Butter
150 g Cocktailtomaten
150 g Kasseler-Aufschnitt am Stück
75 g Edelpilzkäse, z. B. Gorgonzola, Bavaria blue oder Cambozola
50 g frisch geriebener Parmesan-Käse

Zubereitungszeit: 30 Minuten
Garzeit: 12–15 Minuten

1. Steinpilze in ein Sieb geben, kurz abspülen und in warmem Wasser einweichen. Kürbis eventuell schälen und die Kerne mit einem Löffel herauskratzen. Kürbisfleisch in kleine Würfel schneiden. Knoblauch und Zwiebel abziehen, klein würfeln. Rosmarin abspülen und trocken tupfen. Die Nadeln von dem Stängel zupfen. Nadeln klein schneiden. Den Backofen vorheizen.

2. Speiseöl in einer Pfanne erhitzen. Zwiebel-, Knoblauchwürfel und Rosmarin darin andünsten. Kürbiswürfel hinzugeben und kurz mit andünsten. Mit Salz und Pfeffer würzen. Steinpilze mit der Einweichflüssigkeit und Sahne hinzugießen, Instant-Gemüsebrühe unterrühren. Die Zutaten zum Kochen bringen und bei schwacher Hitze etwa 7 Minuten köcheln lassen, dabei gelegentlich umrühren.

3. In der Zwischenzeit Salzwasser in einem Topf zum Kochen bringen. Gnocchi darin nach Packungsanleitung kurz erhitzen. Gnocchi abgießen, gut abtropfen lassen und mit Butter in dem Topf schwenken.

4. Tomaten waschen, abtrocknen und halbieren. Kasseler in Streifen schneiden, mit Gnocchi und Tomatenhälften in eine Auflaufform (gefettet) geben.

5. Edelpilzkäse eventuell entrinden, in kleine Würfel schneiden und unter die Kürbis-Steinpilz-Masse rühren und schmelzen lassen. Die Masse auf den Gnocchi verteilen. Mit Parmesan-Käse bestreuen. Die Form auf dem Rost in den vorgeheizten Backofen schieben.

Ober-/Unterhitze: etwa 200 °C
Heißluft: etwa 180 °C
Garzeit: 12–15 Minuten.

Gnocchi-Sauerkraut-Auflauf

Einfach

8–10 Portionen

Pro Portion:
E: 31 g, F: 25 g, Kh: 30 g, kJ: 2078, kcal: 496

2 Zwiebeln
3 rote Paprikaschoten (je etwa 150 g)
600 g Schweinefilet
4 EL Speiseöl
Salz
frisch gemahlener Pfeffer
1 große Dose mildes Weinsauerkraut (Abtropfgewicht 770 g)
1 kleine Dose mildes Weinsauerkraut (Abtropfgewicht 520 g)
1 EL getrockneter Rosmarin
800 g fertige Gnocchi (aus dem Kühlregal)

Für den Guss:
500 g saure Sahne
400 g geriebener Gouda-Käse
Paprikapulver edelsüß

Zubereitungszeit: 30 Minuten
Garzeit: etwa 30 Minuten

1. Zwiebeln abziehen und klein würfeln. Paprikaschoten halbieren, entstielen, entkernen und die weißen Scheidewände entfernen. Schotenhälften waschen, abtropfen lassen und in Streifen schneiden. Schweinefilet unter fließendem kalten Wasser abspülen, trocken tupfen und in mundgerechte Würfel schneiden. Den Backofen vorheizen.

2. Speiseöl in einem großen Topf erhitzen. Fleischwürfel darin portionsweise rundherum braun anbraten, mit Salz und Pfeffer würzen, herausnehmen.

3. Zwiebelwürfel und Paprikastreifen in dem verbliebenen Bratfett andünsten. Sauerkraut mit der Flüssigkeit aus den Dosen und Rosmarin hinzugeben, zum Kochen bringen und etwa 5 Minuten mitdünsten lassen.

4. Sauerkraut mit Salz und Pfeffer würzen. Gnocchi direkt aus der Packung zum Sauerkraut geben und im geschlossenen Topf 1–2 Minuten garen. Den Deckel abnehmen und das Sauerkraut so lange weitergaren, bis fast keine Flüssigkeit mehr vorhanden ist. Fleischwürfel unterheben. Die Sauerkraut-Fleisch-Masse in eine große, flache Auflaufform (gefettet) geben.

5. Für den Guss saure Sahne mit Käse verrühren, mit Paprika, Salz und Pfeffer würzen. Den Guss auf der Sauerkraut-Fleisch-Masse verteilen. Die Form auf dem Rost in den vorgeheizten Backofen schieben.

Ober-/Unterhitze: 180–200 °C
Heißluft: 160–180 °C
Garzeit: etwa 30 Minuten.

Tipp: Anstelle von Schweinefilet können Sie auch Schweineschnitzel verwenden. Das Schnitzelfleisch in Streifen schneiden und wie oben angegeben anbraten.

Gratinierte Cannelloni mit Zucchini-Mett-Füllung I

Für Kinder – gut vorzubereiten

4 Portionen

Pro Portion:
E: 42 g, F: 46 g, Kh: 53 g, kJ: 3375, kcal: 807

350 g Zucchini
1 Zwiebel
1 Knoblauchzehe
1 Pck. (25 g) gemischte TK-Kräuter
400 g fertig gewürztes Mett (Thüringer Mett)
frisch gemahlener Pfeffer
20–24 Nudelröllchen (Cannelloni, etwa 250 g)

Für die Sauce:
400 g rosé Champignons
1 geh. EL Butter
150 ml Gemüsebrühe
250 ml (1/4 l) Milch
1/2 EL Butter
1 leicht geh. EL Weizenmehl
150 g Schmelzkäse-Zubereitung, z. B. Champignon, Kräuter oder Sahne
abgeriebene Schale und Saft von 1/2 Bio-Zitrone (unbehandelt, ungewachst), evtl. Salz

50 g frisch geriebener Parmesan-Käse

Zubereitungszeit: 40 Minuten
Garzeit: etwa 40 Minuten

1. Den Backofen vorheizen. Zucchini waschen, abtrocknen und die Enden abschneiden. Zucchini auf der Küchenreibe grob raspeln. Zwiebel und Knoblauch abziehen, in kleine Würfel schneiden. Zucchiniraspel mit Zwiebel- und Knoblauchwürfeln, Kräutern und Mett gut vermengen. Mit etwas frisch gemahlenem Pfeffer würzen.

2. Die Mett-Zucchini-Masse in die Cannelloni füllen und in eine Auflaufform (leicht gefettet) legen.

3. Für die Sauce Champignons putzen, mit Küchenpapier abreiben, eventuell kurz abspülen, trocken tupfen und klein schneiden. Butter in einer Pfanne zerlassen, Champignonstücke darin unter Wenden etwa 2 Minuten andünsten. Gemüsebrühe und Milch hinzugießen.

4. Butter mit Mehl verkneten, in die Sauce rühren und zerlassen, etwa 1 Minute unter Rühren köcheln lassen. Schmelzkäse unterrühren und schmelzen lassen. Die Sauce mit Zitronenschale, -saft, Pfeffer und eventuell etwas Salz abschmecken.

5. Danach Champignonstücke mit der Sauce auf den Cannelloni verteilen. Mit Parmesan-Käse bestreuen. Die Form auf dem Rost in den vorgeheizten Backofen schieben.

Ober-/Unterhitze: etwa 200 °C
Heißluft: etwa 180 °C
Garzeit: etwa 40 Minuten.

Tipp: Garnieren Sie den Auflauf mit etwas gehackter Petersilie.

Gratinierte Crêpes mit Spargel und Nusskäsesauce | Für Gäste

4 Portionen

Pro Portion:
E: 25 g, F: 40 g, Kh: 38 g, kJ: 2607, kcal: 624

2 EL Butter
150 g Weizenmehl
2 Eier (Größe M)
1 Eigelb (Größe M)
250 ml (1/4 l) Milch
1/2 TL Salz
750 g grüner Spargel
250 ml (1/4 l) Salzwasser
75 ml Milch
125 g Frischkäse-Zubereitung mit Walnusskernen
frisch gemahlener Pfeffer
250 g Tomaten
125 g Mozzarella-Käse
50 ml Mineralwasser mit Kohlensäure
1 Becher (125 g) Crème légère
Salz

Außerdem:
etwas Butter für die Pfanne

Zubereitungszeit: 50 Minuten, ohne Quellzeit
Garzeit: 15–18 Minuten

1. Für die Crêpes Butter zerlassen. Mehl in eine Rührschüssel geben, mit Eiern und Eigelb gut verrühren. Milch, Salz und zerlassene Butter gut unterschlagen. Darauf achten, dass keine Klümpchen entstehen. Den Teig zugedeckt etwa 15 Minuten quellen lassen.

2. In der Zwischenzeit von dem Spargel nur das untere Drittel schälen und die Enden abschneiden. Spargelstangen waschen, abtropfen lassen und in kochendem Salzwasser zugedeckt 7–8 Minuten garen. Spargelstangen mit einer Schaumkelle herausnehmen und abtropfen lassen. Spargel-Kochflüssigkeit mit Milch auffüllen und aufkochen lassen.

3. Die Walnusskerne von dem Frischkäse abnehmen und klein hacken. Frischkäse zerkleinern und unter Rühren in der Spargel-Milch-Flüssigkeit schmelzen lassen. Die Sauce mit Pfeffer abschmecken, gehackte Walnusskerne unterrühren.

4. Tomaten waschen, trocken tupfen und die Stängelansätze herausschneiden. Tomaten in Würfel schneiden. Dann Mozzarella abtropfen lassen und in feine Scheiben schneiden. Anschließend den Backofen vorheizen.

5. Mineralwasser unter den Crêpeteig rühren. Etwas Butter in einer beschichteten Pfanne (Ø etwa 24 cm) zerlassen. Eine dünne Teiglage mit einer drehenden Bewegung gleichmäßig auf dem Boden der Pfanne verteilen. Crêpe von beiden Seiten goldbraun backen. Bevor der Crêpe gewendet wird, wieder etwas Butter in die Pfanne geben. Aus dem Crêpeteig insgesamt 8 Crêpes backen.

6. Spargelstangen auf den Crêpes verteilen. Tomatenwürfel mit Crème légère mischen, mit Salz und Pfeffer würzen, auf den Spargelstangen verteilen.

7. Crêpes fest aufrollen und in eine Auflaufform (gefettet) geben. Die Käsesauce darauf verteilen und mit Mozzarellascheiben belegen. Die Form auf dem Rost in den vorgeheizten Backofen schieben.

Ober-/Unterhitze: etwa 200 °C
Heißluft: etwa 180 °C
Garzeit: 15–18 Minuten.

Gratinierte Jakobsmuscheln

Für Gäste – schnell

4 Portionen

Pro Portion:

E: 8 g, F: 34 g, Kh: 15 g, kJ: 1691, kcal: 404

20 frische Jakobsmuscheln
2 Fleischtomaten
1/2 Bund Petersilie
4 Stängel Majoran
Salz
frisch gemahlener Pfeffer
80 g Semmelbrösel
160 g Butter

Zubereitungszeit: 20 Minuten
Garzeit: etwa 10 Minuten

1. Jakobsmuscheln kurz unter fließendem kalten Wasser abspülen, trocken tupfen, in Stücke schneiden und in 4 feuerfeste Förmchen oder Jakobsmuschelschalen verteilen. Danach den Backofen vorheizen.

2. Tomaten waschen, abtropfen lassen, kreuzweise einschneiden und einige Sekunden in kochendes Wasser legen. Tomaten kurz in kaltes Wasser legen, enthäuten, halbieren, entkernen und die Stängelansätze herausschneiden. Tomaten fein würfeln.

3. Petersilie und Majoran abspülen, trocken tupfen. Die Blättchen von den Stängeln zupfen (einige Majoranblättchen zum Garnieren beiseitelegen). Blättchen klein schneiden.

4. Muschelfleisch mit Salz und Pfeffer würzen. Tomatenwürfel mit Petersilie, Majoran und Semmelbröseln mischen, auf dem Muschelfleisch verteilen. Butter in Flöckchen daraufsetzen. Die Förmchen oder Schalen auf dem Rost in den vorgeheizten Backofen schieben.

Ober-/Unterhitze: etwa 200 °C
Heißluft: etwa 180 °C
Garzeit: etwa 10 Minuten.

5. Die Jakobsmuscheln mit den beiseitegelegten Majoranblättchen garnieren.

Gratinierte Kartoffelnocken | Einfach

2–3 Portionen

Pro Portion:
E: 26 g, F: 36 g, Kh: 38 g, kJ: 2421, kcal: 579

750 g mehligkochende Kartoffeln
Wasser
1/2 TL Salz
1/2 Bund frische Kräuter, z. B. Petersilie oder Basilikum
150 g Crème fraîche oder Schmand (Sauerrahm)
Salz, frisch gemahlener Pfeffer
frisch geriebene Muskatnuss
150 g geriebener Hartkäse, z. B. Parmesan-Käse, Greyerzer, alter Gouda

Zubereitungszeit: 40 Minuten
Garzeit: etwa 30 Minuten

1. Kartoffeln waschen, schälen, abspülen, abtropfen lassen und knapp mit Wasser bedeckt in einem Topf zugedeckt aufkochen. Salz zugeben und die Kartoffeln in etwa 20 Minuten gar kochen.

2. Inzwischen Kräuter abspülen, trocken schütteln und die Blättchen abzupfen. Kräuter fein hacken.

3. Kartoffeln abgießen, gut abdampfen lassen und durch eine Kartoffelpresse drücken oder fein zerstampfen. Kräuter und Crème fraîche kurz unterrühren. Kartoffelmasse mit Salz, Pfeffer und Muskat abschmecken. Den Backofen vorheizen.

4. Aus der Masse mit einem großen Löffel Nocken abstechen, diese nebeneinander in eine große flache Auflaufform (gefettet) setzen. Käse darüberstreuen. Form auf dem Rost in den vorgeheizten Backofen schieben. Kartoffelnocken goldbraun überbacken.

Ober-/Unterhitze: 180–200 °C
Heißluft: 160–180 °C
Garzeit: etwa 30 Minuten.

Tipp: Servieren Sie dazu z. B. einen frischen Tomatensalat mit Schnittlauch-Dressing.

Gratinierte Kartoffelscheiben auf Tomatenragout | Dauert länger

12 Portionen

Pro Portion:
E: 20 g, F: 20 g, Kh: 38 g, kJ: 1814, kcal: 433

2,4 kg festkochende Kartoffeln
Salzwasser

Für das Tomatenragout:
2 kg Fleischtomaten
2 Bund Frühlingszwiebeln
2 Bund Majoran
5 EL Olivenöl
Salz, schwarzer Pfeffer

Zum Bestreuen:
600 g geriebener Emmentaler-Käse

Zubereitungszeit: 45 Minuten
Garzeit: 48–50 Minuten

1. Kartoffeln waschen, schälen, abspülen und abtropfen lassen. Kartoffeln in nicht zu dünne Scheiben schneiden und in kochendem Salzwasser etwa 5 Minuten garen. Kartoffelscheiben in einem Sieb gut abtropfen lassen.

2. Für das Tomatenragout Tomaten waschen, abtropfen lassen, kreuzweise einschneiden, kurz in kochendes Wasser legen und in kaltem Wasser abschrecken. Tomaten enthäuten, vierteln, entkernen und die Stängelansätze herausschneiden. Tomatenviertel nochmals halbieren.

3. Frühlingszwiebeln putzen, waschen, abtropfen lassen und in dünne Scheiben schneiden. Majoran abspülen und trocken tupfen. Die Blättchen von den Stängeln zupfen. Den Backofen vorheizen.

4. Olivenöl in einem weiten Topf oder einer großen Pfanne erhitzen, Frühlingszwiebelscheiben und Tomatenstücke darin andünsten. Mit Salz und Pfeffer würzen, Majoranblättchen unterrühren.

5. Tomatenragout in einer großen Auflaufform (gefettet) oder Fettfangschale (gefettet) verteilen. Kartoffelscheiben dachziegelartig darauflegen. Die Form auf dem Rost oder die Fettfangschale in den vorgeheizten Backofen schieben.

Ober-/Unterhitze: etwa 180 °C
Heißluft: etwa 160 °C
Garzeit: etwa 40 Minuten.

6. Die Form oder Fettfangschale aus dem Backofen nehmen. Kartoffelscheiben mit Käse bestreuen. Die Form auf dem Rost oder die Fettfangschale danach wieder in den heißen Backofen schieben und die Kartoffelscheiben **bei gleicher Backofeneinstellung 8–10 Minuten gratinieren, bis der Käse zerlaufen ist.**

Gratinierte Putenstreifen „Provençal“ | Schnell

4 Portionen

Pro Portion:
E: 17 g, F: 18 g, Kh: 5 g, kJ: 1077, kcal: 257

250 g	*Putenbrustfilet*
2 EL	*Speiseöl*
1	*Knoblauchzehe*
1 gestr. TL	*Salz*
	frisch gemahlener Pfeffer
	Kräuter der Provence
1 kleine Dose	*Artischockenherzen (Einwaage 180 g)*
2	*Tomaten (etwa 200 g)*
2 EL	*Olivenöl*
2 EL	*Zitronensaft*
30 g	*frisch geriebener Emmentaler-Käse*
2 EL	*Basilikumstreifen*

Zubereitungszeit: 40 Minuten
Garzeit: etwa 20 Minuten

1. Putenbrustfilet unter fließendem kalten Wasser abspülen, trocken tupfen und in Streifen schneiden. Den Backofen vorheizen.

2. Speiseöl in einer Pfanne erhitzen. Putenbruststreifen darin von allen Seiten kurz anbraten.

3. Den Knoblauch abziehen, in kleine Würfel schneiden, mit Salz zu einer Paste zerreiben und auf den Putenbruststreifen verteilen. Mit Pfeffer und Kräutern der Provence würzen.

4. Artischockenherzen in einem Sieb gut abtropfen lassen. Tomaten waschen, abtropfen lassen, kreuzweise einschneiden, kurz in kochendes Wasser legen und in kaltem Wasser abschrecken. Tomaten enthäuten, halbieren, entkernen und die Stängelansätze herausschneiden. Tomatenhälften in Spalten schneiden.

5. Die Putenbruststreifen mit Artischockenherzen und Tomatenspalten lagenweise in eine Auflaufform (gefettet) schichten. Mit Olivenöl und Zitronensaft beträufeln, mit Käse bestreuen. Die Form auf dem Rost in den vorgeheizten Backofen schieben.

Ober-/Unterhitze: etwa 200 °C
Heißluft: etwa 180 °C
Garzeit: etwa 20 Minuten.

6. Gratinierte Putenstreifen mit Basilikumstreifen bestreut servieren.

Beilage: Kräuterkartoffeln.

Gratinierter Fleischtopf

Für die Party

8–10 Portionen

Pro Portion:
E: 38 g, F: 30 g, Kh: 11 g, kJ: 1950, kcal: 465

1 kg Auberginen
600 g Zucchini
3 Zwiebeln
3 Knoblauchzehen
je 2 grüne und rote Paprikaschoten
250 g Champignons
6 Tomaten
8 EL Olivenöl
4 EL Tomatenmark
250 ml (1/4 l) Gemüsebrühe
200 g Schlagsahne
Salz, frisch gemahlener Pfeffer
gerebelter Oregano
1,2 kg Rinderfilet oder Roastbeef
6 EL Olivenöl
10 Scheiben Schmelzkäse

Nach Belieben:
einige Zucchinischeiben
Petersilie

Zubereitungszeit: 70 Minuten
Garzeit: etwa 15 Minuten

1. Auberginen und Zucchini waschen, abtrocknen. Von den Auberginen und Zucchini Enden abschneiden. Auberginen und Zucchini in Würfel schneiden. Zwiebeln und Knoblauch abziehen, in kleine Würfel schneiden.

2. Paprikaschoten halbieren, entstielen, entkernen und die weißen Scheidewände entfernen. Schotenhälften waschen, abtropfen lassen und ebenfalls in Würfel schneiden. Champignons putzen, mit Küchenpapier abreiben, eventuell abspülen, trocken tupfen und halbieren.

3. Tomaten waschen, abtropfen lassen, kreuzweise einschneiden, kurz in kochendes Wasser legen und in kaltem Wasser abschrecken. Tomaten enthäuten,

halbieren, entkernen und die Stängelansätze herausschneiden. Tomatenhälften in kleine Stücke schneiden.

4. Olivenöl in einer großen Pfanne oder einem Bräter erhitzen. Zwiebel- und Knoblauchwürfel darin glasig dünsten. Das vorbereitete Gemüse in 2–3 Portionen jeweils etwa 10 Minuten dünsten. Tomatenmark unterrühren und kurz mitdünsten lassen. Brühe und Sahne hinzugießen. Mit Salz, Pfeffer und Oregano würzen. Die Gemüsezutaten zum Kochen bringen und etwa 10 Minuten garen. Den Backofen vorheizen.

5. Rinderfilet oder Roastbeef unter fließendem kalten Wasser abspülen, trocken tupfen, von Haut und Sehnen befreien. Das Fleisch zuerst in Scheiben, dann in etwa 2 x 2 cm große Würfel schneiden.

6. Olivenöl in einer großen Pfanne erhitzen. Fleischwürfel darin eventuell in 2 Portionen von allen Seiten anbraten, herausnehmen, mit Salz und Pfeffer würzen. Mit dem Gemüse vermengen und in eine große, flache Auflaufform (gefettet) geben. Käsescheiben darauflegen. Die Form auf dem Rost in den vorgeheizten Backofen schieben und den Fleischtopf überbacken.

Ober-/Unterhitze: etwa 220 °C
Heißluft: etwa 200 °C
Garzeit: etwa 15 Minuten.

7. Nach Belieben den Fleischtopf mit Zucchinscheiben und Petersilie garniert servieren.

Grünkernauflauf mit Wirsingstreifen | Gut vorzubereiten

4 Portionen

Pro Portion:
E: 32 g, F: 36 g, Kh: 32 g, kJ: 2476, kcal: 591

150 g Grünkern
400 ml Gemüsebrühe
2 Zwiebeln
1 kleiner Kopf Wirsing (etwa 600 g)
200 g Möhren
100 g rosé Champignons
2 EL Butter oder Margarine
Salz, frisch gemahlener Pfeffer
frisch geriebene Muskatnuss
150 ml Instant-Steinpilz-Hefebrühe (erhältlich im Reformhaus)
100 g Schlagsahne

Für den Guss:
3 Eier (Größe M)
300 g körniger Frischkäse (Hüttenkäse)
1 Knoblauchzehe

125 g frisch geriebener würziger Bergkäse

Zubereitungszeit: 35 Minuten, ohne Quellzeit
Garzeit: etwa 30 Minuten

1. Zum Vorbereiten Grünkern abspülen und abtropfen lassen. Grünkern in einen Topf geben, Gemüsebrühe hinzugießen und zugedeckt aufkochen lassen. Grünkern zugedeckt bei schwacher Hitze etwa 10 Minuten köcheln lassen (bitte Packungsanleitung beachten). Dann den Grünkern zugedeckt auf der ausgeschalteten Kochstelle etwa 45 Minuten ausquellen lassen.

2. Zwiebeln abziehen und in kleine Würfel schneiden. Von dem Wirsing die groben, äußeren Blätter ablösen. Den Wirsing halbieren und den Strunk herausschneiden. Wirsinghälften in feine Streifen schneiden, abspülen und trocken tupfen. Möhren putzen, schälen, abspülen, abtropfen lassen und in feine Scheiben schneiden.

3. Champignons putzen, mit Küchenpapier abreiben, eventuell kurz abspülen, trocken tupfen und in Scheiben schneiden. Den Backofen vorheizen.

4. Butter oder Margarine in einer großen Pfanne erhitzen. Zwiebelwürfel darin andünsten. Wirsingstreifen, Möhren- und Champignonscheiben hinzugeben und etwa 3 Minuten unter mehrmaligem Wenden anbraten. Mit Salz, Pfeffer und Muskat würzen. Hefebrühe und Sahne hinzugießen. Die Zutaten zugedeckt unter gelegentlichem Wenden etwa 10 Minuten dünsten.

5. Für den Guss Eier mit Frischkäse verschlagen. Mit Salz und Pfeffer würzen. Knoblauch abziehen, durch eine Knoblauchpresse drücken und unterrühren. Vorbereitetes Gemüse mit Grünkern in einer großen Auflaufform (gefettet) mischen. Den Guss darauf verteilen und mit Käse bestreuen. Die Form auf dem Rost in den vorgeheizten Backofen schieben.

Ober-/Unterhitze: etwa 200 °C
Heißluft: etwa 180 °C
Garzeit: etwa 30 Minuten.

Grün-weißer Kohlauflauf |

Zum Vorbereiten
2 Portionen

Pro Portion:
E: 32 g, F: 47 g, Kh: 18 g, kJ: 2626, kcal: 627

1 kleiner Blumenkohl (etwa 500 g)
500 g Brokkoli
Wasser
1 gestr. TL Salz
1 kleine Zucchini (etwa 200 g)

Für die Sauce:
25 g Butter
100 g gewürfelter Schinken (Fertigprodukt)
20 g Weizenmehl
250 ml (1/4 l) Gemüsebrühe
125 g Schlagsahne
50 g geriebener Parmesan-Käse
Salz, frisch gemahlener Pfeffer
geriebene Muskatnuss

30 g geriebener Gouda-Käse
1 EL Sonnenblumenkerne

Zubereitungszeit: 40 Minuten
Garzeit: etwa 35 Minuten

1. Backofen vorheizen. Vom Blumenkohl und Brokkoli die Blätter entfernen und den Strunk abschneiden. Blumenkohl und Brokkoli in Röschen teilen, abspülen und abtropfen lassen.

2. Wasser mit Salz in einem großen Topf zum Kochen bringen. Zuerst die Blumenkohlröschen hineingeben und zugedeckt etwa 8 Minuten kochen lassen, herausnehmen und in einem Sieb abtropfen lassen. Dann die Brokkoliröschen zugedeckt etwa 5 Minuten kochen lassen, herausnehmen und ebenfalls in einem Sieb abtropfen lassen.

3. Zucchini abspülen, abtrocknen, die Enden abschneiden und Zucchini in Scheiben schneiden. Zucchinischeiben mit den Blumenkohl- und Brokkoliröschen in eine Auflaufform (gefettet) geben.

4. Für die Sauce die Butter in einem Topf zerlassen, Schinkenwürfel darin andünsten. Mehl hinzufügen und unter Rühren so lange darin erhitzen, bis es hellgelb ist. Nach und nach Brühe und Sahne hinzugießen und mit einem Schneebesen durchschlagen, dabei darauf achten, dass keine Klümpchen entstehen. Die Sauce zum Kochen bringen und bei schwacher Hitze etwa 5 Minuten ohne Deckel kochen, dabei gelegentlich umrühren. 1 Esslöffel Parmesan-Käse (etwa 20 g) unterrühren und die Sauce mit Salz, Pfeffer und Muskat würzen.

5. Das Gemüse mit der Sauce übergießen, mit beiden Käsesorten und den Sonnenblumenkernen bestreuen. Die Form auf dem Rost in den vorgeheizten Backofen schieben.

Ober-/Unterhitze: etwa 180 °C
Heißluft: etwa 160 °C
Garzeit: etwa 35 Minuten.

Tipp: Der Auflauf lässt sich einfach für 4 Personen verdoppeln.

Hack-Auberginen-Auflauf | Raffiniert

8–10 Portionen

Pro Portion:
E: 58 g, F: 65 g, Kh: 27 g, kJ: 4121, kcal: 984

etwa 1 ½ kg Auberginen
2 Dosen weiße Cannellini-Bohnen (Abtropfgewicht je 250 g)
9 EL Olivenöl
Salz
2 große Zwiebeln
2–3 Knoblauchzehen
1 ½ kg Gehacktes (halb Rind-, halb Schweinefleisch)
2 Pck. (je 50 g) TK-Suppengrün
frisch gemahlener Pfeffer
Paprikapulver edelsüß
1 EL gemahlener Zimt

Für die Quarkhaube:
600 g Speisequark (40 % Fett i. Tr.)
140 g Tomatenmark aus der Dose
220 g fein geriebener Parmesan-Käse

Zum Betreuen:
einige Stängel glatte Petersilie

Zubereitungszeit: 60 Minuten
Garzeit: 30–35 Minuten

1. Auberginen waschen, abtrocknen und die Enden abschneiden. Auberginen längs in dünne Scheiben schneiden (eventuell mit einer Aufschnittmaschine). Bohnen in ein Sieb geben, mit kaltem Wasser abspülen und gut abtropfen lassen. Den Backofen vorheizen.

2. Jeweils etwas Olivenöl in einer großen Pfanne erhitzen. Auberginenscheiben darin portionsweise unter Wenden goldbraun braten, mit Salz würzen, herausnehmen und auf Küchenpapier abtropfen lassen.

3. Zwiebeln und Knoblauch abziehen, in kleine Würfel schneiden. Restliches Olivenöl (etwa 2 Esslöffel) in der Pfanne erhitzen. Gehacktes hinzufügen und unter Rühren anbraten (eventuell in 2 Portionen). Dabei die Fleischklümpchen mit einer Gabel zerdrücken.

4. Zwiebel-, Knoblauchwürfel und unaufgetautes Suppengrün hinzufügen, kurz mitbraten lassen. Mit Salz, Pfeffer, Paprika und Zimt würzen. Bohnen untermengen. Die Hackfleisch-Bohnen-Mischung in eine große Auflaufform (gefettet) oder Fettfangschale (gefettet) geben. Auberginenscheiben darauf verteilen.

5. Für die Quarkhaube Quark mit Tomatenmark und Parmesan-Käse glattrühren. Die Quarkmasse auf die Auberginenscheiben streichen. Die Form auf dem Rost oder die Fettfangschale in den vorgeheizten Backofen schieben.

Ober-/Unterhitze: etwa 200 °C
Heißluft: etwa 180 °C
Garzeit: 30–35 Minuten.

6. Zum Bestreuen Petersilie abspülen und trocken tupfen. Die Blättchen von den Stängeln zupfen. Den Auflauf mit Petersilienblättchen bestreut servieren.

Tipp: Dazu passt türkisches Fladenbrot.

Hackauflauf mit Gemüse

Für Kinder – schnell

8–10 Portionen

Pro Portion:
E: 39 g, F: 58 g, Kh: 41 g, kJ: 3728, kcal: 890

250 ml (1/4 l) Wasser
2 Beutel Fix für Hackbraten (Gewürzmischung)
1,2 kg Gehacktes (halb Rind-, halb Schweinefleisch)
600 g TK-Balkangemüse
3 Pck. Kartoffelpüree (für je 3 Portionen)
1 l Wasser
375 ml (3/8 l) Milch
75 g Butter
250 g Gouda-Käse
250 g Schlagsahne

Zubereitungszeit: 20 Minuten
Garzeit: etwa 45 Minuten

1. Den Backofen vorheizen. Wasser mit Fix für Hackbraten in einer Rührschüssel verrühren. Gehacktes hinzufügen und gut unterarbeiten. Balkangemüse unaufgetaut untermischen.

2. Das Kartoffelpüree mit Wasser und Milch nach Packungsanleitung, aber mit den hier angegebenen Zutaten zubereiten. Butter unterrühren. Das Kartoffelpüree in eine große Auflaufform (gefettet) geben.

3. Die Hackfleisch-Gemüse-Masse darauf verteilen. Käse reiben. Sahne steifschlagen, Käse unterheben und auf der Hackfleisch-Gemüse-Masse verteilen. Die Form auf dem Rost in den vorgeheizten Backofen schieben.

Ober-/Unterhitze: 180–200 °C
Heißluft: 160–180 °C
Garzeit: etwa 45 Minuten.

Tipp: Den Hackauflauf mit einem knackigen Blattsalat servieren.

Hackauflauf mit Möhren und Blumenkohl | Für Kinder

4 Portionen

Pro Portion:
E: 32 g, F: 42 g, Kh: 14 g, kJ: 2512, kcal: 599

1 kleiner Blumenkohl
250 g Möhren
500 ml (1/2 l) Salzwasser
1 Zwiebel
1 EL Butterschmalz
400 g Rindergehacktes
Salz
frisch gemahlener Pfeffer
Currypulver
gerebelter Thymian
Paprikapulver edelsüß
100 g durchwachsener Speck
1 EL Speiseöl
25 g Weizenmehl
250 ml (1/4 l) Milch
125 ml (1/8 l) Gemüse-Kochflüssigkeit
2 Ecken Schmelzkäse
1/2 Bund Thymian

Zubereitungszeit: 50 Minuten
Garzeit: etwa 35 Minuten

1. Von dem Blumenkohl die Blätter und schlechten Stellen entfernen. Den Strunk abschneiden. Blumenkohl in Röschen teilen, waschen und abtropfen lassen. Möhren putzen, schälen, abspülen, abtropfen lassen und in dünne Scheiben schneiden.

2. Salzwasser in einem Topf zum Kochen bringen. Blumenkohlröschen darin zugedeckt etwa 4 Minuten garen. Anschließend die Möhrenscheiben hinzugeben, mit den Blumenkohlröschen weitere etwa 4 Minuten garen. Anschließend in ein Sieb geben, die Gemüse-Kochflüssigkeit dabei auffangen und 125 ml (1/8 l) davon abmessen.

3. Zwiebel abziehen und klein würfeln. Butterschmalz in einer Pfanne zerlassen, Rindergehacktes darin unter Rühren anbraten. Dabei die Fleischklümpchen mit einer Gabel zerdrücken. Zwiebelwürfel hinzufügen und mitbraten lassen. Mit Salz, Pfeffer, Curry, Thymian und Paprika würzen. Den Backofen vorheizen.

4. Blumenkohlröschen, Möhrenscheiben und die Hackfleischmasse abwechselnd in eine feuerfeste Form (gefettet) oder Auflaufform (gefettet) schichten.

5. Speck in kleine Würfel schneiden. Speiseöl in einem Topf erhitzen, Speckwürfel darin braun anbraten, Mehl unterrühren. Milch und die abgemessene Gemüse-Kochflüssigkeit hinzugießen und unterrühren. Dabei darauf achten, dass keine Klümpchen entstehen. Die Sauce zum Kochen bringen und etwa 5 Minuten bei schwacher Hitze kochen lassen. Mit Salz und Pfeffer abschmecken. Schmelzkäse zerkleinern und unter Rühren in der Sauce schmelzen lassen.

6. Die Käsesauce auf dem Auflauf verteilen. Die Form auf dem Rost in den vorgeheizten Backofen schieben.

Ober-/Unterhitze: etwa 200 °C
Heißluft: etwa 180 °C
Garzeit: etwa 35 Minuten.

7. Dann Thymian abspülen und trocken tupfen. Die Blättchen von den Stängeln zupfen. Den Hackauflauf mit Thymianblättchen bestreut servieren.

Hackauflauf mit weißen Bohnen

Preiswert

4 Portionen

Pro Portion:

E: 34 g, F: 46 g, Kh: 24 g, kJ: 2700, kcal: 645

2 Dosen weiße Bohnen (Abtropfgewicht je 265 g)
125 g durchwachsener Speck
500 g Zwiebeln
30 g Butter
gemahlener Rosmarin
375 g Gehacktes (halb Rind-, halb Schweinefleisch)
Salz
frisch gemahlener, weißer Pfeffer
Knoblauchpulver
1 Ei (Größe M)
125 ml (1/8 l) Gemüsebrühe
125 g Schlagsahne
4 EL Semmelbrösel
40 g Butter

Zubereitungszeit: 25 Minuten
Garzeit: etwa 20 Minuten

1. Bohnen in einem Sieb abtropfen lassen. Speck in kleine Würfel schneiden. Zwiebeln abziehen, zuerst in Scheiben schneiden, dann in Ringe teilen. Butter in einer Pfanne zerlassen, Speckwürfel darin auslassen. Zwiebelringe hinzugeben und glasig dünsten. Mit Rosmarin würzen. Speckwürfel und Zwiebelringe mit einem Schaumlöffel aus der Pfanne nehmen und beiseitelegen. Den Backofen vorheizen.

2. Gehacktes in die Pfanne geben und in dem Speckfett unter Rühren anbraten. Dabei die Fleischklümpchen mit einer Gabel zerdrücken. Mit Salz, Pfeffer und Knoblauch würzen.

3. Die Hälfte der Bohnen in eine runde oder eckige Auflaufform (gefettet) geben. Die beiseitegelegten Speckwürfel und Zwiebelringe daraufgeben. Gehacktesmasse darauf verteilen und mit den restlichen Bohnen belegen. Mit Knoblauch würzen.

4. Ei mit Brühe und Sahne verschlagen, eventuell mit Salz und Pfeffer würzen. Den Auflauf damit übergießen und mit Semmelbröseln bestreuen. Butter in Flöckchen daraufsetzen. Die Form auf dem Rost in den vorgeheizten Backofen schieben.

Ober-/Unterhitze: 200–220 °C
Heißluft: 180–200 °C
Garzeit: etwa 20 Minuten.

Beilage: Kartoffelpüree und ein Gurken-Bohnen-Salat.

Hackbraten auf Kartoffelgratin

Gut vorzubereiten

4 Portionen

Pro Portion:
E: 44 g, F: 44 g, Kh: 37 g, kJ: 3061, kcal: 731

1 Brötchen (Semmel, vom Vortag)
1 Bund Petersilie
500 g Gehacktes (halb Rind-, halb Schweinefleisch)
1 Ei (Größe M)
Salz
½ TL mittelscharfer Senf
frisch gemahlener Pfeffer
frisch geriebene Muskatnuss
200 g Gouda-Käse
1 geh. TL Kräuter der Provence
1 kg mehligkochende Kartoffeln
125 ml (⅛ l) Milch oder 125 g Schlagsahne
einige Stängel Thymian

Zubereitungszeit: 50 Minuten
Garzeit: etwa 60 Minuten

1. Brötchen in kaltem Wasser einweichen und gut ausdrücken. Petersilie abspülen und trocken tupfen. Die Blättchen von den Stängeln zupfen. Blättchen klein schneiden. Gehacktes in eine Schüssel geben. Ei, eingeweichtes Brötchen und Petersilie gut untermengen. Mit Salz, Senf, Pfeffer und Muskat kräftig würzen. Käse in dicke Streifen schneiden. Den Backofen vorheizen.

2. Den Fleischteig mit angefeuchteten Händen zu einem flachen, länglichen Laib formen. Die Käsestreifen in die Mitte legen und mit dem Fleischteig umschließen. Den Fleischlaib in eine große Auflaufform (gefettet) setzen. Kräuter der Provence daraufstreuen.

3. Kartoffeln waschen, schälen, abspülen, abtropfen lassen und in dünne Scheiben hobeln. Mit Salz, Pfeffer und Muskat kräftig würzen.

4. Die Kartoffelscheiben um den Fleischlaib schichten. Milch oder Sahne hinzugießen. Die Form auf dem Rost in den vorgeheizten Backofen schieben.

Ober-/Unterhitze: 180–200 °C
Heißluft: 160–180 °C
Garzeit: etwa 60 Minuten.

5. Thymian abspülen und trocken tupfen. Den Hackbraten auf Kartoffelgratin mit Thymian garniert servieren.

Hackfleisch-Tomaten-Auflauf |

Gut vorzubereiten

4 Portionen

Pro Portion:
E: 31 g, F: 34 g, Kh: 26 g, kJ: 2378, kcal: 569

1	*Zwiebel*
1	*Knoblauchzehe*
1 Bund	*Oregano oder 1 TL gerebelter Oregano*
4 EL	*Speiseöl*
500 g	*Rindergehacktes*
	Salz
	frisch gemahlener Pfeffer
2 Bund	*Petersilie*
200 g	*gekochter Langkornreis*
1 kg	*Fleischtomaten*
2 Scheiben	*Toastbrot*
40 g	*weiche Butter*
2 EL	*Olivenöl*

Zubereitungszeit: 60 Minuten
Garzeit: etwa 35 Minuten

1. Zwiebel und Knoblauch abziehen, in kleine Würfel schneiden. Oregano abspülen und trocken tupfen. Die Blättchen von den Stängeln zupfen. Blättchen klein schneiden.

2. Speiseöl in einer Pfanne erhitzen. Zwiebel- und Knoblauchwürfel darin andünsten. Gehacktes hinzufügen und unter Rühren anbraten. Dabei die Fleischklümpchen mit einer Gabel zerdrücken. Mit Salz, Pfeffer und Oregano würzen. Den Backofen vorheizen.

3. Petersilie abspülen und trocken tupfen. Die Blättchen von den Stängeln zupfen. Blättchen klein schneiden. Reis mit der Hälfte der Petersilie vermengen. Restliche Petersilie beiseitelegen.

4. Tomaten waschen, abtrocknen, halbieren und die Stängelansätze herausschneiden. Anschließend die Tomatenhälften in Scheiben schneiden (eventuell vorher enthäuten).

5. Abwechselnd Hackfleisch, Reis und Tomatenscheiben in eine flache Auflaufform (gefettet) schichten. Dabei die Tomatenscheiben mit Salz und Pfeffer bestreuen. Die oberste Schicht sollte aus Tomatenscheiben bestehen.

6. Toastbrot entrinden, in kaltem Wasser einweichen und gut ausdrücken, mit der beiseitegelegten Petersilie und Butter pürieren, mit Salz und Pfeffer würzen.

7. Die Püreemasse auf den Tomatenscheiben verteilen und mit Olivenöl beträufeln. Die Form auf dem Rost in den vorgeheizten Backofen schieben.

Ober-/Unterhitze: 180–200 °C
Heißluft: 160–180 °C
Garzeit: etwa 35 Minuten.

Hack-Gemüse-Auflauf | Beliebt

4–6 Portionen

Pro Portion:
E: 23 g, F: 35 g, Kh: 27 g, kJ: 2303, kcal: 550

500 g Kartoffeln
300 g Möhren
400 g Brokkoli
250 ml (1/4 l) Gemüsebrühe
1 Zwiebel
2 EL Speiseöl
400 g Gehacktes (halb Rind-, halb Schweinefleisch)
Salz, frisch gemahlener Pfeffer
Paprikapulver edelsüß
2 EL Tomatenketchup

Für die Sauce:
50 g Butter
25 g Weizenmehl
250 ml (1/4 l) Gemüsebrühe (von dem Gemüse)
250 g Schlagsahne
frisch geriebene Muskatnuss
50 g geriebener Käse, z. B. Gouda

Zubereitungszeit: 55 Minuten
Garzeit: etwa 25 Minuten

1. Für das Gemüse Kartoffeln gründlich waschen, mit Wasser bedeckt zum Kochen bringen und zugedeckt 20–25 Minuten garen.

2. In der Zwischenzeit Möhren putzen, schälen, abspülen, abtropfen lassen und nach Belieben längs in Scheiben schneiden. Von dem Brokkoli die Blätter entfernen, Brokkoli in Röschen teilen, waschen und abtropfen lassen.

3. Die Gemüsebrühe in einem Topf zum Kochen bringen. Zuerst Möhrenscheiben darin 3–4 Minuten garen. Dann Brokkoliröschen hinzufügen, mit den Möhrenscheiben weitere etwa 5 Minuten garen. Die Möhrenscheiben und Brokkoliröschen in einem Sieb abtropfen lassen, dabei die Brühe auffangen, eventuell mit Wasser auf 250 ml (1/4 l) auffüllen. Den Backofen vorheizen.

4. Für die Hackfleischmasse Zwiebel abziehen und in kleine Würfel schneiden. Speiseöl in einer Pfanne erhitzen. Zwiebelwürfel darin andünsten. Gehacktes hinzufügen und unter Rühren anbraten. Dabei die Fleischklümpchen mit einer Gabel zerdrücken. Mit Salz, Pfeffer und Paprika würzen, Ketchup unterrühren.

5. Die garen Kartoffeln abgießen, abdämpfen, heiß pellen, etwas abkühlen lassen und in Scheiben schneiden. Kartoffelscheiben dachziegelartig in eine Auflaufform (gefettet) schichten. Die Kartoffelscheiben mit Salz bestreuen.

6. Für die Sauce Butter in einem Topf zerlassen. Mehl darin unter Rühren so lange erhitzen, bis es hellgelb ist. Abgemessene Gemüsebrühe und Sahne hinzugießen und mit einem Schneebesen durchschlagen. Dabei darauf achten, dass keine Klümpchen entstehen. Die Sauce unter Rühren aufkochen lassen, mit Salz, Pfeffer und Muskat abschmecken, Käse unterrühren.

7. Die Hackfleischmasse auf den Kartoffelscheiben verteilen. Mit Möhrenscheiben und Brokkoliröschen belegen. Die Sauce daraufgeben. Die Form auf dem Rost in den vorgeheizten Backofen schieben.

Ober-/Unterhitze: etwa 200 °C
Heißluft: etwa 180 °C
Garzeit: etwa 25 Minuten.

Hähnchenauflauf, arabisch

Gut vorzubereiten

4 Portionen

Pro Portion:
E: 79 g, F: 61 g, Kh: 18 g, kJ: 4156, kcal: 992

1,2 kg Suppenhuhn
1 Bund Suppengrün, z. B. Sellerie, Porree, Möhre
etwa 2 l Salzwasser
2 Zwiebeln
2 Knoblauchzehen
20 g Weizenmehl
4 EL Pflanzenöl
4 Eier (Größe M)
1 Becher (150 g) Crème fraîche
Salz, frisch gemahlener Pfeffer
etwas Zucker
3 EL Zitronensaft
2 TL gemahlener Zimt
125 ml (1/8 l) Hühnerbrühe (von dem Huhn)
40 g Rosinen
20 g Butter
30 g Pinienkerne

Zubereitungszeit: 2 1/2 Stunden, ohne Abkühlzeit
Garzeit: 25–30 Minuten

1. Das Suppenhuhn von innen und außen unter fließendem kalten Wasser abspülen und trocken tupfen. Suppengrün putzen, eventuell schälen, waschen, abtropfen lassen und in kleine Stücke schneiden. Das Huhn und vorbereitetes Suppengrün zugedeckt in kochendem Salzwasser 1 1/2–2 Stunden garen.

2. Das Huhn mit einer Schaumkelle aus der Brühe nehmen und etwas abkühlen lassen. Hühnerbrühe entfetten. Zwiebeln und Knoblauch abziehen, in kleine Würfel schneiden. Von dem Huhn das Fleisch von den Knochen lösen, Haut und Sehnen entfernen. Das Fleisch in etwa 2 x 2 cm große Würfel schneiden und mit Mehl bestäuben. Den Backofen vorheizen.

3. Pflanzenöl in einer Pfanne erhitzen, Fleischwürfel darin von allen Seiten kurz anbraten und herausnehmen. Zwiebel- und Knoblauchwürfel in dem verbliebenen Bratfett anbraten und zu den Fleischwürfeln geben.

4. Eier mit Crème fraîche verschlagen, mit Salz, Pfeffer, Zucker, Zitronensaft, Zimt und Hühnerbrühe verrühren, mit den Rosinen zu den Fleischwürfeln geben und untermengen. Die Fleischmasse in eine große, flache Auflaufform (gefettet) geben, Butter in Flöckchen daraufsetzen. Mit Pinienkernen bestreuen. Die Form auf dem Rost in den vorgeheizten Backofen schieben und den Auflauf goldgelb überbacken.

Ober-/Unterhitze: etwa 180 °C
Heißluft: etwa 160 °C
Garzeit: 25–30 Minuten.

Tipp: Restliche Brühe in kleinen Portionen einfrieren.

Hähnchenschnitzel-Auflauf

Mit Alkohol

4 Portionen

Pro Portion:
E: 44 g, F: 52 g, Kh: 19 g, kJ: 3153, kcal: 753

4	*Hähnchenschnitzel (je etwa 150 g)*
	Salz
	frisch gemahlener Pfeffer
	Currypulver
etwas	*Weizenmehl*
5 EL	*Speiseöl*
2 Dosen	*kleine, ganze Champignons (Abtropfgewicht je 230 g)*
1	*Gemüsezwiebel*
1 EL	*Weizenmehl*
125 ml (1/8 l)	*Tomatenketchup*
125 ml (1/8 l)	*Weißwein*
150–250 g	*Schlagsahne*
4 Scheiben	*durchwachsener Speck*

Zubereitungszeit: 50 Minuten
Garzeit: 20–25 Minuten

1. Hähnchenschnitzel unter fließendem kalten Wasser abspülen, trocken tupfen, mit Salz, Pfeffer und Curry würzen. Mit Mehl bestäuben.

2. Drei Esslöffel des Speisöls in einer großen Pfanne erhitzen. Hähnchenschnitzel darin von beiden Seiten anbraten, herausnehmen und nebeneinander in eine flache Auflaufform (gefettet) legen. Den Backofen vorheizen.

3. Champignons in einem Sieb abtropfen lassen. Zwiebel abziehen, halbieren und danach in Streifen schneiden.

4. Restliches Speiseöl in der Pfanne erhitzen. Zwiebelstreifen darin andünsten. Champignons hinzufügen und kurz mit andünsten. Mit Mehl bestäuben.

5. Ketchup, Wein und Sahne hinzugießen, aufkochen lassen. Mit Salz, Pfeffer und Curry abschmecken. Die Sauce auf den Hähnchenschnitzeln verteilen.

6. Speckscheiben in etwa 1 1/2 cm breite Streifen schneiden und auf den Auflauf legen. Die Form auf dem Rost in den vorgeheizten Backofen schieben.

Ober-/Unterhitze: etwa 180 °C
Heißluft: etwa 160 °C
Garzeit: 20–25 Minuten.

Tipp: Wenn Kinder mitessen, den Weißwein durch Gemüsebrühe ersetzen.

Hawaii-Auflauf mit Garnelen

Exotisch – für die Party

8–10 Portionen

Pro Portion:
E: 25 g, F: 37 g, Kh: 42 g, kJ: 2638, kcal: 630

3 Pck. (je 200 g) gekochte, geschälte TK-Garnelen
2–3 Knoblauchzehen
Saft von 1 Zitrone
8 EL Sonnenblumenöl
4 Bund Frühlingszwiebeln (800–900 g)
2 EL Sonnenblumenöl
Salz
250 g Tomaten
1 Dose Ananasscheiben (Abtropfgewicht 490 g)
1 Pck. Kartoffelpüree (für 9 Portionen)
1 1/2 l Wasser

Für die Sauce:
500 g Schlagsahne
2–3 EL Currypulver
200 g frisch geriebener Emmentaler-Käse

Zubereitungszeit: 35 Minuten, ohne Auftau- und Marinierzeit
Garzeit: 20–25 Minuten

1. Garnelen nach Packungsanleitung auftauen lassen, kurz abspülen und trocken tupfen.

2. Für die Marinade Knoblauch abziehen und durch eine Knoblauchpresse in eine flache Schale drücken. Mit Zitronensaft und Sonnenblumenöl gut verrühren. Die Garnelen in die Marinade legen und zugedeckt im Kühlschrank 1–2 Stunden marinieren, dabei die Garnelen gelegentlich wenden. Den Backofen vorheizen.

3. In der Zwischenzeit Frühlingszwiebeln putzen, waschen, abtropfen lassen und in etwa 4 cm lange Stücke schneiden. Sonnenblumenöl in einer Pfanne erhitzen. Frühlingszwiebelstücke darin unter Wenden 3–5 Minuten dünsten, mit Salz würzen.

4. Tomaten waschen, abtrocknen und die Stängelansätze herausschneiden. Tomaten in Scheiben schneiden. Ananasscheiben in einem Sieb gut abtropfen lassen und in Stücke schneiden.

5. Kartoffelpüree mit Wasser nach Packungsanleitung, aber ohne Butterzusatz zubereiten. Ananas- und Frühlingszwiebelstücke unter das Kartoffelpüree heben. Die Masse in eine große, flache Auflaufform (gefettet) füllen. Tomatenscheiben darauf verteilen.

6. Für die Sauce Sahne steifschlagen, Curry hinzufügen. Emmentaler-Käse unterheben.

7. Die Garnelen aus der Marinade nehmen, trocken tupfen und auf die Tomatenscheiben legen. Die Sauce gleichmäßig darauf verteilen. Die Form auf dem Rost in den vorgeheizten Backofen schieben.

Ober-/Unterhitze: etwa 200 °C
Heißluft: etwa 180 °C
Garzeit: 20–25 Minuten.

Herbstlicher Auflauf mit Schweinefilet | Für Gäste – raffiniert

4 Portionen

Pro Portion:
E: 34 g, F: 33 g, Kh: 36 g, kJ: 2470, kcal: 593

200 g Schalotten
1 kg vorwiegend festkochende Kartoffeln
1 EL Butter
3–4 Stängel frischer Thymian oder Majoran
Salz, frisch gemahlener Pfeffer

Für den Guss:
200 g Schlagsahne
250 ml (1/4 l) Gemüsebrühe
1 TL abgeriebene Zitronenschale von 1 Bio-Zitrone (unbehandelt, ungewachst)

1 säuerlicher Apfel, z. B. Boskop
400 g Schweinefilet
1 EL Butterschmalz
125 g milder Edelpilzkäse, z. B. junger Gorgonzola

Zubereitungszeit: 30 Minuten
Garzeit: etwa 60 Minuten

1. Den Backofen vorheizen. Schalotten abziehen und in Spalten schneiden. Kartoffeln waschen, schälen, abspülen, abtropfen lassen und ebenfalls in Spalten schneiden. Butter in einer Pfanne zerlassen, Schalottenspalten darin anbraten.

2. Thymian oder Majoran abspülen und trocken tupfen. Die Blättchen von den Stängeln zupfen. Thymian- oder Majoranblättchen und Kartoffelspalten zu den Schalottenspalten geben und kurz mit andünsten. Mit Salz und Pfeffer würzen. Die Kartoffel-Schalotten-Masse in eine große Auflaufform (gefettet) geben.

3. Für den Guss Sahne mit Brühe und Zitronenschale verrühren, mit Salz und Pfeffer würzen. Den Guss auf der Kartoffel-Schalotten-Masse verteilen. Die Form auf dem Rost in den vorgeheizten Backofen schieben.

Ober-/Unterhitze: etwa 200 °C
Heißluft: etwa 180 °C
Garzeit: etwa 35 Minuten.

4. In der Zwischenzeit Apfel waschen, abtrocknen, halbieren, entkernen und in Spalten schneiden.

5. Die Auflaufform nach etwa 35 Minuten aus dem Backofen nehmen. Die Apfelspalten vorsichtig unter den Auflauf mischen. Die Form wieder auf dem Rost in den heißen Backofen schieben. Den Auflauf **bei gleicher Backofeneinstellung etwa 15 Minuten weitergaren**.

6. Schweinefilet unter fließendem kalten Wasser abspülen, trocken tupfen und in etwa 2 1/2 cm dicke Scheiben schneiden. Butterschmalz in einer Pfanne zerlassen. Filetscheiben darin von beiden Seiten kurz und kräftig anbraten. Mit Salz und Pfeffer würzen. Filetscheiben herausnehmen und kurz ruhen lassen.

7. Die Auflaufform nochmals aus dem Backofen nehmen. Filetscheiben auf dem Auflauf anrichten. Käse in kleine Würfel schneiden und darauf verteilen. Die Form wieder auf dem Rost in den heißen Backofen schieben. Den Auflauf **bei gleicher Backofeneinstellung etwa 10 Minuten überbacken**.

Herzhafter Auflauf „Schwarzwälder Art“ | Für Gäste

4 Portionen

Pro Portion:
E: 21 g, F: 30 g, Kh: 15 g, kJ: 1858, kcal: 443

4 l Wasser
4 gestr. TL Salz
500 g Linguine
300 g Schwarzwälder Schinken
1 Gemüsezwiebel (etwa 250 g)
1 kleine
Dose kleine Pfifferlinge (Abtropfgewicht 225 g)
500 ml (1/2 l) Milch
5 Eier (Größe M)
1 Pck. (25 g) TK-Küchenkräuter
Salz, frisch gemahlener Pfeffer
20 g Butter oder Margarine

Zubereitungszeit: 25 Minuten
Garzeit: etwa 60 Minuten

1. Wasser in einem großen Topf mit geschlossenem Deckel zum Kochen bringen. Dann Salz und Linguine hinzugeben. Linguine im geöffneten Topf bei mittlerer Hitze nach Packungsanleitung kochen lassen, dabei zwischendurch 4–5-mal umrühren. Den Backofen vorheizen.

2. Anschließend die Linguine in ein Sieb geben, mit heißem Wasser abspülen und abtropfen lassen.

3. Den Schinken zuerst in dünne Scheiben (mit Hilfe einer Aufschnittmaschine), dann in schmale Streifen schneiden. Zwiebel abziehen, halbieren und in Würfel schneiden. Pfifferlinge in einem Sieb abtropfen lassen. Milch und Eier verschlagen, Kräuter hinzugeben. Mit Salz und Pfeffer würzen.

4. Butter oder Margarine in einer Pfanne zerlassen. Zwiebelwürfel, Schinkenstreifen, Pfifferlinge und Linguine darin andünsten, herausnehmen und in eine große Auflaufform (gefettet) geben. Eiermilch darauf verteilen. Die Form auf dem Rost in den vorgeheizten Backofen schieben.

Ober-/Unterhitze: etwa 180 °C
Heißluft: etwa 160 °C
Garzeit: etwa 60 Minuten.

Beilage: Rustikales, wenn möglich Schwarzwälder Brot.

Hirseauflauf | Preiswert

4 Portionen

Pro Portion:
E: 20 g, F: 23 g, Kh: 59 g, kJ: 3226, kcal: 555

150 g Hirse
750 ml (3/4 l) Milch
30 g gehacktes Orangeat
3 Eiweiß (Größe M)
1 Bio-Zitrone (unbehandelt, ungewachst)
3 Eigelb (Größe M)
5 EL Zucker
1 Pck. Dr. Oetker Vanillin-Zucker
Salz
150 g Speisequark (Magerstufe)
40 g abgezogene, gemahlene Mandeln
30 g Butter

Zubereitungszeit: 15 Minuten, ohne Quellzeit
Garzeit: etwa 45 Minuten

1. Hirse mit Milch und Orangeat in einem Topf zum Kochen bringen. Hirse 20–25 Minuten ausquellen lassen. Den Backofen vorheizen.

2. Eiweiß steifschlagen. Zitrone heiß abwaschen, abtrocknen und die Schale abreiben. Zitrone halbieren und den Saft auspressen.

3. Eigelb mit Zucker, Vanillin-Zucker, Salz, Zitronenschale, 1 Teelöffel von dem Zitronensaft und Quark verrühren und unter den Hirsebrei rühren. Eischnee und Mandeln unterheben.

4. Die Hirse-Quark-Masse in eine flache Auflaufform (gefettet) geben. Butter in Flöckchen darauf verteilen. Die Form auf dem Rost in den vorgeheizten Backofen schieben.

Ober-/Unterhitze: etwa 180 °C
Heißluft: etwa 160 °C
Garzeit: etwa 45 Minuten.

Tipp: Hirseauflauf mit Rhabarberkompott servieren.

Hügel-Gratin | Raffiniert – für Kinder

4 Portionen

Pro Portion:
E: 52 g, F: 58 g, Kh: 53 g, kJ: 4111, kcal: 982

1 kg Rosenkohl
1 kg kleine festkochende Kartoffeln
50 g Butter
Salz
frisch gemahlener Pfeffer
frisch geriebene Muskatnuss
1 Zwiebel
500 g Rinderhackfleisch
200 g Speisequark (Magerstufe)
1 Ei (Größe M)
1 Knoblauchzehe
2 Becher (je 150 g) Crème fraîche
125 ml (1/8 l) Milch
1 EL Currypulver

Zubereitungszeit: 40 Minuten
Garzeit: 40–50 Minuten

1. Rosenkohl von den schlechten äußeren Blättern befreien und etwas vom Strunk abschneiden. Die Rosenkohlröschen am Strunk kreuzförmig einschneiden, waschen und abtropfen lassen.

2. Kartoffeln waschen, schälen, abspülen und abtropfen lassen. Kartoffeln eventuell in Größe der Rosenkohlröschen zurechtschneiden.

3. Butter in einer großen Pfanne zerlassen. Rosenkohl und Kartoffeln darin unter mehrmaligem Wenden etwa 15 Minuten dünsten. Mit Salz, Pfeffer und etwas Muskat würzen. Den Backofen vorheizen.

4. Zwiebel abziehen und in kleine Würfel schneiden. Hackfleisch in eine Schüssel geben. Quark, Ei und Zwiebelwürfel hinzugeben und gut unterkneten. Knoblauch abziehen und fein hacken. Die Hälfte davon unter den Fleischteig mischen. Mit Salz und Pfeffer kräftig abschmecken, daraus mit angefeuchteten Händen Bällchen in Größe des Rosenkohls formen.

5. Crème fraîche mit Milch, Curry und restlichem Knoblauch verrühren.

6. Kartoffeln, Rosenkohl und Fleischbällchen dicht an dicht in buntem Wechsel in eine flache Auflaufform (gefettet) geben. Die Crème-fraîche-Milch darauf verteilen. Die Form auf dem Rost in den vorgeheizten Backofen schieben.

Ober-/Unterhitze: etwa 200 °C
Heißluft: etwa 180 °C
Garzeit: 40–50 Minuten.

Indonesischer Fischtopf | Raffiniert

4 Portionen

Pro Portion:
E: 32 g, F: 29 g, Kh: 10 g, kJ: 1934, kcal: 462

4 Pangasiusfilets (je etwa 150 g)
Zitronensaft
Salz
frisch gemahlener Pfeffer
gemahlener Ingwer
500 g Sojabohnenkeime (aus dem Glas) oder 300 g frische Sojabohnenkeimlinge
2 Knoblauchzehen
250 g Schlagsahne
1 Bund Dill
2 EL Butter
40 g abgezogene, gestiftelte Mandeln

Zubereitungszeit: 40 Minuten
Garzeit: etwa 25 Minuten

1. Pangasiusfilets unter fließendem kalten Wasser abspülen und trocken tupfen. Pangasiusfilets mit Zitronensaft beträufeln und trocken tupfen. Mit Salz, Pfeffer und Ingwer würzen.

2. Sojabohnenkeime in ein Sieb geben, mit kaltem Wasser abspülen und abtropfen lassen. Frische Keimlinge verlesen, abspülen und abtropfen lassen. Die Sojabohnenkeime in einer flachen, feuerfesten Form (gefettet) verteilen. Den Backofen vorheizen.

3. Pangasiusfilets nebeneinander auf die Sojabohnenkeime legen. Knoblauch abziehen, fein zerdrücken und mit der Sahne verrühren.

4. Dill abspülen und trocken tupfen. Die Spitzen von den Stängeln zupfen. Spitzen klein schneiden und zu der Knoblauchsahne geben. Mit Salz und Pfeffer würzen. Die Dillsahne auf den Pangasiusfilets verteilen. Butter in Flöckchen daraufgeben. Mit Mandeln bestreuen.

5. Die Form auf dem Rost in den vorgeheizten Backofen schieben.

Ober-/Unterhitze: etwa 200 °C
Heißluft: etwa 180 °C
Garzeit: etwa 25 Minuten.

Beilage: Reis oder Kartoffelsalat.

Tipp: Da frische Sojabohnenkeime sehr viel Flüssigkeit abgeben, diese kurz blanchieren, abtropfen lassen und erst dann in die Auflaufform geben.

Abwandlung: Unter die Sojabohnenkeime zusätzlich noch 1 geputzte, in Würfel geschnittene Paprikaschote oder 50 g 8-Minuten-Reis mit in die Form geben.

Tipp: Ersetzen Sie die Hälfte der Sojabohnenkeimlinge durch geputzte, abgespülte Streifen von Möhren und Porree. Ersetzen Sie den Dill durch eine Mischung von Basilikum und Fenchelgrün.

Italienische Fischlasagne |

Für die Party

12 Portionen

Pro Portion:

E: 50 g, F: 47 g, Kh: 42 g, kJ: 3509, kcal: 838

1 1/2 kg Viktoriabarschfilet
1 1/2 kg Blattspinat
Salzwasser
2 Gemüsezwiebeln (etwa 450 g)
6 große Fleischtomaten (etwa 900 g)
2 Bund Thymian
3 EL Pflanzenöl
1 1/2 l Béchamel-Sauce (6 Tetra Pak®, je 250 ml [1/4 l])
Salz, frisch gemahlener Pfeffer
500 g Lasagneplatten (ohne Vorgaren)
300 g frisch geriebener Parmesan-Käse
300 g frisch geriebener Käse, z. B. Provolone oder Gouda

Zubereitungszeit: 50 Minuten
Garzeit: 50–60 Minuten je Form

1. Viktoriabarschfilet unter fließendem kalten Wasser abspülen, trocken tupfen und in Würfel schneiden.

2. Blattspinat verlesen, gründlich waschen und abtropfen lassen. Spinat in kochendem Salzwasser 1–2 Minuten blanchieren, in ein Sieb geben, mit eiskaltem Wasser übergießen und gut abtropfen lassen. Zwiebeln abziehen, halbieren und in kleine Würfel schneiden. Den Backofen vorheizen.

3. Tomaten waschen, trocken tupfen, halbieren und die Stängelansätze herausschneiden. Tomatenhälften entkernen und in Würfel schneiden. Thymian abspülen und trocken tupfen. Die Blättchen von den Stängeln zupfen. Blättchen klein schneiden.

4. Pflanzenöl in einer großen Pfanne erhitzen, Zwiebel- und Fischwürfel darin andünsten. Blattspinat, Tomatenwürfel, Thymian und Béchamelsauce (etwas Sauce davon abnehmen und beiseitestellen) hinzugeben und vorsichtig untermischen. Das Ganze mit Salz und Pfeffer würzen.

5. Fischlasagne in 2 großen, flachen Auflaufformen (gefettet) zubereiten. Dazu jeweils eine dünne Schicht der Gemüse-Fisch-Masse in je eine Auflaufform geben, mit Parmesan-Käse bestreuen und mit je 3 Lasagneplatten belegen. Diesen Vorgang 2-mal wiederholen. Die oberste Schicht sollte aus Lasagneplatten bestehen.

6. Die oberen Lasagneplatten mit der beiseitegestellten Sauce bestreichen. Mit dem geriebenen Provolone- oder Gouda-Käse bestreuen.

7. Die Formen nacheinander (bei Heißluft zusammen) auf dem Rost in den vorgeheizten Backofen schieben.

Ober-/Unterhitze: 180–200 °C
Heißluft: 160–180 °C
Garzeit: 50–60 Minuten je Form.

8. Die Fischlasagne aus dem Backofen nehmen und sofort servieren.

Kabeljauauflauf | Für Gäste

4 Portionen

Pro Portion:
E: 58 g, F: 42 g, Kh: 9 g, kJ: 2716, kcal: 649

300 g Kabeljaufilet
1 Avocado
Saft von
1 Limette
10 Cocktailtomaten
2 Frühlingszwiebeln
1 Topf Basilikum
150 g Garnelen (ohne Schale)
Salz
frisch gemahlener Pfeffer
100 g frisch geriebener Gouda-Käse

Zubereitungszeit: 20 Minuten
Garzeit: etwa 20 Minuten

1. Kabeljaufilet unter fließendem kalten Wasser abspülen, trocken tupfen und in eine flache Auflaufform (gefettet) legen. Den Backofen vorheizen.

2. Avocado in der Mitte längs durchschneiden und den Stein herausnehmen. Avocadohälften schälen, in Spalten schneiden und mit Limettensaft beträufeln. Tomaten waschen und trocken tupfen. Frühlingszwiebeln putzen, waschen, abtropfen lassen und in etwa 2 cm lange Stücke schneiden.

3. Basilikum abspülen und trocken tupfen. Die Blättchen von den Stängeln zupfen. Einige größere Blättchen in feine Streifen schneiden und beiseitelegen.

4. Von den Garnelen den Darm entfernen. Garnelen unter fließendem kalten Wasser abspülen und trocken tupfen.

5. Avocadospalten, Garnelen, Tomaten, Frühlingszwiebelstücke und Basilikumblättchen zu dem Fischfilet in die Auflaufform geben. Mit Salz und Pfeffer bestreuen. Käse darauf verteilen.

6. Die Form auf dem Rost in den vorgeheizten Backofen schieben.

Ober-/Unterhitze: etwa 200 °C
Heißluft: etwa 180 °C
Garzeit: etwa 20 Minuten.

7. Kabeljauauflauf mit den beiseitegelegten Basilikumstreifen bestreut sofort servieren.

Kabeljau-Spinat-Gratin

Für Kinder – gut vorzubereiten

4 Portionen

Pro Portion:
E: 36 g, F: 24 g, Kh: 27 g, kJ: 2262, kcal: 540

400 g TK-Blattspinat
8 Kabeljaufilets (je 70–80 g)
1–2 EL Zitronensaft
600 g festkochende Kartoffeln
Salzwasser
30 g Butter oder Margarine
1 Knoblauchzehe
Salz, frisch gemahlener Pfeffer
1 Pck. (250 ml) Sauce Hollandaise (Fertigprodukt)

Zubereitungszeit: 70 Minuten, ohne Auftauzeit
Garzeit: etwa 20 Minuten

1. Spinat nach Packungsanleitung auftauen lassen. Fischfilets unter fließendem kalten Wasser abspülen, trocken tupfen und mit Zitronensaft beträufeln. Fischfilets mit Küchenpapier wieder trocken tupfen.

2. Kartoffeln waschen, schälen, abspülen, abtropfen lassen und in kleine Stücke schneiden. Kartoffelstücke mit Salzwasser bedeckt zum Kochen bringen und zugedeckt etwa 15 Minuten garen. Kartoffelstücke abgießen und abdämpfen. Den Backofen vorheizen.

3. Butter oder Margarine in einem Topf zerlassen. Spinat ausdrücken, mit den Kartoffelstücken darin andünsten.

4. Knoblauch abziehen, fein hacken oder durch eine Knoblauchpresse drücken und zu der Kartoffel-Spinat-Masse geben. Mit Salz und Pfeffer würzen.

5. Die Kartoffel-Spinat-Masse in eine Auflaufform (gefettet) geben. Die Fischfilets mit Salz und Pfeffer würzen und darauflegen. Sauce Hollandaise darauf verteilen. Die Form auf dem Rost in den vorgeheizten Backofen schieben.

Ober-/Unterhitze: etwa 200 °C
Heißluft: etwa 180 °C
Garzeit: etwa 20 Minuten.

Abwandlung: Den Spinat nach Packungsanleitung zubereiten. Fischfilets mit Salz und Pfeffer würzen, mit etwas Weizenmehl bestäuben und in erhitztem Speiseöl von beiden Seiten etwa 5 Minuten braten. Die Hollandaise erwärmen und zusammen mit Butterkartoffeln dazu servieren.

Kalbfleischauflauf | Raffiniert

4 Portionen

Pro Portion:
E: 32 g, F: 47 g, Kh: 18 g, kJ: 2613, kcal: 625

1 Zwiebel
2 EL Speiseöl
300 g Kalbshackfleisch
300 g Blumenkohl
170 g Möhren
150 g Porree (Lauch)
Salzwasser
250 g Champignons
2 EL Butter
400 g Kartoffeln
3 Eier (Größe M)
1 Becher (150 g) Crème fraîche
Salz, frisch gemahlener Pfeffer
frisch geriebene Muskatnuss
100 g frisch geriebener Käse, z. B. mittelalter Gouda
etwas Majoran

Zubereitungszeit: 50 Minuten
Garzeit: etwa 40 Minuten

1. Zwiebel abziehen und in kleine Würfel schneiden. Speiseöl in einer Pfanne erhitzen, Zwiebelwürfel und Hackfleisch darin unter Rühren anbraten. Dabei die Fleischklümpchen mit einer Gabel zerdrücken.

2. Von dem Blumenkohl die Blätter und schlechten Stellen entfernen. Den Strunk abschneiden. Blumenkohl in Röschen teilen, waschen und abtropfen lassen.

3. Möhren putzen, schälen, waschen, abtropfen lassen, in kleine Würfel oder in feine Scheiben schneiden. Den Porree putzen, die Stange längs halbieren, gründlich waschen, abtropfen lassen und in Scheiben schneiden.

4. Blumenkohlröschen, Möhrenwürfel oder -scheiben und Porreescheiben kurz in kochendem Salzwasser blanchieren, mit kaltem Wasser abschrecken und in einem Sieb abtropfen lassen. Den Backofen vorheizen.

5. Die Champignons putzen, mit Küchenpapier abreiben, eventuell abspülen, trocken tupfen und in Scheiben schneiden. Butter in einer Pfanne zerlassen. Champignonscheiben darin kurz andünsten. Kartoffeln waschen, schälen, abspülen, abtropfen lassen und in Scheiben schneiden.

6. Die Hälfte der Kartoffelscheiben auf dem Boden einer Auflaufform (gefettet) verteilen. Dann abwechselnd restliche Kartoffelscheiben, Kalbfleisch, blanchiertes Gemüse und Champignonscheiben in die Auflaufform geben.

7. Eier mit Crème fraîche verschlagen, mit Salz, Pfeffer und Muskat würzen. Die Eiermasse auf dem Auflauf verteilen und mit Käse bestreuen. Die Form auf dem Rost in den vorgeheizten Backofen schieben.

Ober-/Unterhitze: etwa 200 °C
Heißluft: etwa 180 °C
Garzeit: etwa 40 Minuten.

8. Den Auflauf mit Majoran garnieren.

Karamellauflauf „Schweizer Art“ | Für Kinder

4 Portionen

Pro Portion:
E: 16 g, F: 44 g, Kh: 64 g, kJ: 3073, kcal: 735

100 g feinster Zucker
400 g Schlagsahne
6 Eigelb (Größe M)
6 Eiweiß (Größe M)
8 Birnenhälften (geschält oder blanchiert, aus der Dose)
100 g Biskuitwürfel oder gewürfelte Löffelbiskuits

Zubereitungszeit: 20 Minuten, ohne Abkühlzeit
Garzeit: etwa 50 Minuten

1. Den Backofen vorheizen. Zucker in einem Topf bei schwacher Hitze karamellisieren. Sahne hinzugießen, zum Kochen bringen und unter Rühren so lange kochen lassen, bis der Karamell gelöst ist. Den Topf von der Kochstelle nehmen und die Karamellsahne abkühlen lassen.

2. Die Karamellsahne mit Eigelb verrühren. Eiweiß steifschlagen und unterheben.

3. Birnenhälften mit den Biskuitwürfeln in eine Auflaufform (gefettet) geben. Die Karamellsahne darauf verteilen. Die Form auf dem Rost in den vorgeheizten Backofen schieben.

Ober-/Unterhitze: 180–200 °C
Heißluft: 160–180 °C
Garzeit: etwa 50 Minuten.

Kartoffelauflauf | Deftig – preiswert

4 Portionen

Pro Portion:
E: 29 g, F: 53 g, Kh: 42 g, kJ: 3192, kcal: 762

1 kg festkochende Kartoffeln
5 hart gekochte Eier
3 Mettwürstchen (Rauchenden, je 100 g)
Salz, frisch gemahlener Pfeffer
300 g saure Sahne
30 g Semmelbrösel
50 g Butter

Zubereitungszeit: 75 Minuten, ohne Abkühlzeit
Garzeit: etwa 35 Minuten

1. Kartoffeln gründlich waschen, mit Wasser bedeckt zum Kochen bringen und zugedeckt 20–25 Minuten garen. Kartoffeln abgießen, abdämpfen und heiß pellen, erkalten lassen. Den Backofen vorheizen.

2. Eier pellen und in Scheiben schneiden. Rauchenden und Kartoffeln ebenfalls in Scheiben schneiden. Die vorbereiteten Zutaten abwechselnd lagenweise in eine flache Auflauf- oder Gratinform (gefettet) schichten, dabei Kartoffel- und Eischeiben jeweils mit Salz und Pfeffer bestreuen. Die oberste Schicht sollte aus Kartoffeln bestehen.

3. Saure Sahne mit Salz und Pfeffer würzen, verrühren und auf dem Auflauf verteilen. Den Auflauf mit Semmelbröseln bestreuen. Butter in Flöckchen daraufsetzen. Die Form auf dem Rost in den vorgeheizten Backofen schieben.

Ober-/Unterhitze: etwa 200 °C
Heißluft: etwa 180 °C
Garzeit: etwa 35 Minuten.

Tipp: Den Kartoffelauflauf mit einem Möhren-Apfel-Salat servieren. Falls Sie stichfeste saure Sahne verwenden, die Sahne mit etwa 5 Esslöffeln Milch geschmeidig rühren.

Kartoffelauflauf aus der Normandie | Für Kinder

12 Portionen

Pro Portion:
E: 8 g, F: 32 g, Kh: 38 g, kJ: 2067, kcal: 493

1,2 kg festkochende Kartoffeln
6 Äpfel, z. B. Cox Orange oder Granny Smith
250 g Honigkuchen (Frühstückskuchen)
Salz
frisch gemahlener Pfeffer

Für den Guss:
1 Becher (150 g) Crème fraîche
400 g Schlagsahne
4 Eier (Größe M)
80 g Semmelbrösel
200 g Butter

Zubereitungszeit: 40 Minuten
Garzeit: etwa 80 Minuten

1. Den Backofen vorheizen. Kartoffeln waschen, schälen, abspülen und abtropfen lassen. Äpfel schälen, vierteln und entkernen. Kartoffeln und Apfelviertel in dünne Scheiben schneiden oder hobeln. Honigkuchen in Würfel schneiden oder zerbröseln.

2. Kartoffel-, Apfelscheiben und Kuchenwürfel oder -brösel in einer Schüssel gut vermischen. Mit Salz und Pfeffer würzen.

3. Die Kartoffel-Apfel-Mischung in einer großen Auflaufform (gefettet) verteilen.

4. Crème fraîche mit Sahne und Eiern verschlagen, mit Salz und Pfeffer würzen. Die Eiersahne über die Kartoffel-Apfel-Mischung gießen. Mit Semmelbröseln bestreuen.

5. Butter zerlassen und auf dem Auflauf verteilen. Die Form auf dem Rost in den vorgeheizten Backofen schieben.

Ober-/Unterhitze: etwa 180 °C
Heißluft: etwa 160 °C
Garzeit: etwa 80 Minuten.

Kartoffelauflauf mit Bacon

Für Gäste

4 Portionen

Pro Portion:
E: 9 g, F: 31 g, Kh: 37 g, kJ: 2007, kcal: 479

750 g	*mehligkochende Kartoffeln*
1 Bund	*Frühlingszwiebeln*
150 g	*Bacon (Frühstücksspeck, in Scheiben)*
	Salz
	frisch gemahlener Pfeffer
125 ml (1/8 l)	*Gemüsebrühe*
40 g	*Semmelbrösel*
50 g	*Butter*

Zubereitungszeit: 35 Minuten
Garzeit: etwa 50 Minuten

1. Kartoffeln waschen, schälen, abspülen, abtropfen lassen und in Scheiben schneiden. Frühlingszwiebeln putzen, waschen, abtropfen lassen und in feine Scheiben schneiden.

2. Einen gewässerten Römertopf® mit Baconscheiben auslegen. Abwechselnd Kartoffel- und Frühlingszwiebelscheiben in den Römertopf® schichten, dabei die einzelnen Schichten mit Salz und Pfeffer würzen. Die letzte Schicht sollte aus Kartoffelscheiben bestehen.

3. Gemüsebrühe hinzugießen. Den Auflauf mit Semmelbröseln bestreuen und Butter in Flöckchen daraufsetzen. Den Römertopf® mit dem Deckel verschließen und auf dem Rost in den kalten Backofen schieben.

Ober-/Unterhitze: etwa 200 °C
Heißluft: etwa 180 °C
Garzeit: etwa 50 Minuten.

Kartoffelauflauf mit Cabanossi und Zucchini

Gut vorzubereiten – rustikal

4 Portionen

Pro Portion:
E: 22 g, F: 45 g, Kh: 43 g, kJ: 2793, kcal: 667

1 kg Kartoffeln
300 g Zucchini
1 gestr. TL Salz
300 g Cabanossi (Knoblauchwurst)
etwas Butter für die Form
Salz
frisch gemahlener Pfeffer
300 g saure Sahne
2 Eier (Größe M)
30 g Semmelbrösel
50 g Butter

Zubereitungszeit: 40 Minuten
Garzeit: 30–40 Minuten

1. Kartoffeln gründlich waschen, mit Wasser bedeckt zum Kochen bringen und zugedeckt 20–30 Minuten garen.

2. In der Zwischenzeit Zucchini waschen, abtrocknen und die Enden abschneiden. Zucchini in Scheiben schneiden, mit Salz bestreuen und etwa 10 Minuten stehen lassen.

3. Die garen Kartoffeln abgießen, abdämpfen und heiß pellen. Kartoffeln erkalten lassen.

4. Cabanossi in Scheiben schneiden. Zucchinischeiben trocken tupfen. Den Backofen vorheizen.

5. Kartoffel-, Zucchini- und Cabanossischeiben dachziegelartig in eine Auflaufform (gefettet) schichten, dabei Kartoffelscheiben mit Salz und Pfeffer und Zucchinischeiben nur mit Pfeffer bestreuen.

6. Saure Sahne und Eier verschlagen. Mit Salz und Pfeffer würzen. Den Auflauf mit der Eiersahne übergießen und mit Semmelbröseln bestreuen. Butter in Flöckchen daraufsetzen.

7. Die Form auf dem Rost in den vorgeheizten Backofen schieben.

Ober-/Unterhitze: etwa 200 °C
Heißluft: etwa 180 °C
Garzeit: 30–40 Minuten.

Kartoffelauflauf mit Hackfleisch und Porree | Deftig – preiswert

4 Portionen

Pro Portion:
E: 35 g, F: 48 g, Kh: 35 g, kJ: 3165, kcal: 755

750 g Kartoffeln
Salzwasser
4 Stangen Porree (Lauch, etwa 500 g)
2 Zwiebeln
2 Knoblauchzehen
2 EL Speiseöl
500 g Gehacktes (halb Rind-, halb Schweinefleisch)
Salz, frisch gemahlener Pfeffer
Cayennepfeffer
250 g saure Sahne
2 EL gehackte Petersilie
50 g geriebener Emmentaler-Käse
40 g Butter

Zubereitungszeit: 40 Minuten, ohne Abkühlzeit
Garzeit: etwa 30 Minuten

1. Kartoffeln gründlich waschen, mit Salzwasser bedeckt zum Kochen bringen und zugedeckt 20–25 Minuten garen. Kartoffeln abgießen, abdämpfen, heiß pellen und erkalten lassen. Kartoffeln in Scheiben schneiden.

2. Porree putzen, die Stangen längs halbieren, gründlich waschen, abtropfen lassen und in Scheiben schneiden. Porreescheiben in kochendem Salzwasser 2–3 Minuten blanchieren, in ein Sieb geben und abtropfen lassen. Den Backofen vorheizen.

3. Zwiebeln und Knoblauch abziehen, in kleine Würfel schneiden. Speiseöl in einer Pfanne erhitzen, Zwiebel- und Knoblauchwürfel darin glasig dünsten. Danach Gehacktes hinzugeben und unter Rühren braun braten. Dabei die Fleischklümpchen mit einer Gabel zerdrücken. Gehacktes mit Salz, Pfeffer und Cayennepfeffer würzen.

4. Saure Sahne mit Petersilie verrühren, mit Salz und Pfeffer würzen.

5. Die Hälfte der Kartoffel- und Porreescheiben in eine feuerfeste Form (gefettet) oder Auflaufform (gefettet) geben, mit Salz bestreuen und mit der Hälfte der Petersiliensahne übergießen. Die Hackfleischmasse darauf verteilen. Restliche Kartoffel- und Porreescheiben daraufgeben und mit Salz bestreuen. Restliche Petersiliensahne darauf verteilen. Mit Käse bestreuen. Butter in Flöckchen daraufsetzen. Die Form auf dem Rost in den vorgeheizten Backofen schieben.

Ober-/Unterhitze: etwa 200 °C
Heißluft: etwa 180 °C
Garzeit: etwa 30 Minuten.

Kartoffel-Gemüse-Gratin | Für Gäste

8–10 Portionen

Pro Portion:
E: 15 g, F: 11 g, Kh: 28 g, kJ: 1182, kcal: 282

1,2 kg Kartoffeln
3 große Zucchini (je etwa 400 g)
8 mittelgroße Tomaten
2 Knoblauchzehen
Salz
frisch gemahlener Pfeffer
300 g frisch geriebener Gratin-Käse
einige Stängel Majoran

Zubereitungszeit: 40 Minuten, ohne Abkühlzeit
Garzeit: etwa 25 Minuten je Form

1. Kartoffeln gründlich waschen, mit Wasser bedeckt zum Kochen bringen und zugedeckt 20–25 Minuten garen. Kartoffeln abgießen, abdämpfen, heiß pellen und abkühlen lassen. Den Backofen vorheizen.

2. Zucchini waschen, abtrocknen und die Enden abschneiden. Tomaten waschen, abtrocknen und die Stängelansätze herausschneiden. Zucchini und Tomaten in Scheiben schneiden.

3. Knoblauch abziehen und durchschneiden. 2 große Gratinformen (gefettet) oder eine Fettfangschale (gefettet) damit ausreiben.

4. Die Gemüsescheiben abwechselnd dachziegelartig in die Formen bzw. Fettfangschale schichten. Mit Salz und Pfeffer bestreuen. Gratin-Käse darauf verteilen. Die Formen nacheinander (bei Heißluft zusammen) auf dem Rost oder die Fettfangschale in den vorgeheizten Backofen schieben.

Ober-/Unterhitze: etwa 200 °C
Heißluft: etwa 180 °C
Garzeit: etwa 25 Minuten je Form.

5. Majoran abspülen und trocken tupfen. Die Blättchen von den Stängeln zupfen. Das Gratin mit Majoranblättchen bestreut servieren.

Kartoffelgratin | Klassisch

4 Portionen

Pro Portion:
E: 8 g, F: 15 g, Kh: 33 g, kJ: 1270, kcal: 302

1	*Knoblauchzehe*
800 g	*Kartoffeln*
	Salz
	frisch gemahlener Pfeffer
	frisch geriebene Muskatnuss
125 ml (1/8 l)	*Milch*
125 g	*Schlagsahne*
2 EL	*frisch geriebener Parmesan-Käse*

Zubereitungszeit: 65 Minuten
Garzeit: etwa 45 Minuten

1. Den Backofen vorheizen. Knoblauch abziehen und durchschneiden. Eine flache, feuerfeste Form (gefettet) ausstreichen und mit der Knoblauchzehe einreiben.

2. Kartoffeln waschen, schälen, abspülen, trocken tupfen und in dünne Scheiben schneiden. Kartoffelscheiben dachziegelartig schräg in die vorbereitete Form einschichten, mit Salz, Pfeffer und Muskat bestreuen.

3. Milch und Sahne verrühren und danach über die Kartoffelscheiben gießen. Mit Käse bestreuen. Die Form auf dem Rost in den vorgeheizten Backofen schieben.

Ober-/Unterhitze: 180–200 °C
Heißluft: 160–180 °C
Garzeit: etwa 45 Minuten.

Tipp: Besonders fein werden die Kartoffelscheiben, wenn sie mit einem Gurkenhobel geschnitten werden. Passt sehr gut zu Fleisch-, Fisch- oder Gemüsegerichten ohne Sauce.

Abwandlung: Kartoffel-Gemüse-Gratin.
Dazu 400 g Kartoffeln wie beschrieben vorbereiten. 400 g vorbereitete Sellerieknolle, Möhren oder Zucchini in Scheiben schneiden und im Wechsel mit den Kartoffelscheiben in die Form schichten, mit der Sauce übergießen und wie angegeben garen.

Kartoffelgratin mit Blattspinat

Preiswert

4 Portionen

Pro Portion:

E: 17 g, F: 36 g, Kh: 36 g, kJ: 2363, kcal: 565

750 g Kartoffeln
50 g Butter
750 g Blattspinat
50 g durchwachsener Speck
1–2 Zwiebeln
50 g Butter
Salz, frisch gemahlener Pfeffer
frisch geriebene Muskatnuss
125 ml (1/8 l) Fleisch- oder Hühnerbrühe
75 g geriebener Käse, z. B. Emmentaler

Zubereitungszeit: 30 Minuten, ohne Abkühlzeit
Garzeit: etwa 25 Minuten

1. Kartoffeln gründlich waschen, mit Wasser bedeckt zum Kochen bringen und zugedeckt etwa 20 Minuten garen. Kartoffeln abgießen, abdämpfen und heiß pellen. Kartoffeln erkalten lassen und in etwa 1/2 cm dicke Scheiben schneiden. Butter zerlassen, Kartoffelscheiben hinzugeben und kurz durchschwenken.

2. Blattspinat sorgfältig verlesen, gründlich waschen und gut abtropfen lassen. Speck in kleine Würfel schneiden und in einer Pfanne auslassen. Den Backofen vorheizen.

3. Zwiebeln abziehen, ebenfalls klein würfeln, zu den Speckwürfeln geben und andünsten. Die Hälfte der Butter und den Spinat hinzufügen, Spinat zusammenfallen lassen. Mit Salz, Pfeffer und Muskat würzen.

4. Abwechselnd Kartoffelscheiben und Spinat in eine Gratinform (gefettet) schichten. Fleisch- oder Hühnerbrühe hinzugießen.

5. Restliche Butter zerlassen, Gratin damit beträufeln und mit Käse bestreuen. Die Form auf dem Rost in den vorgeheizten Backofen schieben.

Ober-/Unterhitze: 200–220 °C
Heißluft: 180–200 °C
Garzeit: etwa 25 Minuten.

Tipp: Statt mit Blattspinat können Sie das Gratin auch mit der gleichen Menge Mangold zubereiten. Wer keinen Speck mag, kann dafür etwa 100 g Schafkäse zerbröseln und auf dem Spinat verteilen. Dazu passt ein gemischter Blattsalat.

Kartoffel-Käse-Auflauf | Raffiniert

4 Portionen

Pro Portion:
E: 12 g, F: 18 g, Kh: 28 g, kJ: 1406, kcal: 336

1 ½ kg Kartoffeln
8 EL Olivenöl
Salz
frisch gemahlener Pfeffer
3 große Zwiebeln
2 Knoblauchzehen
2 mittelgroße Zucchini (je etwa 250 g)
gehackter Majoran
3–4 mittelgroße Tomaten
200 g Tilsiter-Käse
125 g Mozzarella-Käse

Zubereitungszeit: 30 Minuten
Garzeit: etwa 30 Minuten

1. Kartoffeln waschen, schälen, abspülen, abtropfen lassen und in Würfel schneiden. Jeweils etwas Olivenöl in einer Pfanne erhitzen. Die Kartoffelwürfel darin portionsweise unter Wenden anbraten, mit Salz und Pfeffer würzen, herausnehmen, in eine große, flache Auflaufform (gefettet) geben. Den Backofen vorheizen.

2. Zwiebeln und Knoblauch abziehen, in kleine Würfel schneiden. Zucchini waschen, abtrocknen und die Enden abschneiden. Zucchini ebenfalls in Würfel schneiden.

3. Zwiebel-, Knoblauch- und Zucchiniwürfel in dem verbliebenen Bratfett (evtl. noch etwas Olivenöl hinzufügen) andünsten. Mit Salz, Pfeffer und Majoran bestreuen.

4. Tomaten waschen, abtropfen lassen, kreuzweise einschneiden, kurz in kochendes Wasser legen und in kaltem Wasser abschrecken. Tomaten enthäuten, halbieren, entkernen und die Stängelansätze herausschneiden. Tomatenhälften in große Würfel schneiden.

5. Käse reiben. Mozzarella abtropfen lassen und in Scheiben schneiden.

6. Zwiebel-, Knoblauch-, Zucchini- und Tomatenwürfel zu den Kartoffelwürfeln in die Form geben und nach Belieben vorsichtig durchmischen. Mit Käse bestreuen und mit Mozzarellascheiben belegen. Die Form auf dem Rost in den vorgeheizten Backofen schieben.

Ober-/Unterhitze: etwa 200 °C
Heißluft: etwa 180 °C
Garzeit: etwa 30 Minuten.

Kartoffel-Matjes-Auflauf

Für die Party
12 Portionen

Pro Portion:
E: 11 g, F: 35 g, Kh: 32 g, kJ: 2156, kcal: 515

2 kg Pellkartoffeln (am Vortag gekocht)
6 Zwiebeln
200 g durchwachsener Speck
12 Matjesfilets
2 Bund Dill
4 EL Speiseöl
Salz, frisch gemahlener Pfeffer
500 g Schlagsahne

Zubereitungszeit: 35 Minuten
Garzeit: etwa 45 Minuten

1. Den Backofen vorheizen. Kartoffeln pellen und in Scheiben schneiden. Zwiebeln abziehen und klein würfeln. Den Speck ebenfalls in Würfel schneiden. Matjesfilets quer in Streifen schneiden. Dill abspülen und trocken tupfen. Die Spitzen von den Stängeln zupfen. Spitzen klein schneiden.

2. Speiseöl in einer Pfanne erhitzen. Zwiebel- und Speckwürfel darin glasig dünsten.

3. Jeweils die Hälfte der Kartoffelscheiben und der Zwiebel-Speck-Masse in eine große, feuerfeste Form (gefettet) oder Fettfangschale (gefettet) geben. Die Matjesstreifen darauf verteilen und mit Dill bestreuen.

4. Restliche Kartoffelscheiben und restliche Zwiebel-Speck-Masse daraufgeben. Mit etwas Salz und Pfeffer bestreuen. Den Auflauf mit der Sahne übergießen.

5. Die Form auf dem Rost oder die Fettfangschale in den vorgeheizten Backofen schieben.

Ober-/Unterhitze: etwa 200 °C
Heißluft: etwa 180 °C
Garzeit: etwa 45 Minuten.

Kartoffel-Möhren-Gratin | Preiswert

4 Portionen

Pro Portion:
E: 12 g, F: 43 g, Kh: 31 g, kJ: 2488, kcal: 594

500 g Kartoffeln
500 g Möhren
250 ml (1/4 l) Milch
250 g Schlagsahne
Salz
frisch gemahlener Pfeffer
frisch geriebene Muskatnuss
100 g abgezogene, ganze Mandeln
3–4 Stängel Majoran
40 g Butter

Zubereitungszeit: 30 Minuten
Garzeit: etwa 50 Minuten

1. Den Backofen vorheizen. Kartoffeln waschen, schälen, abspülen. Möhren putzen, schälen, waschen. Kartoffeln und Möhren abtropfen lassen, in etwa 4 mm dicke Scheiben hobeln.

2. Kartoffel- und Möhrenscheiben dachziegelartig in eine runde Auflaufform (gefettet) schichten, so dass ein Streifenmuster aus Kartoffel- und Möhrenscheiben entsteht.

3. Milch und Sahne verrühren, mit Salz, Pfeffer und Muskat kräftig würzen.

4. Mandeln mit einem Mixstab pürieren. Majoran abspülen und trocken tupfen. Die Blättchen von den Stängeln zupfen. Mandeln und Majoranblättchen unter die Sahnemilch rühren und über Kartoffel- und Möhrenscheiben gießen, so dass alles gerade mit der Sahnemilch bedeckt ist. Butter in Flöckchen darauf verteilen.

5. Die Form auf dem Rost in den vorgeheizten Backofen schieben.

Ober-/Unterhitze: etwa 200 °C
Heißluft: etwa 180 °C
Garzeit: etwa 50 Minuten.

Tipp: Das Gratin als Beilage zu Fleisch, Fisch oder Eiern reichen.

Kartoffel-Porree-Auflauf | Raffiniert

6–8 Portionen

Pro Portion:
E: 30 g, F: 51 g, Kh: 53 g, kJ: 3497, kcal: 835

1 ½ kg Kartoffeln
1 kg Porree (Lauch)
200 g durchwachsener, geräucherter Speck
3 reife Birnen (etwa 700 g)
2 EL Zitronensaft
2 Becher (je 150 g) Crème fraîche
10 Eier (Größe M)
500 ml (½ l) Milch
Salz, frisch gemahlener Pfeffer
frisch geriebene Muskatnuss
250 g Camembert-Käse

Zubereitungszeit: 45 Minuten, ohne Abkühlzeit
Garzeit: etwa 60 Minuten

1. Kartoffeln gründlich waschen, mit Wasser bedeckt zum Kochen bringen, zugedeckt 20–25 Minuten garen.

2. In der Zwischenzeit Porree putzen, die Stangen längs halbieren, gründlich waschen, abtropfen lassen und in Scheiben schneiden. Speck in kleine Würfel schneiden.

3. Speckwürfel in einer Pfanne ohne Fett auslassen und knusprig braten. Die Porreescheiben hinzugeben und unter Wenden etwa 5 Minuten dünsten und beiseitestellen.

4. Die garen Kartoffeln abgießen, mit kaltem Wasser abschrecken, abtropfen lassen, heiß pellen und etwas abkühlen lassen.

5. Birnen schälen, vierteln, entkernen, in dünne Scheiben schneiden und mit Zitronensaft beträufeln.

6. Kartoffeln in Scheiben schneiden und auf den Boden einer großen Auflaufform (gefettet) geben. Porree-Speck-Masse und Birnenscheiben darauf verteilen.

7. Crème fraîche mit Eiern und Milch verschlagen. Mit Salz, Pfeffer und Muskat würzen. Die Eiermilch auf dem Auflauf verteilen. Die Form auf dem Rost in den vorgeheizten Backofen schieben.

Ober-/Unterhitze: etwa 200 °C
Heißluft: etwa 180 °C
Garzeit: etwa 60 Minuten.

8. In der Zwischenzeit Camembert in dünne Scheiben schneiden. Die Käsescheiben etwa 20 Minuten vor Ende der Garzeit auf den Auflauf legen. Den Auflauf fertig garen.

Kartoffelpuffer-Lachs-Auflauf

Schnell – gut vorzubereiten

2 Portionen

Pro Portion:
E: 20 g, F: 37 g, Kh: 46 g, kJ: 2501, kcal: 596

3 EL Keimöl
6 TK-Kartoffelpuffer (Reibekuchen)
125 g geräucherter Stremel-Lachs
1/2 Bund Dill
1 Ei (Größe M)
2–3 EL Crème fraîche
1 EL Sahnemeerrettich
1 TL Dijon Senf
1 TL flüssiger Akazien-Honig
Salz
frisch gemahlener Pfeffer
etwas Zitronensaft

Zubereitungszeit: 20 Minuten
Garzeit: etwa 10 Minuten

1. Den Backofen vorheizen. Keimöl in einer Pfanne erhitzen. Die Kartoffelpuffer darin portionsweise nach Packungsanleitung von beiden Seiten knusprig braten. Die Kartoffelpuffer herausnehmen und dachziegelartig in eine große, flache Auflaufform (gefettet) schichten.

2. Von dem Lachs die Haut abziehen. Die Lachsstücke halbieren und auf den Kartoffelpuffern verteilen. Dill abspülen und trocken tupfen. Die Spitzen von den Stängeln zupfen. Spitzen klein schneiden.

3. Ei mit Crème fraîche, Sahnemeerrettich, Senf und Honig verrühren. Mit Salz, Pfeffer und Zitronensaft abschmecken, Dill unterrühren. Die Eimasse auf den Kartoffelpuffern verteilen.

4. Die Form auf dem Rost in den vorgeheizten Backofen schieben.

Ober-/Unterhitze: etwa 220 °C
Heißluft: etwa 200 °C
Garzeit: etwa 10 Minuten
(bis die Eimasse gestockt ist).

Beilage: Gemischter, grüner Salat.

Tipp: Sie können diesen Auflauf auch gut vorbereiten. Geben Sie die Eimasse jedoch erst über die Kartoffelpuffer, wenn Sie den Auflauf in den Backofen schieben.

Kartoffel-Sellerie-Gratin | Für Gäste

4 Portionen

Pro Portion:
E: 6 g, F: 24 g, Kh: 13 g, kJ: 1202, kcal: 287

250 g	*Knollensellerie*
400 g	*festkochende Kartoffeln*
	Salzwasser
125 ml (1/8 l)	*Fleischbrühe*
	Salz
	frisch gemahlener Pfeffer
	gerebelter Thymian
75 ml	*Olivenöl*
40 g	*frisch geriebener Parmesan-Käse*
einige Stängel	*Thymian*

Zubereitungszeit: 30 Minuten
Garzeit: 26–30 Minuten

1. Den Backofen vorheizen. Sellerie putzen, schälen, waschen, abtropfen lassen und in Scheiben schneiden. Kartoffeln waschen, schälen, abspülen, abtropfen lassen und eventuell mit einem Gemüsehobel in dünne Scheiben hobeln. Kartoffelscheiben in kochendem Salzwasser kurz blanchieren und in einem Sieb abtropfen lassen.

2. Kartoffel- und Selleriescheiben abwechselnd, fächerartig in eine große, flache Auflaufform (gefettet) einschichten. Mit Brühe übergießen, mit Salz, Pfeffer und Thymian bestreuen. Mit Olivenöl beträufeln.

3. Die Form auf dem Rost in den vorgeheizten Backofen schieben.

Ober-/Unterhitze: etwa 180 °C
Heißluft: etwa 160 °C
Garzeit: 23–25 Minuten.

4. Die Form herausnehmen. Die Kartoffel- und Selleriescheiben mit Käse bestreuen. Die Form wieder auf dem Rost in den heißen Backofen schieben und den Auflauf bei höherer Backofeneinstellung gratinieren.

Ober-/Unterhitze: etwa 200 °C
Heißluft: etwa 180 °C
Garzeit: 3–5 Minuten.

5. Thymian abspülen, trocken tupfen und in kleine Zweige zupfen. Das Gratin mit den Thymianzweigen garniert servieren.

Kartoffel-Tunfisch-Gratin I

Für Gäste – gut vorzubereiten

4 Portionen

Pro Portion:
E: 26 g, F: 39 g, Kh: 28 g, kJ: 2517, kcal: 601

500 g	*Kartoffeln*
150 g	*Zuckerschoten*
	Salzwasser
2 Dosen	*Tunfisch im eigenen Saft (Abtropfgewicht je 150 g)*
2	*Tomaten*
	Salz
	Saft von
1/2	*Zitrone*
je 150 g	*saure Sahne*
	frisch gemahlener, weißer Pfeffer
100 g	*TK-Erbsen*
100 g	*frisch geriebener Emmentaler-Käse*
etwas	*glatte Petersilie*
25 g	*schwarze Oliven*

Zubereitungszeit: 75 Minuten, ohne Abkühlzeit
Garzeit: etwa 30 Minuten

1. Kartoffeln gründlich waschen, mit Wasser bedeckt zum Kochen bringen und zugedeckt etwa 15 Minuten garen. Kartoffeln abgießen, abdämpfen und heiß pellen. Kartoffeln etwas abkühlen lassen, dann in etwa 5 mm dicke Scheiben schneiden.

2. Zuckerschoten putzen und die Enden abschneiden. Zuckerschoten waschen, abtropfen lassen und in kochendem Salzwasser 1–2 Minuten blanchieren. Zuckerschoten in eiskaltem Wasser abschrecken und in einem Sieb gut abtropfen lassen. Den Backofen vorheizen.

3. Tunfisch abtropfen lassen. Tomaten waschen, trocken tupfen, halbieren, entkernen, die Stängelansätze herausschneiden. Danach die Tomatenhälften in Spalten schneiden.

4. Kartoffelscheiben in eine Auflaufform (gefettet) schichten. Einzelne Lagen mit etwas Salz bestreuen.

5. Tunfisch mit Zitronensaft und saurer Sahne pürieren, mit Salz und Pfeffer kräftig abschmecken. Die Hälfte der Tunfischsauce auf den Kartoffelscheiben verteilen.

6. Zuckerschoten mit den gefrorenen Erbsen mischen und daraufgeben. Mit restlicher Tunfischsauce übergießen. Tomatenspalten darauf verteilen. Mit Käse bestreuen. Die Form auf dem Rost in den vorgeheizten Backofen schieben.

Ober-/Unterhitze: etwa 200 °C
Heißluft: etwa 180 °C
Garzeit: etwa 30 Minuten.

7. Die Petersilie abspülen und trocken tupfen. Die Blättchen von den Stängeln zupfen. Blättchen in feine Streifen schneiden. Die Oliven in Ringe schneiden. Kartoffel-Tunfisch-Gratin mit Petersilienstreifen und Olivenringen bestreut sofort servieren.

Beilage: Frischer Blatt- oder Feldsalat mit einem Dressing aus Olivenöl und Balsamico-Essig.

Kartoffel-Zucchini-Auflauf | Einfach

4 Portionen

Pro Portion:
E: 24 g, F: 24 g, Kh: 41 g, kJ: 2126, kcal: 508

750 g gekochte Pellkartoffeln
300 g Zucchini
200 g Emmentaler-Käse
Salz, frisch gemahlener Pfeffer
1 Zwiebel
2 EL Butter
250 ml (1/4 l) Milch
1 Ei (Größe M)

Zubereitungszeit: 35 Minuten
Garzeit: etwa 35 Minuten

1. Kartoffeln pellen und in Scheiben schneiden. Zucchini waschen, abtrocknen und die Enden abschneiden. Zucchini in Scheiben schneiden. Käse reiben. Den Backofen vorheizen.

2. Kartoffel- und Zucchinischeiben abwechselnd in eine runde Auflaufform (gefettet) schichten, dabei jede einzelne Schicht mit etwas Käse, Salz und Pfeffer bestreuen.

3. Zwiebel abziehen und in kleine Würfel schneiden. Butter in einer Pfanne zerlassen, Zwiebelwürfel darin andünsten.

4. Milch mit dem Ei verschlagen, Zwiebelwürfel unterrühren. Die Eiermilch auf dem Auflauf verteilen und mit dem restlichen Käse bestreuen. Die Form auf dem Rost in den vorgeheizten Backofen schieben.

Ober-/Unterhitze: etwa 200 °C
Heißluft: etwa 180 °C
Garzeit: etwa 35 Minuten.

Käse-Kartoffel-Gratin | Preiswert

12 Portionen

Pro Portion:
E: 11 g, F: 13 g, Kh: 36 g, kJ: 1313, kcal: 313

2 ½ kg mittelgroße Kartoffeln
Salzwasser
Salz, frisch gemahlener Pfeffer
60 g Semmelbrösel
250 g geriebener Emmentaler-Käse
100 g Butter

Zubereitungszeit: 20 Minuten
Garzeit: etwa 30 Minuten

1. Kartoffeln waschen, schälen, abspülen, mit Salzwasser bedeckt zum Kochen bringen und zugedeckt etwa 15 Minuten garen. Den Backofen vorheizen.

2. Kartoffeln abgießen, abdämpfen und noch warm in Scheiben schneiden.

3. Die Kartoffelscheiben dachziegelartig in eine große, flache Auflaufform (gefettet) geben, mit Salz, Pfeffer und Semmelbröseln bestreuen. Käse darauf verteilen und Butter in Flöckchen daraufsetzen.

4. Die Form auf dem Rost in den vorgeheizten Backofen schieben.

Ober-/Unterhitze: 200–220 °C
Heißluft: 180–200 °C
Garzeit: etwa 30 Minuten.

Beilage: Gemischte Blattsalate oder Gewürzgurken.

Tipp: Speckwürfel auslassen und auf den Kartoffelscheiben verteilen.

Käse-Nudel-Auflauf mit Lachs und Spargel |

Raffiniert – für Gäste

4 Portionen

Pro Portion:
E: 22 g, F: 13 g, Kh: 46 g, kJ: 1735, kcal: 414

500 g grüner Spargel
500 ml (1/2 l) Salzwasser
2 1/2 l Wasser
2 1/2 TL Salz
250 g breite Bandnudeln
200 g Räucherlachs (in Scheiben)
150 g mittelalter Gouda-Käse (in Scheiben)
4 Eier (Größe M)
150 g Speisequark (40 % Fett i. Tr.)
1 EL Zitronensaft
Salz, frisch gemahlener Pfeffer
frisch geriebene Muskatnuss

Zubereitungszeit: 50 Minuten
Garzeit: etwa 25 Minuten

1. Vom Spargel das untere Drittel schälen und die unteren Enden abschneiden. Den Spargel abspülen, abtropfen lassen und in 4–5 cm lange Stücke schneiden.

2. Spargelstücke in kochendem Salzwasser etwa 8 Minuten garen und in einem Sieb abtropfen lassen.

3. Wasser in einem großen Topf mit geschlossenem Deckel zum Kochen bringen. Dann Salz und Nudeln hinzugeben. Die Nudeln im geöffneten Topf bei mittlerer Hitze nach Packungsanleitung kochen lassen, dabei zwischendurch 4–5-mal umrühren. Den Backofen vorheizen.

4. Die garen Nudeln in ein Sieb geben, mit heißem Wasser abspülen und abtropfen lassen.

5. Lachs in Streifen schneiden. Bandnudeln, Spargelstücke, Käsescheiben und Lachsstreifen in eine große Auflaufform (gefettet) geben.

6. Eier mit Quark verrühren, mit Zitronensaft, Salz, Pfeffer und Muskat kräftig würzen. Die Eier-Quark-Masse auf dem Auflauf verteilen. Die Form auf dem Rost in den vorgeheizten Backofen schieben.

Ober-/Unterhitze: etwa 200 °C
Heißluft: etwa 180 °C
Garzeit: etwa 25 Minuten.

7. Den Käse-Nudel-Auflauf aus dem Backofen nehmen und sofort servieren.

Kichererbsen-Lamm-Auflauf

Raffiniert – für Gäste

4 Portionen

Pro Portion:
E: 60 g, F: 30 g, Kh: 23 g, kJ: 2535, kcal: 605

3 Zwiebeln
2 Knoblauchzehen
1 rote Chilischote
750 g Lammgulasch, z. B. aus der Keule
2 EL Olivenöl
Salz, frisch gemahlener Pfeffer
1 Dose stückige Tomaten (Einwaage 400 g)
350 g Paprikaschoten
200 g Zucchini
1 kleine Dose Kichererbsen (Abtropfgewicht 265 g)

Für den Guss:

3–4 Stängel frische Minze
2 Eier (Größe M)
150 g Joghurt

200 g Schafkäse

Zubereitungszeit: 45 Minuten
Garzeit: etwa 60 Minuten

1. Zwiebeln und Knoblauch abziehen. Zwiebeln in Spalten schneiden und Knoblauch fein hacken. Chili aufschneiden, entkernen, abspülen, trocken tupfen und fein hacken. Den Backofen vorheizen.

2. Lammgulasch kurz unter fließendem kalten Wasser abspülen und trocken tupfen. Das Olivenöl in einem Bräter oder einer Pfanne erhitzen, Lammgulasch darin portionsweise von allen Seiten kräftig anbraten. Zwiebelspalten, Knoblauch und Chili hinzugeben, kurz mit anbraten. Lammgulasch mit Salz und Pfeffer würzen, mit den Tomatenstücken in einer großen Auflaufform (gefettet) mischen. Die Form zugedeckt auf dem Rost in den vorgeheizten Backofen schieben.

Ober-/Unterhitze: etwa 200 °C
Heißluft: etwa 180 °C
Garzeit: etwa 30 Minuten.

3. Inzwischen Paprikaschoten halbieren, entstielen, entkernen und die weißen Scheidewände entfernen. Schoten waschen, abtropfen lassen und in Stücke schneiden. Zucchini waschen, abtrocknen und die Enden abschneiden. Zucchini in dicke Scheiben schneiden. Kichererbsen in ein Sieb geben, mit Wasser abspülen und abtropfen lassen.

4. Für den Guss Minze abspülen und trocken tupfen. Die Blättchen von den Stängeln zupfen, Blättchen in feine Streifen schneiden. Eier mit Joghurt und Minze verschlagen, mit Salz und Pfeffer würzen.

5. Die Form aus dem Backofen nehmen. Paprikastücke, Zucchinischeiben und Kichererbsen mit dem Lammgulasch in der Auflaufform mischen. Den Eierguss über den Auflauf gießen. Schafkäse fein zerbröckeln und daraufstreuen. Die Form wieder auf dem Rost in den heißen Backofen schieben und den Auflauf **bei gleicher Backofeneinstellung weitere etwa 30 Minuten goldbraun backen.**

Tipp: Die Mischung von Joghurt und Pfefferminze in Verbindung mit Lammfleisch ist typisch für die arabische Küche und verleiht diesem würzigen Auflauf ein besonderes Aroma und einen Hauch von Frische. Sie können stattdessen aber auch glatte Petersilie und saure Sahne verwenden.

Kirsch-Quark-Auflauf | Für Kinder

4 Portionen

Pro Portion:
E: 25 g, F: 12 g, Kh: 47 g, kJ: 1764, kcal: 421

2 EL Butter
3 Eigelb (Größe M)
1 Vanilleschote
50 g Hartweizengrieß
500 g Speisequark (Magerstufe)
Schale und Saft von
1 Bio-Zitrone (unbehandelt, ungewachst)
80 g Zucker
500 g Sauerkirschen
3 Eiweiß (Größe M)
20 g abgezogene, gehobelte Mandeln (evtl. etwas hacken)

Zubereitungszeit: 20 Minuten
Garzeit: etwa 40 Minuten

1. Den Backofen vorheizen. Butter in einer Rührschüssel mit dem Handrührgerät mit Rührbesen geschmeidig rühren. Eigelb nach und nach unterrühren. Vanilleschote vorsichtig aufschneiden und das Mark herauskratzen.

2. Vanillemark mit Grieß, Quark, Zitronenschale, -saft und Zucker unter die Fett-Eigelb-Masse rühren.

3. Kirschen waschen, abtropfen lassen, entstielen, entsteinen und unter die Quarkmasse rühren. Eiweiß steifschlagen und vorsichtig unterheben. Die Masse in einer Auflaufform (gefettet) verteilen und mit Mandeln bestreuen. Die Form auf dem Rost in den vorgeheizten Backofen schieben.

Ober-/Unterhitze: etwa 180 °C
Heißluft: etwa 160 °C
Garzeit: etwa 40 Minuten.

Tipp: Der Auflauf kann auch mit anderen Früchten zubereitet werden.

Kleine Aufläufe im Glas | Für die Party

12 Stück

Pro Stück:
E: 12 g, F: 13 g, Kh: 10 g, kJ: 869, kcal: 207

300 g TK-Erbsen
300 g geräucherter Putenbrust-Aufschnitt
1 Glas Sojabohnenkeimlinge (Abtropfgewicht 160 g)
½ TL Sambal Oelek
1 TL dunkles Sesamöl
2 TL schwarze Sesamsamen
250 ml (¼ l) Milch
4 Eier (Größe M)
Salz
frisch gemahlener Pfeffer

Für die Sauce:

300 g Salatmayonnaise
100 g Curryketchup

Zubereitungszeit: 55 Minuten, ohne Auftauzeit
Garzeit: etwa 35 Minuten

1. Für die Aufläufe Erbsen nach Packungsanleitung auftauen lassen. Putenbrust-Aufschnitt in kleine Würfel schneiden. Sojabohnenkeimlinge in einem Sieb abtropfen lassen. Den Backofen vorheizen.

2. Erbsen, Putenbrustwürfel und Sojabohnenkeimlinge mit Sambal Oelek, Sesamöl und Sesamsamen in einer Schüssel mischen, in 12 ofenfeste Glasförmchen (gefettet, je etwa 150 ml Inhalt) verteilen.

3. Milch und Eier verschlagen. Mit Salz und Pfeffer würzen. Die Eiermilch in die Förmchen gießen. Die Förmchen mit Glasdeckeln oder Alufolie verschließen.

4. Die Förmchen in eine Fettfangschale stellen. Die Fettfangschale in den vorgeheizten Backofen schieben und etwa 2 cm hoch mit heißem Wasser füllen.

Ober-/Unterhitze: etwa 200 °C
Heißluft: etwa 180 °C
Garzeit: etwa 35 Minuten.

5. In der Zwischenzeit für die Sauce Mayonnaise und Ketchup verrühren. Die Aufläufe heiß oder kalt in den Förmchen servieren. Die Sauce dazureichen.

Knöpfliauflauf mit Wirsing I

Preiswert – gut vorzubereiten

4 Portionen

Pro Portion:

E: 49 g, F: 67 g, Kh: 56 g, kJ: 4500, kcal: 1075

800 g Wirsing
1 Zwiebel
3 EL Speiseöl
Salz, frisch gemahlener Pfeffer
1 TL Kümmelsamen
½ TL Currypulver
2 ½ l Wasser
2 ½ TL Salz
250 g Nudeln, z. B. „Knöpfli“
3–4 Mettwürstchen (Rauchenden)

Für die Sauce:

50 g Butter
1 geh. EL Weizenmehl
250 g Schlagsahne
150 ml Gemüsebrühe
150 g geriebener, mittelalter Gouda-Käse

20 g Butter
1 EL fein geschnittener Schnittlauch

Zubereitungszeit: 40 Minuten
Garzeit: etwa 30 Minuten

1. Von dem Wirsing die groben, äußeren Blätter lösen. Den Wirsing halbieren. Den Strunk herausschneiden. Wirsinghälften in Streifen schneiden, abspülen und in einem Sieb abtropfen lassen.

2. Zwiebel abziehen und in kleine Würfel schneiden. Speiseöl in einem Topf erhitzen. Zwiebelwürfel darin andünsten. Wirsingstreifen hinzufügen. Mit Salz, Pfeffer, Kümmel und Curry würzen. Etwas Wasser hinzugeben. Wirsingstreifen zugedeckt etwa 10 Minuten garen. Den Backofen vorheizen.

3. Wasser in einem großen Topf mit geschlossenem Deckel zum Kochen bringen. Dann Salz und Nudeln hinzugeben. Die Nudeln im geöffneten Topf bei mittlerer Hitze nach Packungsanleitung kochen lassen, dabei zwischendurch 4–5-mal umrühren. Die Nudeln in ein Sieb geben, mit heißem Wasser abspülen und abtropfen lassen.

4. Mettwürstchen in Scheiben schneiden, mit den Wirsingstreifen vermischen und abwechselnd mit den Nudeln in eine flache Auflaufform (gefettet) geben.

5. Für die Sauce Butter in einem Topf zerlassen. Mehl unter Rühren so lange darin erhitzen, bis es hellgelb ist. Nach und nach Sahne und Brühe hinzugießen und mit einem Schneebesen durchschlagen. Dabei darauf achten, dass keine Klümpchen entstehen. Zwei Drittel von dem Käse unterrühren. Mit Salz und Pfeffer würzen und auf dem Auflauf verteilen. Butter in Flöckchen daraufsetzen. Mit restlichem Käse bestreuen.

6. Die Form auf dem Rost in den vorgeheizten Backofen schieben.

Ober-/Unterhitze: etwa 200 °C
Heißluft: etwa 180 °C
Garzeit: etwa 30 Minuten.

7. Den Auflauf vor dem Servieren mit Schnittlauchröllchen bestreuen.

Kohlauflauf | Vegetarisch

4 Portionen

Pro Portion:
E: 26 g, F: 24 g, Kh: 6 g, kJ: 1444, kcal: 344

1 kleiner Weißkohl (etwa 500 g)
Salzwasser
500 g Blattspinat
2–3 Knoblauchzehen
1 Bund glatte Petersilie
6 Salbeiblättchen
100 g Schafkäse
150 g frisch geriebener Emmentaler-Käse
4 Eier (Größe M)
1 gestr. TL Salz
frisch gemahlener Pfeffer

Außerdem:
Pergamentpapier

Zubereitungszeit: 45 Minuten
Garzeit: etwa 30 Minuten

1. Von dem Weißkohl die groben, äußeren Blätter lösen. Den Weißkohl halbieren. Den Strunk herausschneiden. Kohlhälften in Streifen schneiden oder hobeln, abspülen und abtropfen lassen.

2. Kohlstreifen in kochendem Salzwasser etwa 5 Minuten garen, in ein Sieb geben und abtropfen lassen.

3. Spinat verlesen und dicke Stiele entfernen. Spinat gründlich waschen, tropfnass in einen Topf geben und so lange erhitzen, bis die Blätter zusammenfallen. Spinat in einem Sieb abtropfen lassen.

4. Knoblauch abziehen und zerdrücken. Petersilie und Salbeiblättchen abspülen, trocken tupfen. Von der Petersilie die Blättchen von den Stängeln zupfen. Petersilien- und Salbeiblättchen klein schneiden.

5. Schafkäse fein zerbröseln, mit dem geriebenen Käse in eine Schüssel geben. Eier unterschlagen. Mit Salz und Pfeffer würzen. Kohlstreifen, Spinat, Knoblauch und Kräuter untermengen. Die Masse in eine flache Quiche-Form (gefettet) geben. Mit gefettetem Pergamentpapier belegen.

6. Die Form auf dem Rost in den vorgeheizten Backofen schieben.

Ober-/Unterhitze: etwa 200 °C
Heißluft: etwa 180 °C
Garzeit: etwa 30 Minuten.

7. Etwa 10 Minuten vor Ende der Garzeit das Pergamentpapier entfernen und den Kohlauflauf fertig garen.

Kohlrabi mit Pilzfüllung | Raffiniert

4 Portionen

Pro Portion:
E: 8 g, F: 7 g, Kh: 9 g, kJ: 526, kcal: 126

4	*mittelgroße Kohlrabi*
300 ml	*Gemüsebrühe*
1	*Zwiebel*
200 g	*Champignons*
1 EL	*Speiseöl*
	Salz, frisch gemahlener Pfeffer
	Saft von
½	*Zitrone*
½ Bund	*glatte Petersilie*
1	*Ei (Größe M)*
1 leicht	
geh. EL	*Crème fraîche*

Zubereitungszeit: 55 Minuten
Garzeit: etwa 30 Minuten

1. Kohlrabi schälen, abspülen und abtropfen lassen. Brühe in einem weiten Topf zum Kochen bringen. Kohlrabi hinzugeben und zugedeckt etwa 20 Minuten garen. Kohlrabi mit einem Schaumlöffel aus der Brühe nehmen und die Brühe beiseitestellen. Den Backofen vorheizen.

2. Von den Kohlrabi jeweils einen Deckel abschneiden, Kohlrabi aushöhlen. Das Kohlrabifleisch und die Deckel klein schneiden. Zwiebel abziehen und in kleine Würfel schneiden. Champignons putzen, mit Küchenpapier abreiben, eventuell kurz abspülen, trocken tupfen und ebenfalls klein würfeln.

3. Speiseöl in einem Topf erhitzen, Zwiebelwürfel darin glasig dünsten. Champignonwürfel und klein geschnittenes Kohlrabifleisch hinzugeben, unter Rühren etwa 5 Minuten mitdünsten lassen. Mit Salz, Pfeffer und Zitronensaft würzen.

4. Petersilie abspülen und trocken tupfen. Die Blättchen von den Stängeln zupfen, Blättchen klein schneiden, mit dem Ei und Crème fraîche unter die Champignon-Kohlrabi-Masse rühren.

5. Die Masse in die ausgehöhlten Kohlrabi füllen. Die Kohlrabi nebeneinander in eine flache Auflaufform (gefettet) setzen. Die beiseitegestellte Gemüsebrühe hinzugießen. Die Form mit dem Deckel verschließen oder mit Alufolie zudecken und auf dem Rost in den vorgeheizten Backofen schieben.

Ober-/Unterhitze: etwa 200 °C
Heißluft: etwa 180 °C
Garzeit: etwa 30 Minuten.

Kohlrabiauflauf | Für Kinder

4 Portionen

Pro Portion:
E: 26 g, F: 42 g, Kh: 12 g, kJ: 2220, kcal: 530

etwa 1 kg Kohlrabi
40 g Butter
125 ml (1/8 l) Gemüsebrühe

Für die Sauce:
1 kleine Zwiebel
30 g Butter oder Margarine
30 g Weizenmehl
Kohlrabi-Kochflüssigkeit
125 ml (1/8 l) Milch
375 g Gehacktes (halb Rind-, halb Schweinefleisch)
1 Ei (Größe M)
Salz, frisch gemahlener Pfeffer
frisch geriebene Muskatnuss

40 g frisch geriebener Gouda-Käse
30 g Butter

Zubereitungszeit: 90 Minuten
Garzeit: etwa 30 Minuten

1. Den Backofen vorheizen. Kohlrabi schälen, abspülen, abtropfen lassen und in Stifte schneiden. Butter in einem Topf zerlassen, Kohlrabistifte darin andünsten. Gemüsebrühe hinzugießen und zum Kochen bringen. Kohlrabistifte etwa 5 Minuten bissfest garen. Kohlrabistifte in einem Sieb abtropfen lassen, dabei die Flüssigkeit auffangen.

2. Für die Sauce Zwiebel abziehen und in kleine Würfel schneiden. Butter oder Margarine in einem Topf zerlassen, Zwiebelwürfel und Mehl darin unter Rühren so lange erhitzen, bis das Mehl hellgelb ist. Die aufgefangene Kohlrabi-Kochflüssigkeit mit der Milch nach und nach hinzugießen und mit einem Schneebesen durchschlagen. Dabei darauf achten, dass keine Klümpchen entstehen. Die Sauce zum Kochen bringen und etwa 2 Minuten unter gelegentlichem Rühren kochen lassen.

3. Gehacktes mit dem Ei verkneten. Mit Salz, Pfeffer und Muskat würzen und mit der Sauce vermengen.

4. Kohlrabistifte und die Gehacktesmasse abwechselnd in eine Auflaufform (gefettet) schichten. Mit Käse bestreuen und Butter in Flöckchen daraufsetzen. Die Form auf dem Rost in den vorgeheizten Backofen schieben.

Ober-/Unterhitze: etwa 200 °C
Heißluft: etwa 180 °C
Garzeit: etwa 30 Minuten.

Abwandlung: **Kohlrabi-Putenbrust-Auflauf.** Der Auflauf schmeckt statt mit Hackfleisch auch mit geräucherter Putenbrust. Dazu 2 Eier in die leicht abgekühlte Sauce rühren. 250 g geräucherte Putenbrust in feine Streifen schneiden und mit dem Kohlrabi einschichten. Sauce darauf verteilen und mit etwas geriebenem Butterkäse bestreuen. Auflauf 30–35 Minuten bei gleicher Backofeneinstellung garen.

Variante: **Kohlrabiauflauf aus dem Römertopf®.** Sie können den Auflauf auch in einem Römertopf® zubereiten. Dazu das Rezept wie beschrieben zubereiten und alles in einen gewässerten Römertopf® geben. Den Römertopf® mit dem Deckel verschließen und auf dem Rost in den kalten Backofen schieben. Den Backofen auf 200–220 °C (Ober-/Unterhitze) oder 180–200 °C (Heißluft) stellen und den Auflauf etwa 50 Minuten darin garen.

Kohlrabi-Hack-Auflauf | Klassisch

8–10 Portionen

Pro Portion:
E: 45 g, F: 48 g, Kh: 19 g, kJ: 2856, kcal: 682

4 Kohlrabi (je etwa 500 g)
Salzwasser
3 Zwiebeln
3–4 EL Speiseöl
1 1/2 kg Gehacktes (halb Rind-, halb Schweinefleisch)
2 TL gerebelter Estragon
Salz
frisch gemahlener Pfeffer
3 EL mittelscharfer Senf

Für die Sauce:
60 g Butter oder Margarine
80 g Weizenmehl
1 l Milch
frisch geriebene Muskatnuss
2 Eigelb (Größe M)

Zum Bestreuen:
200 g geriebener Mozzarella-Käse
Paprikapulver edelsüß
1/2 Bund glatte Petersilie

Zubereitungszeit: 60 Minuten
Garzeit: 35–40 Minuten

1. Kohlrabi schälen, abspülen, abtropfen lassen und in etwa 1/2 cm dicke Scheiben schneiden. Kohlrabischeiben portionsweise in kochendem Salzwasser etwa 5 Minuten vorgaren. Kohlrabischeiben in ein Sieb geben, mit kaltem Wasser übergießen und abtropfen lassen.

2. Zwiebeln abziehen und in kleine Würfel schneiden. Jeweils etwas Speiseöl in einer Pfanne erhitzen. Zwiebelwürfel und Gehacktes portionsweise unter Rühren darin anbraten, dabei die Fleischklümpchen mit einer Gabel zerdrücken. Mit Estragon, Salz und Pfeffer würzen. Gehacktes 7–8 Minuten braten, bis die Flüssigkeit verdampft ist. Senf unterrühren. Den Backofen vorheizen.

3. Für die Sauce Butter oder Margarine in einem Topf zerlassen. Mehl hinzufügen und unter Rühren so lange erhitzen, bis es hellgelb ist. Milch hinzugießen und mit einem Schneebesen durchschlagen. Dabei darauf achten, dass keine Klümpchen entstehen. Die Sauce zum Kochen bringen und etwa 5 Minuten kochen lassen.

4. Die Sauce mit Salz, Pfeffer und Muskat kräftig würzen. Den Topf von der Kochstelle nehmen. Eigelb mit etwas von der Sauce verrühren und unter die restliche Sauce rühren (nicht mehr kochen lassen).

5. Den Boden einer großen, flachen Auflaufform (gefettet) mit einem Drittel der Kohlrabischeiben auslegen. Die Hälfte der Gehacktesmasse darauf verteilen. Das zweite Drittel der Kohlrabischeiben darauflegen, restliche Gehacktesmasse daraufgeben. Mit den restlichen Kohlrabischeiben belegen. Die Sauce darauf verteilen. Mit Mozzarella und Paprika bestreuen. Die Form auf dem Rost in den vorgeheizten Backofen schieben.

Ober-/Unterhitze: etwa 200 °C
Heißluft: etwa 180 °C
Garzeit: 35–40 Minuten.

6. Petersilie abspülen und trocken tupfen. Die Blättchen von den Stängeln zupfen. Den Auflauf mit Petersilienblättchen bestreut servieren.

Kohlrabi-Möhren-Auflauf

Für Kinder – vegetarisch

4 Portionen

Pro Portion:
E: 26 g, F: 58 g, Kh: 18 g, kJ: 3050, kcal: 728

500 g Möhren
500 g Kohlrabi
30 g Butter
2 EL Sojasauce
Salz
frisch gemahlener Pfeffer
1 Stange Porree (Lauch)
1 Knoblauchzehe
2 EL Speiseöl
250 g Speisequark (Magerstufe)
200 g Schmand (Sauerrahm)
2 Eier (Größe M)
125 g Schlagsahne
3 EL gehackte Petersilie
10 EL Sesamsamen
½ TL Kräutersalz
40 g frisch geriebener Gouda-Käse
30 g Butter
etwas gehackte Petersilie

Zubereitungszeit: 60 Minuten
Garzeit: etwa 35 Minuten

1. Möhren putzen, schälen, abspülen, abtropfen lassen und in dünne Scheiben schneiden. Kohlrabi schälen, abspülen, abtropfen lassen und ebenfalls in dünne Scheiben schneiden.

2. Butter in einer Pfanne zerlassen. Möhren- und Kohlrabischeiben darin unter Rühren etwa 10 Minuten dünsten. Mit Sojasauce, Salz und Pfeffer würzen. Den Backofen vorheizen.

3. Danach Porree putzen, die Stange längs halbieren, gründlich waschen, abtropfen lassen und in dünne Scheiben schneiden. Knoblauch abziehen und in kleine Würfel schneiden.

4. Speiseöl in einer Pfanne erhitzen. Porreescheiben und Knoblauchwürfel darin andünsten.

5. Quark mit Schmand, Eiern und Sahne gut verrühren. Petersilie, 6 Esslöffel der Sesamsamen und Kräutersalz unterrühren, mit Pfeffer würzen. Porree-Knoblauch-Masse hinzugeben.

6. Die Hälfte der Möhren- und Kohlrabischeiben in eine Auflaufform (gefettet) geben, die Hälfte der Quarkmasse darauf verteilen. Restliche Möhren- und Kohlrabischeiben darauflegen und restliche Quarkmasse daraufstreichen. Mit Käse bestreuen und Butter in Flöckchen daraufsetzen. Mit restlichem Sesam bestreuen. Die Form auf dem Rost in den vorgeheizten Backofen schieben.

Ober-/Unterhitze: 180–200 °C
Heißluft: 160–180 °C
Garzeit: etwa 35 Minuten.

7. Den Auflauf mit Petersilie bestreut servieren.

Kohlrabi-Schinken-Auflauf | Einfach

4 Portionen

Pro Portion:
E: 20 g, F: 16 g, Kh: 9 g, kJ: 1150, kcal: 275

1 kg	*Kohlrabi*
250 ml (1/4 l)	*Salzwasser*
1 EL	*Weizenmehl*
1 EL	*weiche Butter*
	Kohlrabi-Kochflüssigkeit
1 geh. EL	*Crème fraîche*
	Salz, frisch gemahlener Pfeffer
200 g	*gekochter Schinken*
3	*Eier (Größe M)*
etwas	*frisch geriebene Muskatnuss*

Zubereitungszeit: 40 Minuten
Garzeit: etwa 30 Minuten

1. Kohlrabi schälen, abspülen, abtropfen lassen und in etwa 1/2 cm breite Stifte schneiden. Kohlrabistifte in kochendem Salzwasser etwa 10 Minuten bissfest garen. Kohlrabistifte in einem Sieb abtropfen lassen und die Flüssigkeit dabei auffangen. Den Backofen vorheizen.

2. Mehl und Butter mit einer Gabel verkneten. Die Kohlrabi-Kochflüssigkeit zum Kochen bringen. Das Mehl-Butter-Gemisch unter ständigem Rühren hinzufügen. Mit einem Schneebesen durchschlagen. Dabei darauf achten, dass keine Klümpchen entstehen. Die Sauce zum Kochen bringen und etwa 5 Minuten kochen lassen.

3. Créme fraîche unterrühren. Kohlrabistifte unterheben. Mit Salz und Pfeffer würzen. Schinken in Würfel schneiden. Abwechselnd mit der Kohlrabimasse in eine Auflaufform (gefettet) schichten.

4. Eier verschlagen, mit Muskat, Salz und Pfeffer würzen und auf dem Auflauf verteilen. Die Auflaufform mit einem Deckel oder Alufolie verschließen und auf dem Rost in den vorgeheizten Backofen schieben.

Ober-/Unterhitze: etwa 220 °C
Heißluft: etwa 200 °C
Garzeit: etwa 30 Minuten.

Tipp: Den Kohlrabi-Schinken-Auflauf nach Belieben mit etwas von dem jungen Kohlrabigrün bestreuen. Dann Kohlrabigrün abspülen, trocken tupfen und in Streifen schneiden.

Krautsalat-Gyros-Auflauf | Für Gäste

4 Portionen

Pro Portion:
E: 47 g, F: 37 g, Kh: 41 g, kJ: 3060, kcal: 731

800 g Kartoffeln
Salzwasser
2 Zwiebeln
2 Knoblauchzehen
3 EL Olivenöl
600 g fertig gewürztes Gyros
600 g Krautsalat
200 g Joghurt
200 g Feta-Käse oder Schafkäse
Salz
frisch gemahlener Pfeffer
gerebelter Oregano

Zubereitungszeit: 30 Minuten, ohne Abkühlzeit
Garzeit: etwa 40 Minuten

1. Kartoffeln waschen, schälen, abspülen und abtropfen lassen. Kartoffeln mit Salzwasser bedeckt zum Kochen bringen und zugedeckt etwa 10 Minuten garen. Kartoffeln abgießen, abdämpfen und erkalten lassen. Den Backofen vorheizen.

2. Zwiebeln und Knoblauch abziehen, in kleine Würfel schneiden. Olivenöl in einer Pfanne erhitzen. Gyros darin unter Rühren kräftig anbraten. Zwiebel- und Knoblauchwürfel hinzugeben, kurz mitbraten lassen.

3. Krautsalat abtropfen lassen, in eine flache Auflaufform (gefettet) geben und mit Joghurt bestreichen. Gyros darauf verteilen.

4. Kartoffeln grob raffeln, Feta- oder Schafkäse zerkleinern und mit den Kartoffelraffeln vermischen. Mit Salz, Pfeffer und Oregano würzen. Die Kartoffel-Käse-Masse auf dem Fleisch verteilen. Die Form auf dem Rost in den vorgeheizten Backofen schieben.

Ober-/Unterhitze: etwa 200 °C
Heißluft: etwa 160 °C
Garzeit: etwa 40 Minuten.

Tipp: Gyros kann auch mit Schweineschulter, Hähnchen- oder Putenfleisch selbst zubereitet werden. Zum Würzen ein fertiges Gyros-Salz verwenden.

Krokant-Reis-Auflauf | Mit Alkohol

4 Portionen

Pro Portion:
E: 23 g, F: 49 g, Kh: 83 g, kJ: 3784, kcal: 903

150 g gesiebter Puderzucker
150 g abgezogene, gehobelte Mandeln
70 g Butter
750 ml (3/4 l) Milch
1 Pck.
(0,2 g) gemahlener Safran
1 Prise Salz
2 EL flüssiger Honig
100 g Rundkornreis
3 EL Amaretto (Mandellikör)
4 Eigelb (Größe M)
4 Eiweiß (Größe M)
Puderzucker

Zubereitungszeit: 45 Minuten, ohne Abkühlzeit
Garzeit: etwa 35 Minuten

1. Puderzucker bei mittlerer Hitze in einer Pfanne unter Rühren schmelzen und goldbraun karamellisieren lassen. Die Pfanne sofort von der Kochstelle nehmen. Mandeln und 1 Esslöffel Butter unterrühren. Die Karamellmasse in eine Schüssel geben und abkühlen lassen.

2. Milch mit Safran, Salz und Honig in einem Topf zum Kochen bringen. Reis hinzugeben und etwa 25 Minuten bei schwacher Hitze ausquellen lassen, dabei gelegentlich umrühren. Danach den Backofen vorheizen.

3. Restliche Butter und Amaretto unter den Reis heben, etwas abkühlen lassen. Eigelb unterrühren. Die Karamellmasse zerbröseln und ebenfalls unterrühren.

4. Eiweiß steifschlagen und unterheben. Die Reismasse in eine Auflaufform (gefettet) geben. Die Form auf dem Rost in den vorgeheizten Backofen schieben.

Ober-/Unterhitze: etwa 200 °C
Heißluft: etwa 180 °C
Garzeit: etwa 35 Minuten.

5. Den heißen Auflauf mit Puderzucker bestäuben und sofort servieren.

Kürbisauflauf mit Schafkäse

Raffiniert

4 Portionen

Pro Portion:
E: 50 g, F: 58 g, Kh: 26 g, kJ: 3491, kcal: 834

1 Kürbis, z. B. Hokkaido (etwa 1,2 kg)
500 g Kartoffeln
Salz
500 g Lammhackfleisch
frisch gemahlener Pfeffer
4–5 EL Sonnenblumenöl
2 Zwiebeln
1 Knoblauchzehe
400 g Schafkäse
2 Eier
125 g Schlagsahne
frisch geriebene Muskatnuss
½ Bund glatte Petersilie

Zubereitungszeit: 45 Minuten, ohne Durchziehzeit
Garzeit: etwa 50 Minuten

1. Kürbis halbieren und die Kerne mit einem Löffel herauskratzen. Die Kürbishälften in Spalten schneiden und schälen. 750 g Kürbisfleisch abwiegen und in Scheiben schneiden. Kartoffeln waschen, schälen, abspülen, abtropfen lassen und ebenfalls in Scheiben schneiden. Kürbis- und Kartoffelscheiben mit Salz bestreuen und zugedeckt durchziehen lassen.

2. Lammhack mit Salz und Pfeffer würzen.

3. Die Hälfte des Sonnenblumenöls in einer Pfanne erhitzen. Lammhack darin unter Rühren anbraten. Dabei die Fleischklümpchen mit einer Gabel zerdrücken. Zwiebeln abziehen, in kleine Würfel schneiden. Knoblauch abziehen und zerdrücken. Beides zum Lammhack geben und mitbraten lassen. Den Backofen vorheizen.

4. Restliches Sonnenblumenöl in einer großen Pfanne erhitzen. Kartoffel- und Kürbisscheiben darin kurz von beiden Seiten braun anbraten und herausnehmen. Schafkäse grob zerbröseln.

5. Eine runde Auflaufform (gefettet) mit der Hälfte der Kartoffel- und Kürbisscheiben auslegen. Die Lammhackmasse darauf verteilen. Die Hälfte der Schafkäsebrösel daraufgeben. Restliche Kartoffel- und Kürbisscheiben darauflegen und mit den restlichen Schafkäsebröseln bestreuen.

6. Eier mit Sahne verschlagen. Mit Salz, Pfeffer und Muskat würzen. Petersilie abspülen und trocken tupfen. Die Blättchen von den Stängeln zupfen. Blättchen klein schneiden und unter die Eiersahne rühren. Die Eiersahne auf dem Auflauf verteilen. Die Form auf dem Rost in den vorgeheizten Backofen schieben.

Ober-/Unterhitze: etwa 200 °C
Heißluft: etwa 180 °C
Garzeit: etwa 50 Minuten.

Kürbis-Fisch-Gratin | Für Gäste

4 Portionen

Pro Portion:
E: 29 g, F: 30 g, Kh: 28 g, kJ: 2684, kcal: 641

600 g Kürbisfleisch (geputzt, ohne faserigen Innenteil)
500 g Kartoffeln
1 Bund Dill
250 g Schlagsahne
2 Eier (Größe M)
Salz
frisch gemahlener Pfeffer
400 g Lachsfilet oder Rotbarschfilet
4 TL körniger Senf
75 g Crème fraîche

Zubereitungszeit: 40 Minuten
Garzeit: etwa 60 Minuten

1. Für das Gratin Kürbisfleisch in dünne, große Scheiben schneiden. Den Backofen vorheizen.

2. Kartoffeln waschen, schälen, abspülen, abtropfen lassen und in dünne Scheiben schneiden. Dill abspülen und trocken tupfen. Die Spitzen von den Stängeln zupfen. Spitzen klein schneiden.

3. Sahne und Eier verschlagen. Mit Salz und Pfeffer würzen. Die Hälfte des Dills unterrühren.

4. Kürbis- und Kartoffelscheiben in eine Gratinform (Ø 28 cm, gefettet) schichten. Die Eiersahne auf den Kürbis- und Kartoffelscheiben verteilen. Die Form auf dem Rost in den vorgeheizten Backofen schieben.

Ober-/Unterhitze: etwa 180 °C
Heißluft: etwa 160 °C
Garzeit: etwa 50 Minuten.

5. Die Form aus dem Backofen nehmen und auf einen Rost stellen. Fischfilet abspülen, trocken tupfen, in je 4 gleich große Streifen schneiden und mit je 1 Teelöffel Senf bestreichen. Mit Salz und Pfeffer würzen.

6. Fischfiletstreifen auf das Gratin legen. Crème fraîche darauf verteilen. Die Form wieder auf dem Rost in den heißen Backofen schieben und bei höherer Backofeneinstellung fertig garen.

Ober-/Unterhitze: etwa 200 °C
Heißluft: etwa 180 °C
Garzeit: etwa 10 Minuten.

7. Das Gratin mit dem restlichen Dill bestreuen.

Lachsauflauf | Raffiniert

4 Portionen

Pro Portion:
E: 48 g, F: 72 g, Kh: 12 g, kJ: 3758, kcal: 898

500 g junger Wirsing
Salzwasser
4 Frühlingszwiebeln
1 EL Butter
500 g Schlagsahne
3 Eier (Größe M)
1 Bund Dill
Salz, frisch gemahlener Pfeffer
16 Scheiben Räucherlachs
8 Cocktailtomaten
10 blanchierte, grüne Spargelspitzen
4 EL frisch geriebener, junger Gouda-Käse

Zubereitungszeit: 70 Minuten
Garzeit: etwa 45 Minuten

1. Von dem Wirsing die groben, äußeren Blätter lösen. Den Wirsing halbieren und den Strunk herausschneiden. Wirsinghälften in Streifen schneiden, waschen und abtropfen lassen. Den Backofen vorheizen.

2. Wirsingstreifen in kochendem Salzwasser etwa 2 Minuten blanchieren, in ein Sieb geben, mit kaltem Wasser übergießen und abtropfen lassen. Frühlingszwiebeln putzen, waschen, abtropfen lassen und in Scheiben schneiden. Butter in einem Topf zerlassen, Frühlingszwiebelscheiben darin andünsten, Wirsingstreifen hinzugeben und kurz mitdünsten lassen.

3. Sahne und Eier verschlagen. Dill abspülen und trocken tupfen. Die Spitzen von den Stängeln zupfen. Spitzen klein schneiden und unter die Eiersahne rühren. Mit Salz und Pfeffer würzen.

4. Zuerst 4 Räucherlachsscheiben in eine ovale, feuerfeste Form (gefettet) legen, dann abwechselnd Wirsingstreifen und Lachsscheiben in die Form schichten (4 Schichten Lachs, 3 Schichten Wirsing). Die Eiersahne darauf verteilen. Die Form auf dem Rost in den vorgeheizten Backofen schieben.

Ober-/Unterhitze: etwa 180 °C
Heißluft: etwa 160 °C
Garzeit: etwa 35 Minuten.

5. In der Zwischenzeit Tomaten waschen, trocken tupfen, halbieren und eventuell die Stängelansätze herausschneiden. Nach etwa 35 Minuten Garzeit die Form aus dem Backofen nehmen. Den Auflauf mit Tomatenhälften und Spargelspitzen garnieren und mit Käse bestreuen.

6. Die Form wieder auf dem Rost in den heißen Backofen schieben und den Auflauf **bei gleicher Backofeneinstellung in etwa 10 Minuten fertig garen**.

Landfrauen-Auflauf mit Brokkoli |

Gut vorzubereiten

4 Portionen

Pro Portion:
E: 39 g, F: 40 g, Kh: 48 g, kJ: 3169, kcal: 757

500 g Brokkoli (vorbereitet gewogen)
Salzwasser
2 l Wasser
2 TL Salz
200 g gelbe und grüne Bandnudeln
250 g gekochter Schinken im Stück
3 Eier (Größe M)
200 g Schlagsahne
Salz
frisch gemahlener Pfeffer
1 Bund Schnittlauch
½ Bund glatte Petersilie
40 g abgezogene, gehobelte Mandeln
400 g Frühlingsquark

Zubereitungszeit: 45 Minuten
Garzeit: etwa 40 Minuten

1. Vom Brokkoli die Blätter entfernen. Den Brokkoli in Röschen teilen. Die Stängel am Strunk schälen und bis kurz vor den Röschen kreuzweise einschneiden. Die Röschen waschen, abtropfen lassen und in kochendem Salzwasser etwa 5 Minuten garen. Brokkoliröschen in ein Sieb geben, mit kaltem Wasser übergießen und abtropfen lassen. Den Backofen vorheizen.

2. Wasser in einem großen Topf mit geschlossenem Deckel zum Kochen bringen. Dann Salz und Nudeln hinzugeben. Die Nudeln im geöffneten Topf bei mittlerer Hitze nach Packungsanleitung kochen lassen, dabei zwischendurch 4–5-mal umrühren. Die Nudeln in ein Sieb geben, mit heißem Wasser abspülen und abtropfen lassen.

3. Schinken zuerst in etwa ½ cm dicke Scheiben, dann in Würfel schneiden. Eier mit Sahne verschlagen. Mit Salz und Pfeffer würzen.

4. Schnittlauch und Petersilie abspülen, trocken tupfen. Schnittlauch in Röllchen schneiden. Die Petersilienblättchen von den Stängeln zupfen. Blättchen klein schneiden.

5. Brokkoliröschen mit den Schinkenwürfeln vermengen. Die Hälfte davon in eine Auflaufform (gefettet) geben. Mit Salz und Pfeffer bestreuen. Jeweils die Hälfte der Schnittlauchröllchen und Petersilie daraufgeben. Bandnudeln darauf verteilen. Restliche Brokkoli-Schinken-Mischung daraufgeben und mit den restlichen Schnittlauchröllchen und Petersilie bestreuen.

6. Den Auflauf mit der Eier-Sahne übergießen und mit Mandeln bestreuen. Die Form auf dem Rost in den vorgeheizten Backofen schieben.

Ober-/Unterhitze: etwa 200 °C
Heißluft: etwa 180 °C
Garzeit: etwa 30 Minuten.

7. Frühlingsquark verrühren, nach etwa 30 Minuten Garzeit auf dem Auflauf verteilen und glattstreichen. Die Form wieder auf dem Rost in den heißen Backofen schieben und den Auflauf **bei gleicher Backofeneinstellung in etwa 10 Minuten fertig garen**.

Lasagne al forno | Klassisch

4 Portionen

Pro Portion:
E: 26 g, F: 40 g, Kh: 50 g, kJ: 2806, kcal: 672

2 Knoblauchzehen
1 große Zwiebel
2 EL Speiseöl
250 g Gehacktes (halb Rind-, halb Schweinefleisch)
3 EL Tomatenmark
Salz, frisch gemahlener Pfeffer
gerebelter Rosmarin
gerebelter Oregano
gerebelter Thymian
250 m (1/4 l) Rindfleischbrühe

Für die Sauce:
1 Becher (150 g) Crème fraîche
125 ml (1/8 l) Milch
40 g frisch geriebener Parmesan-Käse

250 g Lasagneplatten (ohne Vorgaren)
40 g Butter

Zubereitungszeit: 45 Minuten
Garzeit: etwa 45 Minuten

1. Knoblauch und Zwiebel abziehen, in kleine Würfel schneiden.

2. Speiseöl in einem Topf erhitzen, Zwiebel- und Knoblauchwürfel darin glasig dünsten. Gehacktes hinzugeben und unter ständigem Rühren etwa 5 Minuten anbraten. Dabei die Fleischklümpchen mit einer Gabel zerdrücken. Tomatenmark unterrühren und mit andünsten. Den Backofen vorheizen.

3. Die Gehacktesmasse mit Salz, Pfeffer, Rosmarin, Oregano und Thymian würzen. Brühe hinzugießen, zum Kochen bringen und einige Minuten kochen lassen.

4. Für die Sauce Crème fraîche mit Milch und Käse verrühren. Die Lasagneplatten abwechselnd, lagenweise mit der Gehacktesmasse und Crème-fraîche-Sauce in eine flache, große Auflaufform (gefettet) schichten. Die oberste Schicht sollte aus Sauce bestehen (Lasagneplatten müssen bedeckt sein). Die Butter in Flöckchen daraufsetzen. Die Form auf dem Rost in den vorgeheizten Backofen schieben.

Ober-/Unterhitze: etwa 200 °C
Heißluft: etwa 180 °C
Garzeit: etwa 45 Minuten.

Beilage: Tomatensalat.

Abwandlung: Wollen Sie eine **vegetarische Lasagne** zubereiten, dünsten Sie je 300 g geputzte Auberginen- und Zucchinischeiben in 6 Esslöffeln Olivenöl an. Geben Sie 2 geputzte, in Ringe geschnittene Porree-(Lauch-)stangen dazu. Fügen Sie anschließend 1 Dose (Einwaage 800 g) geschälte Tomaten mit der Flüssigkeit hinzu. Rühren Sie dann wie oben angegeben das Tomatenmark unter und lassen Sie das Gemüse etwa 5 Minuten schmoren. Würzen Sie mit Pfeffer, Rosmarin, Oregano und Thymian, gießen Sie Gemüsebrühe hinzu und lassen Sie alles noch etwa 5 Minuten kochen. Dann schichten Sie die Lasagne wie oben angegeben ein.

Tipp: Lasagne kann hervorragend am Vorabend vorbereitet und im Kühlschrank aufbewahrt werden. Die Garzeit erhöht sich allerdings um etwa 15 Minuten.

Lasagne mit Basilikum

Klassisch – dauert länger

5 Portionen

Pro Portion:
E: 63 g, F: 71 g, Kh: 90 g, kJ: 5268, kcal: 1258

Für die Fleischsauce:

4 EL Speiseöl
800 g Gehacktes (halb Rind-, halb Schweinefleisch)
300 g Zwiebeln
3 Knoblauchzehen
40 g Tomatenmark (aus der Dose)
100 ml Wasser
Salz, frisch gemahlener Pfeffer
Paprikapulver edelsüß
vorbereitete Basilikumblättchen

Für die Käsesauce:

40 g Butter oder Margarine
30 g Weizenmehl
500 ml (1/2 l) Milch
200 g Schlagsahne
250 g frisch geriebener, mittelalter Gouda-Käse
frisch geriebene Muskatnuss

1 kg Fleischtomaten
vorbereitete Basilikumblättchen
500 g grüne Lasagneplatten (ohne Vorkochen)

Zubereitungszeit: 55 Minuten
Garzeit: etwa 60 Minuten

1. Für die Fleischsauce Speiseöl in einer Pfanne erhitzen. Gehacktes darin unter Rühren anbraten. Dabei die Fleischklümpchen mit einer Gabel zerdrücken. Zwiebeln und Knoblauch abziehen, in kleine Würfel schneiden, zur Gehacktesmasse geben, mitdünsten.

2. Tomatenmark mit Wasser verrühren. Mit Salz, Pfeffer und Paprika würzen. Tomatenmarkflüssigkeit und Basilikumblättchen zur Gehacktesmasse geben. Die Sauce zum Kochen bringen und unter gelegentlichem Rühren 5–10 Minuten kochen lassen. Mit Salz, Pfeffer und Paprika abschmecken. Den Backofen vorheizen.

3. Für die Käsesauce Butter oder Margarine in einem Topf zerlassen. Mehl darin unter Rühren erhitzen, bis es hellgelb ist. Milch und Sahne hinzugießen, mit einem Schneebesen durchschlagen. Dabei darauf achten, dass keine Klümpchen entstehen. Zwei Drittel von dem Käse unterrühren. Die Sauce unter Rühren zum Kochen bringen und 2–3 Minuten kochen lassen. Mit Salz, Pfeffer und Muskat würzen.

4. Tomaten waschen, abtropfen lassen, kreuzweise einschneiden, einige Sekunden in kochendes Wasser legen und in kaltem Wasser abschrecken. Tomaten enthäuten, halbieren, entkernen, und die Stängelansätze herausschneiden. Tomaten in Scheiben schneiden. Basilikumblättchen klein schneiden.

5. Die Lasagneplatten abwechselnd lagenweise mit der Fleischsauce, den Tomatenscheiben (mit Pfeffer und Basilikum bestreut) und der Käsesauce in eine große Auflaufform (gefettet) schichten. Die oberste Schicht sollte aus Käsesauce bestehen. Den Auflauf mit dem restlichen Käse bestreuen. Die Form auf dem Rost in den vorgeheizten Backofen schieben.

Ober-/Unterhitze: etwa 200 °C
Heißluft: etwa 180 °C
Garzeit: etwa 60 Minuten.

Lasagne mit Pilzen und Schinken | Etwas teurer

4 Portionen

Pro Portion:
E: 35 g, F: 68 g, Kh: 47 g, kJ: 3946, kcal: 947

Für die Pilzsauce:

70 g getrocknete Steinpilze
2 mittelgroße Zwiebeln
1 Knoblauchzehe
60 g Butter
1 Lorbeerblatt
200 ml Fleischbrühe
Salz, frisch gemahlener Pfeffer
200 g gekochter Schinken

Für die Béchamelsauce:

500 ml (1/2 l) Béchamelsauce (Tetra Pak®)
50 g frisch geriebener Parmesan-Käse
100 g Schlagsahne
frisch geriebene Muskatnuss

225 g Lasagneplatten (ohne Vorgaren)
30 g Butter
60 g frisch geriebener Parmesan-Käse
vorbereitete Basilikumblättchen
Tomatenviertel

Zubereitungszeit: 45 Minuten, ohne Quellzeit
Garzeit: etwa 35 Minuten

1. Steinpilze in eine flache Schale legen, mit kaltem Wasser übergießen und etwa 30 Minuten quellen lassen.

2. Zwiebeln und Knoblauch abziehen, Zwiebeln in kleine Würfel schneiden. Knoblauch durch eine Knoblauchpresse drücken. Butter in einer Pfanne zerlassen. Zwiebelwürfel darin andünsten, Knoblauch hinzufügen. Den Backofen vorheizen.

3. Steinpilze in einem Sieb abtropfen lassen, etwas zerkleinern, zusammen mit dem Lorbeerblatt zu der Zwiebel-Knoblauch-Masse geben und einige Minuten dünsten lassen. Brühe hinzugießen und kurz aufkochen lassen. Mit Salz und Pfeffer abschmecken.

4. Für die Béchamelsauce Béchamelsauce in eine Schüssel geben, mit Parmesan-Käse und Sahne verrühren. Mit Salz, Pfeffer und Muskat abschmecken. 5 Esslöffel von der Béchamelsauce unter die Pilzsauce rühren. Schinken in schmale Streifen schneiden und mit der Pilzsauce vermengen.

5. Den Boden einer flachen Auflaufform (gefettet) mit Lasagneplatten belegen. Darauf einige Esslöffel der Pilzsauce geben, dann einige Esslöffel der Béchamelsauce daraufstreichen und einige Butterflöckchen darauf verteilen. Nacheinander wieder Lasagneplatten, Pilzsauce, Béchamelsauce und Butterflöckchen einschichten. Die oberste Schicht sollte aus Lasagneplatten bestehen, die mit Béchamelsauce bestrichen und mit Butterflöckchen belegt wird. Parmesan-Käse daraufstreuen.

6. Die Form auf dem Rost in den vorgeheizten Backofen schieben.

Ober-/Unterhitze: etwa 200 °C
Heißluft: etwa 180 °C
Garzeit: etwa 35 Minuten.

7. Die Lasagne mit Basilikumblättchen und Tomatenvierteln garniert servieren.

Leberkäseauflauf mit Spätzle

Raffiniert – für die Party

12 Portionen

Pro Portion:
E: 37 g, F: 58 g, Kh: 9 g, kJ: 3117, kcal: 744

1 Stück Leberkäse (etwa 1800 g)
12 mittelgroße Zwiebeln
5 EL Speiseöl
600 g Spätzle (aus dem Kühlregal)
500 g Emmentaler-Käse

Zubereitungszeit: 35 Minuten
Garzeit: etwa 45 Minuten

1. Aus dem Leberkäse einen Keil herausschneiden, so dass ein 2–3 cm breiter Rand stehen bleibt. Den herausgeschnittenen Leberkäse in Würfel schneiden. Den Backofen vorheizen.

2. Das Leberkäsestück in eine große Auflaufform (gefettet) legen. Den Leberkäse an den Seiten in Abständen von etwa 1 ½ cm einschneiden.

3. Zwiebeln abziehen, halbieren und in Streifen schneiden. Speiseöl in einer Pfanne erhitzen. Zwiebelstreifen darin andünsten, Spätzle und Leberkäsewürfel untermischen. Die Mischung in den eingeschnittenen Keil füllen und um den Leberkäse herum verteilen.

4. Gut die Hälfte des Käses reiben und auf der Spätzle-Zwiebel-Masse verteilen.

5. Die Form auf dem Rost in den vorgeheizten Backofen schieben.

Ober-/Unterhitze: etwa 180 °C
Heißluft: etwa 160 °C
Garzeit: etwa 35 Minuten.

6. Restlichen Käse in kleine Scheiben schneiden. Nach etwa 35 Minuten Garzeit die Form aus dem Backofen nehmen und die Käsescheiben in die Seiteneinschnitte des Leberkäses stecken.

7. Die Form wieder auf dem Rost in den heißen Backofen schieben und den Auflauf **bei gleicher Backofeneinstellung in etwa 10 Minuten fertig garen**.

Leberkäserouladen auf Sauerkraut | Für Gäste

12 Portionen

Pro Portion:
E: 38 g, F: 62 g, Kh: 6 g, kJ: 3283, kcal: 784

3	*Zwiebeln*
4 EL	*Speiseöl*
3 Dosen	*Sauerkraut (Abtropfgewicht je 750 g)*
250 ml (¼ l)	*Fleischbrühe*
8–10	*Wacholderbeeren*
2	*Lorbeerblätter*
	Salz, frisch gemahlener Pfeffer
etwas	*Zucker*
24	*dünne (etwa ½ cm dicke) Leberkäsescheiben (je etwa 100 g)*
etwa 100 g	*mittelscharfer Senf*
12	*Gewürzgurken*
200 g	*frisch geriebener, mittelalter Gouda-Käse*

Außerdem:

Holzspießchen

Zubereitungszeit: 40 Minuten
Garzeit: 15–20 Minuten

1. Zwiebeln abziehen und in kleine Würfel schneiden. Speiseöl in einem Topf erhitzen. Zwiebelwürfel darin andünsten.

2. Sauerkraut etwas auseinanderzupfen, zu den Zwiebelwürfeln geben und unter mehrmaligem Wenden mit andünsten.

3. Brühe hinzugießen. Wacholderbeeren, Lorbeerblätter, Salz, Pfeffer und Zucker hinzufügen, zum Kochen bringen und zugedeckt etwa 25 Minuten garen. Den Backofen nach etwa 15 Minuten Garzeit vorheizen. Das Sauerkraut eventuell nochmals abschmecken und in eine große Auflaufform (gefettet) geben.

4. Leberkäsescheiben mit Senf (etwa 1 Teelöffel je Scheibe) bestreichen. Gewürzgurken abtropfen lassen, halbieren und je eine Hälfte quer auf die Leberkäsescheiben legen.

5. Die Leberkäsescheiben zusammenrollen, mit einem Holzspießchen zusammenstecken, mit dem Spieß nach unten auf das Sauerkraut legen und mit Käse bestreuen. Die Form auf dem Rost in den vorgeheizten Backofen schieben.

Ober-/Unterhitze: etwa 200 °C
Heißluft: etwa 180 °C
Garzeit: 15–20 Minuten.

Linsen-Fisch-Auflauf | Raffiniert

4 Portionen

Pro Portion:
E: 52 g, F: 36 g, Kh: 60 g, kJ: 3422, kcal: 818

2 Stangen	*Porree (Lauch)*
3 EL	*Speiseöl*
1 Dose	*Linsen mit Suppengrün (Einwaage 800 g)*
4 Scheiben	*Weizentoastbrot (je 25 g)*
100 g	*Schinkenwürfel*
30 g	*Butter*
1 Pck.	*Dr. Oetker Finesse Geriebene Zitronenschale*
2 EL	*gehackte, gemischte Kräuter, z. B. Petersilie, Thymian und Schnittlauch*
600 g	*Fischfilet*
2 EL	*Zitronensaft*
	Salz, frisch gemahlener Pfeffer
1 Becher (150 g)	*Crème fraîche*
	evtl. vorbereitete Dillspitzen
	evtl. einige Spalten von
1	*Bio-Zitrone (unbehandelt, ungewachst)*

Zubereitungszeit: 55 Minuten
Garzeit: etwa 30 Minuten

1. Porree putzen, die Stangen längs halbieren, gründlich waschen, abtropfen lassen und in Streifen schneiden. Speiseöl in einer Pfanne erhitzen. Porreestreifen darin andünsten. Linsen mit der Flüssigkeit untermischen und erhitzen. Den Backofen vorheizen.

2. Toastbrot entrinden und zerbröseln. Schinkenwürfel in einer Pfanne ohne Fett knusprig braten. Butter hinzufügen und zerlassen. Die Brotbrösel darin goldbraun rösten und Zitronenschale und Kräuter unter das Brot-Schinken-Gemisch rühren.

3. Fischfilet unter fließendem kalten Wasser abspülen, trocken tupfen und in 4 Portionsstücke schneiden. Mit Zitronensaft beträufeln, mit Salz und Pfeffer bestreuen.

4. Crème fraîche unter die Linsen-Porree-Masse rühren, mit Salz würzen und in eine flache Auflaufform (gefettet) geben. Die Fischfiletstücke darauf verteilen und mit dem Brot-Schinken-Gemisch bestreuen. Dann die Form auf dem Rost in den vorgeheizten Backofen schieben.

Ober-/Unterhitze: etwa 200 °C
Heißluft: etwa 180 °C
Garzeit: etwa 30 Minuten.

5. Den Auflauf nach Belieben mit Dillspitzen und Zitronenspalten garnieren.

Maisauflauf | Für Kinder

4 Portionen

Pro Portion:
E: 25 g, F: 30 g, Kh: 29 g, kJ: 2112, kcal: 505

2 Dosen	*Gemüsemais (Abtropfgewicht je 285 g)*
50 g	*Butter*
25 g	*Weizenmehl*
250 ml (1/4 l)	*Milch*
125 ml (1/8 l)	*Gemüsebrühe*
	Salz
	frisch gemahlener Pfeffer
1 TL	*Paprikapulver edelsüß*
2 TL	*Zitronensaft*
4	*hart gekochte Eier*
400 g	*Tomaten*
2 dünne Stangen	*Porree (Lauch, 300 g)*
200 g	*Mozzarella-Käse*

Zubereitungszeit: 35 Minuten
Garzeit: etwa 40 Minuten

1. Mais in einem Sieb abspülen und abtropfen lassen. Butter in einem Topf zerlassen. Mehl darin unter Rühren so lange erhitzen, bis es hellgelb ist. Milch und Brühe hinzugießen, mit einem Schneebesen gut durchschlagen. Dabei darauf achten, dass keine Klümpchen entstehen. Die Sauce zum Kochen bringen und bei schwacher Hitze etwa 5 Minuten kochen lassen. Die Sauce mit Salz, Pfeffer, Paprika und Zitronensaft würzen. Den Backofen vorheizen.

2. Eier pellen und in kleine Stücke hacken. Tomaten waschen, abtropfen lassen, kreuzweise einschneiden, kurz in kochendes Wasser legen und in kaltem Wasser abschrecken. Tomaten enthäuten, halbieren, entkernen und die Stängelansätze herausschneiden. Tomatenhälften in Scheiben schneiden.

3. Porree putzen, die Stangen längs halbieren, gründlich waschen, abtropfen lassen und in Scheiben schneiden. Mozzarella abtropfen lassen und in sehr dünne Scheiben schneiden.

4. Mais, Porree-, Tomatenscheiben, Eierstückchen, die Sauce und die Hälfte der Mozzarellascheiben dekorativ in eine flache, runde Auflaufform (gefettet) füllen. Restliche Mozzarellascheiben darauflegen. Die Form auf dem Rost in den vorgeheizten Backofen schieben.

Ober-/Unterhitze: etwa 200 °C
Heißluft: etwa 180 °C
Garzeit: etwa 40 Minuten.

Maisgratin | Preiswert – einfach

4 Portionen

Pro Portion:
E: 24 g, F: 21 g, Kh: 42 g, kJ: 1992, kcal: 476

550 g Gemüsemais (aus der Dose)
je 1 rote und grüne Paprikaschote
1 Stange Porree (Lauch)
5 Eier (Größe M)
Salz
frisch gemahlener Pfeffer
gemahlene Muskatblüte (Macis)
1 EL grob zerstoßener Koriander
5 EL Maisgrieß
30 g Butter
80 g frisch geriebener Pecorino-Käse

Zubereitungszeit: 40 Minuten
Garzeit: etwa 40 Minuten

1. Mais in einem Sieb abtropfen lassen. Den Backofen vorheizen.

2. Paprikaschoten halbieren, entstielen, entkernen und die weißen Scheidewände entfernen. Schotenhälften waschen, trocken tupfen und in Würfel oder Streifen schneiden. Porree putzen, die Stange längs halbieren, gründlich waschen, abtropfen lassen und in etwa 1 cm lange Stücke schneiden.

3. Eier verschlagen, mit Salz, Pfeffer, Macis und Koriander würzen. Maisgrieß unterrühren. Mais und Paprikawürfel oder -streifen untermischen.

4. Die Maismasse in einer flachen Auflaufform (gefettet) verteilen, mit Käse bestreuen. Die Form auf dem Rost in den vorgeheizten Backofen schieben.

Ober-/Unterhitze: etwa 180 °C
Heißluft: etwa 160 °C
Garzeit: etwa 40 Minuten.

Maisgrießauflauf

Für Gäste – mit Alkohol

4 Portionen

Pro Portion:
E: 20 g, F: 22 g, Kh: 103 g, kJ: 3207, kcal: 765

- *1 l Milch*
- *40 g Butter*
- *1 Pck. Dr. Oetker Vanillin-Zucker*
- *170 g Maisgrieß*
- *1 Bio-Orange (unbehandelt, ungewachst)*
- *200 g getrocknete, entsteinte Pflaumen*
- *6 EL brauner Rum*
- *3 Eiweiß (Größe M)*
- *80 g Zucker*
- *3 Eigelb (Größe M)*
- *Puderzucker*

Zubereitungszeit: 40 Minuten, ohne Durchziehzeit
Garzeit: etwa 75 Minuten

1. Milch mit Butter und Vanillin-Zucker in einem Topf zum Kochen bringen. Maisgrieß unter Rühren einstreuen und unter Rühren etwa 3 Minuten kochen lassen. Den Topf von der Kochstelle nehmen und die Grießmasse abkühlen lassen.

2. Orange heiß abwaschen, abtrocknen und die Schale abreiben. Pflaumen in eine Schale geben, mit Rum und Orangenschale vermischen, zugedeckt etwa 40 Minuten durchziehen lassen.

3. Eiweiß mit 30 g des Zuckers steifschlagen. Eigelb mit dem restlichen Zucker zu einer weißen Creme aufschlagen. Die Grießmasse nach und nach unter die Eigelbcreme rühren. Eischnee unterheben.

4. Die Hälfte der Grießcreme in einen gewässerten Römertopf® füllen. Die marinierten Pflaumen mit der Flüssigkeit daraufgeben und die restliche Grießcreme darauf verteilen. Den Römertopf® mit dem Deckel verschließen und auf dem Rost in den kalten Backofen schieben.

Ober-/Unterhitze: etwa 200 °C
Heißluft: etwa 180 °C
Garzeit: etwa 75 Minuten.

5. Den Maisgrießauflauf mit Puderzucker bestäuben und servieren.

Makkaroniauflauf

Für Kinder – klassisch

4 Portionen

Pro Portion:
E: 30 g, F: 40 g, Kh: 47 g, kJ: 2921, kcal: 697

250 g Makkaroni
2 ½ l Wasser
2 ½ TL Salz
1 kleines Glas Champignonscheiben (Abtropfgewicht 145 g)
250 g gekochter Schinken
3 Eier (Größe M)
200 g Schlagsahne oder 200 ml Milch
Salz, frisch gemahlener Pfeffer
1 geh. EL Semmelbrösel
30 g Butter

Zubereitungszeit: 25 Minuten
Garzeit: etwa 35 Minuten

1. Makkaroni in fingerlange Stücke brechen. Wasser in einem großen Topf mit geschlossenem Deckel zum Kochen bringen. Dann Salz und Makkaroni hinzugeben. Die Makkaroni im geöffneten Topf bei mittlerer Hitze nach Packungsanleitung kochen lassen, dabei zwischendurch 4–5-mal umrühren. Anschließend die Makkaroni in ein Sieb geben, mit heißem Wasser abspülen und abtropfen lassen. Den Backofen vorheizen.

2. Champignonscheiben in einem Sieb abtropfen lassen. Schinken in kleine Würfel oder Streifen schneiden. Makkaroni mit Champignonscheiben und Schinkenwürfeln oder-streifen mischen und in eine Auflaufform (gefettet) geben.

3. Eier mit Sahne oder Milch verschlagen, mit Salz und Pfeffer würzen.

4. Die Eiersahne auf dem Auflauf verteilen und mit Semmelbröseln bestreuen. Butter in Flöckchen daraufsetzen. Die Form auf dem Rost in den vorgeheizten Backofen schieben.

Ober-/Unterhitze: 200–220 °C
Heißluft: 180–200 °C
Garzeit: etwa 35 Minuten.

Makkaroniauflauf, geschichtet

Für Kinder

4 Portionen

Pro Portion:

E: 36 g, F: 18 g, Kh: 92 g, kJ: 3019, kcal: 720

5 l Wasser
5 TL Salz
500 g Makkaroni
200 g Champignons
200 g gekochter Schinken
200 g Schlagsahne
100 ml Milch
5 Eier (Größe M)
Salz, frisch gemahlener Pfeffer
1 abgezogene, zerdrückte Knoblauchzehe
1 EL fein gehackte Petersilie
1 EL frisch geriebener Parmesan-Käse
4 EL Tomatenwürfel
vorbereitete Basilikumblättchen

Zubereitungszeit: 30 Minuten
Garzeit: etwa 45 Minuten

1. Wasser in einem großen Topf mit geschlossenem Deckel zum Kochen bringen. Salz und Makkaroni hinzugeben. Die Makkaroni im geöffneten Topf bei mittlerer Hitze nach Packungsanleitung kochen lassen, dabei zwischendurch 4–5-mal umrühren. Anschließend die Makkaroni in ein Sieb geben, mit heißem Wasser abspülen und abtropfen lassen. Den Backofen vorheizen.

2. Champignons putzen, mit Küchenpapier abreiben, eventuell abspülen, trocken tupfen und in kleine Würfel schneiden. Schinken ebenfalls klein würfeln. Sahne mit Milch und Eiern verschlagen, mit Salz, Pfeffer und Knoblauch würzen. Champignon- und Schinkenwürfel unterrühren.

3. Makkaroni längs in eine Kastenform (gefettet) geben. Die Eier-Sahne-Mischung darauf verteilen. Mit Petersilie und Basilikum bestreuen. Die Form auf dem Rost in den vorgeheizten Backofen schieben.

Ober-/Unterhitze: etwa 180 °C
Heißluft: etwa 160 °C
Garzeit: etwa 35 Minuten.

4. Die Form nach etwa 35 Minuten Garzeit aus dem Backofen nehmen und mit Parmesan-Käse bestreuen. Anschließend die Form auf dem Rost wieder in den heißen Backofen schieben und den Auflauf **bei gleicher Backofeneinstellung in etwa 10 Minuten fertig garen**.

5. Den Auflauf in dickere Scheiben schneiden, mit Tomatenwürfeln und Basilikumblättchen garnieren.

Maritimer Spaghettiauflauf

Für Gäste

4 Portionen

Pro Portion:
E: 41 g, F: 55 g, Kh: 61 g, kJ: 3856, kcal: 922

200 g TK-Muscheln (ohne Schale)
2 1/2 l Wasser
2 1/2 TL Salz
250 g Spaghetti
400 g Lachsfilet
1 Bund glatte Petersilie
Salz
frisch gemahlener Pfeffer
2–3 EL Zitronensaft
400 g Schlagsahne
2 Eier (Größe M)
2 EL frisch geriebener Parmesan-Käse
4 EL Semmelbrösel
40 g Butter

Zubereitungszeit: 50 Minuten, ohne Auftauzeit
Garzeit: etwa 30 Minuten

1. Muscheln nach Packungsanleitung auftauen lassen.

2. Wasser in einem großen Topf mit geschlossenem Deckel zum Kochen bringen. Dann Salz und Spaghetti hinzugeben. Die Spaghetti im geöffneten Topf bei mittlerer Hitze nach Packungsanleitung kochen lassen, dabei zwischendurch 4–5-mal umrühren.

3. Anschließend die Spaghetti in ein Sieb geben, mit heißem Wasser abspülen und abtropfen lassen. Den Backofen vorheizen.

4. Lachsfilet und aufgetaute Muscheln unter fließendem kalten Wasser abspülen und trocken tupfen. Lachsfilet in Würfel schneiden.

5. Petersilie abspülen und trocken tupfen. Die Blättchen von den Stängeln zupfen. Blättchen klein schneiden.

6. Spaghetti, Lachswürfel, Muscheln und Petersilie gut vermischen, mit Salz, Pfeffer und Zitronensaft würzen und in eine Auflaufform (gefettet) geben.

7. Sahne und Eier verschlagen, mit Salz und Pfeffer würzen. Die Eiersahne auf dem Auflauf verteilen. Parmesan-Käse und Semmelbrösel mischen und daraufstreuen. Butter in Flöckchen daraufsetzen. Die Form auf dem Rost in den vorgeheizten Backofen schieben.

Ober-/Unterhitze: etwa 180 °C
Heißluft: etwa 160 °C
Garzeit: etwa 30 Minuten.

Tipp: Dekorieren Sie den Auflauf vor dem Servieren mit einigen Venusmuscheln. Frische Muscheln müssen gründlich gewaschen werden, weil sie oft sehr sandig sind. Es reicht, sie in etwas Flüssigkeit etwa 5 Minuten zu garen. Rohe Muscheln, die geöffnet sind, nicht verwenden.

Maultaschenauflauf | Einfach

4 Portionen

Pro Portion:
E: 17 g, F: 35 g, Kh: 20 g, kJ: 2002, kcal: 478

3 Zwiebeln
4–6 Knoblauchzehen
4 EL Olivenöl
600 g TK-Blattspinat

Für die Sauce:
60 g Butter
60 g Weizenmehl
500 ml (1/2 l) Milch
250 g Schlagsahne
Salz
frisch gemahlener Pfeffer
frisch geriebene Muskatnuss

40 g Butter
600 g Schwäbische Maultaschen (aus dem Kühlregal)
600 g Tomaten
200 g Edamer-Käse
3 Zwiebeln
20 g Butter

Zubereitungszeit: 35 Minuten
Garzeit: etwa 25 Minuten

1. Zwiebeln und Knoblauch abziehen, in kleine Würfel schneiden. Olivenöl in einem Topf erhitzen. Zwiebel- und Knoblauchwürfel darin andünsten.

2. Unaufgetauten Spinat hinzugeben und zugedeckt bei schwacher Hitze unter gelegentlichem Rühren auftauen lassen.

3. In der Zwischenzeit für die Sauce Butter in einem Topf zerlassen. Mehl darin unter Rühren so lange erhitzen, bis es hellgelb ist. Milch und Sahne hinzugießen, mit einem Schneebesen durchschlagen. Dabei darauf achten, dass keine Klümpchen entstehen. Die Sauce unter Rühren zum Kochen bringen und aufkochen lassen. Mit Salz, Pfeffer und Muskat würzen. Den Backofen vorheizen.

4. Butter in einer Pfanne zerlassen. Die Maultaschen darin 3–5 Minuten unter Wenden braten. Tomaten waschen, abtrocknen und die Stängelansätze herausschneiden. Tomaten in Scheiben schneiden.

5. Spinat mit der Garflüssigkeit in eine große, flache Auflaufform (gefettet) geben. Maultaschen und Tomatenscheiben daraufgeben. Die Sauce darauf verteilen.

6. Zum Bestreuen Käse fein reiben und auf den Auflauf streuen. Die Form auf dem Rost in den vorgeheizten Backofen schieben.

Ober-/Unterhitze: 180–200 °C
Heißluft: 160–180 °C
Garzeit: etwa 25 Minuten.

7. In der Zwischenzeit die Zwiebeln abziehen, zuerst in Scheiben schneiden, dann in Ringe teilen oder Zwiebeln würfeln. Butter zu dem Maultaschen-Bratfett geben und zerlassen. Zwiebelringe oder -würfel darin knusprig braun braten. Den Auflauf mit den Zwiebeln belegen und sofort servieren.

Tipp: Der Auflauf schmeckt auch sehr lecker, wenn Sie Maultaschen mit einer vegetarischen Füllung verwenden.

Maultaschenauflauf mit Champignon-Tomaten-Sauce

Preiswert – dauert länger

4 Portionen

Pro Portion:
E: 29 g, F: 51 g, Kh: 48 g, kJ: 3219, kcal: 771

1 l Fleischbrühe
2 Pck. (je 300 g) Schwäbische Maultaschen (aus dem Kühlregal)

Für die Sauce:
4 Frühlingszwiebeln
200 g Champignons
30 g Butter
Salz, frisch gemahlener Pfeffer
4 große Tomaten
etwas Thymian
1 EL Weizenmehl
1 Becher (150 g) Crème fraîche
1 Bund Schnittlauch
200 g frisch geriebener Gouda-Käse
20 g Butter

Zubereitungszeit: 40 Minuten
Garzeit: etwa 20 Minuten

1. Fleischbrühe in einem Topf erhitzen. Die Maultaschen darin nach Packungsanleitung garen. Maultaschen mit einem Schaumlöffel herausnehmen.

2. Für die Sauce Frühlingszwiebeln putzen, waschen, abtropfen lassen und in Scheiben schneiden. Champignons putzen, mit Küchenpapier abreiben, eventuell kurz abspülen, trocken tupfen und in Scheiben schneiden.

3. Butter in einem Topf zerlassen. Champignonscheiben darin kurz andünsten, Frühlingszwiebelscheiben hinzufügen. Mit Salz und Pfeffer würzen.

4. Den Backofen vorheizen. Tomaten waschen, abtropfen lassen, kreuzweise einschneiden, kurz in kochendes Wasser legen und in kaltem Wasser abschrecken. Tomaten enthäuten, halbieren, entkernen und die Stängelansätze herausschneiden. Tomatenhälften in Stücke schneiden. Tomatenstücke zu den Champignonscheiben geben. Mit Salz, Pfeffer und Thymian würzen. Mehl unterrühren. Crème fraîche unterheben.

5. Schnittlauch abspülen, trocken tupfen und in Röllchen schneiden, mit einem Drittel des Käses zur Tomaten-Champignon-Masse geben und unterrühren.

6. Die Hälfte der Maultaschen in eine flache Auflaufform (gefettet) geben. Etwas Tomaten-Champignon-Masse darauf verteilen. Restliche Maultaschen und restliche Tomaten-Champignon-Masse darauf verteilen. Mit restlichem Käse bestreuen. Butter in Flöckchen daraufsetzen. Die Form auf dem Rost in den vorgeheizten Backofen schieben.

Ober-/Unterhitze: 200–220 °C
Heißluft: 180–200 °C
Garzeit: etwa 20 Minuten.

Tipp: Sie können natürlich auch selbst gemachte Maultaschen verwenden.

Maultaschen-Rosenkohl-Auflauf mit Pfifferlingen | Einfach

4 Portionen

Pro Portion:
E: 22 g, F: 47 g, Kh: 34 g, kJ: 2730, kcal: 651

600 g Rosenkohl
Salz
6–8 Maultaschen mit Fleischfüllung (300–400 g, aus dem Kühlregal)
1 EL Instant-Gemüsebrühe
150 g Pfifferlinge
2 EL Butter
frisch gemahlener Pfeffer
frisch geriebene Muskatnuss
200 g Schlagsahne
150 ml Gemüsebrühe
1 EL Weizenmehl
½ Bund glatte Petersilie
3 EL fertige Röstzwiebeln
125 g frisch geriebener Bergkäse

Zubereitungszeit: 50 Minuten
Garzeit: etwa 15 Minuten

1. Rosenkohl von den schlechten Blättern befreien, etwas vom Strunk abschneiden. Die Rosenkohlröschen am Strunk kreuzförmig einschneiden, waschen und abtropfen lassen.

2. Maultaschen in leicht siedendem Wasser mit Brühe 3–5 Minuten erhitzen, anschließend in einem Sieb abtropfen lassen. Den Backofen vorheizen.

3. Pfifferlinge putzen, mit Küchenpapier abreiben, eventuell kurz abspülen und trocken tupfen. Große Pfifferlinge halbieren. Butter in einer Pfanne erhitzen, Pfifferlinge darin kräftig anbraten. Mit Salz, Pfeffer und Muskat würzen. Sahne und Brühe hinzugießen, aufkochen lassen. Mehl mit etwas kaltem Wasser anrühren, unter Rühren zu den Pfifferlingen geben und bei starker Hitze etwas einkochen lassen.

4. Maultaschen in eine Auflaufform (leicht gefettet) geben. Petersilie abspülen und trocken tupfen. Die Blättchen von den Stängeln zupfen. Blättchen klein schneiden.

5. Rosenkohlröschen halbieren, mit Pfifferlingen und Petersilie mischen und um die Maultaschen verteilen. Mit Röstzwiebeln bestreuen und Käse darauf verteilen. Die Form auf dem Rost in den vorgeheizten Backofen schieben.

Ober-/Unterhitze: etwa 200 °C
Heißluft: etwa 180 °C
Garzeit: etwa 15 Minuten.

Tipp: Außerhalb der Saison können Sie diesen Auflauf statt mit Pfifferlingen auch mit der gleichen Menge Champignons, Austernsaitlingen oder Kräutersaitlingen zubereiten oder Sie greifen auf Pfifferlinge oder Stockschwämmchen aus der Dose zurück. Im Frühling oder Sommer schmecken statt Rosenkohl auch Kohlrabi oder Brokkoliröschen in diesem Auflauf. Dafür 2 mittelgroße Kohlrabi oder 750 g Brokkoli putzen, in Stücke schneiden oder in Röschen teilen und zugedeckt in etwas Salzwasser etwa 8 Minuten vorgaren.

Maultaschen-Sauerkraut-Auflauf |

Raffiniert – rustikal

4–6 Portionen

Pro Portion:
E: 24 g, F: 45 g, Kh: 37 g, kJ: 2767, kcal: 665

1 Zwiebel
1 rote Paprikaschote (etwa 150 g)
2 EL Speiseöl
1 große Dose mildes Weinsauerkraut (Abtropfgewicht 810 g)
1 EL klein gehackte Rosmarinnadeln
Salz, frisch gemahlener Pfeffer
2 Pck. (je 300 g) Schwäbische Maultaschen (mit Fleischfüllung, aus dem Kühlregal)

Für den Guss:
2 Becher (je 150 g) Crème fraîche
200 g frisch geriebener Gouda-Käse
1 TL Paprikapulver edelsüß

Zubereitungszeit: 30 Minuten
Garzeit: etwa 30 Minuten

1. Zwiebel abziehen und in kleine Würfel schneiden. Paprikaschote halbieren, entstielen, entkernen und die weißen Scheidewände entfernen. Schotenhälften waschen, trocken tupfen und in Streifen schneiden.

2. Speiseöl in einem Topf erhitzen. Zwiebelwürfel und Paprikastreifen darin andünsten. Sauerkraut mit der Flüssigkeit und Rosmarin hinzugeben, etwa 5 Minuten mitdünsten lassen. Den Backofen vorheizen.

3. Sauerkraut mit Salz und Pfeffer würzen. Maultaschen aus der Packung nehmen, auf das Sauerkraut legen und zugedeckt 1–2 Minuten garen. Den Deckel abnehmen. Sauerkraut so lange weiterdünsten lassen, bis fast keine Flüssigkeit mehr vorhanden ist. Die Sauerkraut-Maultaschen-Masse in eine große, flache Auflaufform (gefettet) geben.

4. Für den Guss Crème fraîche und Käse mit einem Schneebesen verrühren. Mit Paprika, Salz und Pfeffer würzen. Den Guss gleichmäßig auf der Sauerkraut-Maultaschen-Masse verteilen. Die Form auf dem Rost in den vorgeheizten Backofen schieben.

Ober-/Unterhitze: etwa 180 °C
Heißluft: etwa 160 °C
Garzeit: etwa 30 Minuten.

Minifrikadellen-Auflauf |

Gut vorzubereiten

8–10 Portionen

Pro Portion:
E: 32 g, F: 52 g, Kh: 13 g, kJ: 2855, kcal: 682

1 kg Gehacktes (halb Rind-, halb Schweinefleisch)
2 Eier (Größe M)
2 Beutel Zwiebelsauce (für je 250 ml Wasser)
6 EL Speiseöl
1 kg Möhren
2 Gläser feine junge Schnittbohnen (Abtropfgewicht je 330 g)
Salz
frisch gemahlener Pfeffer
gerebeltes Bohnenkraut

Für den Guss:
2 Becher (je 125 g) Kräuter-Crème-fraîche
6 EL Schlagsahne

Zum Bestreuen:
200 g geriebener Gratin-Käse

Zubereitungszeit: 75 Minuten
Garzeit: etwa 25 Minuten

1. Gehacktes in eine Rührschüssel geben, mit Eiern und Zwiebelsaucen-Pulver gut verkneten. Aus der Gehacktesmasse mit angefeuchteten Händen etwa 40 kleine Frikadellen formen.

2. Jeweils etwas Speiseöl in einer Pfanne erhitzen. Die Minifrikadellen darin portionsweise von beiden Seiten knusprig braun braten, herausnehmen und auf Küchenpapier abtropfen lassen. Den Backofen vorheizen.

3. Möhren putzen, schälen, waschen, abtropfen lassen und schräg in dünne Scheiben schneiden. Die Möhrenscheiben portionsweise in dem verbliebenen Bratfett unter Wenden einige Minuten garen (evtl. etwas Wasser hinzufügen).

4. Bohnen in einem Sieb abtropfen lassen und mit den Möhrenscheiben mischen. Mit Salz, Pfeffer und Bohnenkraut würzen. Bohnen-Möhren-Mischung in eine große, flache Auflaufform (gefettet) geben. Die Minifrikadellen darauf verteilen.

5. Für den Guss Crème fraîche mit Sahne verrühren und als Kleckse auf dem Auflauf verteilen. Mit Gratin-Käse bestreuen. Die Form auf dem Rost in den vorgeheizten Backofen schieben.

Ober-/Unterhitze: etwa 200 °C
Heißluft: etwa 180 °C
Garzeit: etwa 25 Minuten.

Vorbereitungstipp: Sie können den Auflauf bereits am Vortag bis einschließlich Punkt 4 vorbereiten und zugedeckt kalt stellen. Vor dem Verzehr dann ab Punkt 5 fortfahren. Die Garzeit verlängert sich dann um etwa 15 Minuten.

Tipp: Dazu schmeckt Kartoffelpüree.

Minirouladen-Auflauf | Für Gäste

8–10 Portionen

Pro Portion:
E: 45 g, F: 17 g, Kh: 35 g, kJ: 2004, kcal: 477

8 dünne Rumpsteaks (je etwa 70 g)
1 EL mittelscharfer Senf
Salz, frisch gemahlener Pfeffer
120 g Schinkenmett
8 Scheiben Frühstücksspeck (Bacon)
1 Glas Apfel-Rotkohl (Abtropfgewicht 650 g)
150 ml Apfelsaft
60 g Zwiebeln
400 g festkochende Kartoffeln
30 g zerlassenes Butterschmalz
1 Bund Schnittlauch

Außerdem:
evtl. 8 Holzstäbchen

Zubereitungszeit: 30 Minuten
Garzeit: 35–40 Minuten

1. Den Backofen vorheizen. Rumpsteaks kurz unter fließendem kalten Wasser abspülen und trocken tupfen. Die Rumpsteaks etwas flach drücken, mit Senf bestreichen, mit Salz und Pfeffer würzen. Das Mett gleichmäßig darauf verteilen. Die Rumpsteaks von der schmalen Seite her fest aufrollen und mit je 1 Scheibe Frühstücksspeck umwickeln, eventuell mit jeweils 1 Holzstäbchen feststecken.

2. Rotkohl in eine große, flache Auflaufform (gefettet) geben und den Apfelsaft hinzugießen. Zwiebeln abziehen, zuerst in Scheiben schneiden, dann in Ringe teilen.

3. Kartoffeln waschen, schälen, abspülen und abtropfen lassen. Kartoffeln zuerst in dünne Scheiben, dann in dünne Stäbchen schneiden. Mit den Zwiebelringen vermengen. Mit Salz und Pfeffer würzen. Gewürzte Kartoffelstäbchen als Nester auf den Rotkohl setzen und mit Butterschmalz beträufeln.

4. Die Fleischröllchen zwischen den Nestern auf dem Rotkohl verteilen und etwas eindrücken. Die Form auf dem Rost in den vorgeheizten Backofen schieben.

Ober-/Unterhitze: etwa 200 °C (unteres Drittel)
Heißluft: etwa 180 °C
Garzeit: 35–40 Minuten.

5. Schnittlauch abspülen, trocken tupfen und in Röllchen schneiden. Den Auflauf mit Schnittlauchröllchen bestreut servieren.

Mittelmeer-Auflauf | Raffiniert

4 Portionen

Pro Portion:
E: 39 g, F: 74 g, Kh: 18 g, kJ: 3763, kcal: 898

1 Gemüsezwiebel
5 Knoblauchzehen
je 2 rote und grüne Paprikaschoten
2 kleine Zucchini (etwa 400 g)
1 Aubergine (etwa 250 g)
6 EL Olivenöl
Salz, frisch gemahlener Pfeffer
Zitronenpfeffer
Paprikapulver edelsüß
1 TL getrockneter Oregano
3 Dosen Tunfisch in Öl (Abtropfgewicht je 135 g)
4 Tomaten
200 g Schafkäse
40 g schwarze Oliven
1 Limette

Zubereitungszeit: 40 Minuten
Garzeit: etwa 20 Minuten

1. Zwiebel und Knoblauch abziehen. Zwiebel halbieren und in Scheiben schneiden. Knoblauch fein würfeln.

2. Paprika halbieren, entstielen, entkernen und die weißen Scheidewände entfernen. Die Schoten waschen, abtropfen lassen und in Streifen schneiden. Zucchini und Auberginen waschen, abtrocknen. Von den Zucchini die Enden abschneiden. Bei der Aubergine den Stängelansatz entfernen. Zucchini und Aubergine in dünne Scheiben schneiden. Den Backofen vorheizen.

3. Olivenöl in einer großen Pfanne erhitzen. Zwiebelscheiben und Knoblauchwürfel darin andünsten. Gemüse, eventuell in 2 Portionen, hinzugeben und mit andünsten. Mit Salz, Pfeffer, Zitronenpfeffer, Paprika und Oregano würzen.

4. Tunfisch mit einer Gabel etwas zerpflücken. Das angedünstete Gemüse in eine flache Auflaufform (gefettet) geben. Den Tunfisch darauf verteilen. Mit Pfeffer und Oregano bestreuen.

5. Tomaten waschen, abtrocknen und die Stängelansätze herausschneiden. Tomaten in Scheiben schneiden und auf den Tunfisch legen. Schafkäse zerbröseln und mit den Oliven auf dem Auflauf verteilen.

6. Limette gründlich waschen, abtrocknen und dünn schälen. Limette in dünne Scheiben schneiden und auf den Auflauf geben. Die Auflaufform auf dem Rost in den Backofen schieben.

Ober-/Unterhitze: etwa 180 °C
Heißluft: etwa 160 °C
Garzeit: etwa 20 Minuten.

Möhren-Zucchini-Auflauf |

Vegetarisch

8–10 Portionen

Pro Portion:
E: 33 g, F: 45 g, Kh: 44 g, kJ: 3163, kcal: 756

2	*Gemüsezwiebeln (etwa 400 g)*
3	*Knoblauchzehen*
3 EL	*Olivenöl*
750 g	*Möhren*
1 kg	*Zucchini*
½ Bund	*Thymian*
10	*Eier (Größe M)*
5 Pck. (je 200 g)	*Frischkäse „Gartenkräuter“*
	Salz
	frisch gemahlener, weißer Pfeffer
1 Pck. (400 g)	*Yufkateig (5 rechteckige Lagen, erhältlich in türkischen Läden)*
4 EL	*Sesamsamen*

Zubereitungszeit: 60 Minuten, ohne Abkühlzeit
Garzeit: etwa 60 Minuten

1. Gemüsezwiebeln abziehen, halbieren und in kleine Würfel schneiden. Knoblauch abziehen und ebenfalls klein würfeln. Olivenöl in einer Pfanne erhitzen. Zwiebel- und Knoblauchwürfel darin glasig dünsten, etwas abkühlen lassen. Den Backofen vorheizen.

2. In der Zwischenzeit Möhren putzen, schälen, abspülen, abtropfen lassen und grob raspeln. Zucchini waschen, abtrocknen und die Enden abschneiden. Zucchini ebenfalls grob raspeln. Thymian abspülen und trocken tupfen. Die Blättchen von den Stängeln zupfen.

3. Zwei Eier trennen. Eigelb zum Bestreichen beiseitestellen. Frischkäse, Eiweiß und restliche Eier mit Handrührgerät mit Rührbesen verschlagen. Thymian hinzugeben, mit Salz und Pfeffer würzen.

4. Zucchini- und Möhrenraspel mit der Zwiebel-Knoblauch-Masse vermengen und in eine große, flache Auflaufform (etwa 25 x 35 cm, gefettet) geben. Die Frischkäse-Eier-Masse darauf verteilen. Die Yufkateiglagen locker auf die Füllung legen, dabei eventuell den Teig am Rand in Form schneiden. Den Teig leicht an den Formrand drücken.

5. Beiseitegestelltes Eigelb verschlagen. Die Teigplatten damit bestreichen. Die Teigplatten mehrmals mit einer Messerspitze oder Schere einstechen und mit Sesam bestreuen. Die Form auf dem Rost in den vorgeheizten Backofen schieben.

Ober-/Unterhitze: etwa 200 °C
Heißluft: etwa 180 °C
Garzeit: etwa 60 Minuten.

6. Den Auflauf eventuell gegen Ende der Garzeit mit Backpapier zudecken, damit er nicht zu braun wird.

Tipp: Dazu schmeckt eine fruchtige Tomatensauce. Dafür 2 Zwiebeln und 3 Knoblauchzehen abziehen, fein würfeln und in 6 Esslöffeln Olivenöl andünsten. 2 Esslöffel Tomatenmark unterrühren. 1 kg Tomaten enthäuten und in Stücke schneiden. 400 g (1 Dose) geschälte Tomaten ebenfalls in Stücke schneiden. Beide Tomatensorten mit der Flüssigkeit aus der Dose hinzufügen. Mit Salz, Pfeffer, Oregano und etwas Zucker würzen und etwa 10 Minuten kochen lassen. Die Sauce pürieren, nach Belieben durch ein Sieb streichen und nochmals mit den Gewürzen abschmecken.

Moussaka, vegetarisch

Gut vorzubereiten
4 Portionen

Pro Portion:
E: 6 g, F: 13 g, Kh: 12 g, kJ: 836, kcal: 200

2	*große Auberginen (etwa 400 g)*
	Salz
	frisch gemahlener, bunter Pfeffer
	Knoblauchpulver
1–2 EL	*Weizenmehl*
6 EL	*Olivenöl*
1 EL	*Zwiebelwürfel*
300 g	*Tomatenwürfel*
1 EL	*Thymianblättchen*
1 EL	*gehackte Basilikumblättchen*
1 EL	*gehackte Rosmarinnadeln*
1 EL	*abgezogener, gehackter Knoblauch*
2 große	*Tomaten (in Scheiben)*
60 g	*frisch geriebener Parmesan-Käse*

Zubereitungszeit: 40 Minuten
Garzeit: etwa 20 Minuten

1. Auberginen waschen, abtrocknen und die Stängelansätze abschneiden. Die Auberginen in Scheiben schneiden. Mit Salz, Pfeffer und Knoblauch würzen. Auberginenscheiben in Mehl wälzen. Jeweils etwas Olivenöl in einer großen Pfanne erhitzen. Auberginenscheiben darin portionsweise von beiden Seiten anbraten und herausnehmen. Den Backofen vorheizen.

2. Auberginenscheiben dachziegelartig in einer Auflaufform (gefettet) anrichten und warm stellen.

3. Zwiebelwürfel in dem verbliebenen Bratfett in der Pfanne glasig dünsten. Tomatenwürfel und gehackte Kräuter unterrühren. Mit Salz, Pfeffer und Knoblauch würzen. Die Zutaten einige Minuten dünsten lassen.

4. Tomatenscheiben auf die Auberginenscheiben verteilen und darauf die Zwiebel-Tomaten-Masse verteilen. Mit Parmesan-Käse bestreuen. Die Form auf dem Rost in den vorgeheizten Backofen schieben und die Moussaka gratinieren.

Ober-/Unterhitze: etwa 200 °C
Heißluft: etwa 180 °C
Garzeit: etwa 20 Minuten

Mozzarella-Spinat-Spätzle | Einfach

3 Portionen

Pro Portion:
E: 31 g, F: 28 g, Kh: 85 g, kJ: 3017, kcal: 721

1 Zwiebel
1 EL Butter oder Margarine
200 g TK-Rahmspinat (portionierbar)
50 ml Wasser
300 g Weizenmehl, z. B. Spätzle-Mehl
Salz
3 Eier (Größe M)
2 l Wasser
1 EL Speiseöl
250 g Kirschtomaten
150 g Mozzarella-Käse
frisch gemahlener Pfeffer
2 EL Semmelbrösel

Zubereitungszeit: 30 Minuten, ohne Abkühl- und Ruhezeit
Garzeit: etwa 20 Minuten

1. Zwiebel abziehen und sehr fein würfeln. Fett in einem Topf erhitzen, Zwiebel darin andünsten. Spinat und Wasser zugeben und bei schwacher Hitze zugedeckt knapp garen (gelegentlich umrühren). Spinat etwas abkühlen lassen.

2. Mehl in eine große Rührschüssel sieben, 1 Teelöffel Salz, Eier und Spinat zugeben. Mit Knethaken des Handrührgerätes zu einem dickflüssigen glatten Teig verschlagen, und so lange schlagen, bis der Teig Blasen wirft. Teig zugedeckt etwa 1 Stunde ruhen lassen.

3. Wasser in einem geschlossenen Topf aufkochen, 1 Esslöffel Salz und Öl zugeben. Teig portionsweise durch eine Spätzlepresse ins kochende Wasser pressen. Sieden lassen, bis die Spätzle an die Wasseroberfläche steigen. Spätzle mit einer Schaumkelle herausheben, kurz unter kaltem Wasser abspülen und abtropfen lassen. Den Backofen vorheizen.

4. Tomaten abspülen, trockenreiben, halbieren und den Stielansatz herausschneiden. Käse abtropfen lassen und in feine Scheiben schneiden. Spätzle und Tomaten in eine große Auflaufform (gefettet) geben. Mit etwas Salz und Pfeffer würzen und mit dem Käse belegen, Semmelbrösel darüberstreuen. Form auf dem Rost in den vorgeheizten Backofen schieben. Spätzle goldbraun überbacken.

Ober-/Unterhitze: etwa 200 °C
Heißluft: etwa 180 °C
Garzeit: etwa 20 Minuten.

Tipp: Servieren Sie eventuell einen knackigen Blattsalat mit einer Vinaigrette vorweg.

Nudelauflauf | Für Kinder

4 Portionen

Pro Portion:
E: 40 g, F: 47 g, Kh: 47 g, kJ: 3454, kcal: 825

2 ½ l Wasser
2 ½ TL Salz
250 g Bandnudeln
2 mittelgroße Zwiebeln
1 Knoblauchzehe
20 g Butter
500 g Gehacktes (halb Rind-, halb Schweinefleisch)
Salz, frisch gemahlener Pfeffer
Paprikapulver edelsüß
gerebelter Thymian
500 g Tomaten
100 g frisch geriebener Gouda-Käse
20 g Butter

Zubereitungszeit: 55 Minuten
Garzeit: etwa 25 Minuten

1. Wasser in einem großen Topf mit geschlossenem Deckel zum Kochen bringen. Dann Salz und Nudeln hinzugeben. Die Nudeln im geöffneten Topf bei mittlerer Hitze nach Packungsanleitung kochen lassen, dabei zwischendurch 4–5-mal umrühren.

2. Anschließend die Nudeln in ein Sieb geben, mit heißem Wasser abspülen und abtropfen lassen. Den Backofen vorheizen.

3. Zwiebeln und Knoblauch abziehen, in kleine Würfel schneiden. Butter in einer Pfanne zerlassen, Zwiebel- und Knoblauchwürfel darin glasig dünsten. Gehacktes hinzugeben und unter ständigem Rühren anbraten. Dabei die Fleischklümpchen mit einer Gabel zerdrücken. Gehacktesmasse mit Salz, Pfeffer, Paprika und Thymian würzen.

4. Tomaten waschen, abtropfen lassen, kreuzweise einschneiden, kurz in kochendes Wasser legen und in kaltem Wasser abschrecken. Tomaten enthäuten, halbieren, entkernen und die Stängelansätze herausschneiden. Tomatenhälften in Stücke schneiden und unter die Gehacktesmasse rühren. Mit Salz, Pfeffer und Paprika abschmecken.

5. Zwei Drittel der Nudeln in eine Auflaufform (gefettet) geben. Gehacktesmasse darauf verteilen. Restliche Nudeln daraufgeben und mit Käse bestreuen. Butter in Flöckchen daraufsetzen. Die Form auf dem Rost in den vorgeheizten Backofen schieben.

Ober-/Unterhitze: 180–200 °C
Heißluft: 160–180 °C
Garzeit: etwa 25 Minuten.

Nudelauflauf, bunter | Gut vorzubereiten

4 Portionen

Pro Portion:
E: 32 g, F: 33 g, Kh: 49 g, kJ: 2710, kcal: 647

2 1/2 l Wasser
2 1/2 TL Salz
250 g Makkaroni
2 Zwiebeln
1 Knoblauchzehe
1 grüne Paprikaschote
2 Möhren (etwa 200 g)
1 EL Butter
200 g Kochschinken
1 Becher (150 g) Crème fraîche
2 Eier (Größe M)
Salz
frisch gemahlener Pfeffer
100 g frisch geriebener Emmentaler-Käse

Zubereitungszeit: 55 Minuten
Garzeit: etwa 30 Minuten

1. Wasser in einem großen Topf mit geschlossenem Deckel zum Kochen bringen. Dann Salz und Nudeln hinzugeben. Die Nudeln im geöffneten Topf bei mittlerer Hitze nach Packungsanleitung kochen lassen, dabei zwischendurch 4–5-mal umrühren. Dann die Nudeln in ein Sieb geben, mit heißem Wasser abspülen und gut abtropfen lassen. Den Backofen vorheizen.

2. Zwiebeln und Knoblauch abziehen, in kleine Würfel schneiden. Paprikaschote halbieren, entstielen, entkernen und die weißen Scheidewände entfernen. Schotenhälften waschen, abtropfen lassen und in Streifen schneiden. Möhren putzen, schälen, abspülen, abtropfen lassen und in Scheiben schneiden.

3. Butter in einem Topf zerlassen. Zwiebel-, Knoblauchwürfel, Paprikastreifen und Möhrenscheiben darin etwa 6 Minuten dünsten. Schinken in Streifen schneiden.

4. Die vorbereiteten Zutaten mit den Nudeln mischen. Crème fraîche und Eier verschlagen, mit Salz und Pfeffer würzen, unter die Nudelmischung rühren und in eine Auflaufform (gefettet) geben. Mit Emmentaler-Käse bestreuen.

5. Die Form auf dem Rost in den vorgeheizten Backofen schieben.

Ober-/Unterhitze: 200–220 °C
Heißluft: 180–200 °C
Garzeit: etwa 30 Minuten.

Nudelauflauf mit Lamm

Gut vorzubereiten

4 Portionen

Pro Portion:
E: 57 g, F: 74 g, Kh: 54 g, kJ: 4928, kcal: 1177

600 g Lammschulter (ohne Knochen)
6 EL Olivenöl
2 Knoblauchzehen
2 Stängel Thymian
Salz
frisch gemahlener, weißer Pfeffer
250 g Makkaroni
2 ½ l Wasser
2 ½ TL Salz
500 g kleine Zucchini
1 kleine Fenchelknolle (etwa 250 g)
200 g rote Zwiebeln
3 Eier (Größe M)
200 g Schlagsahne
150 g saure Sahne
Cayennepfeffer
frisch geriebene Muskatnuss
125 g frisch geriebener Hartkäse

Zubereitungszeit: 50 Minuten
Garzeit: etwa 40 Minuten

1. Lammschulter unter fließendem kalten Wasser abspülen und trocken tupfen. Lammschulter enthäuten und in kleine Stücke schneiden. Die Hälfte des Olivenöls in einer Pfanne erhitzen. Das Lammfleisch darin von allen Seiten anbraten.

2. Knoblauch abziehen und zerdrücken. Thymian abspülen und trocken tupfen. Die Blättchen von den Stängeln zupfen. Knoblauch und Thymianblättchen zum Lammfleisch geben und unterrühren. Mit Salz und Pfeffer würzen.

3. Makkaroni eventuell in fingerlange Stücke brechen. Wasser in einem großen Topf mit geschlossenem Deckel zum Kochen bringen. Dann Salz und Makkaroni hinzugeben. Die Makkaroni im geöffneten Topf bei mittlerer Hitze nach Packungsanleitung kochen lassen, dabei zwischendurch 4–5-mal umrühren.

4. Anschließend die Makkaroni in ein Sieb geben, mit heißem Wasser abspülen und abtropfen lassen. Den Backofen vorheizen.

5. Zucchini waschen, abtrocknen und die Enden abschneiden. Zucchini in etwa ½ cm dicke Scheiben schneiden. Von der Fenchelknolle die Stiele oberhalb der Knolle abschneiden. Braune Stellen und Blätter entfernen. Wurzelende gerade schneiden. Die Knolle halbieren, waschen, abtropfen lassen und in Streifen schneiden. Zwiebeln abziehen und in kleine Würfel schneiden.

6. Restliches Olivenöl in einem Topf erhitzen. Zwiebelwürfel darin andünsten. Zucchinischeiben und Fenchelstreifen hinzufügen, unter Rühren kurz mit andünsten. Mit Salz und Pfeffer würzen.

7. Lammfleisch, Makkaroni und das angedünstete Gemüse abwechselnd in eine Auflaufform (gefettet) schichten. Eier mit Sahne und saurer Sahne verschlagen. Mit Salz, Cayennepfeffer und Muskat würzen. Käse unterrühren. Die Sauce auf dem Auflauf verteilen. Die Form auf dem Rost in den vorgeheizten Backofen schieben.

Ober-/Unterhitze: 180–200 °C
Heißluft: 160–180 °C
Garzeit: etwa 40 Minuten.

Tipp: Das Gemüse vor dem Einschichten zusätzlich mit einigen Blättern Majoran oder Oregano würzen.

Nudelauflauf mit Pilzen | Einfach

4 Portionen

Pro Portion:
E: 19 g, F: 15 g, Kh: 64 g, kJ: 2075, kcal: 495

2 ½ l	*Wasser*
2 ½ TL	*Salz*
300–400 g	*Nudeln, z. B. Hörnchen*
2	*mittelgroße Zwiebeln*
400 g	*frische Champignons*
2 EL	*Butter*
	Salz
	frisch gemahlener Pfeffer
	Paprikapulver edelsüß

Für den Guss:

2	*Eier (Größe M)*
150 g	*saure Sahne*
100 ml	*Milch*
	frisch geriebene Muskatnuss

Zubereitungszeit: 50 Minuten
Garzeit: 25–30 Minuten

1. Wasser in einem großen Topf mit geschlossenem Deckel zum Kochen bringen. Dann Salz und Nudeln hinzugeben. Die Nudeln im geöffneten Topf bei mittlerer Hitze nach Packungsanleitung kochen lassen, dabei zwischendurch 4–5-mal umrühren. Anschließend die Nudeln in ein Sieb geben, mit heißem Wasser abspülen und abtropfen lassen. Den Backofen vorheizen.

2. Zwiebeln abziehen und klein würfeln. Champignons putzen, mit Küchenpapier abreiben, eventuell abspülen, trocken tupfen und in Scheiben schneiden.

3. Butter in einem Topf zerlassen. Zwiebelwürfel und Champignonscheiben darin andünsten. Nudeln hinzugeben und untermengen. Mit Salz, Pfeffer und Paprika würzen. Die Nudel-Champignon-Masse in eine große Auflaufform (gefettet) geben.

4. Für den Guss Eier mit Sahne und Milch verschlagen. Mit Muskat, Salz und Pfeffer würzen. Den Guss auf dem Auflauf verteilen. Die Form auf dem Rost in den vorgeheizten Backofen schieben.

Ober-/Unterhitze: etwa 200 °C
Heißluft: etwa 180 °C
Garzeit: 25–30 Minuten.

Beilage: Tomaten- oder Käsesauce, grüner Salat.

Nudelauflauf mit Putenschnecken | Für Kinder

4 Portionen

Pro Portion:
E: 49 g, F: 34 g, Kh: 45 g, kJ: 3051, kcal: 729

4 l Wasser
4 TL Salz
500 g kurze, gedrehte Nudeln, z. B. Shipli
2 Pck. (je 500 g) stückige Tomaten
1 Pck. (450 g) TK-Farmer-Gemüse
6 dünne Putenschnitzel (je etwa 130 g)
6 TL Tomatenmark
2 Pck. (je 25 g) TK-8-Kräuter
Salz
frisch gemahlener Pfeffer
6 EL Sonnenblumenöl

Für den Guss:
8 Eier (Größe M)
200 g Schlagsahne
300 ml Tomatensaft (von den stückigen Tomaten)

Zum Bestreuen:
400 g Butterkäse oder Edamer-Käse

Außerdem:
12 Holzstäbchen

Zubereitungszeit: 60 Minuten, ohne Abkühlzeit
Garzeit: etwa 45 Minuten

1. Wasser in einem großen Topf mit geschlossenem Deckel zum Kochen bringen. Dann Salz und Nudeln hinzugeben. Die Nudeln im geöffneten Topf bei mittlerer Hitze nach Packungsanleitung kochen lassen, dabei zwischendurch 4–5-mal umrühren.

2. Anschließend die Nudeln in ein Sieb geben, mit heißem Wasser abspülen und abtropfen lassen.

3. Tomatenstücke in einem Sieb abtropfen lassen, dabei den Saft auffangen und 300 ml abmessen. Farmer-Gemüse nach Packungsanleitung garen und eventuell abtropfen lassen.

4. Putenschnitzel unter fließendem kalten Wasser abspülen, trocken tupfen und eventuell etwas flacher klopfen. Eine Seite mit Tomatenmark bestreichen und mit den tiefgefrorenen Kräutern (1–2 Esslöffel beiseitelegen) bestreuen. Die Schnitzel aufrollen, mit Holzstäbchen feststecken, mit Salz und Pfeffer würzen. Den Backofen vorheizen.

5. Sonnenblumenöl in einer Pfanne erhitzen. Die Schnitzelröllchen darin von allen Seiten 10–12 Minuten goldbraun braten. Die Schnitzelröllchen herausnehmen und etwas abkühlen lassen. Die Holzstäbchen herausziehen. Schnitzelröllchen in 1 ½–2 cm dicke Scheiben schneiden.

6. Tomatenstücke mit Farmer-Gemüse und den Nudeln mischen, in eine große, flache Auflaufform (gefettet) geben. Die Putenschnecken darauf verteilen.

7. Für den Guss Eier mit Sahne und Tomatensaft verschlagen, mit Salz und Pfeffer würzen. Den Guss auf dem Auflauf verteilen. Käse grob reiben und daraufstreuen. Die Form auf dem Rost in den vorgeheizten Backofen schieben.

Ober-/Unterhitze: 180–200 °C
Heißluft: 160–180 °C
Garzeit: etwa 45 Minuten.

Nudelauflauf mit Schinken

Für Kinder – einfach

4 Portionen

Pro Portion:
E: 33 g, F: 24 g, Kh: 54 g, kJ: 2498, kcal: 596

2 1/2 l	*Wasser*
2 1/2 TL	*Salz*
250 g	*Nudeln, z. B. Hörnchen, Hütchen oder Penne*
250 ml (1/4 l)	*Fleisch- oder Gemüsebrühe*
1 Pck. (300 g)	*italienisches Pfannengemüse*
2	*Fleischtomaten*
200 g	*gekochter Schinken*
125 ml (1/8 l)	*Milch*
3	*Eier (Größe M)*
	Salz
	frisch gemahlener Pfeffer
100 g	*geriebener Mozzarella-Käse*

Zubereitungszeit: 30 Minuten
Garzeit: etwa 45 Minuten

1. Wasser in einem großen Topf mit geschlossenem Deckel zum Kochen bringen. Dann Salz und Nudeln hinzugeben. Die Nudeln im geöffneten Topf bei mittlerer Hitze nach Packungsanleitung kochen lassen, dabei zwischendurch 4–5-mal umrühren. Anschließend die Nudeln in ein Sieb geben, mit heißem Wasser abspülen und abtropfen lassen. Den Backofen vorheizen.

2. Brühe in einem Topf zum Kochen bringen. Pfannengemüse hinzugeben und etwa 2 Minuten garen.

3. Tomaten waschen, abtropfen lassen, kreuzweise einschneiden und einige Sekunden in kochendes Wasser legen. Tomaten kurz in kaltes Wasser legen, enthäuten, halbieren, entkernen und Stängelansätze herausschneiden. Tomaten in Würfel schneiden. Schinken ebenfalls in Würfel schneiden.

4. Milch und Eier in einer Schüssel verschlagen. Mit Salz und Pfeffer würzen. Tomaten-, Schinkenwürfel und das Pfannengemüse mit der Brühe hinzufügen. Die Gemüse-Schinken-Masse abwechselnd mit den Nudeln in eine flache, große Auflaufform (gefettet) geben und mit Käse bestreuen. Die Form auf dem Rost in den vorgeheizten Backofen schieben.

Ober-/Unterhitze: etwa 180 °C
Heißluft: etwa 160 °C
Garzeit: etwa 45 Minuten.

Nudelauflauf mit Shrimps und Schinken | Für Gäste

4 Portionen

Pro Portion:
E: 32 g, F: 31 g, Kh: 62 g, kJ: 2773, kcal: 663

4 l Wasser
4 TL Salz
750 g grüne Bandnudeln
300 g gekochter Schinken
4 Tomaten
2 Zwiebeln
200 g Garnelen
400 g Schlagsahne
1 Becher (150 g) Crème fraîche
6 Eier (Größe M)
250 ml (1/4 l) Milch
Salz
frisch gemahlener Pfeffer
frisch geriebene Muskatnuss
80 g geriebener Parmesan-Käse

Zubereitungszeit: 50 Minuten
Garzeit: etwa 50 Minuten

1. Wasser in einem großen Topf mit geschlossenem Deckel zum Kochen bringen. Dann Salz und Nudeln zugeben. Die Nudeln im geöffneten Topf bei mittlerer Hitze nach Packungsanleitung kochen lassen, dabei zwischendurch 4-5-mal umrühren.

2. Anschließend die Nudeln in ein Sieb geben, mit heißem Wasser abspülen und abtropfen lassen. Den Backofen vorheizen.

3. Schinken in Würfel schneiden. Tomaten waschen, abtrocknen und die Stängelansätze herausschneiden. Tomaten in Würfel schneiden. Zwiebeln abziehen und in kleine Würfel schneiden.

4. Garnelen kurz unter fließendem kalten Wasser abspülen und trocken tupfen. Nudeln mit Schinken-, Tomaten-, Zwiebelwürfeln und Garnelen mischen, in eine flache, große Auflaufform (gefettet) oder in eine Fettfangschale (gefettet) geben.

5. Sahne mit Crème fraîche, Eiern und Milch verrühren. Mit Salz, Pfeffer und Muskat würzen. Die Sauce auf der Nudel-Tomaten-Garnelen-Masse verteilen. Die Form auf dem Rost oder die Fettfangschale in den vorgeheizten Backofen schieben.

Ober-/Unterhitze: etwa 180 °C
Heißluft: etwa 160 °C
Garzeit: etwa 45 Minuten.

6. Den Auflauf nach etwa 45 Minuten Garzeit aus dem Backofen nehmen und mit Parmesan-Käse bestreuen. Wieder in den heißen Backofen schieben und **bei gleicher Backofeneinstellung in weiteren etwa 5 Minuten fertig backen**.

Tipp: Den Auflauf nach der Hälfte der Garzeit mit Backpapier belegen, damit er nicht zu dunkel wird.

Nudelauflauf „Quattro Formaggio“ | Mit Alkohol

4 Portionen

Pro Portion:
E: 34 g, F: 73 g, Kh: 58 g, kJ: 4564, kcal: 1091

2 ½ l Wasser
2 ½ TL Salz
250 g Röhrennudeln, z. B. Rigatoni
1 Zwiebel
2 Knoblauchzehen
50 g Butter
25 g Weizenmehl
125 ml (⅛ l) Weißwein
200 g Schlagsahne
125 g Mozzarella-Käse
100 g Höhlenkäse
75 g geriebener Parmesan-Käse
250 g Mascarpone (italienischer Frischkäse)
Salz, frisch gemahlener Pfeffer
Paprikapulver edelsüß
1 Topf Basilikum
250 g Cocktailtomaten
250 g Zucchini

Zubereitungszeit: 75 Minuten
Garzeit: etwa 25 Minuten

1. Wasser in einem großen Topf mit geschlossenem Deckel zum Kochen bringen. Dann Salz und Nudeln hinzugeben. Die Nudeln im geöffneten Topf bei mittlerer Hitze nach Packungsanleitung kochen lassen, dabei zwischendurch 4–5-mal umrühren.

2. Anschließend die Nudeln in ein Sieb geben, mit heißem Wasser abspülen, abtropfen lassen und warm stellen. Den Backofen vorheizen.

3. Zwiebel und Knoblauch abziehen, in kleine Würfel schneiden. Butter in einem kleinen Topf zerlassen. Zwiebel- und Knoblauchwürfel darin andünsten. Mehl hinzufügen und unter Rühren so lange erhitzen, bis es hellgelb ist. Wein und Sahne hinzugießen, mit einem Schneebesen durchschlagen. Dabei darauf achten, dass keine Klümpchen entstehen. Die Zutaten unter Rühren zum Kochen bringen.

4. Mozzarella abtropfen lassen und in Stücke schneiden. Den Höhlenkäse ebenfalls in Stücke schneiden. Mozzarella-, Höhlenkäsestücke, Parmesan-Käse und Mascarpone unter die heiße Wein-Sahne-Sauce rühren, bis der Käse geschmolzen ist. Die Sauce mit Salz, Pfeffer und Paprika würzen.

5. Basilikum abspülen und trocken tupfen. Die Blättchen von den Stängeln zupfen. Tomaten waschen, abtropfen lassen und die Stängelansätze herausschneiden. Größere Tomaten halbieren.

6. Zucchini waschen, abtrocknen und die Enden abschneiden. Zucchini halbieren und in Scheiben schneiden.

7. Nudeln mit Zucchinischeiben, Tomaten und Basilikumblättchen (einige Blättchen zum Garnieren beiseitelegen) mischen, in eine flache Auflaufform (gefettet) geben. Käse-Sahne-Sauce darauf verteilen. Die Form auf dem Rost in den vorgeheizten Backofen schieben.

Ober-/Unterhitze: etwa 200 °C
Heißluft: etwa 180 °C
Garzeit: etwa 25 Minuten.

8. Den Auflauf vor dem Servieren mit den beiseitegelegten Basilikumblättchen garnieren.

Nudelauflauf, vegetarisch | Preiswert

4 Portionen

Pro Portion:
E: 35 g, F: 40 g, Kh: 78 g, kJ: 3578, kcal: 855

400 g	*Makkaroni oder Bandnudeln*
4 l	*Wasser*
4 TL	*Salz*
1 Msp.	*Safran*
2	*mittelgroße Zucchini*
200 g	*Cocktailtomaten*
3	*Eier (Größe M)*
	Salz
	grob gemahlener Pfeffer
125 g	*Schlagsahne*
125 ml (1/8 l)	*Milch*
	frisch geriebene Muskatnuss
200 g	*mittelalter Gouda-Käse*
20 g	*Semmelbrösel*
30 g	*Butter*

Zubereitungszeit: 55 Minuten
Garzeit: etwa 30 Minuten

1. Makkaroni in Stücke brechen. Wasser in einem großen Topf mit geschlossenem Deckel zum Kochen bringen. Dann Salz, Safran und Nudeln hinzugeben. Die Nudeln im geöffneten Topf bei mittlerer Hitze nach Packungsanleitung kochen lassen, dabei zwischendurch 4–5-mal umrühren. Anschließend die Nudeln in ein Sieb geben, mit heißem Wasser abspülen und abtropfen lassen. Den Backofen vorheizen.

2. Zucchini waschen, abtrocknen und die Enden abschneiden. Zucchini in Scheiben schneiden. Tomaten waschen, trocken tupfen und die Stängelansätze entfernen. Tomaten halbieren.

3. Nudeln abwechselnd mit der Hälfte der Zucchinischeiben und Tomatenhälften in eine flache Auflaufform (gefettet) schichten. Restliche Zucchinischeiben und Tomatenhälften dekorativ darauf anrichten.

4. Eier mit Sahne und Milch verschlagen. Mit Salz, Pfeffer und Muskat würzen. Die Eiersahne auf dem Auflauf verteilen. Käse mit Semmelbröseln mischen. Den Auflauf damit bestreuen. Butter in Flöckchen daraufsetzen. Die Form auf dem Rost in den vorgeheizten Backofen schieben.

Ober-/Unterhitze: 180–200 °C
Heißluft: 160–180 °C
Garzeit: etwa 30 Minuten.

5. Den Nudelauflauf eventuell nach der Hälfte der Garzeit mit Backpapier belegen, damit die Nudeln nicht zu hart werden.

Nudel-Mett-Auflauf |

Für Kinder – schnell

4 Portionen

Pro Portion:
E: 42 g, F: 48 g, Kh: 64 g, kJ: 3692, kcal: 882

2 ½ l Wasser
2 ½ TL Salz
250 g Spiralnudeln
500 g Thüringer Mett
1 Dose Tomatenstücke mit Kräutern (Einwaage 400 g)
½ Flasche (250 ml) Texicana-Salsa
1 Pck. (300 g) TK-Balkangemüse
Salz
frisch gemahlener Pfeffer
Kräuter der Provence
50 g frisch geriebener Parmesan-Käse
25 g Semmelbrösel

Zubereitungszeit: 20 Minuten
Garzeit: etwa 35 Minuten

1. Wasser in einem großen Topf mit geschlossenem Deckel zum Kochen bringen. Dann Salz und Nudeln hinzugeben. Die Nudeln im geöffneten Topf bei mittlerer Hitze nach Packungsanleitung kochen lassen, dabei zwischendurch 4–5-mal umrühren. Den Backofen vorheizen.

2. Anschließend die Nudeln in ein Sieb geben, mit heißem Wasser abspülen, abtropfen lassen und in eine flache, große Auflaufform (gefettet) geben. Aus dem Mett mit angefeuchteten Händen kleine Klößchen formen. Mettklößchen zwischen den Nudeln verteilen.

3. Tomatenstücke mit Texicana-Salsa und Balkangemüse vermengen. Mit Salz, Pfeffer und Kräutern der Provence würzen.

4. Das Gemüse auf der Nudel-Mettklößchen-Masse verteilen. Mit Käse und Semmelbröseln bestreuen. Die Form auf dem Rost in den vorgeheizten Backofen schieben.

Ober-/Unterhitze: etwa 200 °C
Heißluft: etwa 180 °C
Garzeit: etwa 35 Minuten.

Obstauflauf, geschichtet | Für Kinder

4–6 Portionen

Pro Portion:
E: 23 g, F: 45 g, Kh: 68 g, kJ: 3385, kcal: 808

1 kleine Dose	*Aprikosenhälften (Abtropfgewicht 240 g)*
1 Glas	*Sauerkirschen (Abtropfgewicht 370 g)*
4	*Eigelb (Größe M)*
400 g	*Doppelrahm-Frischkäse*
130 g	*Zucker*
80 ml	*Milch*
2–3 EL	*Zitronensaft*
4	*Eiweiß (Größe M)*
50 g	*Hartweizengrieß*
30 g	*gemahlener Mohn (erhältlich im Reformhaus)*
30 g	*Weizenmehl*
100 g	*abgezogene, gestiftelte Mandeln*

Zubereitungszeit: 30 Minuten
Garzeit: etwa 60 Minuten

1. Aprikosenhälften und Sauerkirschen getrennt in je einem Sieb abtropfen lassen. Aprikosenhälften in Würfel schneiden. Eigelb, Frischkäse, 100 g Zucker und Milch in einer Rührschüssel mit Handrührgerät mit Rührbesen glattrühren. Anschließend auf höchster Stufe in etwa 8 Minuten zu einer dicken Creme aufschlagen. Mit Zitronensaft abschmecken.

2. Einen gewässerten Römertopf® mit Speiseöl bestreichen. Die Frischkäsecreme halbieren. Eiweiß steifschlagen.

3. Grieß, Mohn und Aprikosenwürfel unter eine Hälfte der Creme rühren. Die Hälfte des Eischnees unterheben. Die Aprikosencreme als erste Schicht in den Römertopf® geben und glattstreichen.

4. Sauerkirschen in Mehl wälzen und unter die restliche Frischkäsecreme heben. Restlichen Eischnee unterheben. Die Kirschcreme als zweite Schicht in den Römertopf® geben und glattstreichen.

5. Mit Mandeln und restlichem Zucker bestreuen. Den Römertopf® mit dem Deckel verschließen und auf dem Rost in den kalten Backofen schieben.

Ober-/Unterhitze: etwa 200 °C
Heißluft: etwa 180 °C
Garzeit: etwa 60 Minuten.

6. Nach etwa 50 Minuten Garzeit den Deckel abnehmen und den Auflauf fertig garen.

Tipp: Gut schmeckt der Obstauflauf auch mit Pfirsich und Mango aus der Dose. Ersetzen Sie den Frischkäse auch einmal durch die gleiche Menge Mascarpone.

Ofenschnitzel | Raffiniert

8–10 Portionen

Pro Portion:
E: 39 g, F: 37 g, Kh: 18 g, kJ: 2489, kcal: 595

1,2 kg mittelgroße Zucchini
2 Auberginen (je etwa 400 g)
200 ml Olivenöl
Salz
1 kg Putenschnitzel
frisch gemahlener Pfeffer
2 Pck. (je 370 g) Tomaten in Stückchen mit Knoblauch
2 TL gerebelter Oregano
etwa 2 EL konzentrierte Hühnerbouillon (aus der Flasche)

Für den Guss:
1 Glas (156 g) Pâté di Olive Verde (Olivenpaste)
300 g Ziegenfrischkäse
150 g saure Sahne
250 g Schlagsahne

Zum Bestreuen:
1/2 Bund glatte Petersilie

Zubereitungszeit: 50 Minuten
Garzeit: etwa 40 Minuten

1. Zucchini und Auberginen waschen, abtrocknen und die Enden bzw. Stängelansätze abschneiden. Zucchini der Länge nach in dünne Scheiben schneiden. Die Auberginen längs halbieren und dann senkrecht zur Schnittfläche der Länge nach in Scheiben schneiden.

2. Jeweils etwas Olivenöl in 2 Pfannen erhitzen. Zucchini- und Auberginenscheiben darin getrennt in mehreren Portionen von beiden Seiten goldbraun braten, herausnehmen und auf Küchenpapier abtropfen lassen. Mit Salz würzen. Den Backofen vorheizen.

3. Putenschnitzel unter fließendem kalten Wasser abspülen, trocken tupfen und etwas flacher klopfen. Restliches Olivenöl in dem verbliebenen Bratfett erhitzen. Die Putenschnitzel darin von beiden Seiten anbraten, mit Salz und Pfeffer würzen und aus der Pfanne nehmen.

4. Die Tomatenstückchen mit der Flüssigkeit zu dem heißen Bratensatz in die Pfanne geben. Mit Oregano und konzentrierter Hühnerbouillon würzen. Die Tomatensauce in eine Fettfangschale (gefettet) geben. Putenschnitzel darauf verteilen. Mit Auberginen- und Zucchinischeiben belegen.

5. Für den Guss Olivenpaste, Ziegenfrischkäse, saure Sahne und Sahne mit einem Schneebesen oder mit Handrührgerät mit Rührbesen cremig rühren. Mit Pfeffer würzen. Den Guss gleichmäßig auf den Auberginen- und Zucchinischeiben verteilen. Die Fettfangschale in den vorgeheizten Backofen schieben.

Ober-/Unterhitze: 180–200 °C
Heißluft: 160–180 °C
Garzeit: etwa 40 Minuten.

6. Petersilie abspülen, trocken tupfen. Die Blättchen von den Stängeln zupfen, klein schneiden. Die Ofenschnitzel mit Petersilie bestreut servieren.

Tipp: Die „Pâté di Olive Verde" ist eine Zubereitung aus grünen Oliven, Olivenöl und Gewürzen. Wenn Sie keine Olivenpaste bekommen, können Sie stattdessen auch Pesto oder Kräuter in Öl verwenden.

Palatschinken-Auflauf | Preiswert

4 Portionen

Pro Portion:
E: 26 g, F: 61 g, Kh: 77 g, kJ: 4173, kcal: 996

Für den Teig:

200 g Weizenmehl
3 Eigelb (Größe M)
1 Prise Salz
375 ml
(3/8 l) Milch
3 Eiweiß (Größe M)
100 g Butter

Für die Füllung:

50 g weiche Butter
75 g Zucker
1 Pck. Dr. Oetker Vanillin-Zucker
2 Eigelb (Größe M)
1/2 Bio-Zitrone (unbehandelt, ungewachst)
250 g Speisequark (Magerstufe)
50 g Rosinen
2 Eiweiß (Größe M)
1 Pck. Dr. Oetker Vanillin-Zucker
125 g Schlagsahne
2 Eigelb (Größe M)

etwas Puderzucker

Zubereitungszeit: 50 Minuten
Garzeit: etwa 40 Minuten

1. Für den Teig Mehl in eine Rührschüssel geben, mit Eigelb und Salz gut verrühren. Milch unterrühren. Darauf achten, dass keine Klümpchen entstehen. Eiweiß steifschlagen und unterheben.

2. Etwas Butter in einer Pfanne zerlassen. Jeweils eine dünne Teiglage, mit einer drehenden Bewegung auf dem Boden der Pfanne verteilen. Palatschinken von beiden Seiten etwa 2 Minuten goldbraun backen und herausnehmen. Bevor der Palatschinken gewendet wird, etwas Butter in die Pfanne geben. Aus dem Teig 6–8 Palatschinken backen. Den Backofen vorheizen.

3. Für die Füllung Butter mit Handrührgerät mit Rührbesen geschmeidig rühren. Nach und nach Zucker, Vanillin-Zucker und Eigelb unterrühren. Zitrone heiß abwaschen, abtrocknen und die Schale abreiben. Den Saft auspressen. Zitronenschale, Zitronensaft, Quark und Rosinen zur Butter-Eier-Masse geben und gut unterrühren.

4. Die Palatschinken gleichmäßig mit der Füllung bestreichen, aufrollen und mit der Nahtseite nach unten in eine ovale Auflaufform (gefettet) legen.

5. Eiweiß steifschlagen, Vanillin-Zucker kurz unterschlagen. Sahne steifschlagen und mit dem verschlagenen Eigelb unterheben. Die Masse auf den Palatschinkenrollen verteilen.

6. Die Form auf dem Rost in den vorgeheizten Backofen schieben.

Ober-/Unterhitze: etwa 200 °C
Heißluft: etwa 180 °C
Garzeit: etwa 40 Minuten.

7. Den Palatschinkenauflauf mit Puderzucker bestäubt servieren.

Pastinakengratin | Preiswert

4 Portionen

Pro Portion:
E: 24 g, F: 25 g, Kh: 34 g, kJ: 2030, kcal: 486

1,2 kg Pastinaken
150 g Joghurt
100 g Speisequark (Magerstufe)
100 ml Milch
2 Eier (Größe M)
frisch geriebene Muskatnuss
Salz, frisch gemahlener Pfeffer
120 g frisch geriebener Höhlenkäse
1 Bund Frühlingszwiebeln
60 g gehackte Haselnusskerne

Zubereitungszeit: 30 Minuten
Garzeit: etwa 40 Minuten

1. Den Backofen vorheizen. Pastinaken putzen, schälen, abspülen, abtropfen lassen, in etwa 2 mm dicke Scheiben schneiden und in eine runde Gratinform (Ø 30 cm, gefettet) schichten.

2. Joghurt mit Quark, Milch und Eiern verschlagen. Mit Muskat, Salz und Pfeffer würzen. Die Masse auf den Pastinakenscheiben verteilen und mit Käse bestreuen. Die Form auf dem Rost in den vorgeheizten Backofen schieben.

Ober-/Unterhitze: etwa 180 °C
Heißluft: etwa 160 °C
Garzeit: etwa 30 Minuten.

3. Frühlingszwiebeln putzen, waschen, abtropfen lassen und in Scheiben schneiden. Die Form nach etwa 30 Minuten aus dem Backofen nehmen und Frühlingszwiebelscheiben und Haselnusskerne auf dem Gratin verteilen.

4. Die Form wieder auf dem Rost in den heißen Backofen schieben und das Gratin **bei gleicher Backofeneinstellung in etwa 10 Minuten fertig garen**.

Penneauflauf mit Brokkoli und Tomaten | Einfach – für Kinder

4 Portionen

Pro Portion:
E: 25 g, F: 39 g, Kh: 54 g, kJ: 2837, kcal: 678

2 ½ l Wasser
2 ½ TL Salz
250 g Penne (Röhrennudeln)
500 g Brokkoli
Salzwasser
1 Zwiebel
30 g Butter
30 g Weizenmehl
125 ml
(⅛ l) Brokkoli-Kochflüssigkeit
250 g Schlagsahne
2 Eier (Größe M)
125 g frisch geriebener Emmentaler-Käse
Kräutersalz
frisch gemahlener Pfeffer
150 g Cocktailtomaten

Zubereitungszeit: 30 Minuten
Garzeit: 30–35 Minuten

1. Wasser in einem großen Topf mit geschlossenem Deckel zum Kochen bringen. Dann Salz und Nudeln hinzugeben. Die Nudeln im geöffneten Topf bei mittlerer Hitze nach Packungsanleitung kochen lassen, dabei zwischendurch 4–5-mal umrühren.

2. Anschließend die Nudeln in ein Sieb geben, mit heißem Wasser abspülen und abtropfen lassen.

3. In der Zwischenzeit von dem Brokkoli die Blätter entfernen. Brokkoli in Röschen teilen. Brokkoliröschen waschen, abtropfen lassen und in kochendem Salzwasser etwa 5 Minuten bissfest garen.

4. Die Brokkoliröschen in ein Sieb geben, dabei die Kochflüssigkeit auffangen und 125 ml (⅛ l) abmessen. Brokkoliröschen mit kaltem Wasser übergießen und abtropfen lassen. Anschließend den Backofen vorheizen.

5. Zwiebel abziehen und klein würfeln. Butter in einem Topf zerlassen, Zwiebelwürfel darin glasig dünsten. Mehl hinzufügen und unter Rühren so lange erhitzen, bis es hellgelb ist. Brokkoli-Kochflüssigkeit und die Sahne hinzugießen, mit einem Schneebesen durchschlagen. Dabei darauf achten, dass keine Klümpchen entstehen. Die Sauce unter Rühren gut aufkochen lassen. Den Topf von der Kochstelle nehmen. Eier und Käse unterrühren. Die Sauce mit Kräutersalz und Pfeffer würzen.

6. Tomaten waschen, abtrocknen und halbieren, eventuell Stängelansätze herausschneiden. Nudeln mit Brokkoliröschen, Tomatenhälften und der Sauce vermengen, in eine Auflaufform (gefettet) geben. Die Form auf dem Rost in den vorgeheizten Backofen schieben.

Ober-/Unterhitze: etwa 200 °C
Heißluft: etwa 180 °C
Garzeit: 30–35 Minuten.

Tipp: Ersetzen Sie die Sahne durch Milch.

Pfannkuchen-Gratin | Vegetarisch

4 Portionen

Pro Portion:
E: 35 g, F: 68 g, Kh: 60 g, kJ: 4386, kcal: 1047

250 g Vollkorn-Weizenmehl
3 Eier (Größe M)
300 ml Milch
200 ml Wasser
½ gestr. TL Salz
10 EL Speiseöl
3 Bund Sauerampfer
250 g Ricotta (italienischer Frischkäse)
250 g Speisequark (Magerstufe)
100 g gemahlene Haselnusskerne
frisch gemahlener Pfeffer
2 säuerliche Äpfel
3 EL frisch geriebener Emmentaler-Käse

Zubereitungszeit: 45 Minuten, ohne Ruhezeit
Garzeit: etwa 25 Minuten

1. Mehl mit Eiern in einer Rührschüssel gut verrühren. Milch und Wasser hinzugießen, zu einem dickflüssigen Teig verrühren, mit Salz würzen. Den Teig etwa 15 Minuten ruhen lassen.

2. Etwas Speiseöl in einer Pfanne zerlassen. Jeweils eine dünne Teiglage, mit einer drehenden Bewegung auf dem Boden der Pfanne verteilen. Den Pfannkuchen von beiden Seiten etwa 3 Minuten goldbraun backen und herausnehmen. Bevor der Pfannkuchen gewendet wird, etwas Speiseöl in die Pfanne geben. Aus dem Teig 6 Pfannkuchen backen. Den Backofen vorheizen.

3. Sauerampfer verlesen, gründlich waschen und gut abtropfen lassen. Ricotta, Quark und Haselnusskerne in einer Rührschüssel verrühren, mit Pfeffer würzen. Äpfel schälen, halbieren, entkernen, fein raspeln und unter die Quarkmasse heben.

4. Einen Pfannkuchen in eine Auflaufform (gefettet) legen. Ein Sechstel der Quarkmasse daraufstreichen und mit ein Fünftel der Sauerampferblätter belegen. So fortfahren, bis der letzte Pfannkuchen mit Quarkcreme bestrichen ist. Käse daraufstreuen. Die Form auf dem Rost in den vorgeheizten Backofen schieben.

Ober-/Unterhitze: etwa 200 °C
Heißluft: etwa 180 °C
Garzeit: etwa 25 Minuten.

Tipp: Statt Ricotta können Sie auch Speisequark (40 % Fett i. Tr.) verwenden.

Pfirsich-Kirsch-Gratin | Für Gäste

12 Portionen

Pro Portion:
E: 6 g, F: 9 g, Kh: 45 g, kJ: 1275, kcal: 304

1,2 kg Schattenmorellen
150 g Zucker
150 g abgezogene, gemahlene Mandeln
6 Pfirsiche
6 Eiweiß (Größe M)
200 g Zucker
50 g abgezogene, gemahlene Mandeln

Zubereitungszeit: 50 Minuten
Garzeit: etwa 10 Minuten je Form

1. Schattenmorellen waschen, abtropfen lassen, entstielen, in einen großen Topf geben, bei schwacher Hitze zum Kochen bringen und etwa 15 Minuten kochen lassen. Schattenmorellen durch ein großes Sieb streichen, so dass die Kerne zurückbleiben. Den Backofen vorheizen.

2. Kirschmus mit Zucker und Mandeln vermengen, in eine große, flache oder 2 mittelgroße Auflaufformen (gefettet) geben.

3. Pfirsiche mit kochendem Wasser übergießen. Die Haut abziehen, Pfirsiche halbieren, entsteinen und in Spalten schneiden. Pfirsichspalten dekorativ auf das Kirschmus legen.

4. Eiweiß mit Handrührgerät mit Rührbesen auf höchster Stufe steifschlagen. Der Schnee muss so fest sein, dass ein Messerschnitt sichtbar bleibt. Nach und nach kurz Zucker unterschlagen. Mandeln vorsichtig unterheben.

5. Die Eischneemasse in einen Spritzbeutel mit Sterntülle geben und Streifen auf den Auflauf spritzen. Die Form oder Formen nacheinander (bei Heißluft zusammen) auf dem Rost in den vorgeheizten Backofen schieben.

Ober-/Unterhitze: etwa 250 °C
(obere Einschubleiste)
Heißluft: etwa 230 °C
Garzeit: etwa 10 Minuten je Form.

Tipp: Das Gratin wird besonders gut, wenn es unter dem heißen Grill in etwa 5 Minuten überbacken wird. Anstelle der frischen Schattenmorellen können auch 3 Gläser Sauerkirschen (Abtropfgewicht je 360 g) verwendet werden.

Pfundstopf | Gut vorzubereiten

12 Portionen

Pro Portion:
E: 39 g, F: 58 g, Kh: 7 g, kJ: 3106, kcal: 742

500 g Rindfleisch
500 g Schweinefleisch
500 g Hackfleisch (halb Rind-, halb Schweinefleisch)
500 g Mett
Salz
frisch gemahlener Pfeffer
500 g durchwachsener Speck
500 g Zwiebeln
1 Dose Tomaten (Einwaage 800 g)
500 g rote Paprikaschoten
500 g grüne Paprikaschoten
250 ml (1/4 l) Zigeunersauce (Fertigprodukt)
250 ml (1/4 l) heiße Fleischbrühe

Zubereitungszeit: 60 Minuten
Garzeit: etwa 2 Stunden

1. Rind- und Schweinefleisch unter fließendem kalten Wasser abspülen, trocken tupfen. Das Fleisch würfeln und in eine große Auflaufform (gefettet) geben. Den Backofen vorheizen.

2. Hackfleisch und Mett mit Salz und Pfeffer abschmecken. Daraus jeweils kleine Bällchen formen und mit in die Auflaufform geben.

3. Speck in kleine Würfel schneiden. Zwiebeln abziehen und klein würfeln. Tomaten etwas zerkleinern. Speck-, Zwiebelwürfel und Tomaten mit dem Saft in die Auflaufform geben.

4. Paprikaschoten halbieren, entstielen, entkernen und die weißen Scheidewände entfernen. Schotenhälften waschen, abtropfen lassen und in Streifen schneiden. Paprikastreifen ebenfalls in die Auflaufform geben.

5. Zigeunersauce und die heiße Fleischbrühe zuletzt über den Pfundstopf geben, alles gut durchmengen. Die Form zugedeckt auf dem Rost in den vorgeheizten Backofen schieben.

Ober-/Unterhitze: etwa 200 °C
Heißluft: etwa 180 °C
Garzeit: etwa 2 Stunden.

Beilage: Weißbrot oder frisches Bauernbrot und Bier.

Pikante Garnelen aus dem Ofen | Für Gäste

2 Portionen

Pro Portion:
E: 43 g, F: 16 g, Kh: 12 g, kJ: 1552, kcal: 371

16 TK- oder frische Riesengarnelen
2 Knoblauchzehen
1 rote Zwiebel
10 Cocktailtomaten
4 Stängel Thymian
2 Stängel Petersilie
1–2 getrocknete Chilischoten
Meersalz
1 EL grob gemahlener, schwarzer Pfeffer
2–3 EL Olivenöl

Zubereitungszeit: 30 Minuten, ohne Auftauzeit
Garzeit: etwa 15 Minuten

1. TK-Garnelen nach Packungsanleitung auftauen lassen. Den Backofen vorheizen. Garnelen unter fließendem kalten Wasser abspülen und trocken tupfen, eventuell den Darm entfernen. Anschließend unter fließendem kalten Wasser abspülen und trocken tupfen.

2. Knoblauch mit der flachen Hand aufschlagen. Zwiebel abziehen, zuerst in dünne Scheiben schneiden, dann in Ringe teilen. Tomaten waschen, trocken tupfen, halbieren und eventuell die Stängelansätze entfernen.

3. Thymian und Petersilie abspülen und trocken tupfen. Die Blättchen von den Stängeln zupfen. Petersilienblättchen klein schneiden.

4. Garnelen in eine Schüssel geben. Knoblauchzehen mit der Schale, Zwiebelringe, Thymianblättchen, Petersilie und Tomatenhälften untermischen. Chilischote darauf zerbröseln. Mit Salz und Pfeffer kräftig würzen. Olivenöl unterheben.

5. Die Garnelenmischung in eine feuerfeste Form (gefettet) oder Auflaufform (gefettet) geben. Die Form auf dem Rost in den vorgeheizten Backofen schieben.

Ober-/Unterhitze: etwa 200 °C
Heißluft: etwa 180 °C
Garzeit: etwa 15 Minuten.

6. Die Garnelen während der Garzeit einmal umrühren und mit dem entstandenen Fischfond begießen.

7. Die Garnelen aus dem Backofen nehmen und in der Form sofort servieren.

Beilage: Ofenfrisches Baguette.

Tipp: Den Fischfond mit Brot auftunken. Garnelen nach Möglichkeit bei Heißluft garen.

Pikanter Fischauflauf | Raffiniert

4 Portionen

Pro Portion:
E: 38 g, F: 25 g, Kh: 35 g, kJ: 2216, kcal: 529

1 kg Kartoffeln
Salzwasser
500 g Schollenfilet
Zitronensaft
Salz
125 ml
(1/8 l) heiße Milch
40 g Butter
3 Zwiebeln
100 g geräucherter, durchwachsener Speck
375 g Tomaten
frisch gemahlener Pfeffer
75 g frisch geriebener Emmentaler- oder mittelalter Gouda-Käse

Zubereitungszeit: 40 Minuten, ohne Durchzieh- und Abkühlzeit
Garzeit: 40–50 Minuten

1. Kartoffeln waschen, schälen, abspülen, abtropfen lassen und in Stücke schneiden. Kartoffelstücke in einem Topf mit Salzwasser bedeckt zum Kochen bringen und anschließend zugedeckt etwa 15 Minuten garen.

2. Schollenfilets unter fließendem kalten Wasser abspülen, trocken tupfen und mit Zitronensaft beträufeln, etwas durchziehen lassen. Schollenfilets trocken tupfen und mit Salz bestreuen.

3. Die garen Kartoffeln abgießen, mit Milch und Butter zu einem Brei zerstampfen, etwas abkühlen lassen. Kartoffelbrei in einen gewässerten Römertopf® geben. Schollenfilets darauf verteilen.

4. Zwiebeln abziehen und in kleine Würfel schneiden. Speck ebenfalls klein würfeln. Speckwürfel in einer Pfanne auslassen, Zwiebelwürfel hinzufügen und goldgelb dünsten. Die Speck-Zwiebel-Masse auf den Schollenfilets verteilen.

5. Tomaten waschen, abtrocknen und die Stängelansätze herausschneiden. Tomaten in Scheiben schneiden und dachziegelartig auf die Schollenfilets legen. Mit Salz und Pfeffer würzen. Käse darauf verteilen. Den Römertopf® mit dem Deckel verschließen und auf dem Rost in den kalten Backofen schieben.

Ober-/Unterhitze: 200–220 °C
Heißluft: 180–200 °C
Garzeit: 40–50 Minuten.

Pikanter Nudelauflauf | Für Kinder

4 Portionen

Pro Portion:
E: 35 g, F: 42 g, Kh: 46 g, kJ: 3122, kcal: 746

2 1/2 l Wasser
2 1/2 TL Salz
250 g Röhren- oder Bandnudeln
200 g Gouda-Käse
100 g Salami oder magerer Schinkenspeck
3 Tomaten
3 Eier (Größe M)
125 g Schlagsahne
Salz
frisch gemahlener Pfeffer
frisch geriebene Muskatnuss
2 EL fein gehackte Petersilie

Zubereitungszeit: 30 Minuten
Garzeit: 30–40 Minuten

1. Wasser in einem großen Topf mit geschlossenem Deckel zum Kochen bringen. Dann Salz und Nudeln hinzugeben. Die Nudeln im geöffneten Topf bei mittlerer Hitze nach Packungsanleitung kochen lassen, dabei zwischendurch 4–5-mal umrühren.

2. Anschließend die Nudeln in ein Sieb geben, mit heißem Wasser abspülen und abtropfen lassen. Den Backofen vorheizen.

3. Käse und Salami oder Schinkenspeck in kleine Würfel schneiden. Tomaten waschen, abtropfen lassen, kreuzweise einschneiden, kurz in kochendes Wasser legen und in kaltem Wasser abschrecken. Tomaten enthäuten, halbieren, entkernen und die Stängelansätze herausschneiden. Tomatenhälften in mundgerechte Stücke schneiden.

4. Tomatenstücke mit Nudeln, Käse- und Schinkenwürfeln in eine Auflaufform (gefettet) schichten.

5. Eier mit Sahne verschlagen, mit Salz, Pfeffer und Muskat würzen. Die Eiersahne auf dem Auflauf verteilen. Die Form mit dem Deckel verschließen und auf dem Rost in den vorgeheizten Backofen schieben.

Ober-/Unterhitze: etwa 200 °C
Heißluft: etwa 180 °C
Garzeit: 30–40 Minuten.

6. Etwa 15 Minuten vor Ende der Garzeit den Deckel abnehmen und den Auflauf fertig garen.

7. Den Auflauf mit Petersilie bestreut servieren.

Pilzauflauf mit Kartoffel-Sellerie-Haube | Für Gäste – vegetarisch

8–10 Portionen

Pro Portion:
E: 14 g, F: 34 g, Kh: 29 g, kJ: 2159, kcal: 515

1,2 kg Kartoffeln
800 g Knollensellerie
Salzwasser
je 400 g Champignons, Austernpilze und Shiitake-Pilze
4 rote Zwiebeln
6–8 Knoblauchzehen
4 EL Olivenöl
80 g Butter
Salz, frisch gemahlener Pfeffer
getrocknete Kräuter der Provence
400 g Schlagsahne
200 g geriebener Gratin-Käse
200 ml Kartoffel-Sellerie-Kochflüssigkeit
1 Eigelb (Größe M)

Zubereitungszeit: 45 Minuten
Garzeit: etwa 30 Minuten

1. Kartoffeln waschen, schälen, abspülen, abtropfen lassen. Sellerie putzen, schälen, abspülen, abtropfen lassen. Kartoffeln und Sellerie in grobe Stücke schneiden, in kochendem Salzwasser 10–15 Minuten garen.

2. In der Zwischenzeit Pilze putzen, mit Küchenpapier abreiben, eventuell abspülen, trocken tupfen, größere Pilze etwas kleiner schneiden. Zwiebeln und Knoblauch abziehen, in kleine Würfel schneiden. Den Backofen vorheizen.

3. Olivenöl und die Hälfte der Butter in einer großen Pfanne erhitzen. Pilze, Zwiebel- und Knoblauchwürfel darin unter Wenden 5–8 Minuten braten. Mit Salz, Pfeffer und Kräutern der Provence würzen. Sahne (4 Esslöffel Sahne beiseitestellen) hinzugießen und kurz aufkochen lassen. Das Pilzgemüse mit der Flüssigkeit anschließend in eine große, flache Auflaufform (gefettet) geben.

4. Das Kartoffel-Sellerie-Gemüse abgießen, dabei die Kochflüssigkeit auffangen, 200 ml abmessen und wieder zu dem Kartoffel-Sellerie-Gemüse geben. Das Gemüse zerstampfen. Restliche Butter unterrühren, mit Salz und Pfeffer würzen. Die Hälfte des Käses untermischen. Das Püree auf dem Pilzgemüse verteilen.

5. Eigelb und beiseitegestellte Sahne verschlagen. Das Püree damit beträufeln und mit dem restlichen Käse bestreuen. Die Form auf dem Rost in den vorgeheizten Backofen schieben.

Ober-/Unterhitze: etwa 200 °C
Heißluft: etwa 180 °C
Garzeit: etwa 30 Minuten.

Pilzlasagne | Dauert länger

4 Portionen

Pro Portion:
E: 35 g, F: 42 g, Kh: 91 g, kJ: 3916, kcal: 935

Für die Pilzsauce:

3 Knoblauchzehen
3 Zwiebeln
400 g braune Champignons
350 g Stein- oder Austernpilze
120 g Knollensellerie
60 g Butter
300 ml Pilzfond
100 g Schlagsahne
1 EL Zitronensaft
3 Stängel Thymian
1 Stängel Rosmarin
1 Stängel Salbei
20 g Butter
1 EL Weizenmehl
Salz, frisch gemahlener Pfeffer

Für die Béchamelsauce:

300 ml Milch
1 Ei (Größe M)
1 EL Weizenmehl
frisch geriebene Muskatnuss
gerebelter Thymian

100 g grüne Bohnen
400 g Lasagneplatten (ohne Vorgaren)
150 g frisch geriebener Edamer-Käse

Zubereitungszeit: 80 Minuten
Garzeit: etwa 45 Minuten

1. Für die Pilzsauce Knoblauch und Zwiebeln abziehen, in kleine Würfel schneiden. Champignons und Stein- oder Austernpilze putzen, mit Küchenpapier abreiben, eventuell abspülen, trocken tupfen, in Scheiben schneiden. Knollensellerie putzen, schälen, abspülen, abtropfen lassen und in kleine Würfel schneiden.

2. Butter in einem Topf zerlassen. Knoblauch- und Zwiebelwürfel darin andünsten. Pilzscheiben und Selleriewürfel hinzugeben und unter mehrmaligem Rühren mit andünsten. Pilzfond, Sahne und Zitronensaft hinzugießen und aufkochen lassen. Den Backofen vorheizen.

3. Thymian, Rosmarin und Salbei abspülen, trocken tupfen. Die Blättchen bzw. Nadeln von den Stängeln zupfen. Butter mit Mehl verkneten, daraus kleine Kugeln formen und zum Binden zur Pilz-Sellerie-Masse geben. Thymian, Rosmarinnadeln und Salbeiblättchen unterrühren. Mit Salz und Pfeffer würzen.

4. Für die Béchamelsauce Milch mit Ei und Mehl in einem Topf verrühren, unter Rühren aufkochen lassen. Mit Salz, Pfeffer, Muskat und Thymian abschmecken.

5. Von den Bohnen die Enden abschneiden. Bohnen eventuell abfädeln, waschen und abtropfen lassen. Bohnen in eine große, rechteckige Auflaufform (gefettet) legen. Die Hälfte der Béchamelsauce daraufgeben und mit Lasagneplatten belegen. Die Hälfte der Pilzsauce darauf verteilen und wieder mit Lasagneplatten belegen. Restliche Pilzsauce daraufgeben und restliche Lasagneplatten darauflegen. Restliche Béchamelsauce als letzte Schicht daraufstreichen.

6. Die Lasagne mit Käse bestreuen. Die Form auf dem Rost in den vorgeheizten Backofen schieben.

Ober-/Unterhitze: etwa 200 °C
Heißluft: etwa 180 °C
Garzeit: etwa 45 Minuten.

Pilzragout-Auflauf | Schnell

4 Portionen

Pro Portion:
E: 26 g, F: 36 g, Kh: 70 g, kJ: 2856, kcal: 681

1 kg gemischte Pilze, z. B. Champignons, Pfifferlinge, Shiitake
2 Zwiebeln
40 g getrocknete Tomaten
750 g Kloßteig (aus dem Kühlregal)
Salz
frisch gemahlener Pfeffer
1 TL gerebelter Thymian
1 TL gerebelter Rosmarin
1 Pck. Champignon-Cremesuppe
200 ml Milch
1 Becher (250 g) Crème fraîche
150 g geriebener Edamer-Käse
1 Bund Petersilie

Zubereitungszeit: 20 Minuten
Garzeit: etwa 40 Minuten

1. Den Backofen vorheizen. Pilze putzen, mit Küchenpapier abreiben, eventuell abspülen und trocken tupfen. Pilze in Scheiben schneiden. Zwiebeln abziehen und in kleine Würfel schneiden. Getrocknete Tomaten in feine Streifen schneiden.

2. Tomatenstreifen und Zwiebelwürfel in eine große, flache Auflaufform (gefettet) geben. Aus dem Kloßteig mit angefeuchteten Händen 12 gleich große Klöße formen und auf die Zwiebel-Tomaten-Mischung legen. Pilze gleichmäßig darauf verteilen und mit etwas Salz, Pfeffer, Thymian und Rosmarin würzen.

3. Champignon-Cremesuppe mit Milch und Crème fraîche anrühren. Den Auflauf damit übergießen und mit Käse bestreuen. Die Form auf dem Rost in den vorgeheizten Backofen schieben.

Ober-/Unterhitze: etwa 200 °C
Heißluft: etwa 180 °C
Garzeit: etwa 40 Minuten.

4. Petersilie abspülen und trocken tupfen. Die Blättchen von den Stängeln zupfen. Blättchen klein schneiden. Den Auflauf mit Petersilie bestreut servieren.

Pinienkern-Pesto-Gnocchi

Für Kinder

4 Portionen

Pro Portion:
E: 24 g, F: 28 g, Kh: 73 g, kJ: 2738, kcal: 654

750 g mehligkochende Kartoffeln
Salz
30 g Pinienkerne
25 g getrocknete Tomaten
3–4 TL Pesto (aus dem Glas)
etwa 125 g Weizenmehl
75–100 g Hartweizengrieß
500 g gedünstetes Gemüse, z. B. Brokkoli, Tomaten, Champignons, grüner Spargel
150 g Schlagsahne
125 g geriebener Gratin-Käse

Zubereitungszeit: 50 Minuten, ohne Abkühl- und Ruhezeit
Garzeit: etwa 20 Minuten

1. Kartoffeln waschen, in einen Topf geben, knapp mit Wasser bedecken und aufkochen. 1 Teelöffel Salz zugeben und die Kartoffeln zugedeckt 20–25 Minuten gar kochen.

2. Inzwischen Pinienkerne grob hacken, in einer Pfanne ohne Fett rösten und abkühlen lassen. Tomaten sehr fein würfeln oder im Zerkleinerer fein hacken.

3. Kartoffeln abgießen, kurz abdampfen lassen, pellen und sofort durch eine Kartoffelpresse drücken oder fein zerstampfen. Pesto, Pinienkerne und Tomaten unter das Püree mischen. Etwas abkühlen lassen.

4. Mehl, Grieß und etwa ½ Teelöffel Salz zum Püree geben, alles zuerst mit den Knethaken des Handrührgerätes durchkneten, dann mit den Händen zu einem glatten Teig verkneten. (Sollte der Teig zu weich sein, noch etwas Grieß hinzufügen.)

5. Kartoffelteig zu länglichen, etwa fingerdicken Rollen formen, diese in 3–4 cm lange Stücke schneiden. Dünn mit Mehl bestäuben und mit einer Gabel Rillen in die Gnocchi drücken. Gnocchi auf einem leicht bemehlten Küchentuch verteilen und mindestens 1 Stunde ruhen lassen.

6. Den Backofen vorheizen. Reichlich Wasser in einem weiten Topf aufkochen und 1 Teelöffel Salz zugeben. Gnocchi portionsweise in das kochende Wasser gleiten lassen, einmal kurz aufkochen lassen, so dass die Gnocchi an die Wasseroberfläche steigen. Dann die Temperatur reduzieren und die Gnocchi bei schwacher Hitze etwa 4 Minuten ziehen lassen.

7. Gnocchi mit einem Schaumkelle herausheben, gut abtropfen lassen und mit dem Gemüse in eine Auflaufform (gefettet) schichten. Erst die Sahne und dann den Käse darüber verteilen. Die Form in den vorgeheizten Backofen schieben und überbacken.

Ober-/Unterhitze: etwa 200 °C
Heißluft: etwa 180 °C
Garzeit: etwa 20 Minuten.

Polenta, mit Gorgonzola überbacken | Raffiniert

4 Portionen

Pro Portion:
E: 39 g, F: 62 g, Kh: 58 g, kJ: 3972, kcal: 948

1 l Wasser
200 ml Milch
2 gestr. TL Salz
frisch geriebene Muskatnuss
300 g Polenta (Maisgrieß)
6 Eier (Größe M)
100 g weiche Butter
250 g Gorgonzola-Käse
100 g frisch geriebener Parmesan-Käse

Zubereitungszeit: 35 Minuten, ohne Abkühlzeit
Garzeit: etwa 30 Minuten

1. Wasser mit Milch, Salz und Muskat in einem Topf zum Kochen bringen. Maisgrieß einstreuen und unter ständigem Rühren bei schwacher Hitze etwa 20 Minuten kochen lassen. Den Topf von der Kochstelle nehmen. Nach und nach die Eier unterrühren. Den Backofen vorheizen.

2. Den Boden einer Auflaufform (gefettet) mit etwas von der Polentamasse bestreichen. Etwas Butter daraufstreichen. Jeweils etwas von dem Gorgonzola- und Parmesan-Käse darauf verteilen. Diesen Vorgang so lange wiederholen, bis alle Zutaten aufgebraucht sind. Die letzte Schicht sollte aus Polenta bestehen. Restliche Butter in Flöckchen darauf verteilen. Die Form auf dem Rost in den vorgeheizten Backofen schieben.

Ober-/Unterhitze: etwa 180 °C
Heißluft: etwa 160 °C
Garzeit: etwa 30 Minuten.

Polentagratin | Für Gäste

4 Portionen

Pro Portion:
E: 25 g, F: 40 g, Kh: 50 g, kJ: 2778, kcal: 664

1 l Gemüsebrühe
1 gestr. TL Salz
250 g Polenta (Maisgrieß)
50 g Butter
60 g frisch geriebener Parmesan-Käse
1 Zwiebel
400 g Champignons
2 EL Olivenöl
Salz
frisch gemahlener Pfeffer
3 EL frisch gehacktes Basilikum
3 EL Schlagsahne
5 Tomaten
100 g Rucola (Rauke)
100 g Pecorino-Käse
1 EL Olivenöl
evtl. vorbereitete Basilikumblättchen

Zubereitungszeit: 40 Minuten
Garzeit: etwa 15 Minuten

1. Brühe in einem großen Topf zum Kochen bringen, Salz hinzufügen. Maisgrieß unter Rühren einrieseln lassen und nach Packungsanleitung garen.

2. Butter und Parmesan-Käse unter den noch heißen Maisbrei rühren. Die Hälfte des Maisbreis in einer flachen Auflaufform (gefettet) verteilen. Restlichen Maisbrei auf ein Stück Alufolie (gefettet) streichen. Den Backofen vorheizen.

3. Zwiebel abziehen und in kleine Würfel schneiden. Champignons putzen, mit Küchenpapier abreiben, eventuell abspülen, trocken tupfen und in Scheiben schneiden.

4. Olivenöl in einer Pfanne erhitzen. Zwiebelwürfel darin andünsten. Champignonscheiben hinzufügen und mit andünsten. Mit Salz und Pfeffer würzen, Basilikum und Sahne unterrühren.

5. Tomaten waschen, abtropfen lassen, kreuzweise einschneiden, kurz in kochendes Wasser legen und in kaltem Wasser abschrecken. Tomaten enthäuten, halbieren, entkernen und die Stängelansätze herausschneiden. Tomatenhälften in kleine Würfel schneiden. Rucola putzen, waschen, abtropfen lassen und etwas kleiner schneiden.

6. Tomatenwürfel mit Rucola und Champignonscheiben mischen, leicht mit Salz und Pfeffer würzen. Die Tomaten-Champignon-Mischung in die Auflaufform auf den Maisbrei geben.

7. Pecorino reiben und etwa ein Drittel davon auf die Gemüsemischung streuen. Den Maisbrei von der Alufolie nehmen, in Streifen schneiden und auf die Tomaten-Champignon-Mischung legen. Mit restlichem Pecorino-Käse bestreuen und mit Olivenöl beträufeln Die Form auf dem Rost in den vorgeheizten Backofen schieben.

Ober-/Unterhitze: etwa 200 °C
Heißluft: etwa 180 °C
Garzeit: etwa 15 Minuten.

8. Polentagratin in der Form servieren. Nach Belieben mit Basilikumblättchen garnieren.

Porree-Linsen-Auflauf mit Lamm |

Raffiniert

4 Portionen

Pro Portion:

E: 49 g, F: 41 g, Kh: 40 g, kJ: 3055, kcal: 729

60 g	*getrocknete Tomaten*
2 Stangen	*Porree (Lauch, etwa 500 g)*
1	*Zwiebel*
1	*Knoblauchzehe*
1 EL	*Butter oder Margarine*
200 g	*rote Linsen*
350 ml	*Gemüsebrühe*
100 g	*Schlagsahne*
	Salz, frisch gemahlener Pfeffer
600 g	*ausgelöster Lammrücken*
1 EL	*Butterschmalz*
1	*Bio-Zitrone (unbehandelt, ungewachst)*
50 g	*frisch geriebener Parmesan-Käse*
3 EL	*Semmelbrösel*

Zubereitungszeit: 30 Minuten
Garzeit: etwa 12 Minuten

1. Tomaten in Streifen schneiden. Porree putzen, die Stangen längs halbieren, gründlich waschen, abtropfen lassen und in Streifen schneiden. Zwiebel und Knoblauch abziehen, in kleine Würfel schneiden. Den Backofen vorheizen.

2. Butter oder Margarine in einem Topf zerlassen. Zwiebel-, Knoblauchwürfel und Porreestreifen darin andünsten. Linsen abspülen, abtropfen lassen und kurz mit andünsten. Brühe und Sahne hinzugießen. Tomatenstreifen unterrühren. Mit Salz und Pfeffer würzen. Die Zutaten zum Kochen bringen und bei schwacher Hitze etwa 10 Minuten garen.

3. In der Zwischenzeit Lammrücken abspülen und trocken tupfen. Butterschmalz in einer Pfanne erhitzen. Lammrücken darin von allen Seiten kräftig anbraten. Mit Salz und Pfeffer würzen.

4. Linsen-Porree-Mischung in einer großen Auflaufform (gefettet) verteilen. Lammrücken daraufsetzen.

5. Die Zitrone heiß abwaschen, abtrocknen und die Schale abreiben. Zitronenschale mit Parmesan-Käse und Semmelbröseln mischen, auf dem Lammrücken verteilen. Die Form auf dem Rost in den vorgeheizten Backofen schieben.

Ober-/Unterhitze: etwa 200 °C
Heißluft: etwa 180 °C
Garzeit: etwa 12 Minuten.

Tipp: Statt mit ausgelöstem Lammrücken können Sie diesen Auflauf auf die gleiche Weise mit Hähnchenbrustfilets zubereiten.
Die kleinen geschälten, roten Linsen brauchen nicht eingeweicht zu werden und haben eine kurze Garzeit von 8–10 Minuten. Linsen vor der Zubereitung bitte stets abspülen und verlesen, da je nach Qualität noch kleine Steine enthalten sein können. Die kleinen roten Linsen sind übrigens auch in Bio-Qualität im Handel erhältlich.

Porree-Quark-Soufflés | Raffiniert

4 Portionen

Pro Portion:
E: 13 g, F: 9 g, Kh: 4 g, kJ: 619, kcal: 148

1 kleine	
Stange	*Porree (Lauch)*
1 TL	*Speiseöl*
	gerebelter Thymian oder Majoran
2	*Eigelb (Größe M)*
250 g	*Speisequark (Magerstufe)*
1 leicht	
geh. EL	*Parmesan-Käse*
etwas	*glatte Petersilie*
	Salz, frisch gemahlener Pfeffer
2	*Eiweiß (Größe M)*

Zubereitungszeit: 50 Minuten, ohne Abkühlzeit
Garzeit: etwa 30 Minuten

1. Den Backofen vorheizen. Porree putzen, die Stange längs halbieren, gründlich waschen, abtropfen lassen und in feine Streifen schneiden. Speiseöl in einem Topf erhitzen. Porreestreifen darin andünsten und bissfest garen. Porreestreifen mit Thymian oder Majoran würzen und abkühlen lassen.

2. Eigelb mit Quark und Käse verrühren. Petersilie abspülen und trocken tupfen. Die Blättchen von den Stängeln zupfen, Blättchen klein schneiden und mit den Porreestreifen unter die Quarkmasse rühren. Mit Salz und Pfeffer kräftig würzen.

3. Eiweiß sehr steifschlagen und vorsichtig (am besten mit einem Teigschaber) unter die Quark-Porree-Masse ziehen.

4. Die Soufflémasse in 4 kleine, feuerfeste Förmchen (gefettet, etwa 250 ml [1/4 l] Inhalt) füllen und die Förmchen auf dem Rost in den vorgeheizten Backofen schieben.

Ober-/Unterhitze: etwa 180 °C
Heißluft: etwa 160 °C
Garzeit: etwa 30 Minuten.

5. Die Soufflés aus dem Backofen nehmen und sofort servieren.

Tipp: Die Soufflémasse sollte vor der Eischneezugabe kräftig gewürzt werden, da Eiweiß den Geschmack mildert. Soufflés sofort servieren, damit sie nicht zusammenfallen. Statt Parmesan können Sie auch einen anderen kräftigen Hartkäse verwenden.

Power-Auflauf mit Hirse und Kirschen | Für Kinder

4–6 Portionen

Pro Portion:
E: 7 g, F: 12 g, Kh: 151 g, kJ: 1105, kcal: 264

100 g Hirse
300 ml Milch
1 EL flüssiger Honig
1 Prise Salz
½ Pck. Dr. Oetker Finesse Geriebene Zitronenschale
1 Ei (Größe M)
1 Pck. Dr. Oetker Vanillin-Zucker
2 EL abgezogene, gehackte Mandeln
175 g TK-Kirschen oder Pflaumen
1 ½ EL brauner Zucker (Rohrzucker)
25 g weiche Butter oder Margarine

Zubereitungszeit: 30 Minuten
Garzeit: etwa 30 Minuten

1. Hirse in einem Sieb unter fließendem kalten Wasser gut abspülen, abtropfen lassen und in einen Topf geben. Milch, Honig, Salz und Zitronenschale hinzufügen. Die Zutaten unter Rühren zum Kochen bringen. Die Hirse bei schwacher Hitze etwa 5 Minuten quellen lassen. Den Topf von der Kochstelle nehmen und die Hirse weitere etwa 5 Minuten ausquellen lassen. Den Backofen vorheizen.

2. Ei trennen. Eiweiß mit Vanillin-Zucker steifschlagen. Hirse in eine Rührschüssel geben. Eigelb und Mandeln unterrühren. Eischnee unterheben.

3. Die Hälfte der Hirsemasse in eine Auflaufform (gefettet) geben. Gefrorene Kirschen oder Pflaumen darauf verteilen. Restliche Hirsemasse daraufgeben und glattstreichen.

4. Zucker mit Butter oder Margarine vermischen und in kleinen Häufchen auf die Hirsemasse setzen.

5. Die Form auf dem Rost in den vorgeheizten Backofen schieben.

Ober-/Unterhitze: 160–180 °C
Heißluft: 140–160 °C
Garzeit: etwa 30 Minuten.

Provenzalischer Fischauflauf |

Raffiniert – mit Alkohol

4 Portionen

Pro Portion:
E: 12 g, F: 22 g, Kh: 20 g, kJ: 1534, kcal: 367

2 Zwiebeln
1 Stange Porree (Lauch)
400 g rote, grüne und gelbe Paprikaschoten
3 Fleischtomaten
2 Knoblauchzehen
3 EL Olivenöl
½ TL gerebelter Thymian
etwas gerebelter Salbei
1 Lorbeerblatt
125 ml (⅛ l) Weißwein
800 g Fischfilet, z. B. Rotbarsch oder Seelachs
1 Becher (150 g) Crème fraîche
Cayennepfeffer
Salz
Zitronensaft
Salbeiblättchen

Zubereitungszeit: 40 Minuten
Garzeit: 15–20 Minuten

1. Zwiebeln abziehen und klein würfeln. Porree putzen, die Stange längs halbieren, gründlich waschen, abtropfen lassen in etwa 1 cm lange Stücke schneiden. Den Backofen vorheizen.

2. Paprikaschoten halbieren, entstielen, entkernen und die weißen Scheidewände entfernen. Schotenhälften waschen, abtropfen lassen und in Streifen schneiden. Tomaten waschen, abtropfen lassen, kreuzweise einschneiden, kurz in kochendes Wasser legen und in kaltem Wasser abschrecken. Tomaten enthäuten, halbieren, entkernen und die Stängelansätze herausschneiden. Tomatenhälften vierteln.

3. Knoblauch abziehen und zerdrücken. Olivenöl in einem Topf erhitzen. Das vorbereitete Gemüse darin andünsten, mit Thymian und Salbei bestreuen, Lorbeerblatt hinzufügen. Das Gemüse in eine Auflaufform (gefettet) geben und Wein hinzugießen.

4. Fischfilet unter fließendem kalten Wasser abspülen, trocken tupfen und in Würfel schneiden.

5. Crème fraîche und Fischwürfel auf dem Gemüse verteilen, mit Cayennepfeffer, Salz und Zitronensaft würzen. Die Form auf dem Rost in den vorgeheizten Backofen schieben.

Ober-/Unterhitze: etwa 200 °C
Heißluft: etwa 180 °C
Garzeit: 15–20 Minuten.

6. Den Fischtopf mit abgespülten, trocken getupften Salbeiblättchen garnieren.

Beilage: Risotto oder Langkornreis.

Provenzalischer Gemüseauflauf

Raffiniert

8 Portionen

Pro Portion:
E: 3 g, F: 22 g, Kh: 10 g, kJ: 1093, kcal: 262

2 mittelgroße Zucchini (etwa 500 g)
2 mittelgroße Auberginen
1 Gemüsezwiebel
4 EL Olivenöl
2 Fleischtomaten
1 Glas Kapernäpfel (260 g)
4 Eier (Größe M)
400 g Schlagsahne
Salz
frisch gemahlener Pfeffer
gerebelter Thymian

Zubereitungszeit: 50 Minuten
Garzeit: 35–45 Minuten
(je nach Höhe der Form)

1. Zucchini und Auberginen waschen, abtrocknen und die Enden bzw. Stängelansätze abschneiden. Zucchini und Auberginen in längliche, kleine Streifen schneiden. Zwiebel abziehen, halbieren und in Würfel schneiden. Den Backofen vorheizen.

2. Das Olivenöl in einem Topf erhitzen. Zucchini-, Auberginenstreifen und Zwiebelwürfel darin portionsweise andünsten.

3. Tomaten waschen, trocken tupfen, vierteln und die Stängelansätze herausschneiden. Tomatenviertel entkernen und in größere Stücke schneiden.

4. Angedünstetes Gemüse mit Tomatenstücken und Kapernäpfeln mischen, in eine große, flache Auflaufform (gefettet) geben oder auf einem Backblech (gefettet) verteilen.

5. Eier mit Sahne verschlagen, mit Salz, Pfeffer und Thymian würzen. Die Eiersahne auf dem Gemüse verteilen. Die Form auf dem Rost oder das Backblech in den vorgeheizten Backofen schieben.

Ober-/Unterhitze: etwa 180 °C
Heißluft: etwa 160 °C
Garzeit: 35–45 Minuten (je nach Höhe der Form).

Tipp: Den Auflauf nach Belieben mit geriebenem Käse überbacken.
Besonders authentisch wird der Gemüseauflauf, wenn Sie nur die Hälfte der Zucchini verwenden und stattdessen eingelegte Artischockenherzen und Oliven hinzufügen.

Putenauflauf „Schwäbische Art“

Raffiniert – etwas teurer

12 Portionen

Pro Portion:
E: 32 g, F: 40 g, Kh: 21 g, kJ: 2527, kcal: 603

400 g Zuckerschoten
6 Möhren (etwa 600 g)
Salzwasser
1 kg Putenbrustfilet
5 EL Pflanzenöl
1,2 kg Schupfnudeln (aus dem Frischeregal) oder TK-Schupfnudeln
1 kg Schlagsahne
10 Eier (Größe M)
2 Pck. (je 25 g) TK-Küchenkräuter
Salz, frisch gemahlener Pfeffer
3 EL Pflanzenöl

Zubereitungszeit: 65 Minuten
Garzeit: etwa 60 Minuten

1. Zuckerschoten putzen und die Enden abschneiden. Zuckerschoten eventuell abfädeln, waschen, abtropfen lassen und quer halbieren. Möhren putzen, schälen, abspülen, abtropfen lassen und in dünne Scheiben schneiden oder hobeln. Zuckerschoten und Möhrenscheiben in kochendem Salzwasser etwa 2 Minuten blanchieren, in ein Sieb geben, mit kaltem Wasser übergießen und gut abtropfen lassen. Den Backofen vorheizen.

2. Putenbrustfilet unter fließendem kalten Wasser abspülen, trocken tupfen und in Streifen schneiden. Jeweils etwas Pflanzenöl in einer Pfanne erhitzen. Putenbruststreifen darin portionsweise unter mehrmaligem Wenden anbraten.

3. Schupfnudeln, Zuckerschoten, Möhrenscheiben und Putenbruststreifen vermengen, in eine flache Auflaufform (gefettet) oder Fettfangschale (gefettet) geben.

4. Sahne mit Eiern verschlagen, Kräuter unterrühren. Mit Salz und Pfeffer leicht würzen. Die Eiersahne auf dem Auflauf verteilen. Die Form auf dem Rost oder die Fettfangschale in den vorgeheizten Backofen schieben.

Ober-/Unterhitze: etwa 180 °C
Heißluft: etwa 160 °C
Garzeit: etwa 60 Minuten.

Tipp: Sahne zur Hälfte durch Milch ersetzen, d. h. 500 g Schlagsahne und 500 ml (1/2 l) Milch.

Puten-Reis-Auflauf | Raffiniert

4 Portionen

Pro Portion:
E: 41 g, F: 19 g, Kh: 57 g, kJ: 2373, kcal: 567

400 g Putenbrustfilet
1 EL Speiseöl
Salz
frisch gemahlener Pfeffer
Currypulver
1 kg Brokkoli
500 ml (1/2 l) Gemüsebrühe
200 g Langkornreis
Salzwasser
1 kleine Dose Aprikosenhälften (Abtropfgewicht 250 g)

Für den Guss:
150 ml Aprikosensaft (aus der Dose)
400 ml Brühe (vom Brokkoli)
1 EL Weizenmehl
100 g Schlagsahne
100 g geriebener Käse, z. B. Gouda

Zubereitungszeit: 35 Minuten
Garzeit: etwa 30 Minuten

1. Putenbrustfilet unter fließendem kalten Wasser abspülen, trocken tupfen und in Streifen schneiden. Speiseöl in einer Pfanne erhitzen, Filetstreifen darin rundherum anbraten, mit Salz, Pfeffer und Curry würzen, herausnehmen und beiseitestellen. Die Pfanne mit Bratfett ebenfalls beiseitestellen.

2. Brokkoli putzen und die Röschen vom Strunk schneiden. Den Strunk schälen und in Stücke schneiden. Brokkolistücke und -röschen waschen, abtropfen lassen. Gemüsebrühe in einem Topf zum Kochen bringen. Brokkolistücke und -röschen darin etwa 5 Minuten bissfest garen, in ein Sieb geben, abtropfen lassen, dabei die Brokkolibrühe auffangen und 400 ml abmessen. Den Backofen vorheizen.

3. Reis in kochendem Salzwasser etwa 8 Minuten vorgaren, in ein Sieb geben und abtropfen lassen. Aprikosenhälften ebenfalls in einem Sieb abtropfen lassen, dabei den Saft auffangen und 150 ml abmessen. Die Aprikosenhälften halbieren.

4. Für den Guss Aprikosensaft und Brokkolibrühe zum Bratfett geben und aufkochen lassen. Mehl mit Sahne verrühren, unter Rühren hinzugießen und etwa 2 Minuten köcheln lassen. Die Sauce mit Salz, Pfeffer und Curry abschmecken. Die Hälfte des Käses unterrühren.

5. Die vorbereiteten Zutaten in eine große, flache Auflaufform (gefettet) geben. Die Sauce darauf verteilen und mit dem restlichen Käse bestreuen. Die Form ohne Deckel auf dem Rost in den vorgeheizten Backofen schieben.

Ober-/Unterhitze: 180–200 °C
Heißluft: 160–180 °C
Garzeit: etwa 30 Minuten.

Quarkauflauf | Preiswert – für Kinder

4 Portionen

Pro Portion:
E: 20 g, F: 33 g, Kh: 79 g, kJ: 3016, kcal: 720

75 g	*weiche Butter oder Margarine*
125 g	*Zucker*
1 Pck.	*Dr. Oetker Vanillin-Zucker*
2	*Eier (Größe M)*
2 Tropfen	*Zitronen-Aroma*
1 Prise	*Salz*
500 g	*Speisequark (Magerstufe)*
1 Pck.	*Dr. Oetker Pudding-Pulver Vanille-Geschmack*
50 g	*Hartweizengrieß*
3 gestr. TL	*Dr. Oetker Backin*
evtl.	*Milch*
500 g	*Äpfel*
50 g	*Rosinen*

Zubereitungszeit: 30 Minuten
Garzeit: etwa 45 Minuten

1. Den Backofen vorheizen. Für den Teig Butter oder Margarine mit Handrührgerät mit Rührbesen auf höchster Stufe geschmeidig rühren. Nach und nach Zucker, Vanillin-Zucker, Eier, Zitronen-Aroma, Salz und Quark unterrühren.

2. Pudding-Pulver mit Grieß und Backpulver mischen, nach und nach auf mittlerer Stufe unterrühren. Falls der Teig etwas zu fest sein sollte, so viel Milch hinzugießen, dass eine Kartoffelbrei ähnliche Masse entsteht.

3. Äpfel schälen, vierteln, entkernen und in kleine Würfel schneiden. Rosinen mit den Äpfeln unter den Teig heben. Den Teig in eine Auflaufform (gefettet) füllen und glattstreichen. Die Form auf dem Rost in den vorgeheizten Backofen schieben.

Ober-/Unterhitze: 200–220 °C
Heißluft: 180–200 °C
Garzeit: etwa 45 Minuten.

Tipp: Der Quarkauflauf schmeckt auch gut mit frischen Stachelbeeren.

Quark-Nudel-Auflauf |

Gut vorzubereiten

4 Portionen

Pro Portion:
E: 30 g, F: 38 g, Kh: 38 g, kJ: 2702, kcal: 645

2 l Wasser
2 TL Salz
200 g Spaghetti
250 g Speisequark (Magerstufe)
1 Becher
(150 g) Crème fraîche
3 Eier (Größe M)
1 TL gemahlener Kümmel
2 EL Schnittlauchröllchen
Salz, frisch gemahlener Pfeffer
2 geräucherte Mettwürstchen
50 g durchwachsener Speck
evtl. einige Schnittlauchröllchen

Zubereitungszeit: 65 Minuten
Garzeit: etwa 45 Minuten

1. Wasser in einem großen Topf mit geschlossenem Deckel zum Kochen bringen. Dann Salz und Nudeln hinzugeben. Die Nudeln im geöffneten Topf bei mittlerer Hitze nach Packungsanleitung kochen lassen, dabei zwischendurch 4–5-mal umrühren. Den Backofen vorheizen.

2. Anschließend die Nudeln in ein Sieb geben, mit heißem Wasser abspülen und abtropfen lassen.

3. Quark mit Crème fraîche, Eiern, Kümmel und Schnittlauch verrühren, mit Salz und Pfeffer würzen.

4. Mettwürstchen abspülen, abtrocknen und in Scheiben schneiden. Wurstscheiben mit den Spaghetti unter die Quarkmasse heben und in eine feuerfeste Form (gefettet) geben.

5. Speck in dünne Scheiben schneiden und auf die Quark-Spaghetti-Masse legen. Die Form auf dem Rost in den vorgeheizten Backofen schieben.

Ober-/Unterhitze: 200–220 °C
Heißluft: 180–200 °C
Garzeit: etwa 45 Minuten.

6. Den Auflauf nach Belieben mit Schnittlauchröllchen bestreut servieren.

Radicchio-Nudel-Auflauf | Preiswert

4 Portionen

Pro Portion:
E: 32 g, F: 44 g, Kh: 46 g, kJ: 3126, kcal: 747

500 g Radicchio
Salz, frisch gemahlener Pfeffer
250 g Schlagsahne
2 1/2 l Wasser
2 1/2 TL Salz
250 g Bandnudeln
40 g zerlassene Butter
150 g gekochter Schinken (in Scheiben)
150 g geriebener Parmesan-Käse

Zubereitungszeit: 60 Minuten
Garzeit: etwa 35 Minuten

1. Den Backofen vorheizen. Von dem Radicchio die welken Blätter entfernen und die Wurzelenden abschneiden. Radicchioköpfe achteln, waschen, gut abtropfen lassen und in eine Auflaufform (gefettet) legen. Mit Salz und Pfeffer bestreuen, Sahne hinzugießen. Die Form mit einem Deckel verschließen und auf dem Rost in den vorgeheizten Backofen schieben.

Ober-/Unterhitze: etwa 220 °C
Heißluft: etwa 200 °C
Garzeit: etwa 15 Minuten.

2. In der Zwischenzeit Wasser in einem großen Topf mit geschlossenem Deckel zum Kochen bringen. Dann Salz und Nudeln hinzugeben. Die Bandnudeln im geöffneten Topf bei mittlerer Hitze nach Packungsanleitung kochen lassen, dabei zwischendurch 4–5-mal umrühren.

3. Anschließend die Nudeln in ein Sieb geben, mit heißem Wasser abspülen und abtropfen lassen. Butter in einem Topf zerlassen. Die Nudeln darin schwenken.

4. Schinkenscheiben in Streifen schneiden. Nudeln, Schinkenstreifen und Käse mit dem vorgegarten Radicchio vermengen. Die Form wieder auf dem Rost in den heißen Backofen schieben und den Auflauf ohne Deckel **bei gleicher Backofeneinstellung weitere etwa 20 Minuten überbacken**.

Ratatouille-Lasagne

Mit Alkohol – vegetarisch

8–10 Portionen

Pro Portion:
E: 33 g, F: 35 g, Kh: 54 g, kJ: 2994, kcal: 715

2 Dosen Artischockenherzen (Abtropfgewicht je 240 g)
je 1 gelbe, grüne und rote Paprikaschote (je etwa 250 g)
1 große Aubergine (etwa 400 g)
2 Gemüsezwiebeln
3–5 Knoblauchzehen
½ Bund Thymian
4 EL Olivenöl
3 Dosen geschälte Tomaten (Einwaage je 400 g)
150 ml Weiß- oder Rotwein
4 EL Tomatenmark
Salz
frisch gemahlener Pfeffer
etwas Zucker

Für die Sauce:

60 g Butter oder Margarine
60 g Weizenmehl
750 ml (¾ l) Milch
180 g Emmentaler-Käse
350 g Parmesan-Käse
1 Becher (150 g) Crème fraîche
frisch geriebene Muskatnuss

etwa 24 helle Lasagneplatten (etwa 375 g)

Zubereitungszeit: 55 Minuten
Garzeit: 30–40 Minuten

1. Artischockenherzen in einem Sieb abtropfen lassen, Herzen kleiner schneiden. Paprikaschoten halbieren, entstielen, entkernen und die weißen Scheidewände entfernen. Schoten waschen, abtropfen lassen und in Würfel schneiden. Aubergine waschen, abtrocknen und den Stängelansatz abschneiden. Aubergine ebenfalls würfeln.

2. Die Gemüsezwiebeln und Knoblauch abziehen. Zwiebeln halbieren und in Würfel schneiden, Knoblauch ebenfalls klein würfeln. Thymian abspülen und trocken tupfen. Die Blättchen von den Stängeln zupfen. Blättchen klein hacken.

3. Olivenöl in einem großen Topf erhitzen. Paprika-, Auberginen-, Zwiebel- und Knoblauchwürfel darin andünsten. Tomaten mit der Flüssigkeit aus den Dosen, Wein und Thymian hinzufügen. Die Zutaten zum Kochen bringen. Die Tomaten dabei etwas zerkleinern. Tomatenmark unterrühren. Mit Salz, Pfeffer und Zucker würzen. Die Gemüsezutaten etwa 10 Minuten bei schwacher Hitze kochen lassen. Den Backofen vorheizen.

4. Für die Sauce Butter oder Margarine in einem Topf zerlassen. Mehl darin unter Rühren so lange erhitzen, bis es hellgelb ist. Milch hinzugießen und mit einem Schneebesen durchschlagen. Dabei darauf achten, dass keine Klümpchen entstehen. Die Sauce zum Kochen bringen und etwa 5 Minuten kochen lassen.

5. Artischocken zum Gemüse geben. Mit Salz, Pfeffer und Zucker würzen.

6. Beide Käsesorten fein reiben. Crème fraîche und zwei Drittel des Käses unter die Sauce rühren. Mit Salz, Pfeffer und Muskat würzen. Etwas Sauce auf den Boden einer großen, rechteckigen Auflaufform (gefettet) streichen. Ein Viertel der Lasagneplatten darauf verteilen. Ein Drittel des Gemüses daraufgeben und mit etwas Sauce bestreichen.

7. Diesen Vorgang noch 2-mal wiederholen und mit Lasagneplatten abschließen. Restliche Sauce darauf verteilen und mit dem restlichen Käse bestreuen. Die Form auf dem Rost in den vorgeheizten Backofen schieben.

Ober-/Unterhitze: etwa 200 °C
Heißluft: etwa 180 °C
Garzeit: 30–40 Minuten.

Tipp: Statt der Artischocken können Sie auch 500 g geputzte, abgespülte Zucchini in Würfel schneiden und mit übrigem Gemüse anbraten und garen. Sie müssen dann das Gemüse etwas kräftiger abschmecken.

Räucherfischauflauf

Gut vorzubereiten

4 Portionen

Pro Portion:
E: 42 g, F: 84 g, Kh: 6 g, kJ: 4134, kcal: 688

200 g Schillerlocken
200 g Räucheraal (Filet)
200 g geräucherter Steinbutt
je ½ rote und grüne Paprikaschote
1 Zwiebel
2 EL Speiseöl
Salz
frisch gemahlener Pfeffer
200 g Brokkoli
Salzwasser
1 Bund gehackter Dill
400 g Schlagsahne
2 Eier (Größe M)
80 g frisch geriebener, mittelalter Gouda-Käse
40 g Butter

Zubereitungszeit: 60 Minuten
Garzeit: 30–40 Minuten

1. Den geräucherten Fisch in mundgerechte Stücke schneiden. Paprikaschotenhälften entstielen, entkernen und die weißen Scheidewände entfernen. Schotenhälften waschen, abtropfen lassen und in Würfel schneiden. Zwiebel abziehen und klein würfeln. Den Backofen vorheizen.

2. Speiseöl in einer Pfanne erhitzen. Paprika- und Zwiebelwürfel darin andünsten, mit Salz und Pfeffer würzen.

3. Von dem Brokkoli die Blätter entfernen. Brokkoli in Röschen teilen, waschen und abtropfen lassen. Brokkoliröschen in kochendem Salzwasser 4–5 Minuten blanchieren, mit eiskaltem Wasser abschrecken und in einem Sieb abtropfen lassen.

4. Dill abspülen und trocken tupfen. Die Spitzen von den Stängeln zupfen. Spitzen klein schneiden.

5. Die Räucherfischstücke mit Paprika-, Zwiebelwürfeln, Brokkoliröschen und Dill mischen und in eine Auflaufform (gefettet) geben.

6. Sahne und Eier verschlagen, mit Pfeffer würzen. Die Eiersahne auf der Fisch-Gemüse-Mischung verteilen und mit Käse bestreuen. Butter in Flöckchen daraufsetzen. Die Form auf dem Rost in den vorgeheizten Backofen schieben.

Ober-/Unterhitze: 180–200 °C
Heißluft: 160–180 °C
Garzeit: 30–40 Minuten.

Räucherfischgratin | Für Gäste

8–10 Portionen

Pro Portion:
E: 15 g, F: 34 g, Kh: 42 g, kJ: 2292, kcal: 547

1,8 kg Kartoffeln
800 g rote Zwiebeln
3 EL Olivenöl
Salz
frisch gemahlener Pfeffer
120 g schwarze Oliven (ohne Stein)
2 Orangen
4 Pck. (je 125 g) geräucherte Forellenfilets

Für den Guss:
3 Becher (je 150 g) Crème fraîche
5 EL Orangensaft (von den Orangen)
5 EL mittelscharfer Senf
1 Prise Zucker
1 Pck. (25 g) TK-Schnittlauch

Zubereitungszeit: 45 Minuten
Garzeit: 30–35 Minuten

1. Kartoffeln gründlich waschen, mit Wasser bedeckt zum Kochen bringen und zugedeckt 20–25 Minuten garen. Kartoffeln abgießen, abdämpfen und heiß pellen. Kartoffeln erkalten lassen. Anschließend den Backofen vorheizen.

2. In der Zwischenzeit Zwiebeln abziehen, halbieren und in Streifen schneiden. Olivenöl in einer Pfanne erhitzen. Zwiebelstreifen darin unter gelegentlichem Wenden etwa 5 Minuten dünsten. Mit Salz und Pfeffer würzen.

3. Oliven eventuell abtropfen lassen und in dicke Ringe schneiden. Orangen so schälen, dass die weiße Haut mitentfernt wird. Die Filets aus den Trennhäuten herausschneiden, dabei den Saft auffangen und 5 Esslöffel für den Guss abmessen. Orangenfilets mit den Zwiebelstreifen mischen.

4. Forellenfilets der Länge nach halbieren, dabei eventuell Gräten entfernen. Erkaltete Kartoffeln in Scheiben schneiden und eine große, flache Auflaufform (gefettet) damit auslegen. Kartoffelscheiben mit Salz würzen und die Olivenringe daraufgeben. Forellenfilets darauflegen. Die Zwiebel-Orangen-Mischung darauf verteilen.

5. Für den Guss Crème fraîche mit Orangensaft und Senf glattrühren, mit Zucker, Salz und Pfeffer würzen. Schnittlauchröllchen unterrühren. Den Guss auf dem Auflauf verteilen und etwas verstreichen. Die Form auf dem Rost in den vorgeheizten Backofen schieben.

Ober-/Unterhitze: etwa 200 °C
Heißluft: etwa 180 °C
Garzeit: 30–35 Minuten.

Tipp: Statt Kartoffeln selber zu kochen, können Sie auch 5 Dosen (Abtropfgewicht je 360 g) schonend vorgegarte Kartoffelscheiben verwenden.

Räucherlachsauflauf mit grünem Spargel | Raffiniert – für Gäste

4 Portionen

Pro Portion:
E: 39 g, F: 29 g, Kh: 31 g, kJ: 2301, kcal: 550

1 Zwiebel
200 g Champignons
1 EL Butter
200 g rote Linsen
350 ml Gemüsebrühe
100 g Schlagsahne
750 g grüner Spargel
200 ml Salzwasser
300 g Räucherlachs (in Scheiben)

Für die Sauce:
20 g Butter
20 g Weizenmehl
200 ml Spargelwasser
150 ml Milch
Salz, frisch gemahlener Pfeffer
fein abgeriebene Schale und Saft von
1/2 Bio-Zitrone (unbehandelt, ungewachst)
1 kleines Bund frischer Dill oder 1 Pck. (25 g) TK-Dill

75 g milder Käse, z. B. junger Gouda, Emmentaler, Mozzarella

Zubereitungszeit: 45 Minuten
Garzeit: 15–18 Minuten

1. Zwiebel abziehen und in kleine Würfel schneiden. Champignons putzen, mit Küchenpapier abreiben, eventuell kurz abspülen und trocken tupfen. Große Champignons halbieren. Butter in einem Topf zerlassen, Zwiebelwürfel darin andünsten, Champignons hinzugeben und mit andünsten. Linsen abspülen, abtropfen lassen, zu den Champignons geben und mitdünsten lassen. Brühe und Sahne hinzugießen. Die Zutaten zum Kochen bringen und bei schwacher Hitze etwa 8 Minuten garen. Den Backofen vorheizen.

2. Von dem Spargel nur das untere Drittel schälen und die Enden abschneiden. Spargel in Stücke schneiden, abspülen, abtropfen lassen und zugedeckt in kochendem Salzwasser 6–7 Minuten vorgaren.

3. Spargelstücke in einem Sieb abtropfen lassen, dabei das Spargelwasser auffangen und 200 ml abmessen. Spargel mit der Linsen-Champignon-Masse in einer großen Auflaufform (gefettet) mischen. Lachsscheiben zu Röllchen formen und darauf verteilen, eventuell etwas eindrücken.

4. Für die Sauce Butter in einem Topf zerlassen. Mehl darin unter Rühren so lange erhitzen, bis es hellgelb ist. Spargelwasser und Milch hinzugießen, mit einem Schneebesen gut durchschlagen. Dabei darauf achten, dass keine Klümpchen entstehen. Mit Salz, Pfeffer und Zitronenschale würzen, zum Kochen bringen, etwa 2 Minuten bei schwacher Hitze kochen lassen.

5. Dill abspülen und trocken tupfen. Die Spitzen von den Stängeln zupfen. Spitzen klein schneiden. Dill unter die Sauce rühren.

6. Zuerst den Zitronensaft, dann die Sauce auf dem Auflauf verteilen. Mit Käse bestreuen. Die Form auf dem Rost in den vorgeheizten Backofen schieben.

Ober-/Unterhitze: etwa 200 °C
Heißluft: etwa 180 °C
Garzeit: 15–18 Minuten.

Ravioliauflauf | Preiswert – für Kinder

8–10 Portionen

Pro Portion:
E: 18 g, F: 32 g, Kh: 21 g, kJ: 1960, kcal: 468

4 Zwiebeln
100 g Butter
250 ml (1/4 l) Milch
250 g Schlagsahne
8 Eigelb (Größe M)
Salz
frisch gemahlener Pfeffer
3 Dosen Ravioli in Tomatensauce (Einwaage je 800 g)
150 g frisch geriebener Gruyère-Käse
2 EL gehackte Kräuter, z. B. Petersilie, Schnittlauchröllchen

Zubereitungszeit: 60 Minuten
Garzeit: etwa 40 Minuten

1. Zwiebeln abziehen und in kleine Würfel schneiden. Butter in einer Pfanne zerlassen. Zwiebelwürfel darin andünsten. Milch und Sahne hinzugießen, zum Kochen bringen und etwas einkochen lassen. Leicht abkühlen lassen. Den Backofen vorheizen.

2. Eigelb unter die Sahnemilch rühren. Mit etwas Salz und Pfeffer abschmecken.

3. Ravioli in eine große, feuerfeste Form (gefettet) oder Fettfangschale (gefettet) geben, die Eier-Sahne-Milch darauf verteilen. Mit Käse bestreuen. Die Form auf dem Rost oder die Fettfangschale in den vorgeheizten Backofen schieben.

Ober-/Unterhitze: etwa 200 °C
Heißluft: etwa 180 °C
Garzeit: etwa 40 Minuten.

4. Die Form oder Fettfangschale aus dem Backofen nehmen. Den Auflauf mit den gehackten Kräutern bestreuen und sofort servieren.

Ravioliauflauf mit Spinat |

Schnell – einfach

2 Portionen

Pro Portion:
E: 32 g, F: 44 g, Kh: 46 g, kJ: 2984, kcal: 713

250 g TK-Blattspinat
30 g getrocknete Tomaten in Öl
75 g gekochter Schinken
1 Zwiebel
1 Knoblauchzehe
20 g Butter
250 g Ravioli (aus dem Kühlregal)
100 ml Gemüsebrühe
100 g Schlagsahne
1 kleine Dose passierte Tomaten (Einwaage 200 g)
Salz, frisch gemahlener Pfeffer
60 g geriebener Pecorino-Käse

Zubereitungszeit: 15 Minuten, ohne Auftauzeit
Garzeit: etwa 20 Minuten

1. Blattspinat nach Packungsanleitung auftauen lassen. Getrocknete Tomaten in einem Sieb etwas abtropfen lassen und in feine Streifen schneiden. Schinken in kleine Würfel schneiden.

2. Zwiebel und Knoblauch abziehen, in kleine Würfel schneiden. Den Backofen vorheizen.

3. Butter in einer Pfanne zerlassen, Zwiebel- und Knoblauchwürfel darin andünsten.

4. Ravioli und Blattspinat in eine flache Auflaufform (gefettet) geben. Zwiebel-, Knoblauchwürfel, Tomatenstreifen und Schinkenwürfel darauf verteilen.

5. Brühe und Sahne mit den passierten Tomaten verrühren. Mit Salz und Pfeffer würzen. Die Tomaten-Sahne-Sauce auf dem Auflauf verteilen und mit Käse bestreuen. Die Form auf dem Rost in den vorgeheizten Backofen schieben.

Ober-/Unterhitze: etwa 200 °C
Heißluft: etwa 180 °C
Garzeit: etwa 20 Minuten.

Ravioligratin | Schnell – einfach

4 Portionen

Pro Portion:
E: 28 g, F: 42 g, Kh: 74 g, kJ: 3315, kcal: 789

300 g Tomaten
1 Zucchini (etwa 300 g)
500 g Ravioli mit Käsefüllung (aus dem Kühlregal)
1 Bund Basilikum
2 Pck. (je 370 g) Tomatenpüree mit Knoblauch
250 g Schlagsahne
100 g frisch geriebener Greyerzer-Käse
Salz
frisch gemahlener Pfeffer

Zubereitungszeit: 25 Minuten
Garzeit: etwa 20 Minuten

1. Tomaten waschen, trocken tupfen, vierteln, entkernen und die Stängelansätze herausschneiden. Zucchini waschen, abtrocknen und die Enden abschneiden. Zucchini in dünne Scheiben schneiden. Den Backofen vorheizen.

2. Ravioli nach Packungsanleitung zubereiten. Ein Drittel der Ravioli in eine flache Auflaufform (gefettet) geben. Die Hälfte der Tomatenviertel und die Hälfte der Zucchinischeiben darauf verteilen.

3. Das Basilikum abspülen und trocken tupfen. Die Blättchen von den Stängeln zupfen und Blättchen in feine Streifen schneiden. Tomatenpüree mit den Basilikumstreifen mischen, auf den Tomatenvierteln und Zucchinischeiben verteilen. Wieder ein Drittel der Ravioli daraufgeben, dann die restlichen Tomatenviertel und Zucchinischeiben darauf verteilen. Mit den restlichen Ravioli belegen.

4. Sahne in einem Topf zum Kochen bringen. Die Hälfte des Käses hinzufügen und unter Rühren schmelzen, mit Salz und Pfeffer würzen. Den Auflauf mit der Käse-Sahne-Sauce übergießen. Restlichen Käse daraufstreuen. Die Form auf dem Rost in den vorgeheizten Backofen schieben.

Ober-/Unterhitze: etwa 200 °C
Heißluft: etwa 180 °C
Garzeit: etwa 20 Minuten.

Beilage: Gemischter Salat oder Tomatensalat.

Reisauflauf mit Mangold und Zuckerschoten | Vegetarisch

4 Portionen

Pro Portion:
E: 25 g, F: 45 g, Kh: 88 g, kJ: 3666, kcal: 876

2 EL	*Butter*
150 g	*Langkornreis*
375 ml (3/8 l)	*Gemüsebrühe*
4	*Eier (Größe M)*
250 g	*Schlagsahne*
125 g	*Speisequark (Magerstufe)*
	Salz
	frisch gemahlener Pfeffer
	frisch geriebene Muskatnuss
750 g	*Mangold*
200 g	*Zuckerschoten*
2 Bund	*glatte Petersilie*
50 g	*geriebener Parmesan-Käse*
40 g	*Butter*

Zubereitungszeit: 50 Minuten
Garzeit: etwa 30 Minuten

1. Butter in einem Topf zerlassen, Reis darin andünsten, Gemüsebrühe hinzugießen und zum Kochen bringen. Den Reis zugedeckt bei schwacher Hitze etwa 20 Minuten garen, bis die gesamte Flüssigkeit vom Reis aufgenommen worden ist. Den Backofen vorheizen.

2. Eier verschlagen, Sahne und Quark unterrühren. Mit Salz, Pfeffer und Muskat würzen.

3. Mangold putzen, eventuell die großen Blattstiele entfernen. Mangold waschen, abtropfen lassen und in etwa 10 cm lange Streifen schneiden. Mangoldstreifen in kochendem Wasser 3–4 Minuten blanchieren, mit kaltem Wasser abschrecken, in einem Sieb abtropfen lassen und ausdrücken. Zuckerschoten putzen und die Enden abschneiden. Zuckerschoten in kochendem Wasser 2–3 Minuten blanchieren, mit kaltem Wasser abschrecken und in einem Sieb abtropfen lassen. Die Petersilie abspülen und trocken tupfen. Die Blättchen von den Stängeln zupfen. Blättchen klein schneiden.

4. Reis, Gemüse und Petersilie schichtweise in eine Auflaufform (gefettet) geben, mit Salz und Pfeffer bestreuen. Die Eier-Quark-Sahne-Masse darauf verteilen, so dass die eingeschichteten Zutaten bedeckt sind.

5. Den Auflauf mit Parmesan-Käse bestreuen, Butter in Flöckchen daraufsetzen. Die Form auf dem Rost in den vorgeheizten Backofen schieben.

Ober-/Unterhitze: etwa 200 °C
Heißluft: etwa 180 °C
Garzeit: etwa 30 Minuten.

Tipp: Mit Thymian oder Basilikum garnieren.

Reisauflauf mit Schafkäse | Beliebt

4 Portionen

Pro Portion:
E: 32 g, F: 31 g, Kh: 44 g, kJ: 2474, kcal: 591

200 g Langkornreis
1 1/2 l Salzwasser
2 Tomaten (etwa 200 g)
1 Zucchini (etwa 150 g)
einige Stängel Oregano
1 Knoblauchzehe
2 EL Olivenöl
300 g Lamm- oder Rinderhackfleisch oder Gehacktes (halb Rind-, halb Schweinefleisch)
Salz, frisch gemahlener Pfeffer
100 g Schafkäse
300 ml Milch
4 Eier (Größe M)

Zubereitungszeit: 30 Minuten
Garzeit: 35–40 Minuten

1. Reis zugedeckt in kochendem Salzwasser etwa 20 Minuten garen. Den Reis in ein Sieb geben und gut abtropfen lassen. Den Backofen vorheizen.

2. Tomaten waschen, abtrocknen, halbieren und die Stängelansätze herausschneiden. Zucchini waschen, abtrocknen und die Enden abschneiden. Zucchini und Tomaten in Würfel schneiden. Oregano abspülen und trocken tupfen. Die Blättchen von den Stängeln zupfen. Blättchen (einige Blättchen zum Garnieren beiseitelegen) klein schneiden. Knoblauch abziehen und fein hacken.

3. Olivenöl in einer großen Pfanne erhitzen. Hackfleisch darin unter ständigem Rühren anbraten. Dabei die Fleischklümpchen mit einer Gabel etwas zerdrücken. Knoblauch dazugeben. Mit Salz und Pfeffer würzen.

4. Schafkäse in Würfel schneiden oder mit einer Gabel zerkleinern. Milch mit Eiern verschlagen, mit Salz und Pfeffer würzen.

5. Reis mit Zucchini-, Tomatenwürfeln, Oregano und Hackfleisch mischen, in eine große Auflaufform (gefettet) geben und mit der Eiermilch übergießen. Schafkäse darauf verteilen. Die Form auf dem Rost in den vorgeheizten Backofen schieben.

Ober-/Unterhitze: etwa 200 °C
Heißluft: etwa 180 °C
Garzeit: 35–40 Minuten.

6. Den Auflauf vor dem Servieren mit den beiseitegelegten Oreganoblättchen garnieren.

Reis-Gemüse-Auflauf | Für Kinder

4 Portionen

Pro Portion:
E: 23 g, F: 41 g, Kh: 64 g, kJ: 3042, kcal: 726

300 g Möhren
2 EL Speiseöl, z. B. Sonnenblumenöl
250 g Langkornreis
2 EL Currypulver
500 ml (1/2 l) Gemüsebrühe
40 g Butter oder Margarine
300 g TK-Erbsen
Salz, frisch gemahlener Pfeffer
1 Prise Zucker
2 Eier (Größe M)
200 g Schlagsahne
frisch geriebene Muskatnuss
125 g geriebener, mittelalter Gouda-Käse

Zubereitungszeit: 30 Minuten
Garzeit: etwa 25 Minuten

1. Möhren putzen, schälen, abspülen, abtropfen lassen und in Würfel schneiden.

2. Speiseöl in einem Topf erhitzen. Reis darin unter Rühren glasig dünsten. Curry daraufstreuen und kurz mitdünsten lassen. Gemüsebrühe hinzugießen und zum Kochen bringen. Den Reis zugedeckt etwa 10 Minuten bei schwacher Hitze garen. Den Backofen vorheizen.

3. In der Zwischenzeit Butter oder Margarine zerlassen. Die Möhrenwürfel darin andünsten, gefrorene Erbsen unterheben. Das Gemüse mit Salz, Pfeffer und Zucker würzen. Reis mit dem Gemüse vermischen und in eine flache Auflaufform (gefettet) geben.

4. Eier mit Sahne verschlagen, mit Salz, Pfeffer und Muskat würzen, Käse unterrühren. Die Reis-Gemüse-Masse mit der Eiersahne übergießen. Die Form auf dem Rost in den vorgeheizten Backofen schieben.

Ober-/Unterhitze: etwa 180 °C
Heißluft: etwa 160 °C
Garzeit: etwa 25 Minuten.

Tipp: Den Reis-Gemüse-Auflauf mit Blattsalat, kaltem Braten oder Schinken servieren. Sie können die gleiche Menge Vollkornreis verwenden, die Garzeit für den Reis beträgt dann etwa 20 Minuten.

Reis-Hack-Auflauf | Raffiniert

4 Portionen

Pro Portion:
E: 53 g, F: 48 g, Kh: 89 g, kJ: 4247, kcal: 1015

400 g Langkornreis
Salzwasser
4 mittelgroße Zwiebeln
30 g Butter
600 g Rinderhack
150 g geriebener Hartkäse, z. B. alter Gouda, Parmesan oder alter Comté
Salz
1–2 EL Zitronensaft
250 ml (1/4 l) Milch
2 Eier (Größe M)
2 EL Semmelbrösel

Zubereitungszeit: 50 Minuten
Garzeit: etwa 30 Minuten

1. Reis zugedeckt in kochendem Salzwasser etwa 20 Minuten garen. In ein Sieb geben, abtropfen lassen.

2. Zwiebeln abziehen und in kleine Würfel schneiden. Butter in einer Pfanne zerlassen, Zwiebelwürfel darin andünsten. Rinderhack hinzugeben und unter ständigem Rühren anbraten. Dabei die Fleischklümpchen mit einer Gabel zerdrücken. Den Backofen vorheizen.

3. Hackfleisch mit Reis und 100 g Käse vermischen, mit Salz und Zitronensaft würzen und in eine Auflaufform (gefettet) füllen.

4. Milch und Eier verschlagen. Die Eiermilch mit Salz und Pfeffer würzen und auf dem Auflauf verteilen. Restlichen Käse und Semmelbrösel mischen und daraufstreuen. Die Form auf dem Rost in den vorgeheizten Backofen schieben.

Ober-/Unterhitze: etwa 200 °C
Heißluft: etwa 180 °C
Garzeit: etwa 30 Minuten.

Reis-Quark-Auflauf mit Gemüse

Für Kinder – einfach

4 Portionen

Pro Portion:

E: 27 g, F: 23 g, Kh: 26 g, kJ: 1800, kcal: 429

1 Knoblauchzehe
1 Zwiebel
1 EL Olivenöl
175 g Instant-Rundkornreis (Express-Reis)
500 ml (1/2 l) Gemüsebrühe
350 g Zucchini
150 g Cocktailtomaten
1 Bund Frühlingszwiebeln
1 EL Speiseöl
3 Eiweiß (Größe M)
Salz
3 Eigelb (Größe M)
250 g Speisequark (20 % Fett i. Tr.)
frisch gemahlener Pfeffer
100 g TK-Erbsen
125 g geriebener Emmentaler-Käse

Zubereitungszeit: 30 Minuten
Garzeit: 25–30 Minuten

1. Den Backofen vorheizen. Knoblauch und Zwiebel abziehen, klein würfeln. Olivenöl in einem Topf erhitzen, Knoblauch- und Zwiebelwürfel darin glasig dünsten. Reis hinzugeben, dann Brühe hinzugießen und zum Kochen bringen. Den Reis zugedeckt bei schwacher Hitze nach Packungsanleitung garen. Den Reis etwas abkühlen lassen.

2. In der Zwischenzeit Zucchini waschen, abtrocknen und die Enden abschneiden. Zucchini in Scheiben schneiden. Tomaten waschen, trocken tupfen und halbieren. Frühlingszwiebeln putzen, waschen, abtropfen lassen und in feine Scheiben schneiden. Speiseöl in einer Pfanne erhitzen. Frühlingszwiebelscheiben darin kurz anbraten und herausnehmen.

3. Eiweiß mit 1 Prise Salz sehr steifschlagen. Eigelb mit Quark verrühren, mit Salz und Pfeffer würzen, Reis unterrühren. Eischnee unterheben. Vorbereitetes Gemüse, unaufgetaute Erbsen und die Quarkmasse in einer Auflaufform (gefettet) vorsichtig mischen und mit Käse bestreuen. Die Form auf dem Rost in den vorgeheizten Backofen schieben.

Ober-/Unterhitze: etwa 180 °C
Heißluft: etwa 160 °C
Garzeit: 25–30 Minuten.

Rhabarberauflauf mit Nüssen

Gut vorzubereiten

4 Portionen

Pro Portion:
E: 12 g, F: 24 g, Kh: 80 g, kJ: 2513, kcal: 600

500 g Rhabarber
125 g Zucker
2 EL Himbeersirup
125 g Zwieback
3 Eigelb (Größe M)
125 g Schlagsahne
1 Pck. Dr. Oetker Vanillin-Zucker
50 g fein gehackte Haselnusskerne
3 Eiweiß (Größe M)
50 g Zucker

Zubereitungszeit: 25 Minuten, ohne Saftziehzeit
Garzeit: etwa 25 Minuten

1. Rhabarber putzen (nicht abziehen), waschen, abtropfen lassen und in etwa 2 cm lange Stücke schneiden. Dicke Stangen vorher längs halbieren. Rhabarberstücke in eine Schüssel geben, mit Zucker und Himbeersirup vermengen. Rhabarberstücke einige Zeit zum Saftziehen stehen lassen.

2. Rhabarberstücke mit dem entstandenen Saft in einem Topf zum Kochen bringen und 5–10 Minuten weich dünsten lassen (Rhabarberstücke dürfen jedoch nicht zerfallen).

3. Eine Auflaufform (gefettet) mit Zwiebäcken auslegen. Eigelb mit Sahne und Vanillin-Zucker verschlagen. Die Zwiebäcke damit übergießen. Haselnusskerne daraufstreuen und die Rhabarberstücke darauf verteilen.

4. Eiweiß steifschlagen. Der Schnee muss so fest sein, dass ein Messerschnitt sichtbar bleibt, Zucker kurz unterschlagen. Die Eischneemasse auf den Rhabarberstücken verteilen (nicht glattstreichen).

5. Die Form auf dem Rost in den vorgeheizten Backofen schieben.

Ober-/Unterhitze: 180–200 °C
Heißluft: 160–180 °C
Garzeit: etwa 25 Minuten.

Ricottaklößchen mit Spinat |

Raffiniert

6 Portionen

Pro Portion:
E: 13 g, F: 21 g, Kh: 4 g, kJ: 1080, kcal: 259

1 kg	*frischer Spinat*
	Salzwasser
300 g	*Ricotta (italienischer Frischkäse)*
1	*Ei (Größe M)*
50 g	*frisch geriebener Parmesan-Käse*
	Salz
	frisch geriebene Muskatnuss
250 g	*Béchamelsauce (Tetra-Pak®)*
1 Dose	*Pizza-Tomaten (Einwaage 400 g)*

Zubereitungszeit: 35 Minuten
Garzeit: 5–10 Minuten

1. Spinat putzen, mehrmals gründlich waschen und in kochendem Salzwasser kurz blanchieren, bis er zusammengefallen ist. Spinat gut abtropfen lassen, ausdrücken und in eine Schüssel geben.

2. Ricotta, Ei und 30 g des Parmesan-Käses hinzufügen. Die Zutaten zu einem Teig verarbeiten. Mit Salz und Muskat würzen. Den Backofen vorheizen.

3. Aus der Masse mit angefeuchteten Händen etwa 24 tischtennisballgroße Klößchen formen und in eine große, flache Auflaufform (gefettet) geben. Béchamelsauce darauf verteilen, so dass die Klößchen bedeckt sind. Die Pizza-Tomaten in den Zwischenräumen verteilen. Restlichen Parmesan-Käse daraufstreuen.

4. Die Form auf dem Rost in den vorgeheizten Backofen schieben.

Ober-/Unterhitze: etwa 180 °C
Heißluft: etwa 160 °C
Garzeit: 5–10 Minuten.

5. Die Klößchen so lange gratinieren, bis sich eine leichte Kruste gebildet hat.

Rindfleischauflauf | Raffiniert

4 Portionen

Pro Portion:
E: 44 g, F: 23 g, Kh: 4 g, kJ: 1655, kcal: 395

500 g geschnittene Rumpsteak- oder Hüftsteakscheiben (je etwa ½ cm dick)
3 EL Speiseöl
100 ml Wasser
1 TL mittelscharfer Senf
Salz, frisch gemahlener Pfeffer
2 Tomaten
2 kleine Gewürzgurken
1 Zwiebel
6 Scheiben Frühstücksspeck (Bacon)
150 g Speisequark (Magerstufe)
2 EL Kräuter-Frischkäse
3 Eigelb (Größe M)
3 Eiweiß (Größe M)

Zubereitungszeit: 40 Minuten
Garzeit: etwa 25 Minuten

1. Die Fleischscheiben unter fließendem kalten Wasser abspülen und gut trocken tupfen. Jeweils etwas Speiseöl in einer großen Pfanne erhitzen. Die Fleischscheiben darin portionsweise bei starker Hitze von jeder Seite etwa 2 Minuten braten, herausnehmen, etwas abkühlen lassen und in etwa ½ cm breite Streifen schneiden. Die Fleischstreifen in eine Schale geben. Den Backofen vorheizen.

2. Den Bratenansatz mit Wasser loskochen, mit dem beim Abkühlen der Fleischscheiben entstandenen Bratensaft und Senf verrühren, mit Salz und Pfeffer kräftig würzen. Über die Fleischstreifen gießen.

3. Tomaten waschen, trocken tupfen, vierteln, entkernen und die Stängelansätze herausschneiden. Tomatenviertel in Streifen schneiden. Gurken ebenfalls in Streifen schneiden. Zwiebel abziehen, in kleine Würfel schneiden. Tomaten-, Gurkenstreifen und Zwiebelwürfel zu den Fleischstreifen geben und gut untermengen.

4. Eine flache Auflaufform (gefettet) mit Frühstücksspeck auslegen, die Fleisch-Gemüse-Mischung darauf verteilen.

5. Quark mit Frischkäse und Eigelb cremig rühren, mit Salz und Pfeffer würzen. Eiweiß steifschlagen und unterheben. Die Quarkcreme auf die Fleisch-Gemüse-Mischung geben und verstreichen. Die Form auf dem Rost in den vorgeheizten Backofen schieben.

Ober-/Unterhitze: etwa 200 °C
Heißluft: etwa 180 °C
Garzeit: etwa 25 Minuten.

6. Sollte der Auflauf zu stark bräunen, ihn nach zwei Drittel der Garzeit mit Alufolie zudecken.

Rosenkohlauflauf | Etwas aufwändiger

4 Portionen

Pro Portion:
E: 32 g, F: 51 g, Kh: 30 g, kJ: 3001, kcal: 716

750 g Rosenkohl
1 Gemüsezwiebel (etwa 150 g)
3 EL Speiseöl
300 g Rinderhack
Salz
frisch gemahlener Pfeffer
1 TL gerebelter Majoran
1 Pck. Kartoffelpüree (2–3 Portionen)
70 g durchwachsener Speck
200 g Schlagsahne
2 Eier (Größe M)
frisch geriebene Muskatnuss
30 g Semmelbrösel
30 g Butter

Zubereitungszeit: 50 Minuten
Garzeit: etwa 45 Minuten

1. Rosenkohl von den schlechten äußeren Blättchen befreien, etwas vom Strunk abschneiden. Rosenkohl waschen und abtropfen lassen. Den Kohl in kochendem Wasser etwa 8 Minuten blanchieren. Rosenkohl in ein Sieb geben, mit kalten Wasser abspülen und abtropfen lassen. Den Backofen vorheizen.

2. Gemüsezwiebel abziehen, halbieren und in Würfel schneiden. Speiseöl in einer Pfanne erhitzen, Zwiebelwürfel darin andünsten. Rinderhack hinzugeben und anbraten, dabei die Fleischklümpchen mit einer Gabel zerdrücken. Mit Salz, Pfeffer und Majoran würzen.

3. Kartoffelpüree nach Packungsanleitung zubereiten und auf dem Boden einer Auflaufform (gefettet) verteilen. Nacheinander Rinderhack und Rosenkohl darauf verteilen.

4. Speck in Würfel schneiden, in einer beschichteten Pfanne auslassen und auf dem Rosenkohl verteilen.

5. Sahne mit Eiern verschlagen, mit Salz, Pfeffer und Muskat würzen. Die Eiersahne auf dem Auflauf verteilen und mit Semmelbröseln bestreuen. Butter in Flöckchen daraufsetzen. Die Form auf dem Rost in den vorgeheizten Backofen schieben.

Ober-/Unterhitze: etwa 200 °C
Heißluft: etwa 180 °C
Garzeit: etwa 45 Minuten.

Rosmarin-Bohnen-Gratin mit Entenkeulen | Etwas teurer – dauert länger

4 Portionen

Pro Portion:
E: 55 g, F: 53 g, Kh: 43 g, kJ: 3861, kcal: 922

300 g getrocknete weiße Perlbohnen
600 ml Fleischbrühe
4 Entenkeulen
3 EL Olivenöl
600 g Kartoffeln
2 rote Zwiebeln
2 Knoblauchzehen
1 Bund Rosmarin
4 Tomaten
Salz
frisch gemahlener Pfeffer
60 g frisch geriebener Parmesan-Käse
3 EL Semmelbrösel

Zubereitungszeit: 2 ½ Stunden
Garzeit: etwa 60 Minuten

1. Die Bohnen mit Brühe in einem Topf zum Kochen bringen und zugedeckt bei schwacher Hitze etwa 2 Stunden kochen lassen.

2. Entenkeulen unter fließendem kalten Wasser abspülen und trocken tupfen. Olivenöl in einer Pfanne erhitzen. Entenkeulen darin von beiden Seiten anbraten, herausnehmen, warm stellen. Den Backofen vorheizen.

3. Kartoffeln waschen, schälen, abspülen, abtropfen lassen und in Würfel schneiden. Kartoffelwürfel in dem verbliebenen Bratfett von allen Seiten kurz anbraten.

4. Zwiebeln und Knoblauch abziehen, in Würfel schneiden, zu den Kartoffelwürfeln geben und mit anbraten. Rosmarin abspülen und trocken tupfen. Die Nadeln von den Stängeln zupfen. Nadeln sehr klein schneiden. Tomaten waschen, trocken tupfen, halbieren, Stängelansätze herausschneiden. Tomaten grob zerkleinern.

5. Perlbohnen mit Garflüssigkeit, Rosmarin und Tomatenstücken zu den Kartoffelwürfeln geben, gut untermischen, mit Salz und Pfeffer würzen und in eine Auflaufform (gefettet) geben. Die Entenkeulen darauf verteilen. Käse mit Semmelbröseln mischen. Den Auflauf damit bestreuen. Die Form auf dem Rost in den vorgeheizten Backofen schieben.

Ober-/Unterhitze: etwa 180 °C
Heißluft: etwa 160 °C
Garzeit: etwa 60 Minuten.

Rösti-Auflauf | Für Gäste – mit Alkohol

8–10 Portionen

Pro Portion:
E: 31 g, F: 43 g, Kh: 46 g, kJ: 3041, kcal: 727

150 g	*Schalotten*
600 g	*rosé Champignons*
1 kg	*Roastbeef*
6 EL	*Speiseöl*
	Salz, frisch gemahlener Pfeffer
	gerebelter Thymian
150 ml	*Rotwein*
600 g	*Schlagsahne*
3 EL	*körniger Senf*
4–6 EL	*heller Saucenbinder*
3 Pck. (je 400 g)	*Rösti nach Schweizer Art (pfannenfertige Kartoffelzubereitung)*

Zubereitungszeit: 30 Minuten
Garzeit: etwa 35 Minuten

1. Schalotten abziehen und in kleine Würfel schneiden. Champignons putzen, mit Küchenpapier abreiben, eventuell abspülen, trocken tupfen und in Stücke schneiden. Roastbeef unter fließendem kalten Wasser abspülen, trocken tupfen, in feine Streifen schneiden.

2. Jeweils etwas Speiseöl in einer großen Pfanne erhitzen. Die Fleischstreifen darin portionsweise von allen Seiten kräftig anbraten, herausnehmen und in eine große, flache Auflaufform (gefettet) geben. Fleischstreifen mit Salz, Pfeffer und Thymian bestreuen. Den Backofen vorheizen.

3. Schalottenwürfel und Champignonstücke in dem verbliebenen Bratfett andünsten, mit Salz, Pfeffer und Thymian würzen. Rotwein hinzugießen, zum Kochen bringen und etwas einkochen lassen.

4. Sahne und Senf unterrühren, zum Kochen bringen. Saucenbinder einrühren und unter Rühren einmal aufkochen lassen. Die Champignonsauce zu den Fleischstreifen in die Form geben und gut untermengen.

5. Die Röstimasse direkt aus den Packungen auf dem Geschnetzelten verteilen. Die Form auf dem Rost in den vorgeheizten Backofen schieben. Den Auflauf überbacken, bis die Röstimasse gebräunt ist.

Ober-/Unterhitze: etwa 250 °C
Heißluft: etwa 230 °C
Garzeit: etwa 35 Minuten.

Abwandlung: Den Rösti-Auflauf können Sie auch mit Geschnetzeltem von der Pute (Brust) oder vom Schwein (Schnitzelfleisch) zubereiten.

Rotbarsch-Kartoffel-Gratin |

Raffiniert

4 Portionen

Pro Portion:
E: 57 g, F: 40 g, Kh: 38 g, kJ: 3241, kcal: 733

900 g Kartoffeln
3 EL Olivenöl
2 rote Zwiebeln
70 g geräucherter Bauchspeck
1 rote Paprikaschote
1 Bund Rucola (Rauke)
1 Bund Petersilie
125 g Krabben
Salz
frisch gemahlener Pfeffer
800 g Rotbarschfilet
120 g frisch geriebener Käse, z. B. Comté

Zubereitungszeit: 65 Minuten
Garzeit: etwa 30 Minuten

1. Kartoffeln waschen, schälen, abspülen, abtropfen lassen und in etwa 1 x 1 cm große Würfel schneiden. Kartoffelwürfel eventuell trocken tupfen.

2. Olivenöl in einer Pfanne erhitzen. Kartoffelwürfel hinzugeben und von allen Seiten etwa 10 Minuten knusprig braun braten. Den Backofen vorheizen.

3. Zwiebeln abziehen und in kleine Würfel schneiden. Speck ebenfalls klein würfeln. Zwiebel- und Speckwürfel gegen Ende der Bratzeit zu den Kartoffelwürfeln geben und kurz mit andünsten.

4. Paprikaschote halbieren, entstielen, entkernen und die weißen Scheidewände entfernen. Schotenhälften waschen, abtropfen lassen und in Würfel schneiden. Rucola putzen, waschen, trocken tupfen (einige Rucolablätter beiseitelegen) und klein schneiden. Petersilie abspülen und trocken tupfen. Die Blättchen von den Stängeln zupfen (einige Blättchen beiseitelegen). Blättchen ebenfalls klein schneiden.

5. Paprikawürfel, Rucola und Krabben unter die Kartoffelwürfel mischen, mit Salz und Pfeffer würzen, in eine flache Auflaufform (gefettet) füllen.

6. Rotbarschfilet unter fließendem kalten Wasser abspülen, trocken tupfen und auf die Kartoffelwürfel in die Form legen, mit etwas Salz würzen. Mit Petersilie und Käse bestreuen. Die Form auf dem Rost in den vorgeheizten Backofen schieben.

Ober-/Unterhitze: etwa 180 °C
Heißluft: etwa 160 °C
Garzeit: etwa 30 Minuten.

7. Die Form aus dem Backofen nehmen. Das Gratin mit den beiseitegelegten Rucola- und Petersilienblättchen garnieren.

Tipp: Das Gratin kann auch mit TK-Fisch zubereitet werden, dann den Fisch vorher auftauen lassen. Das Gratin schmeckt auch mit Seelachs- oder Kabeljaufilet sehr gut.

Rote-Bete-Auflauf mit Speck und Salbei | Gut vorzubereiten

4 Portionen

Pro Portion:
E: 21 g, F: 25 g, Kh: 44 g, kJ: 2098, kcal: 501

750 g–1 kg	*zarte Rote Bete*
1	*Zwiebel*
½ Bund	*frischer Salbei*
1 EL	*Butterschmalz*
	Salz
	frisch gemahlener Pfeffer
1 Prise	*Cumin (gemahlener Kreuzkümmel)*
	Saft und abgeriebene Schale von
½	*Bio-Orange (unbehandelt, ungewachst)*
200–250 ml	*Gemüsebrühe*

Für das Püree:

750 g	*vorwiegend mehligkochende Kartoffeln*
	Salzwasser
100 g	*Speck- oder Schinkenwürfel*
200–225 ml	*Milch*
200 g	*Weichkäse mit Rotschmierrinde, z. B. Chaumes, Munster*

Zubereitungszeit: 45 Minuten
Garzeit: etwa 50 Minuten

1. Den Backofen vorheizen. Rote Bete gründlich waschen, schälen, abtropfen lassen und in schmale Spalten schneiden. Zwiebel abziehen und klein würfeln. Salbei abspülen und trocken tupfen. Die Blättchen von den Stängeln zupfen.

2. Butterschmalz in einer Pfanne erhitzen, Zwiebelwürfel und Rote-Bete-Spalten darin andünsten. Salbeiblättchen hinzugeben, mit Salz, Pfeffer und Cumin würzen. Das Gemüse in eine Auflaufform (gefettet) geben. Orangensaft und -schale hinzugeben, Brühe hinzugießen. Die Form zugedeckt auf dem Rost in den vorgeheizten Backofen schieben.

Ober-/Unterhitze: etwa 180 °C
Heißluft: etwa 160 °C
Garzeit: etwa 35 Minuten.

3. Für das Püree Kartoffeln waschen, schälen, abspülen, abtropfen lassen, in Stücke schneiden und in kochendem Salzwasser etwa 15 Minuten garen. Speck- oder Schinkenwürfel in einer Pfanne knusprig auslassen. Milch erwärmen. Kartoffeln abgießen, abdämpfen und fein zerstampfen, dabei nach und nach Milch hinzugießen und zu einem cremigen Kartoffelpüree verarbeiten. Speck- oder Schinkenwürfel unterheben. Käse in Scheiben schneiden.

4. Die Form aus dem Backofen nehmen und den Deckel entfernen. Kartoffelpüree auf dem Gemüse verteilen und mit Käsescheiben belegen. Die Form wieder auf dem Rost in den heißen Backofen schieben. Den Auflauf **bei gleicher Backofeneinstellung in weiteren etwa 15 Minuten fertig backen**.

Rotkohllasagne | Mit Alkohol

8–10 Portionen

Pro Portion:
E: 21 g, F: 30 g, Kh: 59 g, kJ: 2727, kcal: 650

1 Kopf Rotkohl (etwa 2 kg)
2 Zwiebeln
150 g geräucherter Bauchspeck
4 EL Speiseöl
2 Lorbeerblätter
4 Gewürznelken
Salz, frisch gemahlener Pfeffer
500 ml (1/2 l) trockener Rotwein
500 ml (1/2 l) Gemüsebrühe
2 Äpfel
etwa 200 g Wild-Preiselbeeren (aus dem Glas)
100 g Rosinen
40 g Weizenmehl
500 ml (1/2 l) Gemüsebrühe
400 g Lasagneplatten
250 g gekochter Schinken (in Scheiben)
100 g frisch geriebener Gouda-Käse
50 g Sonnenblumenkerne

Zubereitungszeit: 80 Minuten
Garzeit: etwa 40 Minuten

1. Von dem Rotkohl die groben äußeren Blätter ablösen. Den Kohl vierteln und den Strunk herausschneiden. Kohlviertel waschen, abtropfen lassen und in feine Streifen schneiden. Zwiebeln abziehen und in kleine Würfel schneiden. Bauchspeck ebenfalls klein würfeln.

2. Speiseöl in einem großen Topf erhitzen. Speckwürfel darin auslassen. Zwiebelwürfel hinzufügen und andünsten. Rotkohlstreifen hinzugeben und kurz mitdünsten lassen. Mit Lorbeerblättern, Gewürznelken, Salz und Pfeffer würzen.

3. Rotwein und Gemüsebrühe hinzugießen, zum Kochen bringen und zugedeckt etwa 30 Minuten bei schwacher Hitze garen, dabei gelegentlich umrühren.

4. In der Zwischenzeit Äpfel schälen, vierteln, entkernen und in Stücke schneiden. Apfelstücke, Preiselbeeren und Rosinen unter den Rotkohl mischen und zugedeckt noch weitere etwa 30 Minuten garen. Mit Salz und Pfeffer kräftig würzen. Den Backofen nach etwa 15 Minuten Garzeit vorheizen.

5. Mehl mit Gemüsebrühe anrühren, zu dem Rotkohl geben und unter Rühren aufkochen lassen. Eventuell nochmals mit den Gewürzen abschmecken.

6. Etwa ein Drittel des Rotkohls auf dem Boden einer großen, flachen Auflaufform (gefettet) verteilen. Die Hälfte der Lasagneplatten darauflegen. Wieder ein Drittel des Rotkohls daraufgeben und mit den restlichen Lasagneplatten belegen. Die Schinkenscheiben darauflegen. Restlichen Rotkohl darauf verteilen. Zuerst Gouda-Käse, dann Sonnenblumenkerne daraufstreuen. Die Form auf dem Rost in den vorgeheizten Backofen schieben.

Ober-/Unterhitze: etwa 200 °C
Heißluft: etwa 180 °C
Garzeit: etwa 40 Minuten.

Tipp: Sie können anstelle des frischen Rotkohls auch 3 Packungen (je 450 g) TK-Rotkohl verwenden. Dann unter Punkt 3 nur je 250 ml (1/4 l) Rotwein und Gemüsebrühe hinzufügen und den Kohl etwa 10 Minuten köcheln lassen. Außerdem das Mehl unter Punkt 5 nur mit 250 ml (1/4 l) Gemüsebrühe anrühren.

Sardische Fischmakkaroni

Gut vorzubereiten – mit Alkohol

4 Portionen

Pro Portion:
E: 42 g, F: 46 g, Kh: 50 g, kJ: 3280, kcal: 784

250 g	*Makkaroni*
3 l	*Wasser*
3 TL	*Salz*
400 g	*Fischfilet, z. B. Seelachs, Kabeljau*
125 ml (1/8 l)	*Fischfond*
125 ml (1/8 l)	*Weißwein*
2–3 TL	*Zitronensaft*
	Salz
200 g	*geraspelter Gouda-Käse*
1 Stange	*Porree (Lauch)*
2	*kleine Fenchelknollen*
4	*Tomaten*
4 EL	*Olivenöl*
200 g	*Schlagsahne*
	frisch gemahlener Pfeffer
25 g	*Butter*

Zubereitungszeit: 60 Minuten
Garzeit: etwa 30 Minuten

1. Makkaroni in fingerlange Stücke brechen. Wasser in einem großen Topf mit geschlossenem Deckel zum Kochen bringen. Dann Salz und Makkaroni hinzugeben. Die Makkaroni im geöffneten Topf bei mittlerer Hitze nach Packungsanleitung kochen lassen, dabei zwischendurch 4–5-mal umrühren.

2. Anschließend die Makkaroni in ein Sieb geben, mit heißem Wasser abspülen und abtropfen lassen.

3. Fischfilet unter fließendem kalten Wasser abspülen, trocken tupfen.

4. Fischfond mit Wein, Zitronensaft und Salz in einem Topf zum Kochen bringen. Fischfilet hinzugeben, etwa 10 Minuten gar ziehen lassen. Den Backofen vorheizen.

5. Die Makkaroni in eine große, flache Auflaufform (gefettet) geben. Fischfilet aus der Weinbrühe nehmen und auf die Makkaroni legen. Ein Drittel des Gouda-Käses auf dem Fischfilet verteilen.

6. Porree putzen, die Stange längs halbieren, gründlich waschen, abtropfen lassen und in Scheiben schneiden. Von den Fenchelknollen die Stiele dicht oberhalb der Knollen abschneiden. Braune Stellen und Blätter entfernen. Knollen waschen, abtropfen lassen, halbieren und in kleine Stücke schneiden. Tomaten waschen, abtropfen lassen, kreuzweise einschneiden, kurz in kochendes Wasser legen und in kaltem Wasser abschrecken. Tomaten enthäuten, vierteln, entkernen und die Stängelansätze herausschneiden.

7. Olivenöl in einem Topf erhitzen. Porreescheiben und Fenchelstücke darin etwa 5 Minuten dünsten. Tomatenviertel hinzufügen und kurz miterhitzen. Sahne unterrühren. Mit Salz und Pfeffer abschmecken. Die Gemüsemasse auf dem Fischfilet verteilen. Restlichen Käse daraufstreuen und Butter in Flöckchen daraufsetzen.

8. Die Form auf dem Rost in den vorgeheizten Backofen schieben.

Ober-/Unterhitze: etwa 200 °C
Heißluft: etwa 180 °C
Garzeit: etwa 30 Minuten.

Sattmacher-Gratin | Raffiniert

4 Portionen

Pro Portion:
E: 56 g, F: 61 g, Kh: 39 g, kJ: 3909, kcal: 934

1 kg weißer Spargel
375 ml (3/8 l) Wasser
1 1/2 gestr. TL Salz
20 g Butter
1 gestr. TL Zucker
750 g neue Kartoffeln
1 Bund kleine Möhren
1 mittelgroße Kohlrabi
300 g Brokkoli
100 g Zuckerschoten
Salzwasser
500 g Schweinefilet
30 g Butterschmalz
Salz
frisch gemahlener Pfeffer
400 g Schlagsahne
250 g grob geriebener Gouda-Käse

Zubereitungszeit: 50 Minuten
Garzeit: etwa 30 Minuten

1. Den Spargel von oben nach unten schälen. Darauf achten, dass die Schalen vollständig entfernt, die Köpfe aber nicht verletzt werden. Die unteren Enden abschneiden (holzige Stellen vollkommen entfernen). Spargelstangen dritteln, waschen und abtropfen lassen.

2. Wasser mit Salz, Butter und Zucker in einem großen Topf zum Kochen bringen. Spargelstücke hinzufügen, zum Kochen bringen und etwa 8 Minuten garen.

3. Kartoffeln waschen, schälen, abspülen, abtropfen lassen und halbieren. Kartoffelhälften in 3 Spalten schneiden. Möhren putzen, schälen, abspülen und abtropfen lassen. Möhren längs vierteln (je nach Länge nochmals halbieren).

4. Kohlrabi schälen, abspülen, trocken tupfen, halbieren und in Scheiben schneiden. Von dem Brokkoli die Blätter entfernen. Brokkoli in Röschen teilen, waschen und abtropfen lassen. Zuckerschoten putzen, eventuell

abfädeln und die Enden abschneiden. Zuckerschoten waschen und abtropfen lassen.

5. Salzwasser in einem Topf zum Kochen bringen. Kartoffelspalten und Möhrenstreifen hinzugeben, etwa 8 Minuten bissfest garen. Brokkoliröschen und Zuckerschoten hinzufügen und weitere etwa 2 Minuten mitgaren lassen. Den Backofen vorheizen.

6. Das Gemüse in einem Sieb abtropfen lassen und in eine große, flache Auflaufform (gefettet) geben.

7. Schweinefilet unter fließendem kalten Wasser abspülen, trocken tupfen und in etwa 2 cm dicke Scheiben schneiden. Butterschmalz in einer Pfanne erhitzen. Filetscheiben darin von beiden Seiten anbraten. Mit Salz und Pfeffer würzen. Filetscheiben herausnehmen und auf das Gemüse legen.

8. Sahne zum Bratenfond geben und gut verrühren. Mit Salz und Pfeffer würzen. Die Sauce zwischen dem Gemüse verteilen. Mit Käse bestreuen. Die Form auf dem Rost in den vorgeheizten Backofen schieben.

Ober-/Unterhitze: 200–220 °C
Heißluft: 180–200 °C
Garzeit: etwa 30 Minuten.

Sauerkrautauflauf mit Kasseler |

Klassisch

4–6 Portionen

Pro Portion:
E: 23 g, F: 42 g, Kh: 40 g, kJ: 2831, kcal: 675

600 g gekochte Pellkartoffeln
1 Dose Ananas-Weinsauerkraut (Abtropfgewicht 770 g)
1 kleine, grüne Paprikaschote
400 g Kasseler (ohne Knochen)
Salz
frisch gemahlener Pfeffer
etwas Zucker

Für die Sauce:
1 schwach geh. EL Weizenmehl
200 g Schmand (Sauerrahm)
125 g Schlagsahne
125 ml (1/8 l) Gemüsebrühe

Zum Bestreuen:
2 EL Semmelbrösel
2 EL frisch geriebener Gouda-Käse
25 g Butter

Zubereitungszeit: 25 Minuten
Garzeit: etwa 35 Minuten

1. Backofen vorheizen. Kartoffeln pellen, in nicht zu dünne Scheiben schneiden. Die Hälfte der Kartoffelscheiben in eine flache Auflaufform (gefettet) legen.

2. Sauerkraut etwas locker zupfen und in eine Schüssel geben. Paprikaschote halbieren, entstielen, entkernen und die weißen Scheidewände entfernen. Schotenhälften waschen, abtropfen lassen und in Streifen schneiden. Kasseler ebenfalls in Streifen schneiden.

3. Die vorbereiteten Zutaten mit dem Sauerkraut vermischen, mit Salz, Pfeffer und Zucker würzen. Die Hälfte der Sauerkraut-Mischung auf die Kartoffelscheiben geben.

4. Für die Sauce Mehl mit Schmand, Sahne und Gemüsebrühe verrühren, mit Salz, Pfeffer und Zucker würzen. Die Hälfte der Sauce auf die Sauerkraut-Mischung geben und mit den restlichen Kartoffelscheiben belegen. Restliches Sauerkraut darauf verteilen und mit der restlichen Sauce übergießen, so dass alle Zutaten gut mit der Sauce bedeckt sind.

5. Den Auflauf mit Semmelbröseln und Käse bestreuen. Butter in Flöckchen daraufsetzen. Die Form auf dem Rost in den vorgeheizten Backofen schieben.

Ober-/Unterhitze: etwa 200 °C
Heißluft: etwa 180 °C
Garzeit: etwa 35 Minuten.

Sauerkrautauflauf mit Quark

Preiswert

4 Portionen

Pro Portion:
E: 36 g, F: 40 g, Kh: 9 g, kJ: 2305, kcal: 552

Für den Teig:

250 g Speisequark (Magerstufe)
1 EL Weizenmehl
100 g Crème fraîche
4 Eigelb (Größe M)
100 g geriebener Emmentaler-Käse

1 Stange Porree (Lauch)
200 g Kasseler (ohne Knochen)
2 EL Butter
500 g Sauerkraut
gerebelter Estragon
gerebelter Majoran
Salz
frisch gemahlener, weißer Pfeffer
4 Eiweiß (Größe M)
2 EL Sonnenblumenkerne

Zubereitungszeit: 60 Minuten
Garzeit: etwa 35 Minuten

1. Quark, Mehl, Crème fraîche, Eigelb und Käse in einer Rührschüssel zu einem glatten Teig verrühren. Den Backofen vorheizen.

2. Porree putzen, die Stange längs halbieren, gründlich waschen, trocken tupfen und in kleine Stücke schneiden. Kasseler unter fließendem kalten Wasser abspülen, trocken tupfen und in kleine Würfel schneiden. Butter in einer Pfanne zerlassen, Porreestücke darin leicht andünsten, Kasselerwürfel hinzufügen und unter mehrmaligem Wenden leicht anbraten. Sauerkraut leicht ausdrücken, in die Pfanne geben und kurz erhitzen. Das Gemüse-Fleisch-Gemisch mit Estragon, Majoran, Salz und Pfeffer würzen.

3. Zwei Drittel des Quarkteiges in eine Auflaufform (gefettet) geben. Gemüse-Fleisch-Gemisch darauf verteilen.

4. Eiweiß steifschlagen, unter den restlichen Quarkteig heben und auf dem Auflauf verteilen. Mit Sonnenblumenkernen bestreuen. Die Form auf dem Rost in den vorgeheizten Backofen schieben.

Ober-/Unterhitze: etwa 200 °C
Heißluft: etwa 180 °C
Garzeit: etwa 35 Minuten.

Sauerkraut-Kartoffel-Auflauf mit Cabanossi | Deftig

4–6 Portionen

Pro Portion:
E: 31 g, F: 75 g, Kh: 33 g, kJ: 3344, kcal: 798

2	*Zwiebeln*
3 EL	*Speiseöl*
1 Dose	*Sauerkraut (Abtropfgewicht 770 g)*
125 ml (1/8 l)	*Gemüsebrühe*
	Salz
	frisch gemahlener Pfeffer
etwas	*Zucker*
2 Pck.	*Kartoffelpüree (für Wasser und Milch)*
700 ml	*Wasser*
500 ml (1/2 l)	*Milch*
3–4	*Cabanossi-Würstchen (etwa 500 g)*
2–3 EL	*Semmelbrösel*
40 g	*Butter*

Zubereitungszeit: 70 Minuten
Garzeit: etwa 35 Minuten

1. Zwiebeln abziehen und in kleine Würfel schneiden. Speiseöl in einem Topf erhitzen, Zwiebelwürfel darin andünsten. Sauerkraut hinzugeben und mit andünsten. Brühe hinzugießen, mit Salz, Pfeffer und Zucker würzen. Sauerkraut zum Kochen bringen und zugedeckt etwa 25 Minuten garen. Den Backofen vorheizen.

2. Kartoffelpüree nach Packungsanleitung, aber mit 700 ml Wasser und 500 ml (1/2 l) Milch zubereiten. Cabanossi in Scheiben schneiden.

3. Abwechselnd lagenweise je einen Teil des Sauerkrauts, der Wurstscheiben und des Kartoffelpürees in eine Auflaufform (gefettet) schichten. Die oberste Schicht sollte aus Kartoffelpüree bestehen.

4. Semmelbrösel und Butter in Flöckchen darauf verteilen. Die Form auf dem Rost in den vorgeheizten Backofen schieben.

Ober-/Unterhitze: etwa 200 °C
Heißluft: etwa 180 °C
Garzeit: etwa 35 Minuten.

Tipp: Anstelle der Cabanossi können Sie die gleiche Menge in Würfel geschnittenes Kasseler verwenden.

Schafhirten-Auflauf | Für Gäste

4 Portionen

Pro Portion:
E: 44 g, F: 50 g, Kh: 34 g, kJ: 3228, kcal: 771

800 g	*Kartoffeln*
	Salzwasser
150 ml	*heiße Milch*
60 g	*Butter*
	Salz, frisch geriebene Muskatnuss
1 Pck.	
(0,2 g)	*Safran*
2	*Zwiebeln*
2	*Knoblauchzehen*
6 Stängel	*Thymian*
600 g	*Lamm- oder Rinderhackfleisch*
2 EL	*Olivenöl*
300 g	*Zucchini*
2	*rote Paprikaschoten*
200 g	*Schafkäse*
	frisch gemahlener Pfeffer
	Chilipulver

Zubereitungszeit: 65 Minuten
Garzeit: etwa 45 Minuten

1. Kartoffeln waschen, schälen, abspülen, mit Salzwasser bedeckt zum Kochen bringen und zugedeckt 20–25 Minuten garen. Kartoffeln abgießen, abdämpfen und sofort durch eine Kartoffelpresse drücken.

2. Die Kartoffelmasse mit Milch und der Hälfte der Butter verrühren. Mit Salz, Muskat und Safran würzen. Den Backofen vorheizen.

3. Zwiebeln und Knoblauch abziehen, in kleine Würfel schneiden. Thymian abspülen, trocken tupfen, einige Zweige zum Garnieren beiseitelegen. Vom restlichen Thymian die Blätter abzupfen. Hackfleisch unter Rühren im Öl anbraten. Dabei die Fleischklümpchen mit einer Gabel zerdrücken. Thymianblätter, Zwiebel- und Knoblauchwürfel hinzugeben und kurz mit andünsten.

4. Zucchini abspülen, abtrocknen und die Enden abschneiden. Zucchini in Würfel schneiden, zur Hackfleischmasse geben und kurz mit anbraten.

5. Paprikaschoten vierteln, entstielen, entkernen und die weißen Scheidewände entfernen. Paprikaviertel abspülen, abtropfen lassen, in Streifen schneiden, zur Hackfleischmasse geben und mit anbraten.

6. Schafkäse in Würfel schneiden und unter die Fleisch-Gemüse-Masse rühren. Mit Salz, Pfeffer und Chili abschmecken.

7. Die Fleisch-Gemüse-Masse in eine Auflaufform (gefettet) geben und etwas andrücken. Kartoffelpüree darauf verteilen, restliche Butter in Flöckchen daraufsetzen. Die Form auf dem Rost in den vorgeheizten Backofen schieben.

Ober-/Unterhitze: etwa 200 °C
Heißluft: etwa 180 °C
Garzeit: etwa 45 Minuten.

8. Mit dem restlichem Thymian garnieren.

Scharfer Nudelauflauf | Vegetarisch

4 Portionen

Pro Portion:
E: 26 g, F: 26 g, Kh: 76 g, kJ: 2824, kcal: 675

4 l	*Wasser*
4 TL	*Salz*
400 g	*Rohr- oder Pennenudeln*
2	*Fleischtomaten*
1	*Gemüsezwiebel*
je 1	*rote und grüne Peperoni*
1 Bund	*Basilikum*
20 g	*Butter*
	Salz
	frisch gemahlener Pfeffer
etwas	*Tabasco*
150 g	*saure Sahne*
200 g	*Schlagsahne*
2	*Eier (Größe M)*
	frisch geriebene Muskatnuss
60 g	*frisch geriebener Parmesan-Käse*
30 g	*Butter*

Zubereitungszeit: 50 Minuten
Garzeit: etwa 25 Minuten

1. Wasser in einem großen Topf mit geschlossenem Deckel zum Kochen bringen. Dann Salz und Nudeln hinzugeben. Die Nudeln im geöffneten Topf bei mittlerer Hitze nach Packungsanleitung kochen lassen, dabei zwischendurch 4–5-mal umrühren.

2. Anschließend die Nudeln in ein Sieb geben, mit heißem Wasser abspülen und abtropfen lassen. Den Backofen vorheizen.

3. Tomaten waschen, abtropfen lassen, kreuzweise einschneiden, kurz in kochendes Wasser legen und in kaltem Wasser abschrecken. Tomaten enthäuten, halbieren, entkernen und die Stängelansätze herausschneiden. Tomatenhälften in Würfel schneiden.

4. Dann Gemüsezwiebel abziehen, halbieren und in Scheiben schneiden. Peperoni längs halbieren, entkernen und die weißen Scheidewände entfernen. Peperonihälften abspülen, trocken tupfen und in sehr feine Streifen schneiden. Basilikum abspülen und trocken tupfen. Die Blättchen von den Stängeln zupfen. Blättchen (einige Blättchen zum Garnieren beiseitelegen) in Streifen schneiden.

5. Butter in einer kleinen Pfanne zerlassen, Zwiebelscheiben und Peperonistreifen darin andünsten, mit Salz, Pfeffer und Tabasco würzen.

6. Saure Sahne mit Schlagsahne und Eiern verschlagen, mit Salz, Pfeffer und Muskat würzen.

7. Nudeln mit Tomatenwürfeln, angedünsteten Zwiebelscheiben, Peperonistreifen und Basilikumstreifen vermischen, in eine flache Auflaufform (gefettet) geben, mit der Eiersahne übergießen und mit Parmesan-Käse bestreuen. Butter in Flöckchen daraufsetzen.

8. Die Form auf dem Rost in den vorgeheizten Backofen schieben.

Ober-/Unterhitze: etwa 180 °C
Heißluft: etwa 160 °C
Garzeit: etwa 25 Minuten.

9. Den Nudelauflauf vor dem Servieren mit den beiseitegelegten Basilikumblättern garnieren.

Schlemmertopf | Preiswert

4 Portionen

Pro Portion:
E: 19 g, F: 30 g, Kh: 30 g, kJ: 2036, kcal: 486

600 g	*gegarte Pellkartoffeln*
4 EL	*Butterschmalz*
	Salz
	frisch gemahlener Pfeffer
1	*mittelgroße Zwiebel*
150 g	*gekochter Schinken*
1 EL	*Butter oder Margarine*
1 Stange	*Porree (Lauch)*
1 Becher (150 g)	*Crème fraîche*
3	*Eier (Größe M)*
	Kümmelsamen

Zubereitungszeit: 40 Minuten
Garzeit: 20–25 Minuten

1. Kartoffeln pellen und in Scheiben schneiden. Butterschmalz in einer Pfanne erhitzen. Kartoffelscheiben hinzufügen und unter mehrmaligem Wenden goldbraun braten. Mit Salz und Pfeffer würzen. Zwiebel abziehen, in kleine Würfel schneiden, kurz vor Ende der Bratzeit zu den Kartoffelscheiben geben und mitbraten lassen. Den Backofen vorheizen.

2. Schinken in kleine Würfel schneiden. Butter oder Margarine in einer Pfanne zerlassen. Schinkenwürfel darin anbraten. Porree putzen, die Stange längs halbieren, gründlich waschen, abtropfen lassen, in kleine Stücke schneiden, zu den Schinkenwürfeln geben und kurz mit andünsten.

3. Die Bratkartoffeln in eine Auflaufform (gefettet) geben. Die Schinken-Porree-Masse gleichmäßig darauf verteilen. Mit Salz und Pfeffer würzen. Crème fraîche mit Eiern verschlagen, mit Salz, Pfeffer und Kümmel verrühren und auf dem Auflauf verteilen. Die Form auf dem Rost in den vorgeheizten Backofen schieben.

Ober-/Unterhitze: etwa 200 °C
Heißluft: etwa 180 °C
Garzeit: 20–25 Minuten.

Schneckenauflauf | Deftig

4 Portionen

Pro Portion:
E: 39 g, F: 93 g, Kh: 39 g, kJ: 4826, kcal: 1160

1 kg Kartoffeln
800 g Kohlrabi
Salz
250 g Schlagsahne
250 ml (1/4 l) Milch
100 g frisch geriebener Parmesan-Käse
frisch gemahlener Pfeffer
frisch geriebene Muskatnuss
2 EL Speiseöl
4 Bratwurstschnecken (je 150 g)
2 Stängel glatte Petersilie

Zubereitungszeit: 45 Minuten
Garzeit: etwa 45 Minuten

1. Kartoffeln waschen, schälen, abspülen, abtropfen lassen und in Scheiben schneiden. Kohlrabi schälen, abspülen, abtropfen lassen, vierteln, ebenfalls in Scheiben schneiden. Wasser mit Salz in einem Topf zum Kochen bringen. Den Backofen vorheizen.

2. Zuerst die Kohlrabischeiben in dem kochenden Salzwasser etwa 4 Minuten blanchieren. Kohlrabischeiben mit einer Schaumkelle herausnehmen, mit kaltem Wasser abschrecken und in einem Sieb abtropfen lassen. Die Kartoffelscheiben in dem kochenden Salzwasser etwa 6 Minuten blanchieren, mit der Schaumkelle herausnehmen, mit kaltem Wasser abschrecken und ebenfalls in einem Sieb abtropfen lassen.

3. Sahne mit Milch und Parmesan-Käse in einem Topf unter Rühren zum Kochen bringen, unter Rühren etwas einkochen lassen. Mit Salz, Pfeffer und Muskat würzen.

4. Die Kartoffel- und Kohlrabischeiben abwechselnd dachziegelartig in eine flache Auflaufform (gefettet) schichten. Die Käse-Sahne-Milch darauf verteilen. Die Form auf dem Rost in den vorgeheizten Backofen schieben.

Ober-/Unterhitze: etwa 200 °C
Heißluft: etwa 180 °C
Garzeit: etwa 30 Minuten.

5. Speiseöl in einer Pfanne erhitzen. Die Bratwurstschnecken darin von beiden Seiten anbraten und herausnehmen. Nach etwa 30 Minuten Garzeit die Form aus dem Backofen nehmen. Den Auflauf mit den Bratwurstschnecken belegen, auf dem Rost wieder in den Backofen schieben und **bei gleicher Backofeneinstellung in weiteren etwa 15 Minuten fertig garen**.

6. Petersilie abspülen und trocken tupfen. Die Blättchen von den Stängeln zupfen. Den Auflauf mit den Petersilienblättchen bestreuen und servieren.

Tipp: Sie können die Kohlrabi gut durch die gleiche Menge Möhren oder Sellerie ersetzen.

Schneller Nudelauflauf I

Für Kinder – einfach

4 Portionen

Pro Portion:
E: 28 g, F: 52 g, Kh: 52 g, kJ: 3472, kcal: 829

1 Pck.
(300 g) TK-Buttergemüse
600 ml Gemüsebrühe
250 g Schlagsahne
250 g Faden-Nudeln
400 g Fleischwurst
1 kleines
Glas Champignonköpfe
(Abtropfgewicht 115 g)

Zubereitungszeit: 15 Minuten
Garzeit: etwa 30 Minuten

1. Den Backofen vorheizen. Buttergemüse unaufgetaut mit Brühe und Sahne in einem Topf so lange erhitzen, bis sich die Paste aufgelöst hat.

2. Nudeln in eine Auflaufform (gefettet) geben. Fleischwurst enthäuten, zuerst in Scheiben, dann in Streifen schneiden. Champignonköpfe in einem Sieb abtropfen lassen.

3. Fleischwurststreifen und Champignons mit den Nudeln mischen. Buttergemüse mit der Brühe und Sahne daraufgeben.

4. Die Form auf dem Rost in den vorgeheizten Backofen schieben.

Ober-/Unterhitze: etwa 200 °C
Heißluft: etwa 180 °C
Garzeit: etwa 30 Minuten.

Schokoauflauf mit Amarettini |

Für Gäste

4 Portionen

Pro Portion:

E: 15 g, F: 36 g, Kh: 58 g, kJ: 2686, kcal: 641

200 g Zartbitter-Schokolade
100 g Amarettini (italienisches Mandelgebäck)
4 Eier (Größe M)
50 g Zucker
100 g Schlagsahne
1 Prise Salz
30 g abgezogene, gehobelte Mandeln

Zubereitungszeit: 30 Minuten, ohne Abkühlzeit
Garzeit: etwa 45 Minuten

1. Schokolade in Stücke brechen, in einem kleinen Topf im heißen Wasserbad bei schwacher Hitze unter Rühren schmelzen. Schokolade abkühlen lassen.

2. Amarettini in einen Gefrierbeutel geben, den Beutel fest verschließen. Amarettini mit der Teigrolle grob zerbröseln.

3. Eier trennen. Eigelb und 25 g Zucker mit Handrührgerät mit Rührbesen zu einer dicken Creme aufschlagen. Sahne unterrühren. Eiweiß mit Salz steifschlagen, restlichen Zucker nach und nach kurz unterschlagen.

4. Die abgekühlte, flüssige Schokolade unter die Eigelbcreme rühren. Eischnee und Amarettinibrösel vorsichtig unterheben. Die Masse in einen gewässerten Römertopf® geben und mit Mandeln bestreuen. Den Römertopf® mit dem Deckel verschließen und auf dem Rost in den kalten Backofen schieben.

Ober-/Unterhitze: etwa 200 °C
Heißluft: etwa 180 °C
Garzeit: etwa 45 Minuten.

Tipp: Den Schokoladenauflauf mit Vanilleeis oder halbsteif geschlagener Vanillesahne servieren.

Schokoladenauflauf mit Aprikosen | Für Kinder

12 Portionen

Pro Portion:
E: 7 g, F: 14 g, Kh: 32 g, kJ: 1223, kcal: 292

2 Dosen	*Aprikosenhälften (Abtropfgewicht je 480 g)*
200 g	*Zartbitter-Schokolade*
2 Pck.	*Gala Pudding-Pulver Schokolade*
4	*Eigelb (Größe M)*
etwa 130 g	*Zucker*
1 l	*Milch*
4	*Eiweiß (Größe M)*
einige	*abgezogene, gehobelte Mandeln*

Zubereitungszeit: 25 Minuten
Garzeit: etwa 10 Minuten

1. Aprikosenhälften in einem Sieb abtropfen lassen. Schokolade grob raspeln. Den Backofen vorheizen.

2. Pudding-Pulver, Eigelb, 100 g Zucker und etwas von der Milch in einer kleinen Schüssel verrühren.

3. Restliche Milch in einem Topf zum Kochen bringen. Angerührtes Pudding-Pulver unter Rühren hinzugeben und unter Rühren gut aufkochen lassen. Den Topf von der Kochstelle nehmen. Geraspelte Schokolade sofort unterrühren. Eiweiß steifschlagen und unter den heißen Pudding heben.

4. Die Hälfte der Aprikosenhälften in eine große Auflaufform (gefettet) oder mehrere kleine Auflaufformen (gefettet) geben. Die Puddingmasse darauf verteilen. Restliche Aprikosenhälften, Mandeln und restlichen Zucker daraufgeben.

5. Die Form oder Formen auf dem Rost in den vorgeheizten Backofen schieben.

Ober-/Unterhitze: etwa 200 °C
Heißluft: etwa 180 °C
Garzeit: etwa 10 Minuten.

Schokoladen-Früchte-Auflauf |

Raffiniert

4 Portionen

Pro Portion:
E: 15 g, F: 24 g, Kh: 62 g, kJ: 2336, kcal: 558

500 g Rhabarber
180 g Zucker
300 g Erdbeeren
4 Eigelb (Größe M)
5 EL Rhabarbersaft (von dem Rhabarber)
1 Pck. Dr. Oetker Vanillin-Zucker
50 g Speisestärke
20 g Kakao
100 g abgezogene, gemahlene Mandeln
2 Eiweiß (Größe M)
2 Eiweiß (Größe M)
30 g abgezogene, gehobelte Mandeln

Zubereitungszeit: 70 Minuten
Garzeit: 40–45 Minuten

1. Rhabarber putzen, waschen (nicht abziehen), abtropfen lassen und in Stücke schneiden. Rhabarberstücke mit 40 g des Zuckers in einem Topf zum Kochen bringen und gut aufkochen lassen. Rhabarberstücke in einem Sieb abtropfen lassen, dabei den Saft auffangen.

2. Erdbeeren putzen, waschen, abtropfen lassen, entstielen, halbieren oder vierteln und mit etwa 20 g Zucker bestreuen.

3. Eigelb mit 5 Esslöffeln Rhabarbersaft, 100 g Zucker und Vanillin-Zucker etwa 3 Minuten schaumig schlagen. Speisestärke mit Kakao mischen, unter die Eigelbcreme rühren, Mandeln unterrühren. Eiweiß steifschlagen und unterheben.

4. Die Creme in einen gewässerten Römertopf® geben. Rhabarber- und Erdbeerstücke darauf verteilen. Den Römertopf® mit dem Deckel verschließen und anschließend auf dem Rost in den kalten Backofen schieben.

Ober-/Unterhitze: etwa 200 °C
Heißluft: etwa 180 °C
Garzeit: 40–45 Minuten.

5. Den Auflauf herausnehmen. Eiweiß mit dem restlichen Zucker steifschlagen, auf dem Auflauf verteilen, am Rand etwas freilassen, Mandeln darauf streuen, ohne Deckel etwa 2 Minuten unter den vorgeheizten Grill stellen und goldgelb überbacken.

Schupfnudel-Auflauf | Preiswert

4 Portionen

Pro Portion:
E: 45 g, F: 61 g, Kh: 37 g, kJ: 3928, kcal: 938

600 g	*Schweinehackfleisch*
2	*Zwiebeln*
1,2 kg	*Weißkohl*
200 g	*Möhren*
80 g	*Frühstücksspeck (Bacon)*
	Salz
	frisch gemahlener Pfeffer
1 TL	*Kümmelsamen*
1 EL	*gemahlener Piment (Nelkenpfeffer)*
800 g	*Schupfnudeln (Fertigprodukt oder selbst gemachte Schupfnudeln)*
40 g	*Butter*

Zubereitungszeit: 75 Minuten
Garzeit: etwa 40 Minuten

1. Hackfleisch in einer Pfanne ohne Fett unter Rühren anbraten, dabei die Fleischklümpchen mit einer Gabel zerdrücken. Zwiebeln abziehen, in kleine Würfel schneiden, zu der Hackfleischmasse geben und mit anbraten. Den Backofen vorheizen.

2. Vom Weißkohl die äußeren schlechten Blätter entfernen. Weißkohl vierteln und den Strunk herausschneiden. Kohlviertel abspülen, abtropfen lassen, in etwa 2 cm lange Streifen schneiden und zu der Hackfleischmasse geben.

3. Möhren putzen, schälen, abspülen, abtropfen lassen und in Scheiben schneiden. Frühstücksspeck in Streifen schneiden. Möhrenscheiben und Speckstreifen ebenfalls zur Hackfleischmasse geben. Die Hackfleisch-Gemüse-Masse so lange unter gelegentlichem Rühren braten lassen, bis die Kohlstreifen glasig sind. Mit Salz, Pfeffer, Kümmel und Piment würzen.

4. Den Boden einer Auflaufform (gefettet) mit einem Teil der Schupfnudeln belegen. Die Hackfleisch-Gemüse-Masse darauf verteilen und etwas andrücken. Restliche Schupfnudeln darauf verteilen. Butter in Flöckchen daraufsetzen.

5. Die Form auf dem Rost in den vorgeheizten Backofen schieben.

Ober-/Unterhitze: etwa 180 °C
Heißluft: etwa 160 °C
Garzeit: etwa 40 Minuten.

Schwarzwurzelgratin | Raffiniert

4 Portionen

Pro Portion:
E: 15 g, F: 35 g, Kh: 22 g, kJ: 2012, kcal: 480

2 Gläser	*Schwarzwurzeln (Abtropfgewicht je 320 g)*
2 Bund	*Frühlingszwiebeln*
4	*Eier (Größe M)*
2 Becher (je 150 g)	*Crème fraîche*
	Salz
	frisch gemahlener Pfeffer
	frisch geriebene Muskatnuss
40 g	*Pinienkerne*

Zubereitungszeit: 60 Minuten
Garzeit: 45–50 Minuten

1. Schwarzwurzeln in einem Sieb abtropfen lassen. Frühlingszwiebeln putzen, waschen, abtropfen lassen, in dünne Scheiben schneiden. Eier und Crème fraîche verschlagen, mit Salz, Pfeffer und Muskat würzen.

2. Schwarzwurzeln mit Frühlingszwiebelscheiben mischen und in einen gewässerten Römertopf® geben. Die Eier-Crème-fraîche-Masse darauf verteilen und mit Pinienkernen bestreuen. Den Römertopf® mit dem Deckel verschließen und auf dem Rost in den kalten Backofen schieben.

Ober-/Unterhitze: etwa 220 °C
Heißluft: etwa 200 °C
Garzeit: etwa 30 Minuten.

3. Nach etwa 30 Minuten Garzeit den Deckel abnehmen und das Gemüse **bei gleicher Backofeneinstellung noch weitere 15–20 Minuten überbacken**.

Tipp: Das Gratin mit Lammkoteletts und Kräuterbutter aus dem Kühlregal servieren. Gut schmeckt das Schwarzwurzelgratin, wenn Sie die Pinienkerne durch Sonnenblumen- oder Kürbiskerne ersetzen.

Schweinefilet in Sojasauce

Für Gäste

12 Portionen

Pro Portion:
E: 44 g, F: 20 g, Kh: 7 g, kJ: 1670, kcal: 398

2 kg Schweinefilet
150 ml Sojasauce
6 Zwiebeln
3 rote Paprikaschoten
1 kg Champignons
8–10 Gewürzgurken
4 EL Speiseöl
Salz
frisch gemahlener Pfeffer
2 Prisen Zucker
300 g saure Sahne
500 g Schmand (Sauerrahm)
400 ml Hühnerbrühe
1 Bund Petersilie

Zubereitungszeit: 85 Minuten, ohne Marinierzeit
Garzeit: etwa 15 Minuten

1. Schweinefilet unter fließendem kalten Wasser abspülen, trocken tupfen und in etwa 3 cm dicke Scheiben schneiden. Die Filetscheiben in eine flache Schale legen, mit Sojasauce übergießen und etwa 30 Minuten marinieren, dabei die Filetscheiben zwischendurch wenden.

2. Zwiebeln abziehen und in Scheiben schneiden. Paprikaschoten halbieren, entstielen, entkernen und die weißen Scheidewände entfernen. Schotenhälften waschen, abtropfen lassen und in Streifen schneiden.

3. Champignons putzen, mit Küchenpapier abreiben, eventuell abspülen und trocken tupfen. Größere Pilze halbieren oder vierteln. Gurken abtropfen lassen und in Streifen schneiden. Den Backofen vorheizen.

4. Die Filetscheiben aus der Marinade nehmen und trocken tupfen. Marinade beiseitestellen. Etwas Speiseöl in einer Pfanne erhitzen. Die Filetscheiben darin portionsweise von beiden Seiten 2–3 Minuten anbraten.

5. Filetscheiben aus der Pfanne nehmen und in eine große Auflaufform (gefettet) geben.

6. Zwiebelscheiben, Paprikastreifen und Champignons in dem verbliebenen Bratfett etwa 5 Minuten unter mehrmaligem Wenden andünsten. Mit Salz, Pfeffer und Zucker würzen. Gurkenstreifen hinzufügen.

7. Saure Sahne, Schmand, Brühe und die beiseitegestellte Marinade in einem Topf unter Rühren erhitzen. Mit Salz, Pfeffer und Zucker würzen. Die Gemüsemasse auf den Filetscheiben verteilen. Die Sahne-Schmand-Masse daraufgeben. Die Form zugedeckt auf dem Rost in den vorgeheizten Backofen schieben.

Ober-/Unterhitze: etwa 200 °C
Heißluft: etwa 180 °C
Garzeit: etwa 15 Minuten.

8. Petersilie abspülen und trocken tupfen. Die Blättchen von den Stängeln zupfen. Blättchen klein schneiden. Das Schweinefilet mit Petersilie bestreut servieren.

Tipp: Nach Belieben 2 Esslöffel Weizenmehl mit etwas kaltem Wasser anrühren und die Sauce damit binden. Das Schweinefilet kann auch am Vortag schon so weit vorbereitet werden, dass es am Tag der Feier nur noch in den Backofen geschoben werden muss. Das Fleisch sollte zugedeckt kalt stehen. Die Garzeit erhöht sich dann auf 30–45 Minuten.

Schweizer Brot-Geflügel-Auflauf

Mit Alkohol

4 Portionen

Pro Portion:

E: 48 g, F: 44 g, Kh: 24 g, kJ: 3048, kcal: 729

500 g	*Hähnchen- oder Putenbrustfilets*
1	*Gemüsezwiebel*
3 EL	*Speiseöl*
1 EL	*Weizenmehl*
	Salz
	frisch gemahlener Pfeffer
125 g	*Schlagsahne*
125 ml (1/8 l)	*Weißwein*
4 Scheiben	*Weißbrot*
4 große Scheiben	*Emmentaler-Käse*
125 g	*Schlagsahne*
125 ml (1/8 l)	*Milch*
2	*Eier (Größe M)*
	Paprikapulver edelsüß

Zubereitungszeit: 50 Minuten
Garzeit: etwa 30 Minuten

1. Hähnchen- oder Putenbrustfilets unter fließendem kalten Wasser abspülen, trocken tupfen und in breite Streifen schneiden. Zwiebel abziehen, halbieren und in Scheiben schneiden. Den Backofen vorheizen.

2. Speiseöl in einer Pfanne erhitzen, die Fleischstreifen darin unter Wenden kurz anbraten. Zwiebelscheiben hinzufügen und mit andünsten. Mit Mehl bestäuben, mit Salz und Pfeffer würzen. Sahne und Wein hinzugießen und zum Kochen bringen.

3. Die Geflügel-Masse in eine flache Auflauf- oder Gratinform (gefettet) geben. Die Weißbrotscheiben darauf verteilen und mit Käsescheiben belegen.

4. Sahne mit Milch und Eiern verschlagen, mit Salz, Pfeffer und Paprika würzen. Die belegten Brotscheiben mit der Eier-Milch-Sahne übergießen. Die Form auf dem Rost in den vorgeheizten Backofen schieben.

Ober-/Unterhitze: etwa 180 °C
Heißluft: etwa 160 °C
Garzeit: etwa 30 Minuten.

Beilage: Blattsalat und Weißwein.

Seefischgratin auf Gemüsebett

Raffiniert

4 Portionen

Pro Portion:
E: 32 g, F: 15 g, Kh: 13 g, kJ: 1348, kcal: 323

600 g	*Seelachsfilet*
	Saft von
1	*Zitrone*
	Salz
	frisch gemahlener Pfeffer
2 EL	*Delikatess-Senf*
125 ml (1/8 l)	*Milch*
125 ml (1/8 l)	*Fischfond*
	heller Saucenbinder
	Zucker
4	*Möhren (etwa 400 g)*
2 Stangen	*Porree (Lauch, etwa 300 g)*
1/2 Bund	*glatte Petersilie*
2 EL	*Crème fraîche*

Zubereitungszeit: 40 Minuten
Garzeit: etwa 15 Minuten

1. Fischfilet unter fließendem kalten Wasser abspülen, trocken tupfen. Filet in Stücke schneiden, mit Zitronensaft beträufeln. Mit Salz und Pfeffer würzen.

2. Senf, Milch und Fischfond in einem Topf erhitzen, Saucenbinder einrühren und unter Rühren kurz aufkochen lassen. Die Sauce mit Salz, Pfeffer und Zucker würzen, Sauce warm stellen. Den Backofen vorheizen.

3. Möhren putzen, schälen, abspülen, abtropfen lassen und in feine Scheiben schneiden. Porree putzen, die Stangen längs halbieren, gründlich waschen, abtropfen lassen und in dünne Scheiben schneiden.

4. Zuerst Möhrenscheiben in kochendem Wasser etwa 2 Minuten blanchieren. Porreescheiben hinzugeben und weitere etwa 2 Minuten blanchieren. Möhren- und Porreescheiben in ein Sieb geben, mit kaltem Wasser abschrecken, abtropfen lassen und in eine längliche Auflaufform (gefettet) geben. Fischfiletstücke auf dem Gemüse verteilen.

5. Petersilie abspülen und trocken tupfen. Die Blättchen von den Stängeln zupfen. Blättchen klein schneiden und unter die warm gestellte Sauce rühren. Das Gratin mit der Sauce übergießen. Crème fraîche auf den Fischfiletstücken verteilen. Die Form auf dem Rost in den vorgeheizten Backofen schieben.

Ober-/Unterhitze: etwa 220 °C
Heißluft: etwa 200 °C
Garzeit: etwa 15 Minuten.

Seelachs mit Kräuterkruste auf Kartoffelgratin | Einfach

4 Portionen

Pro Portion:
E: 45 g, F: 15 g, Kh: 43 g, kJ: 2069, kcal: 493

Für das Gratin:

1 kg festkochende Kartoffeln
Salz
frisch gemahlener Pfeffer
250 ml (1/4 l) Gemüsebrühe
300 ml Milch
100 g Schlagsahne

750 g Seelachsfilets (frisch oder TK)
Saft und abgeriebene Schale von
1/2 Bio-Zitrone (unbehandelt, ungewachst)
2 EL Semmelbrösel
etwas gerebelter Rosmarin
30 g frisch geriebener Parmesan-Käse
2 Tomaten

Zubereitungszeit: 30 Minuten, ohne Auftau- und Durchziehzeit
Garzeit: etwa 55 Minuten

1. Den Backofen vorheizen. Für das Gratin Kartoffeln waschen, schälen, abspülen und abtropfen lassen. Kartoffeln auf einer Küchenreibe in feine Scheiben hobeln. Kartoffelscheiben dachziegelartig schräg in eine Gratin- oder Auflaufform (gefettet) schichten. Mit Salz und Pfeffer würzen.

2. Brühe mit Milch und Sahne verrühren und über die Kartoffelscheiben gießen. Die Form auf dem Rost in den vorgeheizten Backofen schieben.

Ober-/Unterhitze: etwa 200 °C
Heißluft: etwa 180 °C
Garzeit: etwa 40 Minuten.

3. In der Zwischenzeit Fischfilets eventuell auftauen lassen. Fischfilets unter fließendem kalten Wasser abspülen und trocken tupfen. Filets in Portionen teilen, mit Zitronensaft beträufeln und kurz durchziehen lassen. Fischfiletstücke trocken tupfen, mit Salz und Pfeffer würzen. Zitronenschale mit Semmelbröseln, Rosmarin und Parmesan-Käse mischen, mit etwas Salz und Pfeffer würzen.

4. Die Form aus dem Backofen nehmen. Die Fischfiletstücke auf dem Gratin verteilen. Tomaten waschen, abtropfen lassen und Stängelansätze herausschneiden. Tomaten in Scheiben schneiden und auf die Fischfiletstücke legen.

5. Die Parmesan-Semmelbrösel-Mischung auf den Fischfiletstücken verteilen. Die Form wieder auf dem Rost in den heißen Backofen schieben. Das Gratin **bei gleicher Backofeneinstellung in etwa 15 Minuten fertig garen**.

Tipp: Mit etwas Gemüse und Käse wird aus dem Gratin, auch ohne Fisch, eine vollwertige Mahlzeit. Schichten Sie dazu z. B. eine in Scheiben geschnittene Porreestange (Lauch), 400 g klein geschnittene Möhren oder 1 Packung (300 g) TK-Spinat mit den Kartoffeln in die Form. Alles mit 150 g geriebenem Parmesan-Käse bestreuen und etwa 30 Minuten backen.

Semmelauflauf | Einfach

4 Portionen

Pro Portion:
E: 17 g, F: 15 g, Kh: 89 g, kJ: 2429, kcal: 580

6 Brötchen (Semmeln, vom Vortag)
500 ml (1/2 l) heiße Milch
4 Eigelb (Größe M)
40 g Zucker
1 Pck. Dr. Oetker Vanillin-Zucker
5 Tropfen Zitronen-Aroma
100 g Rosinen
4 Eiweiß (Größe M)
50 g Zucker
1 EL Semmelbrösel
20 g Butter

Zubereitungszeit: 25 Minuten
Garzeit: etwa 45 Minuten

1. Brötchen in dünne Scheiben schneiden, in eine Rührschüssel legen, mit heißer Milch übergießen, quellen lassen und verrühren.

2. Eigelb mit Zucker, Vanillin-Zucker und Zitronen-Aroma schaumig schlagen. Die Brötchenmasse noch einmal durchrühren und die Eigelbmasse unterheben. Rosinen unterrühren.

3. Eiweiß steifschlagen, Zucker nach und nach kurz unterschlagen. Eischnee vorsichtig unter die Brötchen-Eigelb-Masse heben und in einen gewässerten Römertopf® geben. Mit Semmelbröseln bestreuen und Butter in Flöckchen daraufsetzen.

4. Den Römertopf® mit dem Deckel verschließen und auf dem Rost in den kalten Backofen schieben.

Ober-/Unterhitze: 200–220 °C
Heißluft: 180–200 °C
Garzeit: etwa 45 Minuten.

Spaghettigratin mit Hähnchenfilet und Gemüse | Raffiniert

8–10 Portionen

Pro Portion:
E: 47 g, F: 37 g, Kh: 50 g, kJ: 3126, kcal: 747

5 l Wasser
5 TL Salz
500 g Spaghetti
500 g Zuckerschoten
600 g junge Möhren
Salzwasser
125 g Butterschmalz
1 kg Hähnchenbrustfilets
Salz
frisch gemahlener Pfeffer
2 Bund Frühlingszwiebeln

Für den Guss:
1 Bund gemischte Kräuter, z. B. Petersilie, Dill, Estragon, Kerbel, Schnittlauch
5 Eier (Größe M)
250 g Schlagsahne
200 ml Gemüsebrühe
frisch geriebene Muskatnuss

150 g frisch geriebener Parmesan-Käse
40 g Butter

Zubereitungszeit: 45 Minuten
Garzeit: etwa 35 Minuten

1. Wasser in einem großen Topf mit geschlossenem Deckel zum Kochen bringen. Dann Salz und Spaghetti hinzugeben. Die Spaghetti im geöffneten Topf bei mittlerer Hitze nach Packungsanleitung kochen lassen, dabei zwischendurch 4–5-mal umrühren. Dann Spaghetti in ein Sieb geben, mit heißem Wasser abspülen und abtropfen lassen.

2. Zuckerschoten putzen und die Enden abschneiden, eventuell abfädeln. Zuckerschoten waschen und abtropfen lassen. Möhren putzen, schälen, abspülen, abtropfen lassen und in Scheiben schneiden. Zuckerschoten in kochendem Salzwasser etwa 5 Minuten blanchieren, mit kaltem Wasser abschrecken, in einem Sieb abtropfen lassen. Backofen vorheizen.

3. Die Hälfte des Butterschmalzes in einer Pfanne erhitzen. Die Möhrenscheiben darin etwa 4 Minuten unter mehrmaligem Wenden dünsten, herausnehmen.

4. Die Hähnchenbrustfilets unter fließendem kalten Wasser abspülen, trocken tupfen und in Streifen schneiden. Restliches Butterschmalz in der Pfanne erhitzen. Die Fleischstreifen darin portionsweise von allen Seiten anbraten. Mit Salz und Pfeffer würzen.

5. Frühlingszwiebeln putzen, waschen, abtropfen lassen und in kleine Stücke schneiden. Die vorbereiteten Gemüsezutaten mit den Fleischstreifen und Spaghetti mischen, in eine große, flache Auflaufform (gefettet) geben.

6. Für den Guss Kräuter abspülen und trocken tupfen. Die Blättchen bzw. Spitzen von den Stängeln zupfen, Blättchen bzw. Spitzen klein schneiden.

7. Eier mit Sahne und Gemüsebrühe verschlagen. Mit Salz, Pfeffer und Muskat würzen, Kräuter unterrühren. Die Eier-Kräuter-Sauce auf dem Gratin verteilen. Mit Parmesan-Käse bestreuen und Butter in Flöckchen daraufsetzen. Die Form auf dem Rost in den vorgeheizten Backofen schieben.

Ober-/Unterhitze: etwa 200 °C
Heißluft: etwa 180 °C
Garzeit: etwa 35 Minuten.

Spargel mit Parmesan-Käse |

Klassisch

4 Portionen

Pro Portion:
E: 17 g, F: 36 g, Kh: 9 g, kJ: 1815, kcal: 435

2 kg grüner Spargel
500 ml (1/2 l) Wasser
1 gestr. TL Salz
100 g frisch geriebener Parmesan-Käse
130 g zerlassene Butter
einige Kerbelblättchen

Zubereitungszeit: 25 Minuten
Garzeit: etwa 5 Minuten

1. Den Backofen vorheizen. Von dem grünen Spargel das untere Drittel schälen und die unteren Enden abschneiden. Spargelstangen abspülen und abtropfen lassen.

2. Wasser mit Salz in einem hohen Topf zum Kochen bringen. Spargelstangen hinzufügen, zum Kochen bringen und anschließend zugedeckt etwa 8 Minuten garen.

3. Die Spargelstangen mit einer Schaumkelle herausnehmen, abtropfen lassen und in eine feuerfeste Form (gefettet) legen. Spargelstangen mit Parmesan-Käse bestreuen. Butter darauf verteilen.

4. Die Form auf dem Rost in den vorgeheizten Backofen schieben und den Spargel überbacken.

Ober-/Unterhitze: etwa 220 °C
Heißluft: etwa 200 °C
Garzeit: etwa 5 Minuten.

5. Den Spargel auf Tellern anrichten und mit Kerbel garnieren.

Beilage: Ofenfrisches Baguette.

Spargelauflauf | Gut vorzubereiten

4 Portionen

Pro Portion:
E: 24 g, F: 41 g, Kh: 22 g, kJ: 2430, kcal: 580

2 Brötchen (Semmeln, vom Vortag)
200 ml Milch
200 g gekochter Schinken
100 g Butter
4 Eigelb (Größe M)
Salz, frisch gemahlener Pfeffer
4 Eiweiß (Größe M)
750 g gegarte, grüne und weiße Spargelstücke
20 g Semmelbrösel
30 g Butter

Zubereitungszeit: 20 Minuten
Garzeit: etwa 30 Minuten

1. Den Backofen vorheizen. Brötchen in Milch einweichen. Schinken in Streifen schneiden.

2. Butter in einer Rührschüssel geschmeidig rühren, nach und nach Eigelb unterrühren. Eingeweichtes, ausgedrücktes Brötchen und Schinkenstreifen hinzugeben und untermengen. Mit Salz und Pfeffer würzen. Eiweiß steifschlagen und mit den Spargelstücken unterheben.

3. Die Masse in eine Auflaufform (gefettet) geben und mit Semmelbröseln bestreuen. Butter in Flöckchen daraufsetzen. Die Form auf dem Rost in den vorgeheizten Backofen schieben.

Ober-/Unterhitze: etwa 200 °C
Heißluft: etwa 180 °C
Garzeit: etwa 30 Minuten.

Beilage: Gemischter Salat.

Spargelcrespelle mit Ricotta |

Raffiniert

4 Portionen

Pro Portion:
E: 36 g, F: 76 g, Kh: 26 g, kJ: 3970, kcal: 949

100 g Weizenmehl
2 Eier (Größe M)
250 ml (1/4 l) Milch
1 gestr. TL Salz
etwa 100 g Butter zum Ausbacken
je 500 g vorbereiteter grüner und weißer Spargel
375 ml (3/8 l) Wasser
1 gestr. TL Salz
20 g Butter
1 Prise Zucker
500 g Ricotta (italienischer Frischkäse) frisch gemahlener Pfeffer abgeriebene Schale und Saft von
1 Bio-Zitrone (unbehandelt, ungewachst)
2 EL Butter
2 EL grob gehackte Walnusskerne
2 EL gehackte Petersilie
150 g grob geriebener Parmesan-Käse

Zubereitungszeit: 60 Minuten
Garzeit: 10–15 Minuten

1. Für den Teig Mehl in eine Rührschüssel geben. Eier mit Milch verschlagen, Salz hinzufügen. Die Eiermilch nach und nach mit dem Mehl verrühren. Darauf achten, dass keine Klümpchen entstehen. Den Teig durch ein feines Sieb passieren.

2. Etwas von der Butter in einer beschichteten Pfanne (Ø 20 cm) zerlassen. Eine dünne Teiglage mit einer drehenden Bewegung gleichmäßig auf dem Boden der Pfanne verteilen. Crespelle von beiden Seiten goldgelb backen. Vor dem Wenden etwas Butter in die Pfanne geben. Aus dem restlichen Teig weitere 7 Crespelle zubereiten.

3. Vorbereiteten Spargel abspülen und abtropfen lassen. Wasser mit Salz, Butter und Zucker in einem

hohen Topf zum Kochen bringen. Zuerst die weißen Spargelstangen hinzugeben, wieder zum Kochen bringen und zugedeckt in 8–10 Minuten bissfest garen. Spargelstangen mit einer Schaumkelle herausnehmen, mit kaltem Wasser abschrecken und in einem Sieb abtropfen lassen. Dann den grünen Spargel in das kochende Spargelwasser geben, wieder zum Kochen bringen und zugedeckt in 3–5 Minuten bissfest garen. Spargelstangen ebenfalls mit einer Schaumkelle herausnehmen, mit kaltem Wasser abschrecken und in einem Sieb abtropfen lassen. Spargelwasser beiseitestellen. Den Backofen vorheizen.

4. Ricotta mit etwas Spargelwasser glattrühren. Mit Salz, Pfeffer, Zitronenschale und etwas Zitronensaft abschmecken. Crespelle nebeneinander auf einer Arbeitsfläche ausbreiten. Die Ricottamasse gleichmäßig daraufstreichen. Grüne und weiße Spargelstangen darauf verteilen. Crespelle aufrollen und in eine Auflaufform (gefettet) legen.

5. Butter in einer kleinen Pfanne zerlassen. Walnusskerne und Petersilie unterrühren. Die Crespelle mit der Buttermasse bestreichen und mit Parmesan-Käse bestreuen. Die Form auf dem Rost in den vorgeheizten Backofen schieben.

Ober-/Unterhitze: etwa 180 °C
Heißluft: etwa 160 °C
Garzeit: 10–15 Minuten.

Spargel-Garnelen-Gratin | Raffiniert

4 Portionen

Pro Portion:
E: 13 g, F: 14 g, Kh: 9 g, kJ: 938, kcal: 224

750 g	*weißer Spargel*
375 ml (3/8 l)	*Wasser*
1 gestr. TL	*Salz*
1 Prise	*Zucker*
40 g	*Butter*
25 g	*Weizenmehl*
250 ml (1/4 l)	*Spargel-Kochflüssigkeit*
1	*Eigelb (Größe M)*
1 EL	*Schlagsahne*
	Salz
1 Prise	*Zucker*
2 TL	*Zitronensaft*
150 g	*Garnelen (frisch oder TK)*
3 EL	*frisch geriebener Butter- oder Emmentaler-Käse*
1	*Bio-Zitrone (unbehandelt, ungewachst)*
einige Stängel	*Dill*

Zubereitungszeit: 50 Minuten
Grillzeit: 2–3 Minuten

1. Den Spargel von oben nach unten schälen. Darauf achten, dass die Schalen vollständig entfernt, die Köpfe aber nicht verletzt werden. Die unteren Enden abschneiden (holzige Stellen vollständig entfernen). Spargel abspülen, abtropfen lassen und in Stücke schneiden.

2. Wasser mit Salz, Zucker und 1 Esslöffel der Butter in einem Topf zum Kochen bringen. Anschließend Spargelstücke hinzugeben, wieder zum Kochen bringen und 10–15 Minuten garen.

3. Spargelstücke vorsichtig mit einem Schaumlöffel herausnehmen und in einem Sieb gut abtropfen lassen. Dicke Spargelstücke längs halbieren. Von der Spargel-Kochflüssigkeit 250 ml (1/4 l) abmessen. Den Backofengrill vorheizen.

4. Restliche Butter in einem Topf zerlassen. Mehl darin unter Rühren so lange erhitzen, bis es hellgelb ist. Spargel-Kochflüssigkeit hinzugießen, mit einem Schneebesen gut durchschlagen. Dabei darauf achten, dass keine Klümpchen entstehen. Die Sauce zum Kochen bringen und bei schwacher Hitze etwa 5 Minuten kochen lassen, dabei gelegentlich umrühren. Eigelb und Sahne verschlagen und unter die Sauce rühren (Sauce nicht mehr kochen lassen), mit Salz, Zucker und Zitronensaft abschmecken.

5. Garnelen kurz unter fließendem kalten Wasser abspülen, trocken tupfen und den Darm entfernen (TK-Garnelen vorher nach Packungsanleitung auftauen lassen). Garnelen in die Sauce geben und vorsichtig unterrühren.

6. Spargelstücke in Jakobsmuschelschalen (gefettet) oder flache Gratinförmchen (gefettet) legen. Die Garnelensauce darauf verteilen und mit Käse bestreuen. Die Förmchen auf ein Backblech setzen und unter dem vorgeheizten Grill 2–3 Minuten überbacken, bis der Käse zerlaufen und leicht gebräunt ist.

7. Die Zitrone heiß abwaschen, abtrocknen und in Scheiben schneiden. Dillstängel abspülen, trocken tupfen und in kleine Zweige zupfen. Spargel-Garnelen-Gratin mit Zitronenscheiben und Dillzweigen garnieren und sofort servieren.

Spätzle-Hähnchen-Auflauf

Für Gäste

4 Portionen

Pro Portion:
E: 54 g, F: 51 g, Kh: 84 g, kJ: 4397, kcal: 1051

2 ½ l Wasser
2 ½ TL Salz
250 g Spätzle
600 g Hähnchenbrustfilets
1 EL Weizenmehl
4 EL Speiseöl
Salz, frisch gemahlener Pfeffer
1 Dose Pfirsichhälften (Abtropfgewicht 490 g)
1 EL Currypulver
Pfirsichsaft (aus der Dose)
200 g Schmand (Sauerrahm)
200 g Schlagsahne
2 Bananen
100 g frisch geriebener Gouda-Käse

Zubereitungszeit: 25 Minuten
Garzeit: 30–35 Minuten

1. Wasser in einem großen Topf mit geschlossenem Deckel zum Kochen bringen. Dann Salz und Spätzle hinzugeben. Die Spätzle im geöffneten Topf bei mittlerer Hitze nach Packungsanleitung kochen lassen, dabei zwischendurch 4–5-mal umrühren.

2. Anschließend die Spätzle in ein Sieb geben, mit heißem Wasser abspülen, abtropfen lassen und in eine flache Auflaufform (gefettet) geben.

3. Hähnchenbrustfilets unter fließendem kalten Wasser abspülen, trocken tupfen, in Streifen schneiden und mit Mehl bestäuben. Den Backofen vorheizen.

4. Speiseöl in einer Pfanne erhitzen. Die Fleischstreifen darin von beiden Seiten etwa 5 Minuten braten. Mit Salz und Pfeffer würzen. Fleischstreifen aus der Pfanne nehmen und auf die Spätzle geben.

5. Pfirsichhälften in einem Sieb abtropfen lassen, dabei den Saft auffangen. Pfirsichhälften in Würfel schneiden.

6. Curry zu dem Bratfett in die Pfanne geben. Den aufgefangenen Pfirsichsaft hinzugießen. Schmand und Sahne unterrühren. Die Zutaten unter Rühren zum Kochen bringen. Bananen schälen, in Scheiben schneiden und mit den Pfirsichwürfeln unterrühren. Mit Salz, Pfeffer und Curry abschmecken. Die Frucht-Curry-Sauce auf dem Auflauf verteilen und mit Käse bestreuen.

7. Die Form auf dem Rost in den vorgeheizten Backofen schieben.

Ober-/Unterhitze: etwa 200 °C
Heißluft: etwa 180 °C
Garzeit: 30–35 Minuten.

Spinat-Lachs-Auflauf | Beliebt

8–10 Portionen

Pro Portion:
E: 38 g, F: 29 g, Kh: 8 g, kJ: 2533, kcal: 606

1 1/4–1 1/2 kg Blattspinat
2 Zwiebeln
3–4 Knoblauchzehen
4 EL Olivenöl
Salz, frisch gemahlener Pfeffer

Für die Sauce:
200 ml Milch
400 g Schlagsahne
4–5 TL heller Saucenbinder
300 g Schafkäse
Saft von
2 Zitronen
4 Eigelb (Größe M)

1 kg Lachsfilet, ohne Haut
200 g Shrimps

Zubereitungszeit: 35 Minuten
Garzeit: etwa 20 Minuten

1. Spinat verlesen, eventuell die Wurzelenden abschneiden. Spinat gründlich waschen, abtropfen lassen und nach Belieben etwas kleiner schneiden. Zwiebeln und Knoblauch abziehen, klein würfeln. Den Backofen vorheizen.

2. Olivenöl in einem großen Topf erhitzen. Zwiebel- und Knoblauchwürfel darin glasig dünsten. Spinat hinzufügen und zugedeckt einige Minuten dünsten, bis er zusammengefallen ist. Den Spinat kräftig mit Salz und Pfeffer würzen und in eine große, flache Auflaufform (gefettet) geben.

3. Für die Sauce Milch und Sahne in einem Topf zum Kochen bringen und aufkochen lassen. Den Saucenbinder einrühren. Schafkäse grob zerbröseln, die Hälfte davon mit Zitronensaft unter die Sauce rühren. Mit Salz und Pfeffer würzen. Eigelb mit etwas von der Sauce verrühren und unter die restliche Sauce rühren (nicht mehr kochen lassen).

4. Lachsfilet unter fließendem kalten Wasser abspülen, trocken tupfen und in Portionsstücke schneiden. Shrimps ebenfalls kurz unter fließendem kalten Wasser abspülen und trocken tupfen. Die Lachsstücke auf den Spinat legen. Mit Salz und Pfeffer würzen. Shrimps daraufgeben. Den Auflauf mit der Sauce übergießen.

5. Restliche Schafkäsebrösel darauf verteilen. Die Form auf dem Rost in den vorgeheizten Backofen schieben.

Ober-/Unterhitze: etwa 200 °C
Heißluft: etwa 180 °C
Garzeit: etwa 20 Minuten.

Beilage: Ofenfrisches Baguette.

Tipp: Anstelle von frischem Spinat können Sie ersatzweise auch TK-Blattspinat verwenden. Den gefrorenen Spinat dann zu den Zwiebelwürfeln in den Topf geben und bei mittlerer Hitze auftauen lassen.
Anstelle von Schafkäse können Sie auch anderen geriebenen Käse verwenden.

Spinatlasagne | Raffiniert

2–4 Portionen

Pro Portion:
E: 32 g, F: 69 g, Kh: 35 g, kJ: 3700, kcal: 888

2 Pck. (je 300 g) TK-Blattspinat
9 Lasagneblätter (ohne Vorkochen)
200 g Frühstücksspeck (Bacon)
2 EL Speiseöl
Salz
frisch gemahlener Pfeffer
geriebene Muskatnuss
2 Becher (je 150 g) Crème fraîche
125 g Mozzarella-Käse

Zubereitungszeit: 30 Minuten, ohne Auftauzeit
Garzeit: 25–30 Minuten

1. Spinat nach Packungsanleitung auftauen lassen.

2. Eine Auflaufform (gefettet) mit 3 Lasagneblättern auslegen.

3. Frühstücksspeck in dünne Streifen schneiden und in etwas Öl andünsten. Aufgetauten Spinat dazugeben, kurz mitdünsten und mit Salz, Pfeffer und Muskat würzen.

4. Die Speck-Spinat-Masse in 3 Portionen teilen, eine davon auf die Lasagneblätter geben, 3 Esslöffel Crème fraîche darauf verstreichen. Darauf wieder 3 Lasagneblätter legen, eine Portion Speck-Spinat-Masse und 3 Esslöffel Crème fraîche darauf verteilen. Das Ganze noch einmal wiederholen.

5. Mozzarella abtropfen lassen, in dünne Scheiben schneiden und auf den Auflauf legen. Die Form auf dem Rost in den vorgeheizten Backofen schieben.

Ober-/Unterhitze: 180–200 °C
Heißluft: 160–180 °C
Garzeit: 25–30 Minuten.

Spinat-Schafkäse-Lasagne |

Vegetarisch

4 Portionen

Pro Portion:

E: 37 g, F: 47 g, Kh: 57 g, kJ: 3384, kcal: 808

3 Knoblauchzehen
3 Zwiebeln
4 EL Olivenöl
2 Pck.
(je 300 g) TK-Blattspinat
etwa 3 EL Wasser
Salz
frisch gemahlener Pfeffer
geriebene Muskatnuss

Für die Béchamelsauce:

50 g Butter oder Margarine
50 g Weizenmehl
500 ml (1/2 l) Milch
500 ml (1/2 l) Gemüsebrühe

300 g Schafkäse
225 g Lasagneblätter (ohne Vorgaren)
100 g geriebener Gratin-Käse (Fertigprodukt)

Zubereitungszeit: etwa 50 Minuten
Garzeit: etwa 35 Minuten

1. Knoblauch und Zwiebeln abziehen und in kleine Würfel schneiden. Öl in einem Topf oder in einer Pfanne erhitzen. Die Knoblauch- und Zwiebelwürfel darin glasig dünsten. Tiefgekühlten Spinat und Wasser hinzufügen und den Spinat bei schwacher Hitze zugedeckt auftauen lassen. Mit Salz, Pfeffer und Muskatnuss würzen. Den Backofen vorheizen.

2. Für die Béchamelsauce Butter oder Margarine in einem Topf zerlassen. Mehl unter Rühren so lange darin erhitzen, bis das Mehl hellgelb ist. Milch und Gemüsebrühe hinzugießen und mit einem Schneebesen durchschlagen, dabei darauf achten, dass keine Klümpchen entstehen. Die Sauce zum Kochen bringen und bei schwacher Hitze etwa 5 Minuten ohne Deckel kochen, dabei gelegentlich umrühren. Mit Salz, Pfeffer und Muskatnuss kräftig würzen.

3. Schafkäse zerbröseln. Etwas von der Sauce in eine eckige Auflaufform (gefettet) geben, darauf eine Schicht Lasagneblätter legen, dann etwas Spinat und etwas Schafkäse daraufgeben. Mit Sauce bedecken.

4. Den Vorgang 3-mal wiederholen. Die restliche Béchamelsauce auf die oberste Lasagneschicht streichen und mit Gratin-Käse bestreuen. Die Form ohne Deckel auf dem Rost in den vorgeheizten Backofen schieben.

Ober-/Unterhitze: etwa 200 °C
Heißluft: etwa 180 °C
Garzeit: etwa 35 Minuten.

Spitzkohlgratin | Raffiniert

8–10 Portionen

Pro Portion:
E: 26 g, F: 58 g, Kh: 18 g, kJ: 3053, kcal: 730

4–5 Köpfe Spitzkohl (2–2 1/2 kg)
3 Zwiebeln
4–5 Knoblauchzehen
200 g getrocknete Tomaten in Öl
200 g Frühstücksspeck (Bacon)
6 EL Olivenöl
4 EL Öl (von den Tomaten)

Für den Guss:
8 Eier (Größe M)
400 g Schlagsahne
500 g Ricotta (italienischer Frischkäse)
Salz
frisch gemahlener Pfeffer

Zum Bestreuen:
80 g Pinienkerne

Zubereitungszeit: 40 Minuten
Garzeit: 25–30 Minuten

1. Von dem Spitzkohl die äußeren Blätter entfernen. Kohlköpfe halbieren und längs in Spalten schneiden. Die Strünke so weit abschneiden, dass die Spalten noch gut zusammenhängen. Die Kohlspalten vorsichtig abspülen und abtropfen lassen.

2. Zwiebeln und Knoblauch abziehen, klein würfeln. Tomaten abtropfen lassen, dabei das Öl auffangen und 4 Esslöffel abmessen. Tomaten und Frühstücksspeck in Streifen schneiden. Den Backofen vorheizen.

3. Jeweils etwas Olivenöl in einer Pfanne erhitzen. Die Spitzkohlspalten darin portionsweise unter Wenden etwa 8 Minuten braten. Spitzkohlspalten aus der Pfanne nehmen und auf den Boden einer großen, flachen Auflaufform (gefettet) oder in die Fettfangschale (gefettet) legen.

4. Das aufgefangene Tomatenöl in der Pfanne erhitzen, Speckstreifen darin knusprig braten. Zwiebel- und Knoblauchwürfel hinzufügen, kurz mit anbraten. Tomatenstreifen unterrühren. Die Speck-Tomaten-Masse auf den Spitzkohlspalten verteilen.

5. Für den Guss Eier mit Sahne und Ricotta verschlagen. Mit Salz und Pfeffer kräftig würzen. Die Eiersahne auf den Kohlspalten verteilen und mit Pinienkernen bestreuen. Die Form auf dem Rost oder die Fettfangschale in den vorgeheizten Backofen schieben.

Ober-/Unterhitze: etwa 200 °C
Heißluft: etwa 180 °C
Garzeit: 25–30 Minuten.

Staudenselleriegratin | Mit Alkohol

4 Portionen

Pro Portion:
E: 7 g, F: 6 g, Kh: 12 g, kJ: 561, kcal: 134

3	*Knoblauchzehen*
2	*Zwiebeln*
1 EL	*Butter*
125 ml (1/8 l)	*Weißwein*
2	*Fleischtomaten*
	Salz
	frisch gemahlener Pfeffer
1 Staude	*Staudensellerie (etwa 600 g)*
50 g	*frisch geriebener Parmesan-Käse*

Zubereitungszeit: 20 Minuten
Garzeit: etwa 20 Minuten

1. Den Backofen vorheizen. Knoblauch und Zwiebeln abziehen, in kleine Würfel schneiden. Butter in einem Topf zerlassen, Zwiebel- und Knoblauchwürfel darin weich dünsten lassen, Wein hinzugießen, zum Kochen bringen und etwas einkochen lassen.

2. Tomaten waschen, abtropfen lassen und die Stängelansätze herausschneiden. Tomaten klein schneiden und zu der Zwiebel-Knoblauch-Masse geben, mit Salz und Pfeffer würzen.

3. Staudensellerie putzen und die harten Außenfäden abziehen. Stangen waschen, abtropfen lassen und in Stücke schneiden.

4. Selleriestücke in einer Gratinform (gefettet) verteilen und mit der Tomatensauce übergießen. Mit Parmesan-Käse bestreuen. Die Form auf dem Rost in den vorgeheizten Backofen schieben.

Ober-/Unterhitze: etwa 200 °C
Heißluft: etwa 180 °C
Garzeit: etwa 20 Minuten.

Steckrüben-Steinpilz-Gratin |

Vegetarisch

4 Portionen

Pro Portion:
E: 11 g, F: 29 g, Kh: 12 g, kJ: 1502, kcal: 360

15 g	*getrocknete Steinpilze*
1 kg	*Steckrübe*
einige Stängel	*frischer oder 1 TL gerebelter Majoran*
100 ml	*Steinpilz-Hefebrühe (Instant, erhältlich im Reformhaus)*
250 g	*Schlagsahne*
	Salz
	frisch gemahlener Pfeffer
100 g	*geriebener Käse, z. B. mittelalter Gouda, Greyerzer oder Emmentaler*

Zubereitungszeit: 40 Minuten, ohne Quellzeit
Garzeit: etwa 40 Minuten

1. Steinpilze unter fließendem kalten Wasser kurz abspülen, damit eventuell vorhandener Sand entfernt wird. Steinpilze in eine Schüssel geben, mit 150 ml kochendem Wasser übergießen und etwa 15 Minuten quellen lassen. Den Backofen vorheizen.

2. Steckrübe vierteln, schälen, abspülen und abtropfen lassen. Die Viertel quer in sehr feine Scheiben schneiden oder auf einem stabilen Gemüsehobel fein hobeln. Frischen Majoran abspülen, trocken schütteln und die Blättchen abzupfen.

3. Steckrüben und frischen oder getrockneten Majoran in eine große Auflaufform (gefettet) geben. Brühe, Steinpilze mit Einweichwasser und Sahne mischen, mit Salz und Pfeffer kräftig würzen. Mischung über die Steckrüben gießen. Form auf dem Rost in den vorgeheizten Backofen schieben.

Ober-/Unterhitze: etwa 200 °C
Heißluft: etwa 180 °C
Garzeit: etwa 30 Minuten.

4. Nach etwa 30 Minuten Garzeit die Form aus dem Backofen nehmen und den Käse über das Gemüse streuen. Die Form wieder auf dem Rost in den Backofen schieben und das Gratin **bei gleicher Backofeneinstellung in etwa 10 Minuten fertig garen**.

Tipp: Ein vollwertiges vegetarisches Hauptgericht für 4 Personen wird daraus, wenn Sie dazu etwa 200 g gegarten Vollkornreis reichen.
Probieren Sie diesen Auflauf auch einmal mit der gleichen Menge Hokkaido-Kürbis, Thymian und zerbröseltem Schafkäse.

Steinpilz-Brokkoli-Gratin

Gut vorzubereiten – vegetarisch

4 Portionen

Pro Portion:

E: 18 g, F: 46 g, Kh: 10 g, kJ: 2288, kcal: 547

500 g Brokkoli
Salzwasser
250 g dunkle Champignons oder Steinpilze
100 g rote Zwiebeln
3 EL Speiseöl
Salz, frisch gemahlener Pfeffer
Kurkuma (Gelbwurz)
Cumin (Kreuzkümmel)
2 EL geröstete Sesamsamen
150 g frisch geriebener Emmentaler-Käse

Für die Sauce:

250 g Schlagsahne
1 EL Crème fraîche
1 EL geröstete Sesamsamen

Zubereitungszeit: 25 Minuten
Garzeit: etwa 20 Minuten

1. Von dem Brokkoli die Blätter entfernen. Stängel am Strunk schälen und bis kurz vor den Röschen kreuzförmig einschneiden. Brokkoli waschen, abtropfen lassen und zugedeckt in kochendem Salzwasser etwa 10 Minuten garen. Brokkoli in einem Sieb abtropfen lassen. Den Backofen vorheizen.

2. Pilze putzen, mit Küchenpapier abreiben, eventuell abspülen und trocken tupfen. Zwiebeln abziehen und in kleine Würfel schneiden. Speiseöl in einer Pfanne erhitzen. Pilze darin kurz andünsten und herausnehmen.

3. Brokkoli und Pilze in einer runden Auflaufform (gefettet) verteilen, mit Salz, Pfeffer, Kurkuma und Cumin würzen. Die Brokkoli-Pilz-Mischung zuerst mit Sesam, dann mit dem Käse bestreuen.

4. Für die Sauce Sahne und Crème fraîche verschlagen, Sesam unterrühren. Mit Salz und Pfeffer würzen. Die Sauce auf dem Gratin verteilen.

5. Die Form auf dem Rost in den vorgeheizten Backofen schieben.

Ober-/Unterhitze: etwa 200 °C
Heißluft: etwa 180 °C
Garzeit: etwa 20 Minuten.

Süßer Hirseauflauf | Für Kinder

4 Portionen

Pro Portion:
E: 16 g, F: 20 g, Kh: 61 g, kJ: 2150, kcal: 513

200 g Hirse
500 ml (1/2 l) Milch
2 EL flüssiger Honig
3 EL Sesamsamen
3 EL abgezogene, gehackte Mandeln
1/2 TL gemahlener Zimt
3 Eigelb (Größe M)
500 g Obst, z. B. Kirschen, Pfirsiche oder Äpfel
3 Eiweiß (Größe M)

Zubereitungszeit: 20 Minuten, ohne Quellzeit
Garzeit: etwa 25 Minuten

1. Hirse in ein Sieb geben, unter fließendem warmen Wasser abspülen und abtropfen lassen. Hirse mit Milch in einem Topf aufkochen lassen. Den Topf von der Kochstelle nehmen. Hirse in dem Topf etwa 20 Minuten ausquellen lassen. Den Backofen vorheizen.

2. Honig, Sesam, Mandeln und Zimt unter den Hirsebrei rühren. Eigelb nach und nach gut unterrühren.

3. Obst putzen, waschen, entkernen, eventuell schälen und in Würfel schneiden. Obstwürfel unter den Hirsebrei rühren. Eiweiß steifschlagen und unterheben. Die Hirsemasse in eine Auflaufform (gefettet) füllen. Die Form auf dem Rost in den vorgeheizten Backofen schieben.

Ober-/Unterhitze: etwa 180 °C
Heißluft: etwa 160 °C
Garzeit: etwa 25 Minuten.

Tipp: Nach Belieben mit frischen Früchten garnieren.

Süßkartoffeln-Kohlrabi-Gratin

Raffiniert

4 Portionen

Pro Portion:
E: 18 g, F: 47 g, Kh: 63 g, kJ: 3180, kcal: 761

600 g Süßkartoffeln
2 Kohlrabi
1 Bund Frühlingszwiebeln
300 g Staudensellerie
150 g Joghurt
250 g Schlagsahne
Salz
frisch gemahlener Pfeffer
60 g Rosinen
60 g grob gehackte Haselnusskerne
120 g frisch geriebener Gouda-Käse
Paprikapulver edelsüß

Zubereitungszeit: 30 Minuten
Garzeit: etwa 60 Minuten

1. Den Backofen vorheizen. Süßkartoffeln waschen, schälen, abspülen und abtropfen lassen. Kohlrabi schälen, abspülen und abtropfen lassen. Kartoffeln und Kohlrabi in etwa 1/2 cm dicke Scheiben schneiden.

2. Frühlingszwiebeln putzen, waschen, abtropfen lassen, in Stücke schneiden. Staudensellerie putzen und die harten Außenfäden abziehen. Sellerie waschen, abtropfen lassen, in Stücke schneiden. Joghurt mit Sahne verrühren, mit Salz und Pfeffer würzen.

3. Staudenselleriestücke in einer Auflaufform (gefettet) verteilen. Abwechselnd dachziegelartig Süßkartoffeln- und Kohlrabischeiben darauflegen. Frühlingszwiebelstücke daraufgeben. Die Joghurt-Sahne-Sauce auf dem Auflauf verteilen.

4. Mit Rosinen, Haselnusskernen und Gouda-Käse bestreuen, mit Paprika würzen. Die Form auf dem Rost in den vorgeheizten Backofen schieben.

Ober-/Unterhitze: etwa 200 °C
Heißluft: etwa 180 °C
Garzeit: etwa 60 Minuten.

5. Den Auflauf eventuell nach der Hälfte der Garzeit mit Backpapier zudecken.

Süß-saurer asiatischer Auflauf

Raffiniert – vegetarisch

4 Portionen

Pro Portion:
E: 12 g, F: 32 g, Kh: 25 g, kJ: 1885, kcal: 451

25 g getrocknete Shiitake-Pilze
175 g Bambussprossen (aus der Dose)
100 g Sojabohnenkeimlinge
200 g Staudensellerie
2 Stangen Porree (Lauch)
200 g Möhren
200 g Chinakohl
Salzwasser
4 Ananasscheiben (aus der Dose)
2 EL Mango-Chutney
2 EL Sojasauce
Salz, frisch gemahlener Pfeffer
etwas Sambal Oelek
etwa 5 EL Ananassaft (aus der Dose)
Currypulver
200 g Schlagsahne
150 g saure Sahne
2 Eier (Größe M)
40 g Butter

Zubereitungszeit: 50 Minuten, ohne Einweichzeit
Garzeit: etwa 25 Minuten

1. Pilze etwa 2 Stunden in lauwarmem Wasser einweichen. Pilze in einem Sieb abtropfen lassen und in Streifen schneiden.

2. Bambussprossen in einem Sieb gut abtropfen lassen. Sojabohnenkeimlinge verlesen, in ein Sieb geben, mit kaltem Wasser abspülen und abtropfen lassen.

3. Staudensellerie putzen und die harten Außenfäden abziehen. Sellerie waschen und abtropfen lassen. Porree putzen, die Stangen längs halbieren, gründlich waschen und abtropfen lassen. Möhren putzen, schälen, abspülen und abtropfen lassen.

4. Chinakohl putzen, den Kohl vierteln und den Strunk herausschneiden. Kohlviertel abspülen und abtropfen lassen. Porree, Möhren und Chinakohl in Streifen schneiden, in kochendem Salzwasser etwa 2 Minuten blanchieren, in ein Sieb geben, mit kaltem Wasser übergießen und abtropfen lassen. Staudensellerie in Stücke schneiden.

5. Ananasscheiben in einem Sieb abtropfen lassen, dabei den Saft auffangen und 5 Esslöffel Saft abmessen. Ananasscheiben in Stücke schneiden. Mango-Chutney etwas zerkleinern.

6. Die vorbereiteten Zutaten gut vermischen, mit Sojasauce, Salz, Pfeffer, Sambal Oelek, Ananassaft und Curry abschmecken und in eine flache Auflaufform (gefettet) geben.

7. Schlagsahne mit saurer Sahne und Eiern verschlagen, mit Salz, Pfeffer und Curry abschmecken. Die Eiersahne auf dem Auflauf verteilen. Butter in Flöckchen daraufsetzen. Die Form auf dem Rost in den vorgeheizten Backofen schieben.

Ober-/Unterhitze: etwa 200 °C
Heißluft: etwa 180 °C
Garzeit: etwa 25 Minuten.

Beilage: Spiegeleier.

Taco-Auflauf, mexikanisch | Raffiniert

4 Portionen

Pro Portion:
E: 43 g, F: 25 g, Kh: 65 g, kJ: 2864, kcal: 684

150 g getrocknete, schwarze Bohnen
250 g rote Bohnen (aus der Dose)
1 Dose Gemüsemais (Abtropfgewicht 175 g)
je 1 kleine grüne und rote Paprikaschote
250 g Putenbrustfilet
3 EL Speiseöl
150 g saure Sahne
125 ml (1/8 l) Milch
1 Ei (Größe M)
Salz, frisch gemahlener Pfeffer
Paprikapulver rosenscharf
Chilipfeffer
100 g grob zerbröselte Taco-Cräcker

Zubereitungszeit: 55 Minuten, ohne Einweichzeit
Garzeit: etwa 30 Minuten

1. Schwarze Bohnen über Nacht in kaltem Wasser einweichen. Bohnen abtropfen lassen und in kochendem Wasser 30–40 Minuten weich kochen. Die schwarzen Bohnen zusammen mit den roten Bohnen und Mais in ein Sieb geben, gut abtropfen lassen. Den Backofen vorheizen.

2. Paprikaschoten halbieren, entstielen, entkernen und die weißen Scheidewände entfernen. Schotenhälften waschen, abtropfen lassen und in Streifen schneiden.

3. Putenbrustfilet unter fließendem kalten Wasser abspülen, trocken tupfen und in Streifen schneiden. Speiseöl in einer Pfanne erhitzen, Putenbruststreifen darin unter Wenden anbraten. Mais, Bohnen und Paprikastreifen untermischen.

4. Saure Sahne mit Milch und Ei verschlagen, mit Salz, Pfeffer, Paprika und Chilipfeffer würzen. Die Fleisch-Gemüse-Mischung in eine flache Auflaufform (gefettet) geben und mit der Eiermilch übergießen. Die Form auf dem Rost in den vorgeheizten Backofen schieben.

Ober-/Unterhitze: 180–200 °C
Heißluft: 160–180 °C
Garzeit: etwa 30 Minuten.

5. Den Auflauf kurz vor Ende der Garzeit mit Taco-Cräckern bestreuen.

Taco-Auflauf mit Schweinenackensteaks

Für Gäste – raffiniert

4 Portionen

Pro Portion:
E: 42 g, F: 43 g, Kh: 36 g, kJ: 2904, kcal: 694

400 g Zwiebeln
1 EL Butterschmalz
4 Schweinenackensteaks (je etwa 150 g)
Salz
frisch gemahlener Pfeffer
1 Glas scharfe Taco-Sauce oder Salsa-Sauce (225–250 ml)
75 ml Gemüsebrühe
500 g Kartoffeln
1 Dose Gemüsemais (Abtropfgewicht 140 g)
2 EL Speiseöl, z. B. Sonnenblumenöl
50 g Tortilla-Chili-Chips
100 g geriebener Cheddar-Käse

Zubereitungszeit: 20 Minuten
Garzeit: etwa 85 Minuten

1. Den Backofen vorheizen. Zwiebeln abziehen und in Spalten schneiden. Butterschmalz in einer Pfanne erhitzen, Zwiebelspalten darin andünsten. Nackensteaks unter fließendem kalten Wasser abspülen und trocken tupfen. Mit etwas Salz und Pfeffer würzen.

2. Zwiebelspalten und Nackensteaks leicht überlappend oder nebeneinander in eine große Auflaufform (gefettet) schichten. Taco- oder Salsa-Sauce mit Brühe verrühren und darauf verteilen.

3. Die Form auf dem Rost in den vorgeheizten Backofen schieben.

Ober-/Unterhitze: etwa 200 °C
Heißluft: etwa 180 °C
Garzeit: etwa 40 Minuten.

4. Kartoffeln waschen, schälen, abspülen, abtropfen lassen und in Würfel schneiden. Mais in einem Sieb abtropfen lassen. Kartoffelwürfel mit Mais mischen, mit Salz und Pfeffer würzen, Speiseöl untermengen.

5. Die Auflaufform aus dem Backofen nehmen. Die Kartoffel-Mais-Mischung auf den Nackensteaks verteilen und etwas untermischen. Die Form wieder auf dem Rost in den heißen Backofen schieben. Den Auflauf **bei gleicher Backofeneinstellung weitere etwa 35 Minuten garen**.

6. Die Form wieder aus dem Backofen nehmen. Tortilla-Chips auf dem Auflauf verteilen und mit Käse bestreuen. Die Form wieder auf dem Rost in den heißen Backofen schieben. Den Auflauf **bei gleicher Backofeneinstellung weitere etwa 10 Minuten goldbraun überbacken**.

Tipp: Für dieses Gericht muss das Fleisch nicht angebraten werden und wird durch das lange Garen in der feurigen Tomatensauce trotzdem herrlich zart, würzig und saftig. Kaufen Sie ruhig etwas fettdurchzogenes Fleisch, es gart besonders aromatisch und saftig.

Texanischer Auflauf | Raffiniert

6 Portionen

Pro Portion:
E: 19 g, F: 30 g, Kh: 52 g, kJ: 2355, kcal: 563

750 g TK-Kartoffel-Wedges (Kartoffelspalten)
300 g TK-Brechbohnen
1 Dose Kidneybohnen (Abtropfgewicht 250 g)
1 Dose Gemüsemais (Abtropfgewicht 285 g)
je 1 kleine rote und grüne Paprikaschote (etwa 300 g)
Salzwasser

Für den Guss:
300 g Schlagsahne
300 ml Milch
5 Eier (Größe M)
Salz, frisch gemahlener Pfeffer
1 TL Paprikapulver edelsüß
Cayennepfeffer

Zubereitungszeit: 30 Minuten, ohne Antauzeit
Garzeit: etwa 40 Minuten

1. Kartoffel-Wedges und Bohnen antauen lassen. Kidneybohnen und Gemüsemais in einem Sieb abtropfen lassen. Den Backofen vorheizen.

2. Paprikaschoten halbieren, entstielen, entkernen und die weißen Scheidewände entfernen. Schoten waschen, abtropfen lassen und in Würfel schneiden. Paprikawürfel und Brechbohnen in kochendem Salzwasser 2–3 Minuten garen. Paprikawürfel und Bohnen in ein Sieb geben, mit kaltem Wasser übergießen und gut abtropfen lassen.

3. Für den Guss Sahne mit Milch und Eiern verschlagen. Mit Salz, Pfeffer, Paprika und Cayennepfeffer würzen.

4. Kartoffel-Wedges mit Brechbohnen, Kidneybohnen, Gemüsemais und Paprikawürfeln mischen, in eine Auflaufform (gefettet) geben und mit der Sahne-Eier-Milch übergießen. Die Form auf dem Rost in den vorgeheizten Backofen schieben.

Ober-/Unterhitze: etwa 200 °C
Heißluft: etwa 180 °C
Garzeit: etwa 40 Minuten.

Beilage: Gemischter Salat und Brot.

Tomatenauflauf mit Kartoffeln |

Preiswert

4 Portionen

Pro Portion:

E: 19 g, F: 30 g, Kh: 15 g, kJ: 1794, kcal: 429

250 g Kartoffeln
Salzwasser
400 g Cocktailtomaten
2 EL Zwiebelwürfel
4 EL kleine Salamiwürfel
2 EL gehackte Basilikumblättchen
200 g Schlagsahne
4 Eier (Größe M)
2 EL Tomatenketchup
Salz
frisch gemahlener, grober, bunter Pfeffer
60 g frisch geriebener Gouda-Käse

Zubereitungszeit: 20 Minuten
Garzeit: etwa 40 Minuten

1. Den Backofen vorheizen. Kartoffeln waschen, schälen, abspülen, abtropfen lassen. Kartoffeln in Würfel schneiden und in kochendem Salzwasser etwa 5 Minuten blanchieren, in einem Sieb abtropfen lassen.

2. Tomaten waschen, trocken tupfen, eventuell halbieren und die Stängelansätze herausschneiden. Tomaten mit Kartoffel-, Zwiebel-, Salamiwürfeln und Basilikum mischen, in eine Auflaufform (gefettet) geben.

3. Sahne mit Eiern und Ketchup verschlagen, mit Salz und Pfeffer würzen. Die Eiersahne auf dem Auflauf verteilen und mit Käse bestreuen. Die Form auf dem Rost in den vorgeheizten Backofen schieben.

Ober-/Unterhitze: etwa 200 °C
Heißluft: etwa 180 °C
Garzeit: etwa 40 Minuten.

Tomaten-Brokkoli-Auflauf |

Für Kinder

4 Portionen

Pro Portion:

E: 26 g, F: 35 g, Kh: 32 g, kJ: 2418, kcal: 578

400 g	*vorbereitete Brokkoliröschen*
250 ml (1/4 l)	*Gemüsebrühe*
1 1/2 l	*Wasser*
1 1/2 TL	*Salz*
150 g	*grüne Bandnudeln*
150 g	*gekochter Schinken*
4	*Tomaten*
	Salz
	frisch gemahlener Pfeffer
250 g	*Schlagsahne*
2	*Eier (Größe M)*
	frisch geriebene Muskatnuss
75 g	*frisch geriebener Emmentaler-Käse*

Zubereitungszeit: 50 Minuten
Garzeit: etwa 30 Minuten

1. Die Brokkoliröschen waschen, abtropfen lassen. Gemüsebrühe in einem Topf zum Kochen bringen. Brokkoliröschen darin etwa 8 Minuten garen. Brokkoliröschen in ein Sieb geben, mit kaltem Wasser übergießen und abtropfen lassen.

2. Wasser in einem großen Topf mit geschlossenem Deckel zum Kochen bringen. Dann Salz und Nudeln hinzugeben. Die Nudeln im geöffneten Topf bei mittlerer Hitze nach Packungsanleitung kochen lassen, dabei zwischendurch 4–5-mal umrühren. Den Backofen vorheizen.

3. Anschließend die Nudeln in ein Sieb geben, mit heißem Wasser abspülen und abtropfen lassen.

4. Schinken in Streifen schneiden. Brokkoliröschen mit den Nudeln und Schinkenstreifen mischen, in eine flache Auflaufform (gefettet) geben.

5. Tomaten waschen, abtropfen lassen, kreuzweise einschneiden, kurz in kochendes Wasser legen und in kaltem Wasser abschrecken. Tomaten enthäuten, halbieren, entkernen und die Stängelansätze herausschneiden. Tomatenhälften in Spalten schneiden. Tomatenspalten auf der Brokkoli-Nudel-Mischung verteilen. Mit Salz und Pfeffer bestreuen.

6. Sahne und Eier verschlagen, mit Salz, Pfeffer und Muskat würzen, Käse unterheben. Die Sahne-Eier-Käse-Mischung auf dem Auflauf verteilen. Die Form auf dem Rost in den vorgeheizten Backofen schieben.

Ober-/Unterhitze: etwa 200 °C
Heißluft: etwa 180 °C
Garzeit: etwa 30 Minuten.

Tomaten-Hirse-Auflauf | Vegetarisch

4 Portionen

Pro Portion:
E: 5 g, F: 8 g, Kh: 38 g, kJ: 1077, kcal: 258

1 Zwiebel
20 g Butter oder Margarine
200 g Hirse
500 ml (1/2 l) kochende Gemüsebrühe
700 g Tomaten
Salz, schwarzer Pfeffer
10 grüne Oliven (ohne Stein)
150 g Schlagsahne
150 g Joghurt
1 abgezogene, zerdrückte Knoblauchzehe
frisch geriebene Muskatnuss
3 Stängel Basilikum

Zubereitungszeit: 30 Minuten
Garzeit: etwa 5 Minuten

1. Zwiebel abziehen und in kleine Würfel schneiden. Dann Butter oder Margarine in einem Topf zerlassen. Zwiebelwürfel darin andünsten. Hirse in ein Sieb geben, unter fließendem kalten Wasser abspülen, gut abtropfen lassen und hinzufügen.

2. Brühe hinzugießen, nochmals aufkochen lassen. Hirse darin etwa 20 Minuten garen. Den Backofen vorheizen.

3. Tomaten waschen, abtropfen lassen, kreuzweise einschneiden, kurz in kochendes Wasser legen und in kaltem Wasser abschrecken. Tomaten enthäuten, halbieren, entkernen und die Stängelansätze herausschneiden. Tomatenhälften in Scheiben schneiden.

4. Die Hälfte der Hirsemasse in eine Auflaufform (gefettet) geben, zwei Drittel der Tomatenscheiben darauflegen, mit Salz und Pfeffer bestreuen. Restliche Hirsemasse daraufgeben. Übrige Tomatenscheiben dachziegelartig darauflegen und Oliven darauf verteilen.

5. Sahne mit Joghurt und Knoblauch verschlagen. Mit Muskat, Salz und Pfeffer abschmecken. Die Joghurtsahne auf dem Auflauf verteilen. Die Form auf dem Rost in den vorgeheizten Backofen schieben.

Ober-/Unterhitze: etwa 220 °C
Heißluft: etwa 200 °C
Garzeit: etwa 5 Minuten.

6. Basilikum abspülen, trocken tupfen, die Blätter klein schneiden und auf den Auflauf streuen.

Tomatenlasagne | Einfach

4 Portionen

Pro Portion:
E: 28 g, F: 25 g, Kh: 44 g, kJ: 2287, kcal: 547

2 Pck.	*Tomatensauce (für je 250 ml [1/4 l] Wasser)*
8	*mittelgroße Tomaten*
250 g	*Mozzarella-Käse*
etwa 200 g	*Lasagneblätter (ohne Vorkochen)*
	Salz
	frisch gemahlener Pfeffer
	Oregano
100 g	*geriebener Gratin-Käse*
einige Stängel	*Basilikum*

Zubereitungszeit: etwa 45 Minuten
Garzeit: etwa 25 Minuten

1. Den Backofen vorheizen. Tomatensauce nach Packungsanleitung zubereiten. Tomaten waschen, die Stängelansätze herausschneiden. Tomaten und Mozzarella in Scheiben schneiden.

2. Ein Drittel der Lasagneblätter in eine flache Auflaufform (gefettet) legen, ein Drittel der Tomatensauce darauf verteilen. Ein Drittel der Tomatenscheiben darauflegen, mit Salz, Pfeffer und Oregano bestreuen. Ein Drittel der Mozzarellascheiben auf die Tomaten legen, mit den Gewürzen bestreuen.

3. Diesen Vorgang noch 2-mal wiederholen, d.h. Lasagnescheiben, Tomatensauce, Tomatenscheiben, Gewürze, Mozzarellascheiben und Gewürze einschichten. Die oberste Schicht sollten Mozzarellascheiben sein. Den Gratin-Käse daraufstreuen. Die Form auf dem Rost in den vorgeheizten Backofen schieben.

Ober-/Unterhitze: etwa 180 °C
Heißluft: etwa 160 °C
Garzeit: etwa 25 Minuten.

4. Die Basilikumblätter von den Stängeln zupfen, abspülen und trockentupfen. Einige Blätter ganz lassen, die übrigen in Streifen schneiden. Die fertige Lasagne mit Basilikum bestreuen und garnieren.

Beilage: Grüne Blattsalate mit einer Salatsauce aus Essig und Öl.

Tomaten-Nudel-Auflauf | Für Kinder

4 Portionen

Pro Portion:
E: 25 g, F: 22 g, Kh: 44 g, kJ: 2117, kcal: 506

2 l Wasser
2 TL Salz
200 g Nudeln, z. B. Spirelli, Gabelspaghetti
750 g Tomaten
150 g roher Schinken
3 Eier (Größe M)
125 ml (1/8 l) Milch
2 EL gehackte Petersilie
2 EL Schnittlauchröllchen
Salz
frisch gemahlener Pfeffer
2 EL frisch geriebener Parmesan-Käse
2 EL Semmelbrösel

Zubereitungszeit: 25 Minuten
Garzeit: etwa 35 Minuten

1. Wasser in einem großen Topf mit geschlossenem Deckel zum Kochen bringen. Dann Salz und Nudeln hinzugeben. Die Nudeln im geöffneten Topf bei mittlerer Hitze nach Packungsanleitung kochen lassen, dabei zwischendurch 4–5-mal umrühren.

2. Anschließend die Nudeln in ein Sieb geben, mit heißem Wasser abspülen und abtropfen lassen. Den Backofen vorheizen.

3. Tomaten waschen, abtropfen lassen, kreuzweise einschneiden, kurz in kochendes Wasser legen und in kaltem Wasser abschrecken. Tomaten enthäuten, halbieren, entkernen und die Stängelansätze herausschneiden. Tomatenhälften in Scheiben schneiden.

4. Schinken in Würfel schneiden. Tomatenscheiben, Schinkenwürfel und Nudeln in eine Auflaufform (gefettet) schichten.

5. Eier mit Milch verschlagen, Petersilie und Schnittlauchröllchen unterrühren. Mit Salz und Pfeffer würzen. Die Eiermilch auf dem Auflauf verteilen. Parmesan-Käse mit Semmelbröseln mischen und daraufstreuen.

6. Die Form auf dem Rost in den vorgeheizten Backofen schieben.

Ober-/Unterhitze: etwa 200 °C
Heißluft: etwa 180 °C
Garzeit: etwa 35 Minuten.

7. Den Auflauf eventuell gegen Ende der Garzeit mit Backpapier zudecken.

Tomaten-Tunfisch-Auflauf | Raffiniert

4 Portionen

Pro Portion:
E: 38 g, F: 19 g, Kh: 39 g, kJ: 2091, kcal: 500

750 g	*Kartoffeln*
	Salz
	frisch gemahlener Pfeffer
2 Dosen	*Tunfisch naturell (Abtropfgewicht je 150 g)*
225 g	*Zucchini*
1 kg	*kleine Tomaten*
3	*Eier (Größe M)*
150 ml	*Milch*
	frisch geriebene Muskatnuss
150 g	*mittelalter Gouda-Käse*
1 geh. TL	*frisch gehackte Rosmarinnadeln oder Petersilie*

Zubereitungszeit: 35 Minuten, ohne Abkühlzeit
Garzeit: etwa 45 Minuten

1. Kartoffeln gründlich waschen, mit Wasser bedeckt zum Kochen bringen und zugedeckt etwa 25 Minuten garen. Kartoffeln abgießen, abdämpfen und heiß pellen. Kartoffeln abkühlen lassen, in Scheiben schneiden und in eine Auflaufform (gefettet) geben. Mit Salz und Pfeffer bestreuen. Den Backofen vorheizen.

2. Tunfisch abtropfen lassen, etwas zerzupfen und auf den Kartoffelscheiben verteilen.

3. Zucchini waschen, abtrocknen und die Enden abschneiden. Zucchini in dünne Scheiben schneiden oder hobeln und auf dem Tunfisch verteilen. Mit Salz und Pfeffer würzen.

4. Tomaten waschen, abtropfen lassen, kreuzweise einschneiden, kurz in kochendes Wasser legen und in kaltem Wasser abschrecken. Tomaten enthäuten und die Stängelansätze herausschneiden. Größere Tomaten eventuell halbieren.

5. Eier mit Milch verschlagen, mit Salz, Pfeffer und Muskat würzen. Den Käse reiben und unterrühren.

6. Etwa ein Drittel der Käse-Eier-Milch auf den Zucchinischeiben verteilen. Die Tomaten daraufsetzen und die restliche Käse-Eier-Milch zwischen den Tomaten verteilen, mit Rosmarin oder Petersilie bestreuen.

7. Die Form auf dem Rost in den vorgeheizten Backofen schieben.

Ober-/Unterhitze: 180–200 °C
Heißluft: 160–180 °C
Garzeit: etwa 45 Minuten.

Tortelliniauflauf mit Salbei und Parmaschinken | Gut vorzubereiten

4 Portionen

Pro Portion:
E: 24 g, F: 47 g, Kh: 30 g, kJ: 2760, kcal: 659

250 g Tortellini
Salzwasser
1 Bund Frühlingszwiebeln
1 Bund Salbei
150 g Parmaschinken
4 Tomaten (etwa 250 g)
3 EL Olivenöl
Salz, frisch gemahlener Pfeffer
1 abgezogene, zerdrückte Knoblauchzehe
1 Fenchelknolle (etwa 200 g)
etwas Salzwasser
2 Eier (Größe M)
200 g Schlagsahne
150 g saure Sahne
30 g Butter
30 g frisch geriebener Parmesan-Käse

Zubereitungszeit: 40 Minuten
Garzeit: etwa 25 Minuten

1. Tortellini in kochendem Salzwasser nach Packungsanleitung garen. Tortellini in ein Sieb geben, mit kaltem Wasser übergießen und abtropfen lassen.

2. Frühlingszwiebeln putzen, waschen, abtropfen lassen und in feine Scheiben schneiden. Salbei abspülen und trocken tupfen. Die Blättchen von den Stängeln zupfen (einige Blättchen zum Garnieren beiseitelegen). Parmaschinken in Würfel schneiden. Den Backofen vorheizen.

3. Tomaten waschen, abtropfen lassen, kreuzweise einschneiden, kurz in kochendes Wasser legen und in kaltem Wasser abschrecken. Tomaten enthäuten, halbieren, entkernen und die Stängelansätze herausschneiden. Tomatenhälften in Würfel schneiden.

4. Olivenöl in einem Topf erhitzen. Frühlingszwiebelscheiben, Salbeiblättchen und Schinkenwürfel darin

andünsten und mit Salz, Pfeffer und Knoblauch würzen.

5. Von der Fenchelknolle die Stiele dicht oberhalb der Knolle abschneiden. Braune Stellen und Blätter entfernen. Wurzelende gerade schneiden. Knolle waschen, abtropfen lassen und in Scheiben schneiden. Fenchelscheiben in etwas kochendem Salzwasser etwa 5 Minuten garen, in ein Sieb geben und abtropfen lassen.

6. Die vorbereiteten Zutaten mischen und in eine Auflaufform (gefettet) geben. Eier mit Schlagsahne und saurer Sahne verschlagen, mit Salz und Pfeffer würzen. Die Eiersahne auf dem Auflauf verteilen, Butter in Flöckchen daraufsetzen und mit Parmesan-Käse bestreuen. Die Form auf dem Rost in den vorgeheizten Backofen schieben.

Ober-/Unterhitze: etwa 200 °C
Heißluft: etwa 180 °C
Garzeit: etwa 25 Minuten.

7. Den Auflauf mit den beiseitegelegten Salbeiblättchen garnieren.

Tunfisch-Nudel-Auflauf | Raffiniert

12 Portionen

Pro Portion:
E: 28 g, F: 41 g, Kh: 44 g, kJ: 2928, kcal: 699

5 l Wasser
5 TL Salz
750 g Spaghetti
4 Dosen Tunfisch (Abtropfgewicht je 200 g)
4 TL Sardellenpaste
2 TL mittelscharfer Senf
8 Eier (Größe M)
500 g Schlagsahne
frisch geriebene Muskatnuss
Salz
1 TL Paprikapulver edelsüß
1 TL frisch gehackter Oregano

Zubereitungszeit: 20 Minuten
Garzeit: etwa 40 Minuten

1. Den Backofen vorheizen. Wasser in einem großen Topf mit geschlossenem Deckel zum Kochen bringen. Dann Salz und Spaghetti hinzugeben. Die Spaghetti im geöffneten Topf bei mittlerer Hitze nach Packungsanleitung kochen lassen, zwischendurch 4–5-mal umrühren.

2. Anschließend die Spaghetti in ein Sieb geben, mit heißem Wasser abspülen und abtropfen lassen.

3. Tunfisch abtropfen lassen, mit einer Gabel zerdrücken, Sardellenpaste und Senf untermischen. Eier mit Sahne verschlagen, mit Muskat, Salz, Paprika und Oregano würzen und mit der Tunfischmasse verrühren.

4. Spaghetti in eine große Auflaufform (gefettet) oder Fettfangschale (gefettet) geben. Die Tunfischmasse darauf verteilen.

5. Die Form auf dem Rost oder die Fettfangschale in den vorgeheizten Backofen schieben.

Ober-/Unterhitze: etwa 200 °C
Heißluft: etwa 180 °C
Garzeit: etwa 40 Minuten.

Beilage: Bunter Gemüsesalat.

Tipp: Den Auflauf mit Olivenscheiben und frischem Oregano bestreuen. Mit halbierten Limettenscheiben und Oreganoblättchen garnieren.

Türkisches Würzfleisch | Für Gäste

6 Portionen

Pro Portion:
E: 43 g, F: 36 g, Kh: 25 g, kJ: 2623, kcal: 633

1,2 kg Lammkeule (in Scheiben, je 200 g mit Knochen, beim Metzger sägen lassen)
3 Gemüsezwiebeln
750 g mittelgroße Kartoffeln
5 EL Olivenöl
Salz, frisch gemahlener Pfeffer
1–2 EL Tomatenmark
200 ml Lammfond
125 ml (1/8 l) Fleischbrühe

Zubereitungszeit: 30 Minuten
Garzeit: etwa 2 Stunden

1. Lammscheiben unter fließendem kalten Wasser abspülen und trocken tupfen. Gemüsezwiebeln abziehen, halbieren und in Scheiben schneiden. Kartoffeln waschen, schälen, abspülen, abtrocknen und längs vierteln. Den Backofen vorheizen.

2. Etwas Olivenöl in einer großen Pfanne erhitzen. Die Lammscheiben darin portionsweise von beiden Seiten anbraten, mit Salz und Pfeffer würzen, herausnehmen und in einen großen Bräter legen.

3. Restliches Olivenöl in der Pfanne erhitzen. Zwiebelscheiben darin portionsweise andünsten. Tomatenmark unterrühren. Die Zwiebelmasse und Kartoffelviertel auf den Lammscheiben verteilen. Lammfond und Brühe hinzugießen.

4. Den Bräter zugedeckt auf dem Rost oder die Fettfangschale (mit Backpapier zugedeckt) in den vorgeheizten Backofen schieben.

Ober-/Unterhitze: etwa 180 °C
Heißluft: etwa 160 °C
Garzeit: etwa 2 Stunden.

Überbackene Basilikumtomaten

Raffiniert

4 Portionen

Pro Portion:
E: 17 g, F: 25 g, Kh: 43 g, kJ: 2044, kcal: 489

8	*Fleischtomaten (je etwa 180 g)*
	Salz
	frisch gemahlener Pfeffer
6 Scheiben	*Vollkorn-Toastbrot*
2 Töpfe	*Basilikum*
4 EL	*Olivenöl*
1	*Knoblauchzehe*
200 g	*Schafkäse*

Zubereitungszeit: 30 Minuten
Garzeit: etwa 20 Minuten

1. Fleischtomaten waschen, abtrocknen und die Stängelansätze herausschneiden. Von den Tomaten jeweils einen Deckel abschneiden. Tomaten mit einem Teelöffel aushöhlen, innen mit Salz und Pfeffer bestreuen und beiseitelegen. Den Backofen vorheizen.

2. Brotscheiben toasten. Basilikum abspülen und trocken tupfen. Die Blättchen von den Stängeln zupfen. Blättchen in Streifen schneiden.

3. Olivenöl in eine Schüssel geben, mit der Hälfte des ausgehöhlten Tomatenfleisches pürieren. Knoblauch abziehen, klein schneiden und hinzugeben. Getoastete Brotscheiben in kleine Würfel schneiden, mit dem Tomatenpüree und den Basilikumstreifen mischen, mit Salz und Pfeffer abschmecken.

4. Schafkäse in Würfel schneiden, mit der Tomaten-Brot-Masse in die ausgehöhlten Tomaten füllen und in eine Auflaufform (gefettet) setzen. Restliches Tomatenfleisch mit in die Form geben. Die Form auf dem Rost in den vorgeheizten Backofen schieben.

Ober-/Unterhitze: 180–200 °C
Heißluft: 160–180 °C
Garzeit: etwa 20 Minuten.

Überbackene Brokkolinudeln |

Für Kinder

4 Portionen

Pro Portion:
E: 20 g, F: 34 g, Kh: 47 g, kJ: 2445, kcal: 584

2 1/2 l Wasser
2 1/2 TL Salz
250 g Fettuccine verdi mit Spinat (grüne Bandnudeln)
500 g Brokkoli
125 ml (1/8 l) Gemüsebrühe
250 g Schlagsahne
3 Eier (Größe M)
100 g frisch geriebener, mittelalter Gouda-Käse
Salz
frisch geriebene Muskatnuss

Zubereitungszeit: 35 Minuten
Garzeit: etwa 35 Minuten

1. Wasser in einem großen Topf mit geschlossenem Deckel zum Kochen bringen. Dann Salz und Nudeln hinzugeben. Die Nudeln im geöffneten Topf bei mittlerer Hitze nach Packungsanleitung kochen lassen, dabei zwischendurch 4–5-mal umrühren.

2. Nudeln in ein Sieb geben, mit heißem Wasser abspülen und abtropfen lassen. Den Backofen vorheizen.

3. Von dem Brokkoli die Blätter entfernen. Brokkoli in Röschen teilen, waschen und abtropfen lassen. Brühe in einem Topf zum Kochen bringen. Brokkoliröschen darin etwa 8 Minuten garen. Danach Brokkoliröschen in ein Sieb geben, dabei die Gemüsebrühe auffangen. Brokkoliröschen mit kaltem Wasser abschrecken und abtropfen lassen.

4. Brokkoliröschen mit den Nudeln mischen. Sahne mit Eiern verschlagen, Käse und die aufgefangene Brühe unterrühren. Mit Salz und Muskat würzen. Zwei Drittel davon unter die Brokkoli-Nudel-Mischung heben und in eine flache Auflaufform (gefettet) geben. Restliche Eier-Käse-Sahne-Mischung darauf verteilen. Die Form auf dem Rost in den vorgeheizten Backofen schieben.

Ober-/Unterhitze: etwa 180 °C
Heißluft: etwa 160 °C
Garzeit: etwa 35 Minuten.

Tipp: Brokkolinudeln mit 50 g gerösteten Pinienkernen bestreuen. Oder zusätzlich 150 g in Streifen geschnittenen Schinken unter die Brokkoli-Nudel-Mischung heben.

Überbackene Käsespätzle | Beliebt

4 Portionen

Pro Portion:
E: 29 g, F: 32 g, Kh: 71 g, kJ: 2903, kcal: 694

400 g Weizenmehl
4 Eier (Größe M)
1 gestr. TL Salz
125 ml (1/8 l) Wasser
4 l Wasser
4 gestr. TL Salz
250 g mittelalter, geriebener Käse, z. B. Gouda oder Emmentaler

Nach Belieben:
300 g Zwiebeln
75 g Butter

Zubereitungszeit: 45 Minuten, ohne Ruhezeit
Garzeit: 10–15 Minuten

1. Das Mehl in eine Rührschüssel geben und in die Mitte eine Vertiefung drücken. Eier mit Salz und Wasser verschlagen. Etwas von der Eierflüssigkeit in die Vertiefung gießen und mit Handrührgerät mit Knethaken von der Mitte aus mit dem Mehl verrühren. Restliche Eierflüssigkeit nach und nach hinzugießen. Dabei darauf achten, dass keine Klümpchen entstehen.

2. Den Teig so lange rühren, bis er Blasen wirft. Anschließend etwa 15 Minuten ruhen lassen. Den Backofen vorheizen.

3. Wasser und Salz in einem großen Topf zum Kochen bringen. Den Teig portionsweise mit einem Spätzlehobel oder durch eine Spätzlepresse in das kochende Salzwasser geben. Spätzle in 3–5 Minuten gar kochen (die Spätzle sind gar, wenn sie an der Oberfläche schwimmen).

4. Die Spätzle in ein Sieb geben, kurz mit kaltem Wasser abspülen und abtropfen lassen. Die Spätzle abwechselnd mit dem Käse in eine große, flache Auflaufform (gefettet) schichten (die oberste Schicht soll aus Käse bestehen). Die Form auf dem Rost in den vorgeheizten Backofen schieben.

Ober-/Unterhitze: etwa 220 °C
Heißluft: etwa 200 °C
Garzeit: 10–15 Minuten.

5. Nach Belieben die Zwiebeln abziehen, zuerst in Scheiben schneiden, dann in Ringe teilen. Butter in einer Pfanne zerlassen, Zwiebelringe darin goldbraun braten, herausnehmen und auf den Spätzle verteilen.

Tipp: Geben Sie auf jede Käseschicht noch einige klein geschnittene, getrocknete Tomaten (in Öl eingelegt) und frische, klein geschnittene Liebstöckelblätter. Servieren Sie zu den Käsespätzle einen Blattsalat mit Joghurt-Dressing.

Überbackener Pfannkuchen-Auflauf | Raffiniert

4 Portionen

Pro Portion:
E: 33 g, F: 68 g, Kh: 58 g, kJ: 4066, kcal: 975

Für den Pfannkuchenteig:
250 g Weizenmehl
4 Eier (Größe M)
1 gestr. TL Zucker
1 Prise Salz
375 ml (3/8 l) Milch
125 ml (1/8 l) Mineralwasser
8 EL Speiseöl

Für die Füllung:
1 Zwiebel
3 EL Speiseöl
2 Pck. (je 300 g) TK-Blattspinat
Salz, frisch gemahlener Pfeffer
frisch geriebene Muskatnuss

200 g geräucherter Lachs
2 Pck. (je 250 ml) Sauce Hollandaise (Fertigprodukt)
evtl. rosa Pfefferbeeren

Zubereitungszeit: 50 Minuten
Garzeit: etwa 30 Minuten

1. Für den Teig Mehl in eine Rührschüssel geben. Eier mit Zucker, Salz, Milch und Mineralwasser verschlagen. Nach und nach unter Rühren zum Mehl geben. Darauf achten, dass keine Klümpchen entstehen. Den Backofen vorheizen.

2. Jeweils etwas von dem Speiseöl in einer beschichteten Pfanne (Ø 26 cm) erhitzen. Eine dünne Teiglage mit einer drehenden Bewegung gleichmäßig auf dem Boden der Pfanne verteilen. Den Pfannkuchen von beiden Seiten bei mittlerer Hitze goldbraun backen und herausnehmen. Bevor der Pfannkuchen gewendet wird, etwas Speiseöl in die Pfanne geben. Aus dem Teig insgesamt 8 Pfannkuchen backen.

3. Für die Füllung Zwiebel abziehen und in kleine Würfel schneiden. Speiseöl in einer Pfanne erhitzen. Zwiebelwürfel darin andünsten. Blattspinat hinzufügen und nach Packungsanleitung garen. Mit Salz, Pfeffer und Muskat abschmecken.

4. Die Pfannkuchen jeweils mit Lachs belegen. Blattspinat daraufgeben und den Pfannkuchen fest aufrollen. Jeden Pfannkuchen in 4 gleich große Stücke schneiden und mit der Schnittfläche nach oben in eine flache Auflaufform (gefettet) setzen. Die Sauce darauf verteilen.

5. Die Form auf dem Rost in den vorgeheizten Backofen schieben und den Auflauf hellgelb überbacken.

Ober-/Unterhitze: etwa 200 °C
Heißluft: etwa 180 °C
Garzeit: etwa 30 Minuten.

6. Den Auflauf aus dem Backofen nehmen, nach Belieben mit rosa Pfefferbeeren bestreuen und sofort servieren.

Ungarischer Frühlingszwiebelauflauf | Preiswert

4 Portionen

Pro Portion:
E: 26 g, F: 50 g, Kh: 16 g, kJ: 2707, kcal: 646

1 Bund Frühlingszwiebeln
250 g gekochte Kartoffeln
je ½ große rote, gelbe und grüne Paprikaschote
200 g ungarische Salami
1 Bund glatte Petersilie
2 Eier (Größe M)
150 g saure Sahne
200 g Schlagsahne
Paprikapulver edelsüß
Salz
frisch gemahlener Pfeffer
etwas Tabasco
100 g Schafkäse
30 g Butter

Zubereitungszeit: 50 Minuten
Garzeit: etwa 30 Minuten

1. Den Backofen vorheizen. Frühlingszwiebeln putzen, waschen, abtropfen lassen und in feine Scheiben schneiden. Kartoffeln in Würfel schneiden.

2. Paprikaschotenhälften entstielen, entkernen und die weißen Scheidewände entfernen. Schotenhälften waschen, abtropfen lassen und in Streifen schneiden. Salami in kleine Würfel schneiden. Petersilie abspülen und trocken tupfen. Die Blättchen von den Stängeln zupfen. Blättchen in Streifen schneiden.

3. Frühlingszwiebelscheiben mit den Kartoffel-, Salamiwürfeln und Petersilie mischen, in eine Auflaufform (gefettet) geben.

4. Eier mit saurer Sahne und Schlagsahne verschlagen, mit Paprika, Salz, Pfeffer und Tabasco würzen. Die Eiersahne auf dem Auflauf verteilen. Schafkäse zerbröseln. Den Auflauf damit bestreuen und Butter in Flöckchen daraufsetzen. Die Form auf dem Rost in den vorgeheizten Backofen schieben.

Ober-/Unterhitze: 180–200 °C
Heißluft: 160–180 °C
Garzeit: etwa 30 Minuten.

Ungarischer Sauerkrautauflauf |

Für Gäste

6 Portionen

Pro Portion:
E: 26 g, F: 53 g, Kh: 23 g, kJ: 2816, kcal: 672

5 EL Speiseöl, z. B. Sonnenblumenöl
500 g Sauerkraut
125 ml (1/8 l) Gemüsebrühe
2 kleine Lorbeerblätter
Salz
frisch gemahlener Pfeffer
1 Prise Zucker
250 ml (1/4 l) Wasser
125 g Langkornreis (parboiled)
1 Zwiebel
500 g Gehacktes (halb Rind-, halb Schweinefleisch)
2 Mettwürstchen (Rauchenden, je 100 g)
200 g Schmand (Sauerrahm) oder saure Sahne
200 g Schlagsahne
20 g Semmelbrösel
25 g Butter

Zubereitungszeit: 55 Minuten
Garzeit: etwa 30 Minuten

1. Drei Esslöffel Speiseöl in einem Topf erhitzen. Das Sauerkraut locker zupfen, hinzugeben und unter Rühren kurz andünsten. Gemüsebrühe und Lorbeerblätter hinzufügen, mit Salz, Pfeffer und Zucker würzen.

2. Das Sauerkraut zugedeckt bei schwacher Hitze etwa 25 Minuten dünsten. Zuletzt eventuell vorhandene Flüssigkeit ohne Deckel verdampfen lassen. Das Sauerkraut mit Salz, Pfeffer und Zucker abschmecken, Lorbeerblätter entfernen.

3. Wasser in einem Topf zum Kochen bringen. Dann 1/4 Teelöffel Salz und Reis hinzugeben, umrühren und wieder zum Kochen bringen. Den Reis zugedeckt bei schwacher Hitze etwa 12 Minuten garen. Den Reis in ein Sieb geben und abtropfen lassen. Den Backofen vorheizen.

4. Zwiebel abziehen und in kleine Würfel schneiden. Danach restliches Speiseöl in einer Pfanne erhitzen. Gehacktes und Zwiebelwürfel darin unter Rühren anbraten. Dabei die Fleischklümpchen mit einer Gabel grob zerdrücken. Gehacktes mit Salz und Pfeffer würzen, Reis unterheben.

5. Mettwürstchen in Scheiben schneiden. Sauerkraut, Gehacktes-Reis-Masse und Würstchenscheiben abwechselnd lagenweise in eine Auflaufform (gefettet) schichten. Die oberste Schicht sollte aus Sauerkraut bestehen.

6. Schmand oder saure Sahne mit Schlagsahne verrühren und auf dem Auflauf verteilen. Mit Semmelbröseln bestreuen und Butter in Flöckchen daraufsetzen. Die Form ohne Deckel auf dem Rost in den vorgeheizten Backofen schieben.

Ober-/Unterhitze: etwa 200 °C
Heißluft: etwa 180 °C
Garzeit: etwa 30 Minuten.

Tipp: Den ungarischen Sauerkrautauflauf mit Brötchen oder Weißbrot servieren.

Vegetarische Moussaka | Für die Party

6 Portionen

Pro Portion:
E: 11 g, F: 30 g, Kh: 14 g, kJ: 1541, kcal: 367

2 Zwiebeln
2 Knoblauchzehen
3 Zucchini (je 250 g)
5 Tomaten
1 Stängel Thymian
1 Stängel Rosmarin
3 Auberginen (etwa 1,2 kg)
Salz
frisch gemahlener, bunter Pfeffer
3 EL Weizenmehl
etwa 150 ml Olivenöl
100 g geriebener Parmesan-Käse

Zubereitungszeit: 50 Minuten
Garzeit: etwa 20 Minuten

1. Zwiebeln und Knoblauch abziehen und in feine Würfel schneiden. Zucchini abspülen, trocken tupfen. Von den Zucchini die Enden abschneiden. Zucchini in Würfel schneiden.

2. Die Tomaten abspülen, abtropfen lassen und die Stängelansätze herausschneiden. Tomaten entkernen und in Würfel schneiden.

3. Kräuter abspülen, trocken tupfen, Blättchen bzw. Nadeln von den Stängeln zupfen.

4. Auberginen abspülen, trocken tupfen und die Enden abschneiden. Die Auberginen in Scheiben schneiden. Auberginen mit Salz, Pfeffer und Knoblauch würzen, in Mehl wenden und portionsweise in Olivenöl braten.

5. Die gebratenen Auberginenscheiben in einer flachen Auflaufform (gefettet) fächerförmig anrichten und warm stellen.

6. Backofen vorheizen. Das restliche Öl (4 Esslöffel) in einer Pfanne erhitzen. Die Zwiebelwürfel darin glasig dünsten. Zucchini-, Tomatenwürfel und gehackte Kräuter hinzugeben. Das Gemüse mit Salz, Pfeffer und Knoblauch würzen und noch einige Minuten dünsten lassen.

7. Die Gemüsemischung zwischen den Auberginenscheiben verteilen und mit Parmesan bestreuen. Die Form auf dem Rost in den vorgeheizten Backofen schieben.

Ober-/Unterhitze: etwa 200 °C
Heißluft: etwa 180 °C
Garzeit: etwa 20 Minuten.

Dazu passt: Fladenbrot.

Vegetarischer Nudel-Porree-Auflauf | Vegetarisch – mit Alkohol

6 Portionen

Pro Portion:
E: 14 g, F: 19 g, Kh: 55 g, kJ: 2029, kcal: 483

4 l	*Wasser*
4 TL	*Salz*
400 g	*Bandnudeln*
1 1/2 kg	*Porree (Lauch)*
40 g	*Butter*
125 ml (1/8 l)	*Weißwein*
	Salz
	Porree-Kochflüssigkeit
250 ml (1/4 l)	*Milch*
200 g	*Crème fraîche*
125 g	*Gorgonzola-Käse*
1 EL	*Speisestärke*
1–2 EL	*Wasser*
	frisch gemahlener Pfeffer

Zubereitungszeit: 35 Minuten
Garzeit: etwa 25 Minuten

1. Wasser in einem großen Topf mit geschlossenem Deckel zum Kochen bringen. Dann Salz und Nudeln hinzugeben. Die Nudeln im geöffneten Topf bei mittlerer Hitze nach Packungsanleitung kochen lassen, dabei zwischendurch 4–5-mal umrühren.

2. Anschließend die Nudeln in ein Sieb geben, mit heißem Wasser abspülen und abtropfen lassen. Den Backofen vorheizen.

3. Porree putzen, die Stangen längs halbieren, gründlich waschen, abtropfen lassen und in etwa 1 cm breite Scheiben schneiden. Butter in einem Topf zerlassen, Porreescheiben darin andünsten, Wein hinzugießen und mit Salz würzen. Porreescheiben etwa 3 Minuten garen. Anschließend in ein Sieb geben, dabei die Flüssigkeit auffangen.

4. Porree-Kochflüssigkeit mit Milch und Crème fraîche unter Rühren erhitzen. Den Gorgonzola-Käse zerbröseln, hinzugeben und unter Rühren langsam schmelzen lassen.

5. Speisestärke mit kaltem Wasser anrühren, in die Gorgonzola-Milch-Flüssigkeit rühren und unter Rühren kurz aufkochen lassen. Die Gorgonzolasauce mit Pfeffer abschmecken.

6. Jeweils die Hälfte der Nudeln, Porreescheiben und Gorgonzolasauce in eine Auflaufform (gefettet) schichten. Restliche Nudeln, Porreescheiben und zuletzt die Gorgonzolasauce daraufgeben. Die Form auf dem Rost in den vorgeheizten Backofen schieben.

Ober-/Unterhitze: etwa 200 °C
Heißluft: etwa 180 °C
Garzeit: etwa 25 Minuten.

Vegetarischer Wirsingrouladen-Auflauf | Vegetarisch

8–10 Portionen

Pro Portion:
E: 19 g, F: 29 g, Kh: 34 g, kJ: 2067, kcal: 493

etwa 2 l Gemüsebrühe
150 g Grünkern
150 g Vollkornreis
24 Wirsingblätter (etwa 600 g)
Salzwasser
200 g Schafkäse
50 g abgezogene, gestiftelte Mandeln
60 g Sultaninen
Salz, frisch gemahlener Pfeffer
Garam Masala (indische Gewürzmischung)
500 ml (1/2 l) Gemüsebrühe
5 EL Tomatenmark

Für den Guss:
3 Stängel Minze
2 Becher (je 150 g) Crème fraîche
300 g Joghurt

250 g mittelalter Gouda-Käse

Zubereitungszeit: 60 Minuten
Garzeit: etwa 25 Minuten

1. Brühe in einem Topf zum Kochen bringen. Grünkern und Reis hinzufügen, wieder zum Kochen bringen und zugedeckt bei schwacher Hitzen 30–40 Minuten garen.

2. In der Zwischenzeit die Wirsingblätter putzen, waschen, abtropfen lassen und die Strünke flacher schneiden. Die Wirsingblätter portionsweise in kochendem Salzwasser 8–10 Minuten blanchieren, mit einer Schaumkelle herausnehmen, mit kaltem Wasser abschrecken und abtropfen lassen. Den Backofen vorheizen.

3. Die Grünkern-Reis-Mischung in einem Sieb gut abtropfen lassen. Schafkäse zerbröseln oder in Würfel schneiden, mit Mandeln und Sultaninen unter die Grünkern-Reis-Mischung mischen. Mit Salz, Pfeffer und Garam Masala würzen.

4. Je 2 Esslöffel der Masse auf je ein Wirsingblatt geben und aufrollen. Die Rouladen mit der Nahtseite nach unten dicht an dicht nebeneinander in eine große, flache Auflaufform (gefettet) legen. Brühe und Tomatenmark verrühren, in die Auflaufform gießen.

5. Für den Guss Minze abspülen und trocken tupfen. Die Blättchen von den Stängeln zupfen. Blättchen in Streifen schneiden. Crème fraîche mit Joghurt und Minzestreifen verrühren, auf den Wirsingrouladen verteilen. Käse reiben, den Auflauf damit bestreuen. Die Form auf dem Rost in den vorgeheizten Backofen schieben.

Ober-/Unterhitze: 180–200 °C
Heißluft: 160–180 °C
Garzeit: etwa 25 Minuten.

Vorbereitungstipp: Der Auflauf lässt sich gut vorbereiten. Dafür die Rouladen komplett zubereiten, in die Auflaufform legen und zugedeckt kalt stellen. Vor dem Verzehr die Tomatenbrühe angießen. Den Guss darauf verteilen, mit Käse bestreuen und überbacken.

Abwandlung: Anstelle von Wirsing eignen sich auch Weißkohl- und Chinakohlblätter zum Füllen. Bei Verwendung von Chinakohl müssen die Blätter nur etwa 2 Minuten blanchiert werden.

Versunkener Spargel | Einfach

4 Portionen

Pro Portion:
E: 26 g, F: 27 g, Kh: 17 g, kJ: 1740, kcal: 414

750 g	*weißer Spargel*
2	*Eier (Größe M)*
100 g	*Schlagsahne*
2 EL	*Semmelbrösel*
1 EL	*Zitronensaft*
1 TL	*Zucker*
½ gestr. TL	*Salz*
	frisch gemahlener Pfeffer
100 g	*gekochter Schinken*
½ Bund	*Schnittlauch*

Zubereitungszeit: 20 Minuten
Garzeit: etwa 25 Minuten

1. Den Spargel von oben nach unten schälen. Darauf achten, dass die Schalen vollständig entfernt, die Köpfe aber nicht verletzt werden. Die unteren Enden abschneiden (holzige Stellen vollkommen entfernen). Spargelstangen abspülen und abtropfen lassen. Den Backofen vorheizen.

2. Die Eier mit Sahne, Semmelbröseln, Zitronensaft, Zucker, Salz und Pfeffer verrühren. Schinken in Würfel schneiden. Schnittlauch abspülen, trocken tupfen und in feine Röllchen schneiden.

3. Die Spargelstangen in eine flache Auflaufform (gefettet) schichten. Die Eiersahne daraufgeben. Schinkenwürfel und Schnittlauch darauf verteilen.

4. Die Form auf dem Rost in den vorgeheizten Backofen schieben.

Ober-/Unterhitze: etwa 180 °C
Heißluft: etwa 160 °C
Garzeit: etwa 25 Minuten.

Beilage: Neue Kartoffeln und ein grüner Salat.

Tipp: Bei dieser Zubereitung bleibt der Spargel sehr knackig. Wer den Spargel lieber weicher mag, sollte ihn 8–10 Minuten vorkochen.

Walliser Gratin | Gut vorzubereiten

4 Portionen

Pro Portion:
E: 16 g, F: 57 g, Kh: 25 g, kJ: 2823, kcal: 675

700 g Knollensellerie
Salzwasser
2 mittelgroße, rote Zwiebeln
300 g Wirsing
500 g Staudensellerie
Salzwasser
200 g Frühstücksspeck (Bacon)
Salz
frisch gemahlener Pfeffer
frisch geriebene Muskatnuss
250 g Schlagsahne
4 EL frisch geriebener Gruyère-Käse

Zubereitungszeit: 40 Minuten
Garzeit: etwa 35 Minuten

1. Knollensellerie putzen, schälen, waschen, abtropfen lassen und in dünne Scheiben schneiden. Selleriescheiben in kochendem Salzwasser etwa 6 Minuten garen und in einem Sieb abtropfen lassen. Den Backofen vorheizen.

2. Zwiebeln abziehen und in Scheiben schneiden. Von dem Wirsing die schlechten äußeren Blätter entfernen. Wirsing halbieren und den Strunk herausschneiden. Wirsinghälften waschen, abtropfen lassen und in feine Streifen schneiden. Staudensellerie putzen und die harten Außenfäden abziehen. Sellerie waschen, abtropfen lassen und in kleine Stücke schneiden.

3. Zwiebelringe, Wirsingstreifen und Staudenselleriestücke in kochendes Salzwasser geben, wieder zum Kochen bringen und etwa 4 Minuten blanchieren. In ein Sieb geben, mit kaltem Wasser abschrecken und gut abtropfen lassen.

4. Speck in dünne Scheiben schneiden. Die vorbereiteten Zutaten abwechselnd lagenweise in eine Auflaufform (gefettet) geben. Die unterste Schicht sollte aus Selleriescheiben und die oberste Schicht aus Selleriescheiben und Speckscheiben bestehen.

5. Die einzelnen Schichten mit Salz, Pfeffer und Muskat bestreuen. Den Auflauf mit Sahne übergießen und mit Gruyère-Käse bestreuen. Die Form auf dem Rost in den vorgeheizten Backofen schieben.

Ober-/Unterhitze: etwa 200 °C
Heißluft: etwa 180 °C
Garzeit: etwa 35 Minuten.

Western-Auflauf | Für Gäste

4 Portionen

Pro Portion:
E: 48 g, F: 58 g, Kh: 37 g, kJ: 3811, kcal: 911

500 g Rindergulasch
100 g durchwachsener Speck
1 Gemüsezwiebel
1 grüne Paprikaschote
1 Dose Gemüsemais (Abtropfgewicht 240 g)
1 Dose Kidneybohnen (Abtropfgewicht 250 g)
1 Dose Champignonscheiben (Abtropfgewicht 215 g)
3 EL Speiseöl
Salz
frisch gemahlener Pfeffer
Paprikapulver edelsüß
Cayennepfeffer
2 EL Tomatenmark
1 Dose stückige Tomaten (Einwaage 400 g)
125 ml (1/8 l) Fleischbrühe
75 g geraspelter Käse
40 g Butter

Zubereitungszeit: 70 Minuten
Garzeit: etwa 40 Minuten

1. Gulasch eventuell kurz unter fließendem kalten Wasser abspülen, trocken tupfen und etwas kleiner schneiden. Speck würfeln. Den Backofen vorheizen.

2. Gemüsezwiebel abziehen, halbieren und in feine Streifen schneiden. Paprikaschote halbieren, entstielen, entkernen und die weißen Scheidewände entfernen. Schotenhälften waschen, abtropfen lassen und in feine Streifen schneiden. Mais, Kidneybohnen und Champignonscheiben in einem Sieb abtropfen lassen.

3. Speiseöl in einer großen Pfanne oder einem großen Topf erhitzen. Speckwürfel darin auslassen. Gulasch hinzufügen und kurz von allen Seiten anbraten. Zwiebel- und Paprikastreifen hinzufügen, unter Rühren mitdünsten lassen.

4. Mit Salz, Pfeffer, Paprika und Cayennepfeffer würzen. Tomatenmark unterrühren. Mais, Kidneybohnen, Champignonscheiben, stückige Tomaten und Brühe hinzugeben und unterrühren.

5. Die Gemüse-Fleisch-Masse in eine große, flache Auflaufform (gefettet) geben und mit Käse bestreuen. Butter in Flöckchen daraufsetzen. Die Form auf dem Rost in den vorgeheizten Backofen schieben.

Ober-/Unterhitze: etwa 180 °C
Heißluft: etwa 160 °C
Garzeit: etwa 40 Minuten.

Wirsingauflauf „Schweizer Art“ I

Gut vorzubereiten

4 Portionen

Pro Portion:

E: 28 g, F: 55 g, Kh: 11 g, kJ: 2834, kcal: 677

40 g	*Butter*
40 g	*Speckstreifen*
40 g	*Zwiebelstreifen*
800 g	*vorbereiteter Wirsing (in Streifen)*
	Salz
	frisch gemahlener Pfeffer
200 ml	*Gemüsefond*
200 g	*Schlagsahne*
4	*Eier (Größe M)*
200 g	*frisch geriebener Emmentaler-Käse*
	frisch geriebene Muskatnuss

Zubereitungszeit: 25 Minuten
Garzeit: etwa 45 Minuten

1. Den Backofen vorheizen. Butter in einer Pfanne zerlassen. Speckstreifen darin auslassen. Zwiebel- und Wirsingstreifen hinzugeben und mitdünsten lassen. Mit Salz und Pfeffer würzen. Gemüsefond hinzugießen, zum Kochen bringen und etwa 10 Minuten garen.

2. Sahne mit Eiern verschlagen, Käse unterrühren. Mit Salz, Pfeffer und Muskat würzen.

3. Die Wirsingmasse in eine Auflaufform (gefettet) geben und mit der Sahne-Eier-Käse-Mischung übergießen. Die Form auf dem Rost in den vorgeheizten Backofen schieben.

Ober-/Unterhitze: etwa 180 °C
Heißluft: etwa 160 °C
Garzeit: etwa 45 Minuten.

Wirsing-Kürbis-Auflauf mit Schweinefilet | Für Gäste

4 Portionen

Pro Portion:
E: 55 g, F: 33 g, Kh: 10 g, kJ: 2388, kcal: 570

1 Glas eingelegter Kürbis (Abtropfgewicht 315 g)
½ Kopf Wirsing (etwa 700 g)
2 Zwiebeln
800 g Schweinefilet (etwa 2 Stück)
Salz
frisch gemahlener Pfeffer
4 EL Speiseöl
250 ml (¼ l) Gemüsebrühe
Kürbisflüssigkeit (aus dem Glas)
1 Becher (125 g) Crème fraîche mit frischen Kräutern
100 g mittelalter Gouda-Käse

Zubereitungszeit: 45 Minuten
Garzeit: etwa 25 Minuten

1. Kürbis in einem Sieb abtropfen lassen, dabei die Flüssigkeit auffangen.

2. Vom Wirsing die groben äußeren Blätter lösen. Von der Wirsinghälfte den Strunk herausschneiden. Wirsinghälfte abspülen, abtropfen lassen und in Streifen schneiden. Zwiebeln abziehen und in kleine Würfel schneiden.

3. Schweinefilets unter fließendem kalten Wasser abspülen, trocken tupfen, mit Salz und Pfeffer einreiben.

4. Speiseöl in einer großen Pfanne erhitzen. Filets darin von allen Seiten kräftig anbraten, herausnehmen und in Alufolie wickeln.

5. Wirsingstreifen und Zwiebelwürfel in dem verbliebenen Bratfett unter Rühren anbraten. Gemüsebrühe und Kürbisflüssigkeit hinzugießen. Mit Salz und Pfeffer würzen. Die Zutaten zum Kochen bringen und zugedeckt etwa 20 Minuten garen. Nach etwa 10 Minuten Garzeit den Backofen vorheizen.

6. Die Wirsingmasse mit dem Kürbis vermengen und mit der Garflüssigkeit in eine flache Auflaufform (gefettet) geben. Schweinefilets aus der Alufolie wickeln, in Scheiben schneiden und darauf verteilen.

7. Crème fraîche in Klecksen daraufgeben. Käse fein reiben. Den Auflauf mit dem Käse bestreuen. Die Form auf dem Rost in den vorgeheizten Backofen schieben.

Ober-/Unterhitze: etwa 200 °C
Heißluft: etwa 180 °C
Garzeit: etwa 25 Minuten.

Wirsing-Möhren-Auflauf

Gut vorzubereiten

4 Portionen

Pro Portion:

E: 13 g, F: 40 g, Kh: 8 g, kJ: 1980, kcal: 473

400 g Wirsing
150 g Möhren
1 rote Paprikaschote (etwa 150 g)
2 Eigelb (Größe M)
2 Eier (Größe M)
125 ml (1/8 l) Milch
100 g Schlagsahne
2 Eiweiß (Größe M)
120 g durchwachsener Speck
2 EL Olivenöl
Salz
frisch gemahlener Pfeffer
frisch geriebene Muskatnuss

Zubereitungszeit: 30 Minuten
Garzeit: etwa 35 Minuten

1. Den Backofen vorheizen. Von dem Wirsing die groben äußeren Blätter entfernen. Den Wirsing vierteln und den Strunk herausschneiden. Kohlviertel abspülen, abtropfen lassen und in breite Streifen schneiden.

2. Möhren putzen, schälen, abspülen, abtropfen lassen und in Stifte schneiden. Paprikaschote halbieren, entstielen, entkernen und die weißen Scheidewände entfernen. Schotenhälften waschen, abtropfen lassen und in Streifen schneiden.

3. Eigelb, Eier, Milch und Sahne verschlagen. Eiweiß steifschlagen und unterheben.

4. Speck in feine Streifen schneiden. Olivenöl in einer Pfanne erhitzen. Speckstreifen darin ausbraten.

5. Wirsingstreifen, Möhrenstifte, Paprika- und Speckstreifen mischen. Mit Salz, Pfeffer und Muskat würzen.

6. Die Masse in eine Auflaufform (gefettet) schichten und mit der Eier-Sahne-Masse übergießen. Danach die Form auf dem Rost in den vorgeheizten Backofen schieben.

Ober-/Unterhitze: etwa 200 °C
Heißluft: etwa 180 °C
Garzeit: etwa 35 Minuten.

Tipp: Diesen Auflauf können Sie auch gut mit anderen Kohlsorten zubereiten, z. B. mit Spitzkohl, Weißkohl oder Chinakohl. Für gute Esser fügen Sie zusätzlich noch 250 g gewürfelte Fleischwurst hinzu und erhöhen die Sahnemenge auf 200 g. Oder geben Sie 1 zusätzliches Eigelb und 1 Eiweiß dazu. Sie können den Auflauf mit gehackter Petersilie verfeinern.

Würstchenauflauf

Für Kinder – preiswert

4 Portionen

Pro Portion:

E: 57 g, F: 63 g, Kh: 35 g, kJ: 4150, kcal: 992

500 g Pellkartoffeln
400 g Wiener Würstchen
150 g TK-Erbsen
Salzwasser
200 g Champignonscheiben (aus der Dose)
300 g Bratwurstmasse
3 Eier (Größe M)
125 ml (1/8 l) Milch
125 g Schlagsahne
Salz, frisch gemahlener Pfeffer
frisch geriebene Muskatnuss
100 g frisch geriebener Gouda-Käse
2 EL Semmelbrösel
2 EL Butter

Zubereitungszeit: 25 Minuten
Garzeit: 35–45 Minuten

1. Den Backofen vorheizen. Kartoffeln pellen. Kartoffeln und Wiener Würstchen in Scheiben schneiden und dann abwechselnd in eine flache Auflaufform (gefettet) schichten.

2. Erbsen in kochendem Salzwasser etwa 3 Minuten garen und in einem Sieb abtropfen lassen. Champignonscheiben abtropfen lassen.

3. Aus der Bratwurstmasse Klößchen formen. Erbsen, Champignonscheiben und Bratwurstklößchen auf den Kartoffel- und Würstchenscheiben verteilen.

4. Eier mit Milch und Sahne verschlagen, mit Salz, Pfeffer und Muskat würzen. Die Eier-Sahne-Milch auf dem Auflauf verteilen. Käse und Semmelbrösel mischen, den Auflauf damit bestreuen und Butter in Flöckchen daraufsetzen.

5. Die Form auf dem Rost in den vorgeheizten Backofen schieben.

Ober-/Unterhitze: etwa 180 °C
Heißluft: etwa 160 °C
Garzeit: 35–45 Minuten.

Wurzelgemüse-Auflauf | Einfach

4 Portionen

Pro Portion:
E: 19 g, F: 49 g, Kh: 11 g, kJ: 2409, kcal: 577

400 g Steckrüben
400 g Knollensellerie
400 g Möhren
Salzwasser
150 g Blauschimmelkäse, z. B. Gorgonzola, Roquefort
400 g Schlagsahne
4 Eier (Größe M)
½ Pck. gehackte TK-Petersilie
Salz
frisch gemahlener Pfeffer

Zubereitungszeit: 30 Minuten
Garzeit: etwa 40 Minuten

1. Den Backofen vorheizen. Steckrüben, Knollensellerie und Möhren putzen, schälen, abspülen, abtropfen lassen und in kleine Würfel schneiden.

2. Gemüsewürfel in kochendem Salzwasser 3–5 Minuten bissfest garen. Anschließend das Gemüse in ein Sieb geben und gut abtropfen lassen.

3. Blauschimmelkäse durch ein Sieb streichen oder mit einer Gabel zerdrücken, mit Sahne, Eiern und Petersilie verrühren. Mit Salz und Pfeffer würzen.

4. Gemüsewürfel in eine Auflaufform (gefettet) geben. Die Käse-Eier-Sahne darauf verteilen. Die Form auf dem Rost in den vorgeheizten Backofen schieben.

Ober-/Unterhitze: etwa 180 °C
Heißluft: etwa 160 °C
Garzeit: etwa 40 Minuten.

5. Den Auflauf eventuell nach etwa 30 Minuten Garzeit mit Backpapier zudecken.

Beilage: Gemischter Salat aus Radieschen, Gurken und Tomaten in Essig-Öl-Dressing mit Schnittlauch.

Abwandlung: Es können auch Zucchini, Möhren und Kohlrabi verwendet werden.

Würziger Pilzauflauf | Raffiniert

4 Portionen

Pro Portion:
E: 23 g, F: 57 g, Kh: 4 g, kJ: 2629, kcal: 628

300 g Champignons
150 g Pfifferlinge
150 g Austernpilze
150 g Steinpilze
1 Bund Schnittlauch
2 EL Speiseöl
Salz, frisch gemahlener Pfeffer
5 Eier (Größe M)
400 g Schlagsahne
120 g frisch geriebener, mittelalter Gouda-Käse

Zubereitungszeit: 60 Minuten
Garzeit: etwa 40 Minuten

1. Den Backofen vorheizen. Pilze putzen, mit Küchenpapier abreiben, eventuell abspülen, abtropfen lassen und in grobe Stücke schneiden. Schnittlauch abspülen, trocken tupfen und in Röllchen schneiden.

2. Speiseöl in einer Pfanne erhitzen. Pilzstücke darin unter mehrmaligem Rühren andünsten, mit Salz und Pfeffer würzen. Schnittlauchröllchen unterrühren. Die Pilzmasse in eine Gratinform (gefettet) geben.

3. Eier und Sahne verschlagen, mit Salz und Pfeffer würzen. Die Eiersahne auf der Pilzmasse verteilen.

4. Die Form auf dem Rost in den vorgeheizten Backofen schieben und die Eiersahne stocken lassen.

Ober-/Unterhitze: 180–200 °C
Heißluft: 160–180 °C
Garzeit: etwa 37–38 Minuten.

5. Die Form aus dem Backofen nehmen. Den Auflauf mit Käse bestreuen. Die Form wieder auf dem Rost in den heißen Backofen schieben und den Auflauf **bei gleicher Backofeneinstellung in weiteren 2–3 Minuten fertig garen**.

Zander-Spitzkohl-Gratin mit Blätterteigkruste | Für Gäste – raffiniert

4 Portionen

Pro Portion:
E: 44 g, F: 36 g, Kh: 30 g, kJ: 2647, kcal: 632

3 rechteckige Platten TK-Blätterteig (je 75–80 g)
1,2 kg Spitzkohl
1 Zwiebel
1 EL Butter
Salz, frisch gemahlener Pfeffer
frisch geriebene Muskatnuss
100 g Schlagsahne
100 ml Gemüsebrühe
500–600 g Zanderfilets
etwas abgeriebene Schale und Saft von
1 Bio-Zitrone (unbehandelt, ungewachst)
4 kleine Tomaten
1 Eiweiß (Größe M)
1 Eigelb (Größe M)
75 g frisch geriebener Käse, z. B. Emmentaler
1 EL abgezogene, gehobelte Mandeln

Zubereitungszeit: 30 Minuten, ohne Auftauzeit
Garzeit: etwa 30 Minuten

1. Blätterteigplatten nebeneinander nach Packungsanleitung auftauen lassen. Vom Kohl die äußeren, welken Blätter entfernen. Kohl vierteln und den harten Strunk herausschneiden. Kohlviertel abspülen, abtropfen lassen und in feine Streifen schneiden. Zwiebel abziehen und in kleine Würfel schneiden. Den Backofen vorheizen.

2. Butter in einer Pfanne zerlassen, Zwiebelwürfel darin glasig dünsten. Kohlstreifen hinzugeben, mit Salz, Pfeffer und Muskat würzen und unter mehrmaligem Wenden etwa 5 Minuten dünsten. Sahne und Brühe hinzugießen, zum Kochen bringen und bei mittlerer bis starker Hitze etwa 8 Minuten kochen lassen. Die Kohlmasse in eine flache Auflaufform (gefettet) geben.

3. Zanderfilets unter fließendem kalten Wasser abspülen, trocken tupfen und auf dem Kohl verteilen. Zanderfilets mit Salz, Pfeffer und Zitronenschale würzen, mit Zitronensaft beträufeln. Tomaten waschen, abtrocknen und die Stängelansätze herausschneiden. Tomaten in Scheiben schneiden und auf den Zanderfilets verteilen, mit Salz und Pfeffer würzen.

4. Blätterteigplatten übereinanderlegen und vorsichtig auf einer bemehlten Arbeitsfläche etwas größer als die Auflaufform ausrollen. Die Ränder der Form mit verschlagenem Eiweiß bestreichen. Die Teigplatte darauflegen und an den Rändern leicht andrücken. Eigelb mit einem Esslöffel Wasser verschlagen. Die Teigplatte damit bestreichen. Mit Käse und Mandeln bestreuen. Die Form auf dem Rost in den vorgeheizten Backofen schieben.

Ober-/Unterhitze: etwa 200 °C
Heißluft: etwa 180 °C
Garzeit: etwa 30 Minuten.

Tipp: Probieren Sie statt Spitzkohl jungen Kohlrabi in feinen Stiften. Statt frischem Zanderfilet eignet sich auch anderes festes Fischfilet, z. B. Lachsfilet, Seelachs oder Lengfischfilet (frisch oder TK) hervorragend für diesen Auflauf.

Zitrusfrüchte-Auflauf | Raffiniert – mit Alkohol

4 Portionen

Pro Portion:
E: 9 g, F: 8 g, Kh: 93 g, kJ: 2364, kcal: 564

4	Orangen
4	Mandarinen
4	Grapefruits
1	Limette oder 1 Zitrone
1 EL	Zitronat (Sukkade)
1 EL	Orangeat
4–5 EL	Hagelzucker
1 dicke Scheibe	Biskuitboden (200 g)
4 cl	Orangenlikör
4	Eigelb (Größe M)
200 ml	Weißwein (lieblich) oder Cidre
etwas	Zucker
etwas	Puderzucker
einige	vorbereitete Melisseblättchen

Zubereitungszeit: 45 Minuten
Garzeit: 10–15 Minuten

1. Den Backofen vorheizen. Zitrusfrüchte so schälen, dass die weiße Haut mit entfernt wird. Früchte filetieren, dabei die weißen Trennwände entfernen. Fruchtfilets mit Zitronat, Orangeat und Hagelzucker mischen.

2. Den Boden einer flachen Auflaufform (gefettet) mit dem Biskuitboden auslegen und mit Orangenlikör beträufeln. Fruchtfilets darauf verteilen.

3. Eigelb mit Wein oder Cidre und etwas Zucker in eine Edelstahlschüssel geben und mit Handrührgerät mit Rührbesen auf niedrigster Stufe im heißen Wasserbad so lange schlagen bis die Masse durch und durch schaumig ist.

4. Die Schaumcreme auf den Fruchtfilets verteilen. Die Form auf dem Rost in den vorgeheizten Backofen schieben.

Ober-/Unterhitze: etwa 200 °C
Heißluft: etwa 180 °C
Garzeit: 10–15 Minuten.

5. Den Auflauf mit Puderzucker bestäuben und mit Melisseblättchen garnieren.

Zucchiniauflauf mit süß-saurer Sauce | Preiswert – mit Alkohol

4 Portionen

Pro Portion:
E: 30 g, F: 53 g, Kh: 8 g, kJ: 2882, kcal: 689

500 g Zucchini
2 EL Pflanzenöl
Salz, frisch gemahlener Pfeffer
2 Knoblauchzehen
1 EL Weißweinessig
125 ml (1/8 l) Weißwein
250 g Tomaten
125 g Schlagsahne
1/2 TL gemahlener Ingwer
100 g frisch geriebener Gouda-Käse
400 g Gehacktes (halb Rind-, halb Schweinefleisch)
1 Zwiebel
1 Ei (Größe M)
20 g Butter

Zubereitungszeit: 60 Minuten, ohne Abkühlzeit
Garzeit: etwa 30 Minuten

1. Zucchini waschen, abtrocknen und die Enden abschneiden. Zucchini in Scheiben schneiden. Pflanzenöl in einer großen Pfanne erhitzen. Zucchinischeiben darin kurz von beiden Seiten anbraten, mit Salz und Pfeffer würzen. Knoblauch abziehen, durch eine Knoblauchpresse drücken und auf den Zucchinischeiben verteilen. Essig und Wein hinzugießen und aufkochen lassen. Zucchinischeiben aus der Pfanne nehmen. Pfanne mit dem Sud beiseitestellen. Den Backofen vorheizen.

2. Tomaten waschen, abtropfen lassen, kreuzweise einschneiden, kurz in kochendes Wasser legen und in kaltem Wasser abschrecken. Tomaten enthäuten, halbieren, entkernen und die Stängelansätze herausschneiden. Tomatenhälften in Würfel schneiden.

3. Sahne mit Ingwer verrühren, mit den Tomatenwürfeln zu dem Zucchinisud in die Pfanne geben und etwas einkochen lassen. Die Sauce etwas abkühlen lassen und Käse unterrühren.

4. Gehacktes in eine Schüssel geben. Zwiebel abziehen und in kleine Würfel schneiden. Zwiebelwürfel und Ei zur Gehacktesmasse geben und zu einem Fleischteig verkneten, mit Salz und Pfeffer würzen.

5. Die Zucchinischeiben abwechselnd mit dem Fleischteig und etwas Tomaten-Käse-Sauce in eine Auflaufform (gefettet) schichten. Die oberste Schicht sollte aus Zucchinischeiben bestehen (Zucchinischeiben nach Belieben dachziegelartig anordnen). Restliche Tomaten-Käse-Sauce darauf verteilen und Butter in Flöckchen daraufsetzen.

6. Die Form auf dem Rost in den vorgeheizten Backofen schieben.

Ober-/Unterhitze: etwa 180 °C
Heißluft: etwa 160 °C
Garzeit: etwa 30 Minuten.

Beilage: Ofenfrisches Baguette.

Tipp: Die Zucchini sollten möglichst klein sein, da sie zarter sind und weniger Kerne enthalten, Zucchini werden nicht geschält.

Zucchinigratin | Raffiniert – für Kinder

2 Portionen

Pro Portion:
E: 41 g, F: 45 g, Kh: 24 g, kJ: 2912, kcal: 696

600 g Zucchini
2 Zwiebeln
100 g gekochter Schinken
2 EL Weizenmehl
Salz
frisch gemahlener Pfeffer
frisch geriebene Muskatnuss
125 g Mozzarella-Käse
75 g geraspelter Greyerzer-Käse

Zubereitungszeit: 50 Minuten
Garzeit: etwa 30 Minuten

1. Den Backofen vorheizen. Zucchini waschen, abtrocknen und die Enden abschneiden. Zucchini in Würfel schneiden. Zwiebeln abziehen und klein würfeln. Schinken ebenfalls in Würfel schneiden.

2. Zwiebel- und Schinkenwürfel mit dem Mehl zu der Zucchinimasse geben und untermengen. Mit Salz, Pfeffer und Muskat würzen. Mozzarella abtropfen lassen und in Scheiben schneiden.

3. Die Zucchinimasse in eine Gratinform (gefettet) geben. Käseraspel und Mozzarellascheiben darauf verteilen. Die Form auf dem Rost in den vorgeheizten Backofen schieben.

Ober-/Unterhitze: 180–200 °C
Heißluft: 160–180 °C
Garzeit: etwa 30 Minuten.

Zucchini-Nudel-Auflauf |

Raffiniert – mit Alkohol

4 Portionen

Pro Portion:
E: 38 g, F: 69 g, Kh: 86 g, kJ: 4957, kcal: 1184

- *4 l Wasser*
- *4 TL Salz*
- *400 g grüne Bandnudeln*
- *1 Topf Basilikum*
- *200 g Gorgonzola-Käse*
- *100 g gemahlene Haselnusskerne*
- *200 g Schlagsahne*
- *200 g Ricotta (italienischer Frischkäse)*
- *2 EL Weinbrand*
- *Salz*
- *frisch gemahlener Pfeffer*
- *750 g kleine Zucchini*
- *50 g Semmelbrösel*
- *30 g Butter*

Zubereitungszeit: 30 Minuten
Garzeit: etwa 35 Minuten

1. Wasser in einem großen Topf mit geschlossenem Deckel zum Kochen bringen. Dann Salz und Nudeln hinzugeben. Die Nudeln im geöffneten Topf bei mittlerer Hitze nach Packungsanleitung kochen lassen, dabei zwischendurch 4–5-mal umrühren. Den Backofen vorheizen.

2. Anschließend die Nudeln in ein Sieb geben, mit heißem Wasser abspülen und abtropfen lassen.

3. Das Basilikum abspülen und trocken tupfen. Die Blättchen von den Stängeln zupfen. Blättchen in Streifen schneiden. Gorgonzola, Nusskerne, Sahne, Ricotta und Weinbrand cremig rühren. Mit Salz und Pfeffer würzen.

4. Zucchini waschen, abtrocknen und die Enden abschneiden. Zucchini raspeln.

5. Jeweils ein Drittel der Nudeln, Zucchiniraspel, Basilikumstreifen und Käsecreme in eine Auflaufform (gefettet) schichten. Den Vorgang 2-mal wiederholen.

6. Die oberste Schicht sollte aus Käsecreme bestehen. Den Auflauf mit Semmelbröseln bestreuen und Butter in Flöckchen daraufsetzen. Die Form auf dem Rost in den vorgeheizten Backofen schieben.

Ober-/Unterhitze: etwa 200 °C
Heißluft: etwa 180 °C
Garzeit: etwa 35 Minuten.

Tipp: Sie können den Auflauf je nach Geschmack auch mit einem milderen Blauschimmelkäse, z. B. mit Bavaria oder Dana blue, oder einem kräftigeren Käse, z. B. mit Roquefort, zubereiten. Für Kinder geben Sie statt des Weinbrands zusätzlich 2 Esslöffel Sahne hinzu. Mischen Sie die Semmelbrösel mit 50 g geriebenem Parmesan-Käse, dann wird die Kruste kräftiger und krosser. Statt Ricotta können Sie auch 200 g Schafkäse verwenden. Dann brauchen Sie eventuell etwas mehr Sahne zum Cremigrühren.

Zuckerschoten-Hähnchen-Auflauf

Raffiniert

4 Portionen

Pro Portion:
E: 32 g, F: 60 g, Kh: 10 g, kJ: 3132, kcal: 748

400 g Hähnchenfleisch
3 EL Speiseöl
200 g Zuckerschoten
1 mittelgroße Zwiebel
200 g Zucchini
Salz
frisch gemahlener Pfeffer
frisch geriebene Muskatnuss
1 abgezogene, zerdrückte Knoblauchzehe
125 g Doppelrahm-Frischkäse
200 g Schlagsahne
2 Eier (Größe M)
1 EL gehackter Kerbel
1 EL gehackte Petersilie
1 EL Schnittlauchröllchen
40 g frisch geriebener Greyerzer-Käse
30 g Butter

Zubereitungszeit: 70 Minuten
Garzeit: 30–40 Minuten

1. Hähnchenfleisch unter fließendem kalten Wasser abspülen, trocken tupfen und in Würfel schneiden. Speiseöl in einer Pfanne erhitzen, Hähnchenfleischwürfel darin von allen Seiten kräftig anbraten und herausnehmen. Den Backofen vorheizen.

2. Von den Zuckerschoten die Enden abschneiden. Schoten waschen, abtropfen lassen, in kochendem Wasser etwa 2 Minuten blanchieren, in eiskaltem Wasser abschrecken und in einem Sieb abtropfen lassen.

3. Zwiebel abziehen und in kleine Würfel schneiden. Zucchini waschen, abtrocknen und die Enden abschneiden. Zucchini in Scheiben schneiden.

4. Zwiebelwürfel in dem verbliebenen Bratfett andünsten. Zucchinischeiben hinzugeben und unter Wenden mit andünsten. Mit Salz, Pfeffer, Muskat und Knoblauch würzen.

5. Frischkäse mit Sahne, Eiern, Kerbel, Petersilie und Schnittlauchröllchen verrühren.

6. Die Hähnchenfleischwürfel mit dem vorbereiteten Gemüse in eine Auflaufform (gefettet) geben und vermischen. Die Eiersahne darauf verteilen und mit Käse bestreuen. Butter in Flöckchen daraufgeben.

7. Die Form auf dem Rost in den vorgeheizten Backofen schieben.

Ober-/Unterhitze: 180–200 °C
Heißluft: 160–180 °C
Garzeit: 30–40 Minuten.

Zwiebackauflauf, fruchtig |

Raffiniert – mit Alkohol

4 Portionen

Pro Portion:
E: 13 g, F: 26 g, Kh: 51 g, kJ: 2158, kcal: 515

2	*säuerliche Äpfel (etwa 400 g)*
2 EL	*Zitronensaft*
200 g	*Sauerkirschen*
2 EL	*Zucker*
1 Pck.	*Dr. Oetker Vanillin-Zucker*
2 EL	*Rum-Rosinen*
1 EL	*Butter*
8 Scheiben	*Aniszwieback*
150 g	*Joghurt*
125 g	*Schlagsahne*
3	*Eier (Größe M)*
	gemahlener Zimt
	Zucker
2 EL	*gehackte Haselnusskerne*
2 EL	*geschabte Vollmilch-Schokolade*

Zubereitungszeit: 60 Minuten
Garzeit: etwa 35 Minuten

1. Die Äpfel schälen, halbieren, entkernen und in Scheiben schneiden. Apfelscheiben mit Zitronensaft beträufeln. Den Backofen vorheizen.

2. Sauerkirschen waschen, abtropfen lassen, entsteinen und zu den Apfelscheiben geben. Mit Zucker und Vanillin-Zucker bestreuen. Rum-Rosinen daraufgeben.

3. Vier Scheiben Aniszwieback in eine flache Auflaufform (gefettet) legen.

4. Joghurt mit Sahne und Eiern verschlagen. Mit Zimt und Zucker abschmecken. Etwas von der Joghurt-Sahne-Eier-Sauce auf die Zwiebäcke geben.

5. Die vorbereitete Fruchtmischung darauf verteilen. Restliche Zwiebäcke darauflegen. Mit der restlichen Joghurt-Sahne-Eier-Sauce übergießen. Die Form auf dem Rost in den vorgeheizten Backofen schieben.

Ober-/Unterhitze: 180–200 °C
Heißluft: 160–180 °C
Garzeit: etwa 35 Minuten.

6. Den Zwiebackauflauf mit Nusskernen und geschabter Schokolade bestreut servieren.

Zwiebelgratin | Raffiniert
4 Portionen

Pro Portion:
E: 9 g, F: 26 g, Kh: 47 g, kJ: 2021, kcal: 482

200 g	*Grünkerngrütze*
500 ml (1/2 l)	*kochende Gemüsebrühe*
75 g	*durchwachsener Speck*
40 g	*Butterschmalz*
500 g	*kleine, weiße Zwiebeln*
1 Dose	*pürierte Tomaten (Einwaage 800 g)*
	Salz
	frisch gemahlener Pfeffer
1 EL	*frische Basilikumblättchen*

Zubereitungszeit: 25 Minuten, ohne Quellzeit
Garzeit: etwa 45 Minuten

1. Grütze mit kochender Brühe übergießen und etwa 15 Minuten quellen lassen.

2. Den Backofen vorheizen. Grütze in eine flache Auflaufform (gefettet) geben und glattstreichen.

3. Speck in kleine Würfel schneiden. Butterschmalz in einer Pfanne erhitzen. Speckwürfel darin auslassen.

4. Zwiebeln abziehen, halbieren und in dem Speckfett etwa 2 Minuten kräftig anbraten.

5. Zwiebelhälften mit der Schnittfläche nach unten auf der Grütze verteilen.

6. Tomatenpüree kräftig mit Salz und Pfeffer würzen, Basilikumblättchen unterrühren. Tomatenpüree auf den Zwiebelhälften verteilen.

7. Die Form auf dem Rost in den vorgeheizten Backofen schieben.

Ober-/Unterhitze: etwa 200 °C
Heißluft: etwa 180 °C
Garzeit: etwa 45 Minuten.

Mit Fleisch

Mit Fisch

Vegetarisch

Für Kinder

Süßes

Für Gäste

Für Fragen, Vorschläge oder Anregungen steht Ihnen der Verbraucherservice der Dr. Oetker Versuchsküche Telefon: 00800 71727374 Mo.-Fr. 8:00–18:00 Uhr, Sa. 9:00–15:00 Uhr (gebührenfrei in Deutschland) oder die Mitarbeiter des Dr. Oetker Verlages Telefon: +49 (0) 521 520650 Mo.-Fr. 9:00–15:00 Uhr zur Verfügung.

Oder schreiben Sie uns:
Dr. Oetker Verlag KG, Am Bach 11, 33602 Bielefeld oder besuchen Sie uns im Internet unter www.oetker-verlag.de oder www.oetker.de.

Umwelthinweis Dieses Buch und der Einband wurden auf chlorfrei gebleichtem Papier gedruckt. Die Einschrumpffolie – zum Schutz vor Verschmutzung – ist aus umweltfreundlichem und recyclingfähigem PE-Material.

Redaktion Carola Reich, Annette Riesenberg

Lektorat no:vum, Susanne Noll, Leinfelden-Echterdingen

Innenfotos Walter Cimbal, Hamburg (S. 36, 139, 211)
Fotostudio Diercks, Hamburg (S. 12, 13, 18, 20, 22, 26, 41, 43, 44, 45, 83, 90, 99, 102, 103, 107, 110, 123, 125, 134, 140, 147–149, 152, 153, 156, 157, 159, 162, 165, 170, 180, 184, 187, 188, 191, 195, 196, 198, 200, 207, 208, 213, 225, 229, 232, 240, 243, 247, 249, 251, 257, 261, 262, 267, 268, 270, 276, 279, 286, 287, 290, 297, 300, 305)
Hailight, Düsseldorf (S. 32, 154, 235, 237, 245, 253)
Ulli Hartman, Halle/Westf. (S. 9, 15, 16, 17, 23, 24, 29, 30, 35, 38, 40, 46, 51, 59, 63, 67, 71, 77, 85, 92, 100, 101, 112,114, 117, 121, 124, 126, 127, 129, 130, 141, 143, 161, 163, 164, 169, 181, 189, 206, 214, 226–228, 242, 244, 255, 256, 265, 271, 272, 278, 282, 299, 301–304)
Ulrich Kopp, Sindelfingen (S. 27, 65, 131, 215, 258)
Bernd Lippert (S. 52, 146, 241)
Herbert Maass, Hamburg (S. 33, 55, 61, 119, 136, 155, 166, 295, 310, 313)
Antje Plewinski, Berlin (S. 37, 78, 105, 175, 263, 294)
Christiane Pries, Borgholzhausen (S. 8, 19, 25, 58, 68, 84, 132, 160, 182, 197, 216, 217, 298)
Hans-Joachim Schmidt, Hamburg (S. 11, 39, 42, 50, 53, 57, 60, 62, 64, 69, 79–82, 87, 88, 93–98, 104, 106, 115, 116, 138,144, 150, 151, 168, 172, 174, 176–179, 186, 192, 193, 201, 203, 205, 209, 219, 221, 222, 224, 230, 236, 238, 248, 250, 254, 260, 266, 277, 291, 296, 306)
Norbert Toelle, Bielefeld (S. 6, 28, 31, 49, 66, 89, 91, 109, 111, 113, 135, 183, 199, 212, 223, 259, 264, 273, 280, 281, 283, 309)
Brigitte Wegner, Bielefeld (S. 7, 10, 14, 47, 48, 54, 56, 70, 118, 120, 122, 137, 142, 167, 173, 190, 202, 204, 218, 231, 233, 239, 274, 275, 284, 288, 289, 293, 308, 312)
Bernd Wohlgemuth, Hamburg (S. 21, 34, 86, 108, 128, 133, 145, 158, 171, 185, 194, 210, 220, 234, 246, 252, 285, 292, 307, 311)

Nährwertberechnungen Nutri Service, Hennef

Grafisches Konzept MDH Haselhorst, Bielefeld
Titelgestaltung kontur:design GmbH, Bielefeld
Satz und Layout MDH Haselhorst, Bielefeld
Druck und Bindung Mohn media Mohndruck GmbH, Gütersloh

ISBN: 978–3–7670–0514–3